EL SECRETO DE
LA ETERNA JUVENTUD

El secreto de la eterna juventud

Cómo vivir por siempre
(o morir en el intento)

Bill Gifford

PAIDÓS

Título Original: *Spring Chicken: Stay Young Forever (or Die Trying)* © by Bill Gifford
Publicado originalmente en Estados Unidos por Grand Central Publishing, una
división de Hachette Book Group, Inc.

Diseño de portada: José Luis Maldonado
Ilustraciones de interiores: Hugo Miranda
Diseño de interiores: Rocío Mabarak
Las imágenes de las pp. 202 y 203 fueron publicadas en *Journals of Gerontology*, 1 de
junio, 2002 y se reproducen con autorización de Oxford University Press.

© 2016, Ediciones Culturales Paidós, S.A. de C.V.
Bajo el sello editorial PAIDÓS M.R.
Avenida Presidente Masarik núm. 111, Piso 2
Colonia Polanco V Sección
Delegación Miguel Hidalgo
C.P. 11560, Ciudad de México
www.planetadelibros.com.mx
www.paidos.com.mx

Primera edición: octubre de 2016
ISBN: 978-607-747-266-7

Impreso en los talleres de EDAMSA Impresiones, S.A. de C.V.
Av. Hidalgo núm. 111, Col. Fracc. San Nicolás Tolentino, Ciudad de México
Impreso y hecho en México – *Printed and made in Mexico*

Creo que la parte más injusta de la vida es la forma en que termina. Lo que quiero decir es que la vida es dura. Se lleva una buena parte de nuestro tiempo y ¿qué obtenemos al final? ¡La muerte! ¿Eso es un premio? Yo creo que el ciclo de la vida debería ser al revés. Primero tendríamos que morir y salir así del problema. A continuación, viviríamos en un asilo para ancianos. Nos echarían de ahí cuando nos volviéramos demasiado jóvenes, nos premiarían con un reloj de oro, y nos iríamos a nuestro trabajo. ¡Trabajaríamos 40 años hasta ser lo bastante jóvenes como para disfrutar de la jubilación! Asistiríamos a la universidad, tomaríamos alcohol y drogas, iríamos a muchas fiestas y tendríamos relaciones sexuales, preparándonos para ir a la escuela secundaria. Convertidos en niños, llegaríamos a la escuela primaria, jugaríamos y no tendríamos responsabilidad alguna; nos volveríamos bebés y regresaríamos al vientre materno, donde pasaríamos los últimos nueve meses flotando por ahí, terminando como un destello en la pupila de alguien.

SEAN MOREY

A mis padres

Índice

Prólogo   El elíxir   xi

Capítulo 1   Los hermanos   1

Capítulo 2   La edad de envejecer   15

Capítulo 3   La fuente de la juventud   39

Capítulo 4   Atentamente, desgastándome   63

Capítulo 5   Cómo cumplir 108 años sin
              proponérselo realmente   79

Capítulo 6   El fondo del problema   93

Capítulo 7   La metáfora de la calvicie   113

Capítulo 8   La vida de nuestras células   131

Capítulo 9   Phil contra la grasa   149

Capítulo 10   Salto de garrocha a la eternidad   165

Capítulo 11   Matarse de hambre para ser inmortal   191

Capítulo 12   Lo que no mata   215

Capítulo 13   Avance rápido   237

Capítulo 14   ¿Quién tomó mis llaves?   259

Epílogo   La muerte de la muerte   275

Apéndice   Lo que podría funcionar   289

Agradecimientos   299

Notas y fuentes   303

Bibliografía adicional   331

Índice analítico   337

EL ELÍXIR

Una nunca es demasiado vieja para hacerse más joven.

Mae West

En sus últimos instantes de conciencia mientras se desplomaba sobre el suelo del laboratorio, el joven científico tal vez se dio cuenta de que cubrirse de barniz no había sido la mejor idea que había tenido, en lo que a experimentos se refiere. Pero era un hombre de ciencia y la curiosidad podía ser una amante muy cruel.

Llevaba algún tiempo preguntándose cuál era la función de la piel humana, tan duradera pero tan delicada, tan sensible a las quemaduras del sol y del fuego y tan fácil de cortar con cuchillos mucho menos filosos que sus bisturíes de cirujano. ¿Qué sucedería si alguien la cubriera por completo?

Así, en la primavera de 1853, en un día por lo demás tranquilo en su laboratorio de la Escuela de Medicina de Virginia, en la refinada ciudad de Richmond, el profesor Charles-Édouard Brown-Séquard (nacido en la isla Mauricio, ciudadano británico y, vía Harvard, finado en París) se quitó toda la ropa y puso manos a la obra con un pincel y una cubeta de barniz para papel matamoscas de primera para cubrir toda su anatomía. No tardó mucho en cubrir cada centímetro cuadrado de su cuerpo desnudo con el pegajoso líquido.

En esa época, el principal conejillo de Indias de un científico por lo general era él mismo. En un experimento que realizó a los 36 años, Brown-Séquard introdujo una esponja hasta su estómago para tomar una muestra de los jugos gástricos que había en su interior, lo cual provocó que el resto de su vida sufriera de reflujo. Esas prácticas lo distinguían porque, como recordaría más adelante uno de sus alumnos, «era por mucho el más pintoresco de nuestros profesores».[1]

El episodio del barniz solo aumentaría su leyenda. Para cuando un estudiante se topó con él, el profesor estaba acurrucado en un rincón de su laboratorio, temblando y, al parecer, muy cercano a la muerte. El color de su cuerpo era tan café que el alumno tardó un poco en darse cuenta de que no era un esclavo fugado. Pensando con rapidez, el joven se puso frenéticamente a raspar el material pringoso para quitárselo del cuerpo, pero eso solo le sirvió para recibir una retahíla de improperios de la víctima, furiosa porque «un individuo entrometido [le hubiese] sacado del rincón donde le había derrumbado el barniz y porque, cuando estaba a punto de exhalar su último aliento, malintencionadamente lo hubiese lijado para quitárselo».

Sin embargo, fue gracias a la mente rápida de ese estudiante de medicina que Brown-Séquard se convertiría en uno de los científicos más grandes del siglo XIX. Hoy es recordado como el padre de la endocrinología, la cual estudia las glándulas y sus hormonas. Pero además, también aportó mucho a nuestro conocimiento de la médula espinal; hay un tipo particular de parálisis que todavía se conoce como el síndrome de Brown-Séquard. No obstante, distaba mucho de ser un académico encerrado en su torre de marfil. En una ocasión pasó meses luchando contra una epidemia mortífera de cólera en las islas Mauricio, el solitario archipiélago en medio del océano Índico donde había nacido. Genio y figura: ahí tragó el vómito de enfermos para infectarse intencionalmente de la enfermedad y probar en su persona un nuevo tratamiento. (Eso también estuvo a punto de matarlo).

Su profesorado en Richmond no duró siquiera el año; el comportamiento excéntrico del francés y su piel más bien oscura fueron demasiado para la capital sureña, por lo cual regresó a París y pasó el resto de su carrera trasladándose entre Francia y Estados Unidos. En total, pasó seis años de su vida en el mar, lo cual habría enorgullecido a su difunto padre, que fue capitán de barco. Pero, no obstante ese estado de movimiento casi constante, no pudo ganarle la carrera a la vejez. A los sesenta y tantos años, Brown-Séquard había ido a parar otra vez a París, como profesor en el Collège de France. Louis Pasteur, el de la pasteurización, era uno de sus amigos, al igual que Louis Agassiz, uno de los precursores de la medicina estadounidense. El pobre huérfano de las distantes islas Mauricio fue admitido en la Legión de Honor de Francia en 1880, a lo que siguieron una multitud de prestigiados premios más, culminados en 1887 cuando fue elegido presidente de la Société de Biologie, confirmando así que era uno de los hombres más destacados de la ciencia francesa.

Para entonces tenía setenta años y estaba cansado. Durante la última década había comenzado a notar ciertos cambios que iban dominando su cuerpo, pero ninguno de ellos bueno. Siempre había estado lleno de una energía desbordante, subiendo y bajando escaleras a saltos, hablando a la velocidad del rayo, interrumpiéndose apenas para anotar su idea brillante más reciente en el primer papel que estuviera a la mano, el cual se esfumaba enseguida en alguno de sus bolsillos. Por la noche solo dormía cuatro o cinco horas y muchas veces iniciaba su jornada laboral sentándose a trabajar en su escritorio a las tres de la madrugada. Michael Aminoff, su biógrafo, ha llegado a sugerir que «quizás era bipolar».[2]

Sin embargo, ahora parecía que ese vigor sin límite lo había abandonado. Además tenía prueba de ello, pues había mantenido un registro de su cuerpo desde hacía mucho tiempo, midiendo cosas como la fuerza de sus músculos y tomando notas minuciosas. En sus cuarenta había podido levantar una pesa de 50 kilogramos con un brazo. Ahora lo más que podía levantar eran 38 kilos. Se cansaba con facilidad y sin embargo dormía poco o nada, además de vivir atormentado por el estreñimiento. Así, siendo el científico que era, naturalmente decidió tratar de arreglar el problema.

El 1 de junio de 1889, ante la Société de Biologie, el profesor Brown-Séquard pronunció un discurso inaugural que cambiaría para siempre su carrera, su fama y la actitud popular respecto del envejecimiento. En su disertación habló de un experimento pasmoso que había realizado: se había inyectado un líquido obtenido de testículos machacados de perros y conejillos de Indias jóvenes, al cual había añadido sangre testicular y semen.[3]

Su idea era simplemente que había algo en los animales jóvenes, específicamente en sus genitales, que al parecer les daba su vigor juvenil. Fuera lo que fuese, él quería participar de ello. Tras un ciclo de tres semanas de inyecciones, observó un cambio drástico. «Para enorme sorpresa de mis principales ayudantes pude permanecer de pie varias horas haciendo experimentos, sin sentir necesidad alguna de sentarme».

Hubo otros beneficios. Como confirmaron sus pruebas, al parecer había recuperado su fuerza: ahora podía levantar una pesa de 45.6 kilogramos, una mejoría significativa, y otra vez pudo quedarse escribiendo hasta bien entrada la noche sin sentir fatiga. Incluso llegó a medir su «chorro de orina» y descubrió que ahora llegaba 25% más lejos que antes de las inyecciones. En cuanto a su problema de estreñimiento, comentó con orgullo que «la fuerza que tuve hace mucho había regresado».

Sus colegas entre el público estaban divididos entre el espanto y la vergüenza. ¿Extracto de... *testículos de perro*? ¿Había perdido el juicio en la vejez? Más adelante, uno de sus colegas comentaría que el estrambótico experimento de Brown-Séquard solo demostraba «la necesidad de jubilar a los profesores que han llegado a los setenta años».

Sin amedrentarse puso a disposición de otros médicos y científicos su mezcla mágica (ahora hecha de testículos de toro) sin costo con la esperanza de que pudiesen repetir sus resultados, lo que algunos hicieron. Las reseñas de sus colegas seguían siendo mordaces. Un médico de Manhattan escribió en las páginas del *Boston Globe*: «Es el regreso a los sistemas médicos de la Edad Media».

Sin embargo, fuera de los salones de la academia, Brown-Séquard se convirtió en el héroe del momento. Casi de un día para otro, los empresarios de ventas por correo empezaron a comercializar el «elíxir de la vida de Séquard»: 25 inyecciones por 2.50 dólares, utilizando el nombre del buen doctor, pero sin ninguna otra relación con él. Los periódicos, como era de suponer, se dieron vuelo; por fin podían imprimir la frase *líquido testicular*. Jim *Pud* Galvin, un beisbolista profesional de Pittsburgh, usó abiertamente el elíxir con la esperanza de que le sirviera para lanzar mejor contra Boston; es el primer uso registrado en la modernidad de una sustancia para mejorar el rendimiento en un atleta. Incluso surgió una canción popular que festejaba al viejo profesor:

> *El elíxir de Séquard es la gran sensación*
> *Que hace jóvenes de los canosos y arrugados*
> *No más pastillas o abultadas cuentas del doctor,*
> *Ni plantar a las personas en el barro del panteón.*

Tristemente, la última línea resultó una ilusión vana: Charles-Édouard Brown-Séquard murió el 2 de abril de 1894, cinco años después de su discurso ante la Société de Biologie y seis días antes de cumplir setenta y siete años. A pesar de su fama, no había ganado ni un solo franco con su elíxir. Y, a pesar de que sus colegas científicos al final de cuentas concluyeron que la milagrosa resurrección que Brown-Séquard había atribuido a su «líquido orquítico» se debía tan solo a un efecto placebo, él desató un furor por el rejuvenecimiento que provocó que hasta las mujeres y los hombres más racionales perdieran la cabeza.

La siguiente moda fue la llamada operación Steinach, que prometía restaurar la vitalidad masculina, pero que en realidad equivalía a una vasectomía común y corriente. No obstante, en Europa adquirió enorme popularidad entre la intelectualidad masculina, incluyendo al poeta William Butler Yeats, quien a los sesenta y nueve años se había casado con una joven de 27; incluso Sigmund Freud, tan sintonizado a los estados fálicos, se declaró satisfecho con los resultados.

En Estados Unidos, la fiebre por el rejuvenecimiento estalló en la década de 1920, cuando John Brinkley, un vendedor de medicinas de patente, popularizó una operación que básicamente consistía en implantar testículos frescos de chivo en el escroto de hombres agotados de mediana edad. De hecho, en la década de 1870, Brown-Séquard había realizado experimentos similares en perros, pero ni siquiera él se había atrevido a un trasplante entre especies. Brinkley no se preocupaba por esas cosas, tal vez porque no lo contenía una educación médica verdadera. Sin embargo, era dueño de una estación de radio y entre las actuaciones de la familia Carter e incluso del joven Elvis Presley, transmitía incesantemente testimonios sobre las maravillas de su operación.[4]

Al paso de los años operó a miles de pacientes y se convirtió en uno de los hombres más ricos de Estados Unidos. Al mismo tiempo, decenas de personas murieron en la plancha del quirófano y cientos más quedaron lisiadas o mutiladas a causa de sus cirugías torpes. Y, no obstante, se agolpaban para buscarlo los cansados, los agotados, los que languidecen, los impotentes, los viejos de Estados Unidos y hasta unas cuantas mujeres valientes desesperadas por aprovechar la posibilidad de volver a ser jóvenes.

No tenían idea de la suerte que tenían por el solo hecho de estar vivos.

Capítulo 1

LOS HERMANOS

La vejez no es una batalla; la vejez es una masacre.
PHILIP ROTH

La ola se encrespó, verde y espumosa, y chocó contra mi abuelo. A lo largo de un instante que duró demasiado, él desapareció bajo el agua. Yo lo miraba desde la orilla sin siquiera respirar. Tenía diez años. Por fin, se tambaleó hasta ponerse de pie sobre el banco de arena, se limpió el agua de los ojos y volvió a dar la cara al siguiente muro creciente de agua.

Hay días que el Lago Michigan piensa que es un océano, y ese era uno de ellos. Toda la mañana habían estado formándose olas de más de dos metros contra la playa frente a la vieja casona de mi familia, que mi bisabuelo había levantado, allá en 1919, con sus propias manos, madera barata y férrea voluntad anglosajona. Una de las cosas que más me gustaba en el mundo era dejar que las olas de esa playa arrastraran mi cuerpo y siempre rezaba para que hubiera oleaje. Por desgracia, ese día las olas eran demasiado grandes y me habían prohibido meterme al agua. Por eso estaba enfurruñado sentado en el porche.

Mi tío abuelo Emerson, que era el hermano mayor de mi abuelo y que es justo decir que en aquel tiempo no era mi pariente preferido, estaba en el porche conmigo. Severo y con poco sentido del humor, solo se dirigía a nosotros, los niños, para regañarnos por andar correteando o haciendo ruido. No nadaba, así que no podía cuidarnos en

1

la playa, lo que lo hacía básicamente inútil para nosotros. Tampoco bromeaba ni jugaba con nosotros, lo que nuestros demás tíos sí hacían. Solo se quedaba ahí sentado, con la mirada vacía dirigida hacia el lago. Para mi mentalidad de diez años, era una antigüedad, y no en un buen sentido, como lo sería en el caso de un fósil o un dinosaurio.

Mientras tanto, allá en el agua, mi abuelo estaba jugueteando entre olas tan altas como su cabeza. Se llamaba Leonard, e incluso en sus sesenta, el viejo marino seguía amando el oleaje fuerte. Con envidia, yo veía como se zambullía en una ola espumosa tras otra, saliendo del agua para limpiar sus ojos antes de encarar la siguiente. Yo lo adoraba.

La familia se había reunido para festejar su cumpleaños, que él juguetonamente llamaba con grandilocuencia el día de san Leonard. Un banderín hecho en casa que proclamaba el día ondeaba en el barandal del porche, para desconcierto de las personas que paseaban por la playa. La casona era una especie de punto de referencia porque era mucho más antigua que sus vecinas. Había sobrevivido a la Gran Depresión y a infinidad de tormentas invernales bestiales, inclusive una enorme en la década de 1930 que se había llevado la duna de arena sobre la que estaba construida. Casi todas las casas vecinas habían sido destruidas por completo. La familia viajó en coche desde Chicago para repararla ellos mismos, y a partir de ahí fue conocida como El Arca.

Los adultos se reunieron a las seis para tomar un coctel. Tal vez fue más bien cerca de las cinco. Después las tías prepararon la cena en la cocina de la planta baja, la cual se había construido para sostener la casa luego de que la tormenta se llevó la duna. Terminada la cena, los hombres encendieron una fogata en la playa y los niños asamos malvavisco tras malvavisco hasta que nos mandaron a la cama, acompañados por el sonido de las olas. Fue solo otro hermoso día de infancia en el lago, y permanecería guardado en mi memoria muchos años antes de que reconociera su verdadera importancia.

Si bien parecía que pertenecían a generaciones diferentes, mi abuelo Leonard tenía apenas diecisiete meses menos que su hermano

Emerson, un intervalo que rayaba en lo escandaloso para los rectos protestantes del oeste medio allá por 1914-1915, cuando nacieron. Eran casi gemelos, con los mismos genes y crianza, y mantuvieron una estrecha relación a lo largo de toda su vida adulta. Sin embargo, su suerte no pudo ser más diferente.

Esa imagen me sigue persiguiendo: Emerson sentado en su mecedora en el porche mientras su hermano un poco más joven está en el agua zambulléndose entre las altas olas. Un poco después de ese día, Emerson empezó a presentar señales de enfermedad de Alzheimer que a la larga devoraría su mente; murió en un asilo a los 74 años. Por otro lado, la idea de jubilación de mi abuelo consistió en comprar un pequeño huerto de cítricos en las montañas al norte de San Diego, donde trabajó al lado de campesinos migrantes hasta cerca de los setenta y cinco años. Seguía con el mismo vigor cuando una infección fortuita acabó con él a los 86 años.

La diferencia entre los dos hermanos era resultado, cuando menos en parte, de un factor poco probable: la religión. Al igual que mis bisabuelos, Emerson y su esposa eran devotos creyentes de la Ciencia Cristiana, que es un credo que tiene el nombre más desacertado de todos, dado que sus seguidores de hecho rechazan la ciencia médica porque creen que las dolencias humanas se pueden curar por medio de la oración. Por esa razón casi nunca iban al médico, por ningún motivo. En consecuencia, Emerson había acumulado tantos daños biológicos como un Cadillac en un derbi de demolición. Una sucesión de cánceres de piel que no había querido tratar se habían comido su oreja izquierda, dejándola deformada y con apariencia de coliflor. Más adelante sufrió una serie de derrames cerebrales menores que tampoco atendió. Siempre que padeció una infección que podía haberse solucionado con antibióticos, no los tomó, y eso también le cobró un precio.

Mi abuelo, ante la insistencia de su esposa, había abandonado sus creencias en la Ciencia Cristiana sin demora y su práctica religiosa más consistente era su gran devoción a la hora de su coctel: un escocés en las rocas a las 6 p.m. en punto todos los días. Recurría a la atención médica moderna, la cual había logrado avances cruciales contra las enfermedades infecciosas así como las enfermedades cardíacas y el cáncer. También fue importante que había dejado de fumar en 1957 (a diferencia de su hermano) y que se ejercitaba a diario gracias a sus ambiciosos proyectos de jardinería, que requerían de gran vigor, y a los que se dedicaba todos los días antes del coctel. El resultado fue que gozó de una vida más larga, de una vida sana mucho más larga que la de su hermano.

Los expertos en salud pública ahora lo llaman el *tiempo de salud*, o los años sanos de una persona, lo que será un concepto importante en este libro: si bien el *tiempo de vida* de mi abuelo fue apenas de unos catorce años más que su hermano, su *tiempo de salud* fue cuando menos de 30 años más. Si he cumplido bien con mi trabajo, *El secreto de la eterna juventud* le ayudará a entender cómo terminar más como mi abuelo, con su larga y saludable vida, y menos como su infortunado hermano.

Décadas después, en otro día perfecto de verano, yo estaba de nuevo sentado en el porche de El Arca. Llevaba mucho tiempo sin ir a la casona. La generación de mi abuelo había pasado a mejor vida y un primo lejano había comprado la casa. Ya casi no íbamos por ahí, por lo que resultó un gran gusto poder regresar al lugar de algunos de los recuerdos más felices de mi infancia. Ahora tenía cuarenta y pocos años y como es natural había tenido pensamientos sombríos sobre la realidad de envejecer.

Se lo debía en parte a mis considerados compañeros de trabajo que habían celebrado mi cumpleaños número cuarenta regalándome un pastel adornado con una sola vela. Tenía forma de lápida y decía:

DEP

Mi juventud

Eso fue muy amable de su parte. Pero también fue brutalmente cierto: en el mundo de los medios en el que me he desempeñado toda mi vida profesional, cuarenta años sí es viejo. A pesar de que uno en realidad no es viejo, sino que dista de serlo, nuestra cultura no obstante aplica la etiqueta de «mediana edad». Indeseable en términos demográficos. Uno va de salida, profesionalmente. Es posible que hasta sea usuario de AOL. Mi propia madre había dicho que «yo ya no era ningún polluelo».

Tenía algo de razón. En mi fuero interno, sabía que algo estaba cambiando. Desde que estaba en la universidad había sido más o menos deportista, a veces más y otras menos, pero a últimas fechas había notado que me costaba mucho más trabajo mantenerme en forma. Si dejaba de correr, andar en bicicleta o ir al gimnasio unos cuantos días, mis músculos se ponían gelatinosos, como si la hubiera pasado sentado en el sofá durante semanas. Cuando finalmente salía a correr un poco, sentía el inconfundible rebote de mis nacientes senos masculinos.

Ahora, me parecía que las crudas me duraban días, que a mi cartera y mis llaves les gustaba ausentarse sin permiso, y mejor ni hablar de cuando tenía que leer la carta de un restaurante bajo la romántica luz de una vela. Me sentía como cansado todo el maldito tiempo. Unos cuantos amigos habían muerto de cáncer, otros habían estado cerca. En mis ratos de ocio, me obsesionaba cada vez más con los arrepentimientos de la mediana edad, atrapado por la idea de que mis mejores años habían quedado atrás, y que Dios estaba atento a su reloj. Muy puntual: algunos científicos piensan que las congojas de la mediana edad reflejan el hecho de que hemos llegado a una especie de «punto de quiebre» biológico, en el cual los daños del envejecimiento han empezado a avanzar más rápido que la capacidad de nuestra mente y nuestro cuerpo para repararse.

Cuando fui a hacerme un examen médico alrededor de los cuarenta y tres años me enteré de que, misteriosamente, había subido siete kilos y medio y que mi nivel de colesterol ahora estaba muy cerca del de la leche con chocolate. Por primera vez en la vida exhibía el comienzo de una barriguita cervecera, lo cual no debió sorprenderme porque me encanta la cerveza, pero me cayó como balde de agua fría. Mi doctora achacó todo esto a un «envejecimiento normal». Lo dijo con una sonrisa, como si no hubiese motivo alguno de preocupación ni tampoco, por supuesto, razón alguna para tomar medidas. Encogió ligeramente los hombros como diciendo que no hay nada que hacer.

¿De veras? Yo quería saber más. Por ejemplo: ¿es posible detenerlo o cuando menos desacelerarlo? ¿Un poco? ¿Por favor?

Encontrar la «cura» del envejecimiento, una manera de derrotar a la muerte, ha sido el sueño de la humanidad literalmente desde que empezamos a escribir nuestros sueños. Con sus cerca de cuatro mil años, la *Epopeya de Gilgamesh* es la obra de arte literario más antigua que existe y, en parte, relata la hazaña de un hombre que va en busca del elíxir de la vida eterna. De hecho lo encuentra, en forma de una misteriosa planta espinosa que consigue sacar del fondo del mar, pero entonces se la roba una serpiente (alerta de *spoiler*). Ahí le dicen: «Cuando los dioses crearon al hombre le asignaron la muerte, pero ellos se quedaron con la vida».

Siempre hemos tenido en mente la idea de permanecer jóvenes, o cuando menos de vernos jóvenes. Uno de los textos médicos más antiguos que se conoce es un papiro egipcio que data de cerca del 2500 a.C., el cual contiene una «Receta para transformar a un viejo en un joven». Por desgracia, resulta que la receta es una crema facial hecha de fruta y barro, la cual probablemente no es muy diferente de las cremas «rejuvenecedoras» hechas de infusión de granada, melón y leche en las que los estadounidenses gastaron alrededor de chorrocientos millones de dólares el año pasado. Mi preferida es una poción hecha de algas marinas que se llama Crème de la Mer y que tiene un precio de venta superior a los mil dólares por 450 gramos; un químico cosmetólogo británico de nombre Will Buchanan calculó que sus ingredientes de hecho cuestan alrededor de 50 dólares.[1]

Cuando el *Poema de Gilgamesh* fue escrita, los humanos que vivían lo suficiente (o lo suficientemente bien) como para morir de viejos eran relativamente pocos; la esperanza de vida rondaba por ahí de los 25 años, tal como había sido durante muchos milenios. El día que usted esté leyendo esto, habrá diez mil *baby boomers* celebrando que cumplen 65 años. Mañana otros diez mil estarán subiéndole el volumen a Jimmy Buffet y pasando el Rubicón de «la vejez»; y así sucesivamente por los próximos veinte años. A este ritmo, nos quedaremos sin velas de cumpleaños mucho antes del año 2060, cuando el número de estadounidenses con más de sesenta y cinco años se habrá duplicado para sumar más de noventa y dos millones, o 20% de la población de Estados Unidos. Con fines de comparación, las personas con más de sesenta y cinco años representan apenas el 17% de la población de Florida a la fecha.[2]

El planeta entero se está convirtiendo en una Florida. Ahora hay en la tierra más viejos que nunca antes en la historia, incluso en países que apenas se están «desarrollando» como China, donde la política de un solo hijo ha distorsionado el equilibrio de la población en un plazo de tiempo impresionantemente breve. Durante la mayor parte de la historia de la humanidad, la distribución de edad en la raza humana ha tenido forma de pirámide, con muchos jóvenes en la base y un número relativamente menor de ancianos conforme se avanza hacia la cúspide. Ahora, a medida que los tiempos de vida se prolongan y las tasas de nacimiento se reducen, los países industrializados se están llenando en la cúspide de viejos, más como hongos que como pirámides. Según el diario *Nikkei*, dentro de poco tiempo Japón venderá más pañales para adultos que para niños. En lugar de sucumbir por la tuberculosis, la polio o la peste, como en generaciones anteriores, estos «nuevos viejos» morirán del corazón, de cáncer, de diabetes y de Alzheimer; los cuatro jinetes del apocalipsis geriátrico.

Estas enfermedades crónicas ahora son tan comunes que parecen inevitables. Hoy, cuatro de cada cinco estadounidenses de sesenta y cinco años toman medicamentos para uno o varios padecimientos crónicos: colesterol alto, hipertensión, diabetes y otros males más. Nuestra vejez está cada vez más llena de medicinas y eso significa que muy probablemente pasaremos las últimas décadas de nuestra existencia en calidad de pacientes, es decir, enfermos. Los expertos en salud pública llaman a esto el período de morbilidad, o la parte de nuestras vidas en la que padecemos enfermedades crónicas. Hoy por hoy, para la mayoría de las personas, ese período representa básicamente la segunda mitad de su existencia, lo cual no deja de ser un pensamiento espeluznante. Pero es más espantoso pensar lo que costará mantener a esas legiones de viejos que andarán por ahí, con sus medicinas, sus artroplastias de rodilla y sus válvulas cardíacas artificiales, sin hablar de lo mal que muchos de ellos seguirán sintiéndose.

Si alguna vez existió una época en que la humanidad necesitó la flor mágica de Gilgamesh, sería en la actual.

Como observara Montaigne, la verdadera crueldad del envejecimiento no es que mate a un viejo, sino que le roba la juventud a un joven. Esa es la pérdida mayor, escribió. Su única clemencia es que avanza lentamente, casi de forma imperceptible. Escribió que, no obstante, la naturaleza «nos lleva paso a paso a ese estado miserable... de modo que somos insensibles al golpe cuando muere nuestra juventud, a pesar de que en realidad es una muerte más dura que la desintegración final de un cuerpo que languidece, es más dura que morir por viejo».[3]

A pesar de que me faltaron tres años (1964) para que me tocara la línea de corte del *Baby boom*, compartí la idea delirante de esa generación de que, de alguna manera, jamás envejecerían. Envejecer era algo que ocurría a los viejos, a nuestros padres y abuelos. De algún modo, nosotros seríamos inmunes. Es obvio que no fue así, pero lo que a fin de cuentas hizo que el envejecimiento fuese una realidad para mí no fue que mis padres llegaran a los setenta años ni tampoco mi inminente encuentro de box con la mediana edad, sino que lo que al final me dejó todo claro fue lo que sucedió con mis perros.

Eran dos, una pareja de sabuesos de la raza Redbone Coonhound tan común en el sur del país que aparece en el clásico infantil *Where the Red Fern Grows*. Había tenido a Theo desde que era un cachorrito y a Lizzy desde muy pequeña, pero ahora los dos calificaban como ciudadanos mayores del mundo canino. Lo interesante era que si bien Theo había conservado un aspecto de cachorro, el hocico de Lizzy había encanecido cuando tenía siete u ocho años y ahora caminaba con las patas tan tiesas como las de un camionero. Cuando la gente nos abordaba en la calle preguntaba, sin respeto alguno por su considerable vanidad: «¿Ella es la madre?».

No. Son hermanos y nacieron en la misma camada. Pero se veían tan diferentes, era como si se repitiera el caso de mi abuelo y Emerson. Uno parecía mucho más viejo, a pesar de que tenían exactamente la misma edad. Pero con los perros, no había una explicación evidente, como la Ciencia Cristiana. Sus genes eran básicamente iguales, su alimentación había sido igual y, desde pequeños, sus paseos habían sido los mismos. Como en el caso de mi abuelo y su hermano, difícilmente podían haber sido más parecidos, o más diferentes.

Todo el mundo ha notado que la gente parece envejecer a ritmos muy diferentes. Cuando vamos a una reunión de exalumnos, hay algunos compañeros que se ven como si fueran sus padres, mientras que otros se ven como si acabaran de regresar de la playa después de unas vacaciones. ¿En qué radica la diferencia? ¿Solo es cuestión de tener «buenos genes» como parece pensar mucha gente? ¿O se trata de algo que podemos controlar, por ejemplo lo que comemos? ¿Lo que bebemos? La respuesta a esta enorme interrogante, por qué algunas personas envejecen más lento que otras, será la misión fundamental de este libro.

En el caso de Theo y Lizzy, lo atribuí a la casualidad o al azar, que según dicen los científicos sí desempeña un papel significativo en el envejecimiento. Pero eso no era todo y, como resultaron las cosas, las apariencias fueron engañosas. Un domingo de octubre, cuando volví a casa de un paseo en bicicleta, encontré a Theo todo emocionado esperándome en el porche de nuestra cabaña en Pennsylvania. Antes le encantaba correr conmigo por los senderos y ahora que tenía casi doce años seguía dispuesto a correr un rato alrededor de la manzana. Así que abrí la reja y él me siguió a medio trote por una vuelta, después dos y hasta tres. Se veía muy bien, listo para más, y por eso me quedé de una pieza cuando, cuatro días después, lo llevé al veterinario y me dijo que tenía cáncer.

Nuestro veterinario es un buen tipo de nombre Tracy Sane, un chico de campo varado en Manhattan. Siempre que veía a los dos sabuesos se ponía un poco melancólico y decía, palabras más palabras menos: «Estos sí son perros *de verdad*». Yo había llevado a Theo para que le quitara una pequeña excrecencia de la piel, lo cual no debía ser gran cosa. Como la cirugía requeriría que lo anestesiaran, el doctor Sane se había colocado su estetoscopio para escuchar su corazón. Conforme fue bajando por el pecho de Theo su expresión se fue nublando y dijo: «Theo tiene un pequeño soplo en el corazón».

El soplo significaba que el corazón de Theo estaba demasiado grande y débil. Eso también les sucede a los humanos y es uno de los signos más comunes del envejecimiento. Por lo general significa que otra cosa anda mal. Las radiografías del tórax revelaron que así era: el espacio donde debían haber estado el bazo y el hígado estaba ocupado por una enorme mancha borrosa, más o menos del tamaño de un balón de juguete. «Esto es un verdadero problema», dijo el doctor Sane. Lo llamó «hemangiosarcoma del bazo», que es otra forma de decir «tumor». Dijo que había que extraerlo, siempre y cuando fuera posible. Hicimos una cita para el lunes a primera hora y me advirtió con tono triste que Theo estaba por enfrentar un camino muy duro.

Ese fin de semana mi novia Elizabeth y yo tratamos de no pensar en Theo y su tumor. Las noticias solo hablaban de que se estaba formando un huracán llamado Sandy que golpearía la ciudad. Decían que sería una de las tormentas más fuertes en azotar Nueva York. El sábado fuimos caminando hasta el mercado ambulante que se instalaba en el barrio; ahí Theo y Lizzy nos remolcaron hasta su puesto preferido: el que vendía salchichas de pavo y regalaba muestras a los perros. Después nos arrellanamos en el sofá para ver la televisión que estaba transmitiendo cómo se hundía el enorme velero *Bounty* en la costa de Carolina del Norte. Sandy seguía avanzando.

El domingo nos quedamos en casa por la tormenta, leyendo el periódico y bebiendo café, que más adelante cambiamos por vino. Después de la cena tratamos de sacar a los perros para un último paseo, pero Theo se negó a salir. No era extraño. Odiaba las tormentas y sabíamos que se había aguantado muchas horas sin orinar antes que salir a la lluvia. Era un can muy terco y no tenía caso llevarlo a rastras. Le di una especie de masaje perruno para que se relajara, sobándole el lomo de arriba abajo mientras estaba echado en su cama. Pero no creímos que estuviera pasando nada terriblemente malo, salvo el clima. A la mañana siguiente, una vez que hubiese pasado la tormenta, lo llevaríamos a su operación. Le faltaban tres semanas para cumplir doce años.

Pero Theo tenía otros planes y en ellos no estaba la cirugía. Lo encontramos poco antes del amanecer; yacía junto a su cama y su cuerpo todavía estaba caliente, excepto por sus labios. Le cerré los ojos, Elizabeth lo cubrió con una cobija y lloramos juntos.

En las semanas siguientes a la muerte de Theo hubo más de un amigo que me confió que había llorado más por la muerte de un perro que cuando su padre había pasado a mejor vida. Esto no quiere decir que amaran menos a sus padres (o no del todo). Pero es que nuestros padres envejecen en cámara lenta y nosotros esperamos que suceda. La corta vida de un animal querido y su pronta muerte tienen algo que nos pega muy de cerca. Nos recuerda más de lo que quisiéramos que tenemos prestada la existencia. En el tiempo que vivió Theo, yo había pasado de ser un hombre bastante joven, con solo treinta años en mi haber, a uno que ya no era tan joven y rondaba los cincuenta.

Era tan viejo que de hecho estaba preparando un libro sobre el envejecimiento. La muerte de Theo me llevó a trabajar a marchas forzadas. Ahora quería saber *todo* sobre el envejecimiento; todo acerca de ese proceso universal que afecta prácticamente a todos los seres vivos pero del que todavía sabemos tan poco. Decidí abordarlo como un reportaje de investigación, siguiendo la evidencia hacia dondequiera que me condujera. Leería todo estudio sobre el envejecimiento, todo libro sobre el tema que pudiese encontrar. Me abriría camino para entrar a los laboratorios donde se hace ciencia dura con pocos fondos, y sacaría de su madriguera a los líderes en el campo. Pero también buscaría a los disidentes, a los rebeldes de la ciencia, a aquellos que tienen la fuerza para impulsar ideas novedosas, independientemente del dogma o la moda en curso. También buscaría a las personas mayores que nos están enseñando el camino a los demás, a esas que están saltando con garrocha a sus más de setenta años, a los líderes de opinión que superan los ochenta años y también a los que pasan de cien y todavía están eligiendo ganadores en el mercado de valores.

Tenía grandes interrogantes: ¿Cómo nos transforma el tiempo? ¿Qué me iría sucediendo a medida que entrara en la mediana edad y la rebasara? ¿Mi persona a los cuarenta y tantos en qué era diferente a la de mi adolescencia? ¿Qué cambiaría entre los cuarenta y los setenta años? Es más, ¡mi sobrina de diez años por qué es «joven» pero mis perros de doce son viejos? ¿Qué es esa fuerza invisible llamada envejecimiento que afecta a todos los que conozco? ¿A todos lo que están leyendo esto? ¿A todos los que hayan vivido alguna vez?

Más al grano: ¿qué tanto del envejecimiento podemos controlar y qué tanto está determinado por la suerte o el azar? Mi motivación era personal. De entrada quería aferrarme a mi juventud, o a lo que quedaba de ella, durante el mayor tiempo posible. Quería terminar como mi abuelo, que de viejo se zambullía en las olas y podaba árboles frutales, y no atado a una mecedora, como su pobre hermano Emerson.

Y si bien al inicio de mi investigación había temido que solo me enteraría de un montón de cosas deprimentes, resultó no ser el caso en absoluto. Los científicos están descubriendo que el envejecimiento es mucho más maleable de lo que supusimos jamás; que en efecto lo podemos *hackear*. Usted no tiene que sobrellevar una vejez como la de su abuelo (en mi caso la de mi tío abuelo). Puede controlar, cuando menos parcialmente, qué tan bien envejece. Puede evitar en gran medida dos de las grandes enfermedades de la vejez (la cardiovascular y la diabetes) y en algunos casos hasta podría revertirlas. La tercera, la temida enfermedad de Alzheimer, se puede prevenir hasta en un 50 por ciento.

La historia de los perros me demostró que la longevidad radica en bastante más que ir o no ir al médico o en hacerse un facial a la semana. El misterio es mucho más profundo. Sin embargo, lo verdaderamente genial y sorprendente es que, a nivel celular, podemos modificar una gran cantidad de aspectos del envejecimiento o incluso demorarlos.

La ciencia ha descubierto que en lo más profundo de nuestras células hay caminos y mecanismos secretos que estimulan la longevidad y sirven para derrotar o desacelerar algunos de los efectos del envejecimiento, ahora solo nos falta encontrar el camino para abrirlos. Algunos de esos caminos de evolución son tan antiguos que los compartimos con las formas más inferiores de vida, como los gusanos microscópicos o incluso la levadura; hay otros que apenas estamos empezando a identificar gracias al colosal potencial de la secuenciación genómica.

Sabemos que hay ciertos genes que al parecer están ligados a la longevidad extrema y a la buena salud, y que hay cientos de genes más que están a punto de ser descubiertos. Algunos de ellos pueden incluso ser activados, o imitados, por compuestos farmacológicos que ya están en etapa de investigación. Pero no todo son sueños idílicos. Ahora mismo podemos activar los grandes mecanismos de nuestra biología que estimulan la longevidad con solo salir a correr un poco o simplemente saltándonos una comida o dos. Resulta que incluso un poco de conocimiento y prevención podrían hacer la diferencia entre que usted viva el resto de su vida zambulléndose en las olas o sentado en una mecedora en un porche.

Capítulo 2

LA EDAD DE ENVEJECER

Los días de nuestras vidas alcanzan los setenta años, y en caso de mayor vigor, los ochenta; con todo, su orgullo es solo trabajo y pesar, porque pronto pasa y volamos.

SALMO 90:10

La diferencia entre la suerte que corrió mi tío abuelo Emerson y la de mi abuelo Leonard refleja lo mucho que aumentó la esperanza de vida de los humanos a lo largo del siglo pasado. Emerson vivió su existencia como un hombre de finales del siglo XIX, cuando fue fundada la Ciencia Cristiana: una breve juventud floreciente y después, a partir de la mediana edad, un declive largo y doloroso. Para ser franco, es bastante asombroso que pasara de los setenta años. Mi abuelo, por su parte, fue un hombre muy del siglo XX: de pensamiento avanzado y mentalidad científica, recurría a lo mejor que la medicina moderna ofrecía. No es de extrañar que tuviese una existencia mucho más larga y sana que su hermano.

Y, sin embargo, los dos hombres, incluso Emerson, superaron por mucho el pronóstico de su esperanza de vida al nacer. Cuando nacieron, en 1914-1915, un estadounidense caucásico típico podía contar con que pasaría alrededor de 52 años en esta Tierra. Entonces, tal como ahora, el principal asesino de estadounidenses eran las enfermedades cardíacas, que acababan de desplazar a la tuberculosis y a la pulmonía, las cuales iban de retirada gracias a la llegada de los antibióticos.[1] La influenza estuvo a la cabeza en las gráficas durante la epidemia de 1918, pero por primera vez en la historia, era mayor el número de personas que morían por una enfermedad del envejecimiento que por otra causa cualquiera. Había empezado la edad del envejecimiento.

Hoy en día, según la Organización Mundial de la Salud, los varones estadounidenses tienen una esperanza de vida de unos setenta y siete años, y las mujeres cuentan con un bono de cinco años más.[2] Sin embargo, esas cifras no son motivo para presumir en el ámbito mundial. Ocupamos el lugar 32 de la lista, después de Costa Rica, Portugal y Líbano, a pesar de que nuestro gasto en salubridad por persona es mucho mayor. Y seguimos quedándonos atrás: la esperanza de vida para algunos subgrupos de la población estadounidense podría de hecho estar bajando. Mientras tanto, según algunos estimados, la mitad de los niños alemanes nacidos este año vivirán para cumplir 105 años.[3]

Esta explosión en la longevidad no tiene precedente en la historia de la humanidad. Un día cualquiera, dé una vuelta por un cementerio y lea las fechas de las lápidas: encontrará un número tristemente elevado de infantes, niños y mujeres jóvenes que murieron en el parto, mientras que los hombres por lo general tenían mejor suerte y vivían hasta los cuarenta y pico, con unos cuantos individuos excepcionales que pasaban de los setenta; o sea, los setenta a los que se refiere la Biblia. No obstante, también era posible vivir mucho tiempo. El primer bebé inglés que nació en Massachusetts en 1621, de padres que vinieron en el *Mayflower*,* fue una niña que se llamó Elisabeth Alden Pabodie, quien logró vivir cerca de un siglo, dado que murió en 1717 a los noventa y seis años. En aquellos tiempos, pero en particular en el accidentado terreno de la colonia de la Bahía de Massachusetts, envejecer era un logro, no un infortunio. Como dijo Montaigne: «Morir de viejo es una muerte rara, fuera de lo común y singular y, por lo tanto, mucho menos natural que las otras; es la clase máxima de muerte, la más extrema».

Las cosas empezaron a cambiar a mediados del siglo XIX, cuando surgió el alcantarillado urbano y la medicina semimoderna; el solo hecho de que los médicos adoptaran la costumbre general de lavarse

---

* Y que, ¡hurra!, fue mi antepasado.

las manos redujo enormemente las tasas de mortalidad. Por ejemplo, en 1881, el presidente James Garfield no murió por la bala que disparó su asesino, sino por la colosal infección que le provocaron los dedos sucios de sus médicos. Las muertes durante el parto que alguna vez fueran tan comunes se fueron tornando más raras cada vez gracias al milagro de la anestesia, los antibióticos y las cesáreas, sin lo cual tanto mi madre como yo seguramente habríamos muerto como consecuencia del traumatismo de traer al mundo a un infante de casi cuatro kilos y medio. La esperanza de vida aumentó con rapidez conforme hubo más agua limpia disponible (y menos aguas negras en la cercanía), la medicina logró importantes avances contra las enfermedades infecciosas y la mortalidad infantil se desplomó. Así, más personas nunca antes experimentaron el fenómeno natural, extraño e inexplicable que llamamos envejecimiento.

Si alguna vez llega a pasearse por la abadía de Westminster en Londres, quizá vea una tumba de mármol bastante llamativa que está en el transepto sur. Ahí descansa un tal Thomas Parr, que según dice la lápida vivió 152 años y durante los reinados de diez reyes. No es un error de tipografía. Parr fue un jornalero de los campos de Shropshire famoso por haber vivido mucho más de un siglo; de hecho, se decía que había engendrado un hijo a los 122 años. Un conde oyó hablar de él y lo invitó a la corte del rey Carlos I en 1635, donde disfrutó de una celebridad efímera, la cual incluyó que Peter Paul Rubens pintara su retrato. Pero poco pudo gozar de la fama y el lujo, ya que tras unas cuantas semanas de estar expuesto al ambiente plagado de enfermedades y horriblemente contaminado de Londres, Parr murió.

El viejo Parr habría sido el humano más longevo que haya existido jamás, si la edad que se decía que tenía se hubiese acercado siquiera remotamente a la verdad. Las dudas empezaron a surgir al poco tiempo de que el afamado cirujano William Harvey efectuara la autopsia de su cuerpo y observara que sus órganos internos estaban en una condición bastante buena para tener un siglo y pico de edad.[4] No obstante lo que consigna su lápida, ahora los estudiosos modernos piensan que el «viejo Parr» era en realidad el nieto del viejo Parr *original*, y que el título simplemente fue pasando por la línea de sucesión. En el siglo XVI, los registros de nacimiento en Shropshire eran bastante irregulares, así que nadie puede saberlo con certeza.

En fechas más recientes, en la década de 1960, se decía que los habitantes de la zona de Abjasia, perteneciente a la entonces Unión Soviética y enclavada en las montañas del Cáucaso, por lo general vivían más de 140 años. Esa longevidad se atribuía a que comían yogurt, el cual ha gozado de gran popularidad desde entonces, a pesar de que sus bondades se han desmentido por completo. Tan solo en años recientes ha habido un resurgimiento de individuos muy arrugados que aparecen en lugares como Bolivia y la China rural, los cuales afirman tener 125 años o más. Algo que comparten todos estos arrugados tramposos con el viejo Parr es que tampoco cuentan con actas de nacimiento confiables, lo cual impide comprobar lo que afirman.

El humano más longevo que se haya documentado en la historia fue una mujer francesa común y corriente que nació en Arles en 1875 y se llamaba Madame Jeanne Calment, quien afirmaba haber conocido a Vincent van Gogh en el taller de arte de su tío. (Ella opinaba que no era un hombre amable).[5] Por ahí de los 80 años, Madame Calment acordó vender su departamento a un amigo que era abogado, quien a la sazón tenía cuarenta y tantos años. Según ese contrato, común en Francia, el comprador pagaría 2 500 francos mensuales a la mujer mientras ella viviera y él asumiría la posesión del inmueble tras su fallecimiento. La única complicación fue que pasaba un año y luego otro y otro más y ella seguía viva. Montó en bicicleta hasta los 100 años y fumó hasta los 117; lo que tal vez fue un error, ya que solo duró cinco años más antes de que finalmente muriera a la edad de 122 años. Para entonces, el pobre tonto había muerto y de hecho le había pagado a la señora el doble de lo que valía su casa.

Se cuenta que ella alguna vez dijo: «Solo he tenido una arruga en toda mi existencia, y estoy sentada sobre ella».

Ese es el *tiempo* de vida. Nadie ha superado a Madame Calment, ni antes ni después. Punto.

Por otro lado, la *esperanza de vida* es un pronóstico estadístico del tiempo que probablemente vivirá un infante nacido en el año en curso y que está basado en un documento de aspecto aburrido conocido como la tabla de vida. Para usted y para mí, la tabla de vida es como un compendio de números aleatorios que marea, tan emocionante como un directorio telefónico. Enumera las tasas actuales de mortalidad; es decir, el riesgo de muerte correspondiente a los individuos de cada edad, durante el año pasado. Así, por ejemplo, la probabilidad de que una estadounidense de cuarenta años muriese en 2010 era de 1.3 en mil, o 0.13 por ciento; para una mujer de sesenta años era de 0.5 en mil, o cinco veces más. Si tomamos a nuestro infante hipotético y lo hacemos pasar por estas estadísticas, encontraremos su esperanza promedio de vida.

Los demógrafos veneran la tabla de vida como si fuera el Talmud. Sobre ella se basan el sector de los seguros y el sistema de jubilación. Además, nos ofrece una especie de ventana para ver el futuro. Según la tabla de vida compilada por la Social Security Administration de Estados Unidos, que sirve de base para los cálculos en línea, un estadounidense caucásico de cuarenta y siete años (o sea yo) tendría una esperanza de 35 años más de vida. Eso me coloca en los ochenta y dos años. No está mal, pero no es tan bueno como en el caso de mi abuelo. Por lo tanto, busqué una segunda opinión. Descargué una aplicación (de verdad) que se llama *Days of Life* y que promete calcular la esperanza de vida restante, con base en el género, la edad y el país de residencia. Por desgracia, esta decía que me quedaba *incluso* menos tiempo, unos treinta años; y durante las siguientes semanas mi teléfono no dejó de vibrar con recordatorios diarios: «Te quedan 10 832 días de vida».

Sobra decir que la eliminé. En el mundo real es imposible saber si moriremos a los ochenta y dos años, a los sesenta y dos o a las 2 p.m. mañana por la tarde. Además, por fortuna, lo único seguro de los pronósticos sobre la esperanza de vida es que, al igual que los pronósticos del tiempo, cambiarán.

Allá en la década de 1920, un destacado demógrafo estadounidense de nombre Louis I. Dublin que era actuario en jefe de la Metropolitan Life Insurance Company declaró que la esperanza promedio de vida humana llegaría a su máximo exactamente a los 64.75 años; casualmente apenas tres meses antes de la edad oficial de sesenta y cinco años para jubilarse que señala la Social Security Act de 1933. En aquel tiempo, la típica persona de sesenta y cinco años seguramente se veía, se sentía y olía a viejo. Pero no era bajo ninguna circunstancia el límite. Cuando informaron a Dublin que las mujeres de Nueva Zelanda ya estaban pasando de los sesenta y cinco años, aumentó su cálculo a cerca de setenta. Pero esa cifra también resultó ser demasiado baja y hasta mi pobre tío abuelo Emerson la superó.

Las esperanzas de vida han ido aumentando sin cesar en todo el mundo durante cerca de dos siglos. Hace unos diez años, James Vaupel, otro connotado demógrafo estadounidense, compiló todas las estadísticas históricas del tiempo de vida conocidas, y confiables, que pudo encontrar, remontándose al siglo XVIII en Suecia porque ese país lleva un estupendo registro de los nacimientos y los fallecimientos.[6] Vaupel, su coautor Jim Oeppen y su equipo de investigadores hercúleos identificaron, año por año en función de los datos disponibles, el país donde las personas vivían más tiempo, o si prefiere llamarlos así, a los líderes de la longevidad. Para su sorpresa, se formó una línea recta ininterrumpida, que iba subiendo constantemente como un avión en el aeropuerto Kennedy.

Expectativa de vida

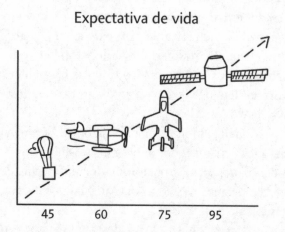

45	60	75	95

La gráfica de Vaupel mostraba que, a partir de más o menos 1840, la esperanza promedio de vida para las mujeres en el país con mayor longevidad había aumentado a una tasa constante del orden de 2.4 años por década.[7] Y si bien el país en el primer lugar ha cambiado algunas veces, de Suecia a Noruega a Nueva Zelanda a Islandia y ahora a Japón, hay una constante: cada cuatro años, los humanos han ido ganado en forma constante un año más de esperanza de vida potencial. O si lo prefiere, cada día que pasa ganamos seis horas más.

«La línea recta me dejó atónito», dice Vaupel desde su oficina en el Instituto de Investigaciones Demográficas Max Planck en Alemania. «El hecho de que se haya sostenido durante dos siglos es verdaderamente sorprendente.» Pero no solo eso, sino que la línea atropelló los pronósticos de muchas personas inteligentes que decían que el tiempo de vida alcanzaría una meseta, desde el de Dublin hasta los de diversos organismos de la ONU y los de demógrafos rivales, sin dar muestras de desaceleración. Él, provocadoramente, tituló su estudio *Broken Limits to Life Expectancy* o los límites rotos de la esperanza de vida.

Este aumento incesante del tiempo de vida invariablemente se explica en función de un puñado de factores que ya hemos mencionado antes: mejores servicios sanitarios y mejor atención médica. Cosas como la penicilina, la esterilización y hasta las medicinas para la hipertensión nos han permitido vivir más tiempo porque hemos podido evitar la muerte temprana que asolaba a nuestros antepasados. Y este cambio sigue ocurriendo en los países en desarrollo: según la Organización Mundial de la Salud, la esperanza de vida mundial promedio ha aumentado seis años desde 1990.

Sin embargo, Vaupel argumenta que, en los países desarrollados, el incremento constante del tiempo de vida de hecho refleja que cambios ambientales mucho más profundos están afectando la forma en que todos envejecemos. «Antes de 1950, la mayor parte del aumento en la expectativa de vida se debió a la gran disminución de las tasas de muerte a edades más jóvenes», escribió en su influyente ensayo publicado en *Science* en 2002. «En la segunda mitad del siglo XX, la mejoría en la supervivencia después de los 65 años de edad impulsó el aumento en la duración de la vida de las personas.»

Todo empezó por una mejor tecnología médica: el solo hecho de que el exvicepresidente Dick Cheney siga con vida, tras sus múltiples infartos y cirugías, se tiene que contar como una maravilla. Aun si nosotros no recibimos una válvula cardíaca, sí gozamos todos de agua más limpia, aire más limpio, mejor vivienda y menos epidemias masivas que hace apenas cincuenta años. Esto explica por qué el hermano de mi abuelo llegó a los setenta y pico sin ninguna clase de atención médica. Su mundo era mucho más limpio y seguro que el de sus antepasados. De hecho, si no hubiese fumado (que fue su única infracción a la ortodoxia de la Ciencia Cristiana), Emerson tal vez habría vivido casi tanto tiempo como su hermano.

En efecto, la prohibición de fumar en muchos lugares ha reducido la exposición al humo del tabaco, un potente cancerígeno, lo que probablemente ha aumentado aún más las expectativas de vida (aunque al parecer unas cuantas bocanadas no perjudicaron a Madame Calment). Vaupel argumenta que gracias a que nuestro entorno está cada vez más protegido, ahora no solo eludimos la muerte temprana, sino que de hecho estamos envejeciendo más lentamente que nuestros antepasados que eran sucios, vivían en la incomodidad, respiraban humo y luchaban contra las enfermedades. «El tiempo de vida es asombrosamente plástico. Las personas de setenta años de hoy están más o menos tan sanas como las de sesenta de hace algunas décadas. Se enferman e incapacitan más tarde; ahora los cinco años malos del final de la vida se están presentando a los ochenta u ochenta y cinco años y no a los setenta».

En pocas palabras, ser viejo ya no es estar tan viejo. Las personas están viviendo de forma menos parecida a la de Emerson, que era un anciano a los sesenta, y más a la de mi abuelo, que se mantuvo relativamente joven hasta los setenta y pico. Personas como Diana Nyad, que nadó de Cuba a Cayo Hueso a los sesenta y cuatro años, pocos meses antes de alcanzar la edad tradicional de jubilación, siguen ensanchando las fronteras de la vejez. Su mantra prácticamente era: «Los sesenta son los nuevos cuarenta». Tampoco es un caso tan atípico: dos de mis compañeros habituales en los recorridos en bicicleta son hombres que usan los servicios de Medicare y a mí me cuesta seguirles el paso. Sin embargo, cuando Humphrey Bogart representó el papel de Rick, un hombre cansado del mundo de aspecto decrépito, en *Casablanca*, filmada en 1942, solo tenía 42 años. (¿Tal vez por lo mucho que fumó?)

Si los sesenta son los nuevos cuarenta, entonces los noventa y cinco de ahora tal vez serían como los ochenta de antes: un estudio reciente del envejecimiento cognitivo efectuado en Dinamarca demostró que la cosecha actual de personas de noventa y cinco años había llegado a esa edad con muchos más tornillos en su lugar que el grupo de edad de personas justo una década más viejas. Vaupel y otros piensan que esas personas mayores de hecho están envejeciendo más lentamente que las de generaciones anteriores.[8] «En los últimos treinta años hemos visto surgir una fuerza motora enteramente nueva y totalmente inesperada que está impulsando el aumento constante de la longevidad», dice Thomas Kirkwood, un destacado biólogo de la Universidad de Newcastle en Inglaterra, que encabeza un estudio de los «viejos más viejos», los que tienen más de ochenta y cinco años, «y es un hecho que las personas están llegando a la vejez en mejor condición que nunca antes».

¿Pero puede continuar este incremento del tiempo de vida que ya lleva dos siglos? ¿La línea de Vaupel seguirá subiendo?

No todo el mundo lo cree así y un experto destacado piensa que la longevidad humana está a punto de dar un paso enorme en la dirección equivocada.

Jay Olshansky me recibió en la puerta de su casa ubicada en un suburbio de Chicago y de ahí fuimos en su auto a Superdawg, un popular establecimiento de *hot dogs*, porque si hay algo que Chicago hace bien son los embutidos. Olshansky admitió que le encantaban los *hot dogs* y, si bien afirmó que los comía rara vez, aparentemente sabía mucho sobre dónde encontrar los mejores. «Siempre y cuando no comas así a diario, no hay ningún problema», me confió mientras entrábamos al estacionamiento.

Lo que resulta interesante porque, entre otras cosas, él es conocido por su sólida convicción de que al final de cuentas, cosas como un «estilo de vida saludable» no afectan tanto la longevidad. En el negocio de las expectativas de vida es famoso por ser todo un escéptico. En el camino de ida, se quejó de un cartel publicitario de Prudential, la compañía de servicios financieros, que decía: «La primera persona que llegará a los 150 años ya ha nacido. Más vale estar preparado».

«Están usando cifras inventadas», dijo furibundo. «No tiene fundamento científico.»

Lo que es peor, si Prudential está en lo cierto, entonces Olshansky habrá perdido una cuantiosa apuesta. En el año 2000 hizo una apuesta con su colega Steven Amstad (un biólogo evolucionista de quien hablaremos más adelante). Este apostó que para el año 2150 habrá cuando menos una persona de 150 años viviendo en la tierra; en otras palabras, que Prudential está en lo cierto. Olshansky dijo que era imposible. Cada uno apostó 150 dólares simbólicos, pero gracias a sus astutas inversiones en oro, Olshansky presume que esos 300 dólares originales han aumentado a más de 1 200 dólares. Para el 2150, si continúa esa tasa de rendimiento, el valor del fondo será de unos mil millones de dólares y decididamente espera que sus bisnietos los puedan cobrar.

Olshansky piensa que los 122 años de Madame Calment representan el límite *superior* del tiempo de vida de los humanos, uno que está programado en nuestro genoma y tal vez en nuestra mismísima bioquímica. Y esa cifra máxima no ha cambiado; si acaso, la vieja francesa fue más bien un caso atípico. Nadie se le ha acercado desde que murió en 1997. Al momento de escribir estas líneas, la persona más vieja del mundo es Misao Okawa, una japonesa de 116 años que nació en 1898, y le sigue de cerca Gertrude Weaver, una afroamericana nacida en Arkansas de padres aparceros; las dos se cuentan entre las diez personas más longevas que hayan existido jamás, pero parece poco probable que le puedan ganar la corona a *La Calment*.

En cuanto a la esperanza *promedio* de vida, Olshansky supone que alcanzará una meseta alrededor de los ochenta y cinco años para la mayor parte del mundo; o que, tal vez empezará a descender en algunos países, por ejemplo el nuestro.[9]

¿Pero qué decir de la gráfica de Vaupel?

«Es fantasía, pura fantasía», dijo gruñendo entre bocados de la sabrosa carne y explicó su razonamiento. «Si usáramos la misma metodología para extrapolar los registros históricos de las carreras de una milla, llegaríamos a la conclusión de que dentro de unos doscientos años la gente estará corriendo una milla en un segundo, lo cual es ridículo».

Por supuesto que lo es, pero existe una diferencia muy importante: los tiempos que se registran en la milla cada vez son más breves, mientras que los tiempos de vida se han ido prolongando. «Existe una explicación de por qué es imposible que uno corra una milla en cero tiempo, pero la duración del tiempo que uno puede vivir no tiene límite», insiste Vaupel. Y nadie está diciendo que los tiempos de vida serán infinitos algún día. (Bueno, de hecho hay alguien que *sí* lo está diciendo, y en breve hablaremos de él.)

El debate entre Olshansky y Vaupel se había vuelto tan acalorado y tan personal que durante algún tiempo los dos hombres se tomaban enormes molestias para no asistir a las mismas conferencias, no fuera a ser que por accidente se encontraran con el otro. Sin embargo, en el fondo de su rivalidad asoma una importante pregunta: ¿Exactamente qué tan flexible es la longevidad humana? ¿Cuáles son los límites en caso de que existan?

Vale la pena investigar el punto central de Olshansky: «Existen fuerzas biológicas que influyen en la velocidad con la cual podemos correr y fuerzas biológicas que limitan la duración del tiempo que podemos vivir», insistió y prosiguió soltando otra analogía fácil de comprender: «Es como echar aire a un neumático. Al principio, bombear el aire es muy fácil, pero a medida que el neumático se va llenando es más difícil cada vez.»

Por ejemplo, dijo que incluso si pudiéramos curar la mitad de todos los cánceres (la segunda causa de muerte en Estados Unidos), la esperanza promedio de vida aumentaría poco más de tres años. No más. Y suponiendo que pudiéramos curar las enfermedades cardíacas, el cáncer y los derrames cerebrales, o sea los tres grandes asesinos, solo ganaríamos unos diez años, lo cual representa un salto sustancial, pero uno que todavía no llega a la marca de un siglo. «No nos acercamos a los 100, y 120 es incluso más descabellado, en varios órdenes de magnitud».

Sin embargo, muchos de sus colegas discreparían, empezando por Vaupel, quien señala alegremente que su famosa línea ya ha superado los límites de la esperanza de vida que pronosticó Olshansky. En 1990, Olshansky había declarado con convicción que las expectativas de vida no tardarían en llegar a un máximo del orden de ochenta y cinco años. Sin embargo, en una década, las japonesas ya estaban llegando a los ochenta y ocho. Los hombres y las mujeres de Mónaco, el «país» más rico del mundo, ya están arañando el umbral de los noventa.[10]

«Puede pensarse en la línea como la frontera de la posibilidad, la frontera de lo que pueden hacer los humanos en términos de alcanzar una esperanza de vida», me había dicho Vaupel.

Olshansky repuso que sí, pero que la frontera es una cosa y otra muy diferente es la forma en que las personas están viviendo en realidad y, más importante aún, la forma en la que están muriendo. Si acaso, él piensa que los tiempos de vida pronto empezarán a *disminuir* en muchas zonas del mundo desarrollado; cosa que rara vez se ha visto en la historia moderna, excepto en tiempos de guerra o de enfermedad diseminada. «Hay muchas cosas que uno puede hacer para acortar la vida, pero prolongarla es enteramente otra cuestión», dijo.

Según las estadísticas, una buena forma para acortar la vida es volverse obeso. Olshansky considera que la epidemia de gordinflones que empezó en Estados Unidos a principios de la década de 1980 ya ha desacelerado el incremento de la esperanza de vida. Un tercio de la población es oficialmente obesa y se considera que otro tercio tiene sobrepeso, o sea que su índice de su masa corporal (IMC) está entre 25 y 30. Como resultado, las tasas de mortalidad femenina en casi la mitad de los condados de Estados Unidos, muchos de ellos en el sudeste rural, han empezado a subir de nueva cuenta, después de haber disminuido en las décadas anteriores. En algunas partes de Mississippi y de Virginia Occidental, las expectativas de vida de los hombres y de las mujeres son más bajas que en Guatemala.[11]

El problema no se limita a los habitantes del campo. Un estudio reciente publicado en el *Journal of the American Medical Association (JAMA)* demostró que la generación del *baby boom* es la primera en varios siglos que de hecho ha resultado estar menos sana que la de sus padres, en gran medida gracias a la diabetes, una dieta incorrecta y la pereza física general. El porcentaje de mujeres que dijeron que nunca hacían ejercicio físico se ha triplicado desde 1994, de 19% a cerca de 60%. Las generaciones más jóvenes salen incluso peor libradas, sucumbiendo ante la obesidad a edades más tempranas, en particular las mujeres de entre 19 y 39 años. Otro estudio, que compiló datos de personas fallecidas en accidentes antes de los 64 años, arrojó que sus factores de riesgo cardiovascular eran de hecho mucho peores de lo esperado, lo cual significa que aparentemente se ha estancado la larga mejoría de la salud cardíaca de los estadounidenses que se venía registrando desde la década de 1960. Para estas personas, los sesenta no son los nuevos cuarenta, sino que cuarenta son los nuevos sesenta.[12]

«La salud general de la población está empeorando, en lugar de mejorando», observó Olshansky, «y está empeorando más rápido de lo que suponíamos». Según este cálculo, la esperanza general de vida en Estados Unidos podría bajar entre dos y cinco años en los próximos veinte años; una caída muy pronunciada que se aleja de la línea de Vaupel.

Esto no es exclusivo de Estados Unidos; las tasas de obesidad y de diabetes se están disparando en lugares como India e incluso en la isla japonesa de Okinawa, que tiene fama de ser una «zona azul» por su elevado número de personas centenarias.[13] En parte debido a la abundante presencia de soldados estadounidenses, la dieta de los habitantes de mediana edad de Okinawa ahora consiste en una pesada comida rápida y eso los ha llevado a estar entre las personas menos saludables de Japón. La zona azul se está convirtiendo en una zona roja.

Todo el mundo envejece, pero no todo el mundo envejece igual. En los países pobres, en los estados pobres y en los barrios pobres, las expectativas de vida suelen ser bastante más cortas que el promedio; un estudio de habitantes de Londres mostró que hasta el lugar donde uno se baja del metro puede representar una gran diferencia en la cantidad de tiempo que vive. De acuerdo con Olshansky, los niveles educativos bajos son un factor de predicción muy fuerte de mortalidad temprana. Hay otra investigación que sugiere que el nivel educativo de la madre es un determinante fundamental de la salud en la vida futura del individuo. «Estados Unidos no es homogéneo. Veremos avances en la longevidad en algunos, junto con una caída en la esperanza de vida de grandes subgrupos de la población.»

Se quedó mirando el último bocado de mi WhoopskiDawg, una enorme salchicha polaca bien recubierta de mostaza y cebollas asadas y me preguntó: «¿Qué tal estuvo?».

«Jay Olshansky es un tipo listo y un buen amigo, pero dice algunas cosas que son *increíblemente* tontas. Quiero decir, prácticamente da vergüenza», comenta Aubrey de Grey al tiempo que su extravagante barba se sacude con cada sílaba aguda.

El veredicto resulta incluso más condenatorio por el acento cortado de internado británico que tiene Grey, una voz que ha usado desde hace más de 15 años para desestimar, discutir e intimidar a sus críticos y debatir con sus oponentes. Llevábamos un rato charlando en el desvencijado sofá en las oficinas en su fundación cuando se presentó una emergencia: se había quedado sin cerveza. Así que nos trasladamos a un bar cercano, que a las cuatro de la tarde está relativamente vacío en Mountain View, justo en el saludable y trabajador corazón de Silicon Valley.

Se refería a la insistencia de Olshansky en que el tiempo de vida en sí es finito, programado de algún modo en nuestro genoma con la inmutabilidad de un mandamiento bíblico: *No vivirás más de 120 años*. Para Aubrey, el tiempo de vida humano posible no termina a los 120 años sino que, por el contrario, ese apenas es un inicio. En orden inverso, él es famoso por la cantidad (prodigiosa pero que no le debilita) de cerveza que ingiere, por su barba (una mezcla de Duck Dynasty y Osama bin Laden) y por sus puntos de vista sobre el envejecimiento, que alguna vez fueron considerados extremos pero que algunos científicos convencionales aceptan cada vez más, aunque sea a regañadientes.

Con su complexión verdosa, sus ojos enrojecidos y su figura de adicto a la heroína, de Grey a sus cincuenta y dos años se ve muy fuera de lugar bajo el tórrido sol de California, como un ermitaño religioso en un crucero. De hecho, dista mucho de ser solitario: acaba de regresar de una reunión de conferencistas de TED, antes de volar de vuelta a Inglaterra. Mantiene una agenda extenuante de juntas, cursos, conferencias y entrevistas como esta, que atiende al mismo tiempo que contesta correos electrónicos a un ritmo aproximado de uno cada cinco minutos.

Es posible que lo haya visto hace algunos años en *60 Minutos* cuando, con tarro en mano, informó a Morley Safer que algunas personas que estaban vivas ahora llegarían a los mil años. En un artículo publicado en una revista científica más o menos por la misma época, fue incluso más allá al afirmar que las personas que nacieran a finales de este siglo podrían vivir hasta cinco mil años o más. Eso es más o menos equivalente a que alguien de la Edad de Bronce viviera tiempo bastante como para abrir una cuenta de Facebook.[14]

Esta clase de comentarios sacan a Olshansky de sus casillas: «¡Inventa las cifras dependiendo de la persona a la que se dirige!», dice furioso, pero De Grey responde a esas quejas con un argumento muy sencillo: «El solo hecho de que algo no haya sucedido todavía no quiere decir que *jamás* sucederá».

Ejemplo A: el vuelo humano, propuesto por Leonardo da Vinci por primera vez cerca de 1500, hecho realidad por los hermanos Wright unos cuatro siglos más adelante, impulsado por motores de propulsión a chorro solo 50 años después para llegar a velocidades supersónicas en un plazo de diez años más. ¡Ah, y hemos llegado a la luna! De Grey ha escrito que «ninguno de los que alcanzaron el objetivo anterior pudo siquiera imaginar el avance técnico siguiente». ¿Por qué el envejecimiento habría de ser diferente?

Aubrey Nicholas David Jasper de Grey, hijo de madre soltera que se decía artista, asistió a la prestigiosa Harrow School de Londres con una beca y estudió la licenciatura en Ciencias de la Computación en Cambridge. Emprendió una carrera como ingeniero de *software*, pero no tardó en gravitar hacia un problema incluso más irresoluble: el envejecimiento.

Su interés iba más allá de lo académico. En 1991, cerca de cumplir treinta años, se casó con Adelaide Carpenter, profesora de genética en Cambridge que le llevaba 19 años. Bajo su tutela comenzó a instruirse, devoraba los artículos sobre la ciencia del envejecimiento que publicaban las revistas y participaba en los foros en línea de la época. Resultó ser un aprendiz veloz y en 1997 publicó en una revista su primer artículo consistente en una nueva teoría sobre el papel de las mitocondrias, esas pequeñas centrales eléctricas que hay en todas nuestras células. Más adelante, convirtió el artículo en un libro lo bastante impresionante como para merecerle un doctorado en Cambridge, al tenor de las «reglas especiales» de esa universidad para los estudiantes irregulares que en realidad no han estudiado ahí (el filósofo Ludwig Wittgenstein obtuvo su doctorado en Cambridge de ese mismo modo). Armado con esa referencia, De Grey se abrió camino hasta el escenario de la ciencia del envejecimiento, esgrimiendo un estilo para debatir que consistía en hablar muy rápido, impulsado con una buena dosis de arrogancia para que le creyeran. «Hoy por hoy, soy la figura más importante en el campo del envejecimiento», me dijo con gran seguridad mientras bebíamos nuestras cervezas.

Posiblemente. A lo largo de la década anterior o hasta más, De Grey ha planteado una pregunta sencilla pero provocadora: ¿Qué sucedería si de alguna manera pudiésemos «curar» el envejecimiento mismo? ¿Y si pudiésemos derrotarlo del todo, como hemos vencido a la viruela y la polio?

En un manifiesto que dio a conocer en 2002 y que expandió en su libro *Ending Aging* publicado en 2007, De Grey esbozó un programa de siete puntos que, en teoría, permitiría hacer eso precisamente. Su plan se llama SENS, que es el acrónimo de *Strategies for Engineering Negligible Senescence* (estrategias para diseñar una senescencia insignificante), y básicamente es un diseño para eliminar los efectos del envejecimiento de nuestras células... de alguna manera.[15] Por ejemplo, un camino sería eliminar la «basura» que se acumula en el interior de nuestras células con el transcurso del tiempo. «Su casa funciona muy bien si usted saca la basura todas las semanas, porque esa cantidad de basura es manejable. Sin embargo, si no la saca durante un mes tendrá un gran problema».

Así que lo único que tenemos que hacer para detener o demorar estos efectos particulares del envejecimiento es encontrar el modo de vaciar toda la basura de nuestras células... de alguna forma.

Decir que el SENS es ambicioso es un eufemismo. Otro de sus siete pilares de hecho consiste en curar el cáncer. Pero De Grey insiste que, si tiene éxito, la línea de Vaupel se irá pronunciando más hasta que, con el transcurso del tiempo, lleguemos a lo que él llama «velocidad de escape a la longevidad», donde cada año ganaríamos *más* de doce meses adicionales de tiempo de vida. Por lo tanto, en teoría, algunos podríamos estar por aquí el tiempo suficiente para disfrutar de lo que sea que estén haciendo las personas en el año 3015 en lugar de revisar Facebook.

Parece una locura, incluso suena un poco aterrador. Olshansky y 27 científicos eminentes más se reunieron en el 2005 y publicaron un ataque contra De Grey y su proyecto SENS, el cual decía básicamente *Para, muchacho, frena tu carro*. En uno de los pasajes más moderados dicen que, dado el estado actual de nuestra ignorancia, cada una de las propuestas específicas que incluye la agenda del SENS es excesivamente optimista. El texto está salpicado de palabras como *absurdo*, *fantasías* y hasta *fárrago* (o sea una mezcolanza confusa o un batiburrillo). Furibundos dicen: «Los periodistas que escriben artículos para vender o para llenar tiempo de transmisión muchas veces se enamoran de la idea de un científico de Cambridge que sabe cómo ayudarnos a vivir para siempre». También señalan que, por cierto, De Grey en realidad no es un «científico de Cambridge» porque nunca ha tenido un nombramiento de académico ahí ni, para el caso, en ningún otro lugar. (Fue empleado de la universidad, pero como técnico en computación en un laboratorio de genética.)[16]

Quizá, como era de esperarse, el ataque contra De Grey tuvo el efecto contrario y de hecho elevó su perfil. En lugar de ignorarlo, los científicos lo habían interpelado. La revista *Technology Review*, publicada por el MIT, ofreció un premio de 20 mil dólares a la persona capaz de refutar contundentemente la teoría de De Grey ante un panel de jueces neutrales. Tres grupos de científicos aceptaron el reto, pero los jueces consideraron que ninguna de sus refutaciones era suficiente para ganar el premio. Fue otro triunfo para De Grey.

La polémica continúa a la fecha y ha dividido el campo de la ciencia del envejecimiento en dos bandos: no solo el de los partidarios y los antagónicos a Aubrey, sino también el de aquellos que piensan que no podemos hacer mucho con el envejecimiento más allá de agregar unos cuantos años sanos a los ochenta que hemos conquistado con gran esfuerzo, y aquellos que, como Aubrey, piensan que podríamos lograr mucho más, incluso tal vez rediseñar la biología humana para que pueda superar todos los límites conocidos.

En lo que se refiere a cuándo será que esto pueda ocurrir en verdad, el jurado todavía sigue deliberando sobre el tema, y ni siquiera De Grey espera que vuelva pronto con el veredicto. Él mismo ha solicitado que su cuerpo sea conservado con criogenia después de muerto, a la Austin Powers; es decir, sumergido en un tanque de nitrógeno líquido con la esperanza de que algún día pueda ser resucitado. No es el único; decenas o tal vez cientos más han hecho los trámites y pagado hasta 200 mil dólares por el procedimiento. La persona más famosa, o más bien la parte de persona, que ha sido congelada mediante criólisis es la cabeza de Ted Williams, que ahora reside en las afueras de Phoenix en un tanque enfriado con nitrógeno líquido. El único inconveniente es que todavía no existe la tecnología necesaria para congelar y después revivir a una criatura viva, ni siquiera a un ratón. La idea de que podríamos recuperar la cabeza de Ted Williams y anexarla a un cuerpo nuevo, por no hablar de si esto estaría en la lista de pendientes de una civilización en un futuro distante, es incluso más rebuscada que la idea de que podríamos desarrollar una forma de obtener la inmortalidad. Por lo cual no lo consideré como un voto de confianza por parte de De Grey.

De una forma extraña, a pesar de que De Grey y Olshansky disienten total y ferozmente, de hecho están diciendo lo mismo, es decir, que el envejecimiento es un problema que pide una solución. Con urgencia, en realidad. Sin importar lo que algunos científicos convencionales piensen de él, la gran aportación de De Grey ha sido conseguir que el envejecimiento mismo, aceptado desde hace mucho como un hecho de la existencia humana, se convierta en tema de *escándalo*.

En su libro *Ending Aging* escribe que hoy en día el envejecimiento es la principal causa de muerte en el mundo. Repase la lista de los grandes asesinos (enfermedades cardiovasculares, cáncer, diabetes, Alzheimer y apoplejía) y encontrará al envejecimiento como la causa original o el principal factor de riesgo de las dolencias que diariamente matan a cien mil personas en el mundo. O como le gusta expresarlo: «treinta World Trade Centers *cada día*».[17]

Sin embargo, la «vejez» en sí misma no ha sido consignada como causa de fallecimiento en un acta de defunción desde más o menos 1952.[18]

De Grey piensa que eso se debe a que la sociedad insiste en negar que el envejecimiento exista. Las estadísticas le respaldan. Como presenta la gráfica siguiente, el riesgo de que una persona presente enfermedades crónicas espantosas aumenta exponencialmente con la edad, empezando por los males cardíacos en la mediana edad, seguidos por la diabetes, el cáncer y más adelante el Alzheimer (al igual que la apoplejía y las enfermedades respiratorias que también aumentan enormemente con la edad).

Si suma todas ellas se entiende por qué su riesgo de morir se duplica más o menos cada ocho años, en razón de un fenómeno que Benjamin Gompertz, el pesimista matemático del siglo XIX, señaló por primera vez en 1825.[19] Cuando somos jóvenes el riesgo es realmente mínimo; no existe gran diferencia entre los 25 y, por decir, los 35 años. Sin embargo, entre los 35 y los 45 hay un gran salto, y para los cincuenta nuestros coetáneos empiezan a presentar sus cánceres de mama y de colon, su hipertensión y otros males aterradores. (Por no hablar del inicio de la artritis, que no mata pero cómo duele.)

Riesgo de muerte por año

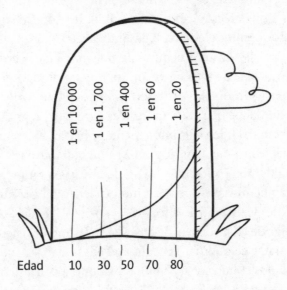

Atacar estas enfermedades de una en una, como lo ha hecho la medicina occidental durante más de un siglo, solo ha ayudado un poco. En las últimas cuatro décadas, la mortalidad por enfermedades cardíacas ha bajado a la mitad, porque el abuelo ahora toma una pastilla para su hipertensión y otra para el colesterol, y hasta se podría someter a una cirugía para que le practiquen esa desviación conocida como *bypass* o le cambien una válvula, lo que no era posible apenas hace unas décadas. El infarto fatal a los cincuenta es cosa del pasado, pero los tiempos de vida no han aumentado tanto como anticipaban los científicos. El paciente supera una enfermedad, solo para caer víctima de la siguiente en la lista.

«Salvábamos a las personas de una enfermedad cardiovascular, pero dos años después se estaban muriendo de cáncer o de alguna otra cosa», dice Nir Barzilai, director del Instituto de Investigación del Envejecimiento de la Escuela de Medicina Albert Einstein en el Bronx. De hecho, ahora el cáncer es la segunda causa de muerte, después de los males cardíacos, y está avanzando con rapidez, porque las personas están sobreviviendo a los infartos, controlando los problemas cardíacos y viviendo el tiempo suficiente para, en cambio, padecer cáncer. Es como superar una carrera de baquetas para encontrar al final la enfermedad más temida de todas, la decadencia cognitiva que llamamos Alzheimer y que afecta a cerca de la mitad de todos los que son lo bastante afortunados como para pasar de los 85 años.

Por tanto, si alcanzamos tiempos de vida más largos pero pasamos un número mayor de esos años con una mala salud, no estaremos en mejor posición que los Struldbrugs de Jonathan Swift, una raza ficticia de humanos que eran inmortales pero que no gozaban de la juventud eterna, por lo cual simplemente se hacían más y más viejos. Lo ideal es lo contrario: conservar una salud radiante hasta que tenemos 85 o 90 años (o los que sea) y de ahí irnos rápidamente, de preferencia mientras paseamos en motocicleta o tal vez saltando en paracaídas desde un edificio alto.

Por desgracia, los centros de investigación médica siguen insistiendo en tratar de abordar las enfermedades de la vejez de una en una; en Estados Unidos, The National Institutes of Health incluyen a institutos separados que gastan muchos miles de millones de dólares en investigar el cáncer, la diabetes, las enfermedades cardiovasculares, etcétera. Esto se conoce como un modelo de silo organizacional para investigaciones médicas, porque cada una de las enfermedades está aislada de las demás. Incluso hoy, son relativamente pocos los científicos establecidos, y muchos menos políticos o legisladores, que reconocen al envejecimiento como un factor de riesgo subyacente fundamental que relaciona a todos estos problemas. Cada año, el National Cancer Institute recibe fondos que pasan de los 5 800 millones de dólares, el National Heart, Lung, and Blood Institute recibe 3 mil millones de dólares y el National Institute of Diabetes and Digestive and Kidney Diseases recibe 2 mil millones de dólares. En el 2012, los estadounidenses gastaron más en cirugías plásticas (11 mil millones de dólares) que lo que se gastó en la investigación científica de las enfermedades de la vejez con fondos públicos. Mientras tanto, el National Institute on Aging recibe tan solo 1 100 millones de dólares, de los cuales la mayor parte está destinada para la enfermedad de Alzheimer. La investigación efectiva de la biología del envejecimiento en sí mismo solo recibe alrededor de 40 millones de dólares, o sea una rebanada muy pequeña del pastel; uno podría gastar más en comprar un departamento en Manhattan.

Lo que es una pena, ya que algunos investigadores se han empezado a dar cuenta de que la vejez en sí es el principal factor de riesgo para la diabetes, las enfermedades cardíacas, el cáncer y el Alzheimer, y también que algo del proceso de envejecimiento en sí mismo las podría unir a todas. Cada una tiene un inicio invisible bastante largo, en el cual se está desarrollando la enfermedad sin que presentemos síntoma alguno. Las disfunciones celulares que conducen al Alzheimer empiezan décadas antes de que notemos cualquier cambio cognitivo; lo mismo ocurre con las enfermedades del corazón y la diabetes. El asunto es que, para cuando en verdad presentamos la enfermedad, prácticamente es demasiado tarde para poder hacer gran cosa al respecto. Así, ¿qué sucedería si buscamos más a fondo qué tiene el envejecimiento que nos hace propensos a estas enfermedades?

En el laboratorio, los científicos han dado pasos gigantescos para revertir el envejecimiento y han extendido mucho los tiempos de vida de los gusanos, los ratones y las moscas, muchas veces mediante intervenciones genéticas asombrosamente sencillas. En los animales inferiores e incluso en los ratones, la eliminación de un solo gen prácticamente puede duplicar, o más, el tiempo de vida de la criatura. Para Aubrey de Grey, ese solo es un buen inicio. Él propone un rediseño radical de la biología humana, uno que podría ser o no ser posible alguna vez, con miras a eliminar o reducir los efectos del envejecimiento en las células. No obstante, es una idea provocadora y ha desencadenado un largo debate entre aquellos que piensan que podemos alterar fundamentalmente el proceso de envejecimiento y aquellos que opinan que lo más que podemos lograr es vivir mucho más sanos un poco más de tiempo.

El público estadounidense piensa que con la segunda opción sería suficiente. Una encuesta realizada por Pew Research en 2013 encontró que «el tiempo de vida ideal promedio» para los estadounidenses (cuánto tiempo quieren vivir en realidad) es de noventa años o casi diez años más de lo que vivimos hoy.[20] Es un gran salto. Pero solo 8% quería vivir más de cien años, tal vez por temor a terminar como los Struldbrugs, tambaleantes y quejumbrosos en una senectud prolongada de modo artificial. Como intuyó Jonathan Swift, el atractivo de la inmortalidad es limitado. Por otro lado, también lo es el morir joven. Cuando el médico y experto en salud pública Ezekiel Emanuel declaró, en un ensayo en el *Atlantic*, que quería morir a los 75 años con el argumento de que «en decenios recientes, los aumentos en la longevidad al parecer han ido acompañados por aumentos en la discapacidad», provocó una reacción feroz.

También algunos conservadores religiosos se han opuesto a que se investigue el envejecimiento. Según ellos, alterar el proceso de envejecimiento va contra la voluntad de Dios (aunque no presentaron este mismo argumento contra los antibióticos, que alteran a los microbios de Dios). El Papa anterior se pronunció enérgicamente contra la ciencia para extender la vida, y el Consejo de Bioética del gobierno del presidente George W. Bush, es decir, los mismos personajes que de hecho prohibieron investigar las células madre de embriones en Estados Unidos, presentó un informe en 2003 que, básicamente, decía que el resultado de investigar el envejecimiento solo sería un número colosal de viejos infelices pululando por ahí, enfermándose más, gastando el dinero de los demás y gruñendo en la cena de Navidad.

Por supuesto que estaban muy equivocados: las encuestas de hecho han encontrado que, en general, las personas mayores son mucho más *felices* que sus hijos de mediana edad y sus nietos. Más al grano, el informe del Consejo y el escepticismo del público reflejan un temor común que Emanuel compartió: que una vida más larga sea equivalente a una vida más larga con *mala salud*. Su temor no es enteramente infundado. ¿Quién querría pasar sus diez o 15 años extra en un asilo para ancianos?

Los científicos que conocerá en *El secreto de la eterna juventud* vislumbran un futuro muy diferente y mucho más feliz para el envejecimiento. Sienten que estamos a punto de realizar grandes avances en el conocimiento del proceso de envejecimiento y que incluso podríamos empezar a modificar su curso de modo que la mayoría de las personas que están leyendo este libro puedan gozar de vidas más largas y sanas; más como la de mi abuelo y menos como la de mi tío abuelo.

Hasta Jay Olshansky coincide, a pesar de su fama de pesimista. «Pienso que estamos cerca de un avance y que su efecto rivalizará con el descubrimiento de la penicilina», declaró de forma inesperada mientras nos zampábamos nuestras salchichas en Chicago. Este avance, tal vez algún tipo de medicamento que probablemente afecte el metabolismo, permitiría a la mayoría de las personas demorar las enfermedades más debilitantes de la vejez, cuando menos por algún tiempo. Es más, no solo transformaría la salud pública, sino también la economía porque produciría lo que él llama un «dividendo de la longevidad» por un valor de billones de dólares. «Pero todavía no hemos llegado a ese punto», aclaró.

Esto crea un pequeño dilema. ¿Hay que tratar de aguantar hasta que llegue la píldora de la longevidad, si es que llega alguna vez, y mantenernos tan bien como podamos? O ¿mejor nos vamos en busca de más *hot dogs*? (o incluso más cigarrillos; soñemos a lo grande).

Por supuesto que no, nadie quiere ser el último en perderse la Fuente de la Juventud, la cura del envejecimiento y la derrota de la muerte que la humanidad ha anhelado literalmente durante miles de años. Sea lo que fuere, más vale que llegue rápido, porque muchas de las personas que se están esforzando por vencer la vejez, esas personas que Emanuel llamó «los estadounidenses inmortales», en realidad solo están empeorando las cosas para sí mismos.

Capítulo 3

LA FUENTE DE LA JUVENTUD

Nada nos hace ver más viejos que tratar de vernos jóvenes.
KARL LAGERFELD

Uno se pregunta qué habría pensado el profesor Brown-Séquard de Suzanne Somers. La rubia de pantaloncillos cortos que, a finales de la década de 1970 y principios de la de 1980 representó a Chrissy en *Three's Company*, ahora es una popular gurú de la salud y autora de más de veinte libros, muchos de ellos explicando a detalle su propia batalla contra los demonios de la edad, la cual con frecuencia ha sido muy complicada. «Yo misma soy mi experimento», dijo ante los médicos y demás personas embelesadas que asistían el vigésimo congreso de la American Academy of Anti-Aging Medicine (A4M) que tuvo lugar en Orlando en mayo de 2012.[1]

Y de qué forma: según reveló a Oprah en 2009 en una entrevista que tuvo mucho público, todas las mañanas se traga cuando menos 40 suplementos diferentes y a continuación se aplica una inyección de estrógeno puro directamente en la vagina. Además de todo lo anterior, a diario se aplica una inyección de hormona del crecimiento humano, que según ella la hace sentir joven. A la hora de la cena, la acompaña con otras veinte píldoras, cuyas fórmulas probablemente se parecen a las de *Restore Sleep Renew, Bone Renew* y *Sexy Leg Renew* que vende en su sitio web. Eso no es nada si lo comparamos con los 200 suplementos que ingiere diariamente su mentor Ray Kurzweil, el futurista e inventor que ha declarado que piensa vivir el tiempo suficiente para ver la singularidad, cuando sea posible cargar el cerebro humano a una computadora; pero es un inicio bastante bueno.

Somers fue la oradora principal en la conferencia bienal de la A4M y sigue siendo la estrella más famosa que aboga por la medicina contra el envejecimiento, que es uno de los campos de la práctica médica que está creciendo a mayor velocidad en Estados Unidos. Tenía poco que ella misma había cumplido sesenta y cinco años, pero desde mi asiento allá por la fila quince, se veía despampanante, desde su cabellera rubia iluminada por atrás hasta sus hombros torneados y su sonrisa de media luna fulgurante que hacía pensar que todo era posible.

Unos cuantos pasos detrás, a la derecha de su trasero bien conservado, se encontraban de pie los doctores Ronald Rothenberg y Robert Goldman, dos destacadas personalidades de A4M, la cual Goldman, un participante en competencias de levantamiento de pesas, médico osteópata y graduado de la Escuela de Medicina de Belice, había cofundado en 1993. En aquellos años, las juntas anuales de la organización atraían a un puñado de médicos renegados y a entusiastas de la longevidad, que se sentaban en sillas plegables debajo de una carpa; esa mañana, más de dos mil profesionales de la medicina atiborraban el salón de baile del hotel y centro de conferencias Marriott World Center de Orlando, pero habría una junta incluso más grande en Las Vegas en el mes de diciembre. La A4M afirma que cuenta con más de 20 mil miembros a nivel mundial.

Nada mal para una especialidad que prácticamente no existía hace veinte años y que, de hecho, sigue sin ser reconocida por el American Board of Medical Specialties, el árbitro de estas cuestiones. La medicina contra el envejecimiento no ha dejado de ser extremadamente controvertida en la profesión médica. Hace algunos años, en una conferencia en Australia, Olshansky y su colega Thomas Perls premiaron a Goldman y al doctor Ronald Klatz, también cofundador de la A4M (y compañero de estudios egresado de la Escuela de Medicina de Belice), otorgándoles un «vellón de plata» (o *silver fleece*, en inglés). La respuesta de estos fue interponer una demanda contra Olshansky y Perls por 150 millones de dólares, pero más adelante abandonaron el caso. «Eso de la "medicina contra el envejecimiento" no existe», había insistido Olshansky mientras comíamos *hot dogs*. Desde su punto de vista, el secreto del envejecimiento es que no hay secreto. «No existe ningún fármaco, hormona, suplemento o crema que haya demostrado que revierta el envejecimiento, punto».[2]

Estaba claro que muchos de los asistentes a la reunión de la A4M habían decidido creer otra cosa. Los médicos, además de escuchar la conferencia magistral de Somers, podían asistir a otras sobre cómo recetar testosterona a hombres viejos (a cargo de Rothenberg, un individuo de 67 años que admite con orgullo que se la inyecta hasta llegar a los niveles correspondientes a un joven de veinte años para poder seguir surfeando). También fueron populares los seminarios de negocios que explicaban cómo convertirse en un médico que solo recibe pagos en efectivo. Los seguros rara vez cubren los tratamientos contra el envejecimiento y por supuesto que pronunciar la palabra Obamacare era como decir una grosería. En el salón de exposiciones, adyacente al salón de baile, una serie de mujeres cuarentonas esculturales, que después supe que más bien eran sesentonas, merodeaban por los pasillos. Estaban dedicadas a buscar distintos artículos, desde una báscula que indicaba lo que uno puede comer hasta una cabina hiperoxigenada para dormir que costaba 6 mil dólares. Olshansky me había advertido que desconfiara de «todo el que estuviera vendiendo algo», pero parecía que casi todos los que estaban ahí ofrecían alguna suerte de suplemento, dieta especial, régimen hormonal, prueba sofisticada o artilugio para detener el imparable avance del tiempo. Mi favorito fue un suplemento de hierbas, supuestamente derivado de la medicina china, que se llamaba Virgen otra vez.

«Tenemos una larga historia en este negocio y la mayor parte es sórdida», suspiró Olshansky.

Somers se dedicaba principalmente a vender sus libros. A diferencia de la mayor parte de los personajes de Hollywood, que no hablan de su lucha contra la edad, ella ha ventilado enteramente la suya frente al público, documentando la batalla en una serie de obras literarias que empezó en 2004 con *The Sexy Years*. Gran parte de sus consejos eran cosas de sentido común elemental (coma verduras frescas, haga un poco de ejercicio, duerma bien y maneje su estrés) y difícilmente se podía rebatir su crítica de la medicina estadounidense moderna que, según sus propias palabras, mantiene a las mujeres mayores «empastilladas». Pero, al parecer, todo radicaba en el reemplazo hormonal. «Me siento muy bien. Amo mi vida. Tengo deseo sexual. ¡Es estupendo! ¡Ninguna de mis amigas tiene relaciones sexuales, de verdad ninguna! Y se nota», le dijo al público de la A4M con una risilla infantil.

Como informó a un horrorizado Sean Hannity en Fox News, ella y su marido de ochenta y tantos hacen la tarea *dos veces al día*.

El profesor Brown-Séquard habría estado maravillado, pero no por las curvas de Somers revestidas de rojo, dado que no le interesaba mucho el sexo porque apoyaba la creencia tan extendida en el siglo XIX de que minaba la vitalidad de la persona. Pero cuando los científicos de la Alemania nazi identificaron la hormona testosterona en 1935 (y por eso ganaron el Premio Nobel un año después), demostraron que su intuición de que los testículos producen una sustancia que dota a los animales de su vitalidad estaba en lo cierto. Se cuenta que el propio Adolf Hitler combatía la fatiga tirana inyectándose Orchikrin, un extracto de testículos de toro que se parecía enormemente al elíxir de Séquard. (Le desagradaban los efectos secundarios, por lo cual dejó de inyectárselo muy pronto.)[3]

Brown-Séquard también había especulado que seguramente existía algo equivalente en el caso de las mujeres, y en eso también tuvo razón; era el estrógeno, también identificado en Alemania en los años treinta. Millones de mujeres han usado la terapia de reemplazo de estrógeno, empezando unos 15 minutos después de que la FDA autorizó su uso en 1941, con el objeto de combatir lo que Somers llama las Siete Enanas de la menopausia: «Comezón, Malicia, Sudosa, Somnolienta, Inflada, Olvidadiza y Reseca».

Lo supieran o no, la mayoría de los médicos presentes en ese salón le debían mucho al valiente pionero francés que fue el primer médico moderno en tratar de combatir el envejecimiento con medicina. Pero ese día, la señora Somers se estaba llevando toda la gloria. Desde hace diez años, ella ha sido la conferencista estrella de la A4M, la que transmite al público ese mensaje repleto de hormonas. Ha vendido más de diez millones de ejemplares de sus libros y, cada vez que sale uno nuevo, tiene presentaciones en casi todos los canales de cable.

Los periodistas le complicaban la vida porque hacía proselitismo a favor de médicos cancerólogos renegados como Stanislaw Burzynski y Richard Gonzales, los dos con extensos pasados polémicos.[4] (Burzynski se ha enemistado con la FDA y el Consejo Médico de Texas, mientras que Gonzales trata a los enfermos de cáncer pancreático con un extraño régimen nutricional que consiste sobre todo en enemas de café dos veces al día). En 2009, *Newsweek* arremetió contra ella y Oprah por sus «disparates», como decía el titular de la portada. Ahora la mayor parte de los medios no se meten con Somers y ella sigue avanzando. En la junta de la A4M anunció que acababa de firmar otro contrato con su editorial para tres libros más. «No se pueden deshacer de mí», cacareó.[5]

Pero, si bien la industria editorial la adora tanto como a sus ventas tipo Oprah, muchos expertos tienen problemas con los agresivos tratamientos hormonales que defiende Somers, quien eleva sus niveles de estrógeno y testosterona hasta los de una persona de treinta años en su punto sexual óptimo (por decir, Chrissy en *Three's Company)*. Tras la publicación de *Ageless* en 2006, siete destacados expertos en salud femenina (tres de los cuales eran citados en su libro) escribieron una carta abierta criticándola por impulsar el «Protocolo de Wiley», un régimen hormonal intensivo ideado por una escritora y actriz cuyas credenciales médicas consistían en una licenciatura en antropología. «¿Es sano recibir una dosis correspondiente a una persona de treinta años cuando uno en realidad tiene sesenta?», pregunta la doctora JoAnn Pinkerton, directora del Midlife Health Center del Sistema de Salud de la Universidad de Virginia. «Muéstreme la evidencia.»

La terapia hormonal es un intento por resolver uno de los problemas más evidentes del envejecimiento: nos cuelga la piel. Perdemos nuestra vitalidad. Los hombres se vuelven menos varoniles, las mujeres menos femeninas. El estrógeno es una sustancia maravillosa que permite que los cuerpos de las mujeres sean fértiles y que su piel sea gruesa y tersa; la testosterona aumenta la musculatura y proporciona a los hombres la confianza que ansían. En la mediana edad, estas dos hormonas disminuyen de forma gradual en los hombres y velozmente en las mujeres. Sin ellas nos volvemos regordetes, llenos de bultos y a veces gruñones. Entonces, reponerlas resolvería el problema, ¿verdad?

Eso supondríamos, pero de hecho la evidencia sugiere que resolver un problema podría crear otros peores. La terapia hormonal para las mujeres menopáusicas gozó de gran popularidad y fue muy promovida por la industria farmacéutica hasta 2002, año en que se suspendió el estudio masivo *Women's Health Initiative* (WHI) porque las mujeres que se sometían al reemplazo de estrógeno estaban presentando cáncer de mama, así como enfermedades cardíacas, trombos, apoplejías y hasta demencia, en porcentajes más altos de lo que se esperaba. Nir Barzilai afirma que, de hecho, lo único que estaba haciendo la hormona era *acelerar* su envejecimiento.[6]

De la noche a la mañana, las ventas de los fármacos de reemplazo hormonal más populares colapsaron, al igual que el precio de las acciones de Wyeth, su fabricante. Otra cosa que se vino abajo fueron las tasas de cáncer de mama, que cayeron en cerca de 9% en los dos años que siguieron a la cancelación del estudio WIH.[7] Muchos científicos piensan que las dos cosas están relacionadas, que el menor número de mujeres en terapia de reemplazo hormonal llevó a menos casos de cáncer de mama. Pero, comprensiblemente, algunas mujeres seguían desesperadas por una dosis y, dos años después, Somers llenó ese hueco con *The Sexy Years*, libro que ofrecía una alternativa: las llamadas hormonas bioidénticas, que son químicamente idénticas a las hormonas que produce el cuerpo femenino. Ella afirmaba que estas eran más seguras que los productos de Wyeth, los cuales se sintetizaban a partir de orina de yeguas preñadas (de ahí el nombre Premarin). Desde entonces, Somers ha promovido incesantemente las hormonas bioidénticas, diciendo que son menos peligrosas y más «naturales».

«Las bioidénticas son una sustancia natural y no se pueden patentar», escribe en *Ageless*. «Por lo tanto, no es posible ganar dinero con la venta de la mejor solución para las mujeres menopáusicas.»

En realidad eso no es cierto: las hormonas bioidénticas son mezclas personalizadas hechas por farmacias especializadas en fórmulas magistrales y cabe suponer que su venta genera una utilidad.[8] (Además, es raro que las cubran los seguros y eso eleva su costo para las mujeres.) Por lo general, no solo contienen estrógeno, sino también otras hormonas para equilibrarlo, como progesterona y a veces testosterona. La ventaja es que esto permite al médico recetar una combinación exacta para cada paciente. La desventaja radica en la forma de prepararlas y en lo que podrían contener. Las farmacias especializadas en fórmulas magisteriales cumplen con pocas normas, a diferencia de los fabricantes de productos farmacéuticos que están sujetos a las estrictas reglas de la FDA. Estudios de medicamentos preparados en farmacias han encontrado que las dosis reales pueden variar enormemente; en 2012, la contaminación en una de esas farmacias ubicada en Framingham, Massachusetts, provocó un brote de meningitis micótica que causó la muerte de 64 personas y enfermó a más de setecientas. El farmacéutico fue procesado en septiembre de 2014.[9]

«En mi consultorio termino recogiendo los pedazos de personas que creyeron [en Sommers]», dice la doctora Nanette Santoro, experta en menopausia de la Universidad de Colorado en Denver. «Vino una mujer que traía su cabello en una bolsita porque una farmacia se había equivocado a la hora de preparar su receta médica.»

Las mujeres no tienen que acudir a las farmacias que preparan fórmulas magisteriales porque ahora existen en el mercado varios tratamientos de hormonas bioidénticas autorizados por la FDA, cosa que Somers no menciona jamás. Cuando un fármaco ha sido autorizado por la FDA significa que ha sido sometido a pruebas para determinar su seguridad, eficacia, dosificación y absorción; lo que también es importante es que el médico sabe con certeza qué dosis está recibiendo la paciente. Además, a diferencia de los medicamentos preparados en farmacias, las hormonas autorizadas por la FDA están obligadas a incluir una atemorizante etiqueta de advertencia de «recuadro negro».

Según sus propias palabras, Somers lleva cuando menos veinte años usando la terapia hormonal, incluso después de superar el susto de su propio cáncer de mama. En su libro más reciente, *I'm too Young for This!*, ella recomienda la terapia hormonal para mujeres incluso más jóvenes, desde edades tan tempranas como los treinta y tantos años. Así que en esencia, ella recomienda que la mujer tome hormonas durante más de la mitad de su vida, a pesar de que existe evidencia de que un uso tan prolongado es claramente peligroso. De hecho, Pinkerton de UVA dice que la evidencia demuestra que el uso de hormonas solo es seguro durante períodos breves de entre tres y cinco años; y que después de los sesenta años el riesgo aumenta enormemente. «La teoría actual indica que existe una ventana crítica, cuando suministrar hormonas a las mujeres durante un período breve alrededor de la época de la menopausia podría traer un beneficio para el corazón y el cerebro, pero una vez que tienen placas en las arterias o que sus neuronas están envejeciendo, suministrarles estrógeno podría acelerar esos problemas», dice Pinkerton.

«Las mujeres son extremadamente susceptibles debido a este cambio abrupto en sus vidas. Salvo por la sabiduría que trae consigo, todo lo demás es un problema», observa Santoro.

Tal como las mujeres han ido alcanzando a los hombres en todos los campos de la vida (salvo la igualdad de paga, el maltrato doméstico y los derechos reproductivos), ahora los hombres pueden hablar de igualdad en un sentido muy importante: ahora también tenemos que pasar por la menopausia. Se llama *andropausia* y se refiere a la disminución de la testosterona a largo plazo, la cual se empieza a notar alrededor de los cuarenta años. Por supuesto que no se parece en nada a la menopausia, porque las hormonas de las mujeres caen en picada por un precipicio, mientras que las concentraciones de testosterona de los hombres bajan suavemente en un planeador. No obstante, el reemplazo de testosterona para los hombres ha alcanzado dimensiones casi tan grandes como las que tuvo el reemplazo de estrógeno antes de que el estudio WHI acabara con la fiesta. Según algunos cálculos, la terapia para la «T baja» ahora es un negocio que tiene un valor de 2 mil millones de dólares, y se podría duplicar para el 2019.[10]

Por supuesto que Brown-Séquard se sentiría maravillado ante el avance que hemos logrado. En lugar de su horrenda cocción de testículos de toro, ahora los hombres que envejecen pueden aplicarse cómodamente un gel en las axilas, como el que se anuncia durante todos los juegos de la NFL (pero que, según advierte la etiqueta, sus esposas no deben tocar en ningún caso). En los anuncios, unos hombres rechonchos de mediana edad se transforman en sátiros sonrientes seguros de sí mismos, pero la realidad no es tan simple. Algunos estudios pequeños de corto plazo han demostrado que la testosterona aumenta la masa muscular y mejora la agudeza mental y el bienestar general (y aumenta la libido, si bien esto es bastante controvertido entre los científicos). Existe incluso un estudio que afirma que administrar testosterona los hace menos propensos a mentir.[11] Sin embargo, no existen muchos datos sobre su seguridad a largo plazo. La preocupación más común es que propicia el cáncer de próstata, pero no está sustentada en evidencia; de hecho, la idea se deriva de un solo caso que fue reportado en 1941. (En estudios recientes, los médicos trataron de usar testosterona para prevenir o tratar problemas prostáticos, pero con poco éxito.)

Sin embargo, existen otros graves problemas. En 2010, un estudio de testosterona en hombres con problemas cardíacos tuvo que ser suspendido porque al parecer incrementaba el riesgo de eventos cardíacos. Otro estudio también reportó un incremento en el riesgo de apoplejía. Otros estudios financiados por fabricantes indicaron que hay poco a ningún riesgo, pero como dijeron con acidez los autores de una reseña: «Los efectos de la testosterona relacionados con eventos cardiovasculares variaron dependiendo de la fuente del financiamiento».

Cabe esperar que muchas de estas preguntas encuentren respuesta en la enorme prueba clínica de los NIH sobre los efectos de la testosterona en hombres mayores de 65 años, comparable al estudio *Women's Health,* que finalmente se está realizando luego de más de una década de retraso, pero cuyos resultados no se conocerán hasta finales de 2015. Sin embargo, la FDA ha estado investigando mientras tanto informes de que el reemplazo de testosterona ha provocado infartos, derrames cerebrales y muertes, y los abogados de los demandantes les siguen los pasos de cerca. Pero, según el australiano David Handelsman, que es un investigador de la testosterona, los médicos están expidiendo recetas incluso a mayor velocidad, movidos por la publicidad y la promoción y no por una necesidad médica real. Además, dice que están recetando testosterona con demasiada frecuencia y rechaza el concepto de la andropausia en sí mismo como una «falsa analogía» con la menopausia, la cual sí implica un cambio de vida muy pronunciado y real.

Sean cuales fueren los resultados de los estudios de testosterona (legales o clínicos), es dudoso que un resultado negativo frene en lo más mínimo a Somers o a sus seguidores de la A4M. Cuando estaba sobre el estrado, ella irradiaba confianza y tenía al público hipnotizado con sus apasionadas palabras. Estaba sumamente emocionada por el advenimiento de las «nanopartículas», esas minúsculas entidades que viajarán por nuestra sangre recogiendo información y despachándonos tratamientos desde el interior. Ray Kurzweil le había hablado de ellas.

«¡Me parece increíble lo bien que se ven las cosas desde los 65!», dijo con gran efusión. «Ray Kurzweil me preguntó cuántos años pensaba yo que viviría y le repuse: "Sinceramente Ray, creo que llegaré más o menos a los 110. De verdad. Como me siento ahora. Con fuerzas"».

Sentado entre el público y admirando a la rubia espectacular que había sido el símbolo sexual de mis años adolescentes, traté de imaginar cómo se veía una Suzanne Somers de 110 años. Respuesta: probablemente bastante bien, para tener 110. Por supuesto que ella no iba a tirar la toalla sin pelear. Pero yo tenía mis dudas de que los métodos que había elegido la llevaran hasta ahí.

Algo que ella había mencionado de pasada, pero que era el fondo de mucho de lo que estaba ocurriendo en la conferencia de la A4M, había picado mi curiosidad intelectual: la hormona del crecimiento humano, o HCH, la cual recetaban muchos de los médicos antiedad asistentes, por no decir que casi todos. El solo nombre es casi un talismán: *hormona del crecimiento humano.* ¿Quién no querría tenerla?

Somers no solo la toma todos los días, sino que uno de los textos fundacionales del movimiento contra el envejecimiento es el libro de 1997 *Grow Young with HGH: The Amazing Medically Proven Plan to Reverse Aging,* (Rejuvenezca con la HCH: el asombroso plan para revertir el envejecimiento que ha sido comprobado por médicos) escrito por Ronald Klatz, el cofundador de la A4M. El libro pregonaba las asombrosas propiedades de la hormona del crecimiento humano, una potente sustancia usada sobre todo en el caso de niños con crecimiento atrofiado y fisicoculturistas agresivos. Desde entonces, el mercado de la HCH se ha disparado. Basándome en mis charlas con varios de los médicos presentes, me quedaba claro que la HCH y las inyecciones de reemplazo hormonal fueron una gran fuente de ganancias para sus prácticas. Estas inyecciones y los estudios de laboratorio correspondientes le llegan a costar a los pacientes más de 2 mil dólares al mes. «Ha cambiado mi vida», dijo un doctor de Florida, que había sido médico familiar y afirmaba que sus ingresos se triplicaron cuando empezó a vender hormonas a los miembros de la generación del *baby boom* cuando empezaron a envejecer.

¿Pero qué decir de la parte «comprobada por médicos»? ¿La HCH en verdad puede «revertir el envejecimiento» como afirma el libro de Klatz? ¿En realidad es una llave mágica? Por supuesto que algunos atletas tramposos, desde Lance Armstrong hasta Alex Rodriguez, al parecer pensaron que sí les hacía *algo*. Y por supuesto que Somers no es la única estrella de Hollywood que comparte esa opinión. Por ejemplo, hace algunos años, la policía atrapó a Sylvester Stallone con una maleta llena de la sustancia y la modelo/actriz Anna Nicole Smith también usaba la HCH cuando murió en 2007 a la edad de 39 años.

«Le contaré por qué empecé a tomar la HCH», declaró un hombre sesentón identificado como «cineasta de Hollywood desde hace muchos años» por *Vanity Fair* en 2012. «Me encanta hacer el amor.»[12]

No es posible pagar una publicidad mejor que esa. Según una investigación de Associated Press, en Estados Unidos, las ventas de la hormona del crecimiento se dispararon 69%, a 1 400 millones de dólares, entre 2005 y 2011. Nadie sabe cuánta más es importada ilegalmente de China, India y México. Las elevadas cifras subrayan el hecho de que no es nada fácil recetar legalmente la HCH. La autorización de la FDA para el uso de la hormona se limita a un puñado de condiciones bastante raras, entre ellas la «talla baja» en niños y la emaciación en pacientes con sida. Oficialmente se desaprueba que los médicos receten la sustancia para cualquier trastorno fuera de las indicaciones y que no esté aprobado por la FDA; de hecho, la HCH está sujeta a reglas más estrictas que las que rigen la cocaína de grado farmacéutico, en gran medida para evitar que los atletas abusen de ella. Los médicos antiedad logran saltarse esas reglas diagnosticando en sus pacientes un mal que llaman deficiencia de hormona del crecimiento en el adulto, que es un trastorno definido tan vagamente que se podría aplicar a casi todas las personas mayores, porque la hormona del crecimiento disminuye de forma natural más o menos a partir de los veinte años. En 2007, Pfizer tuvo que pagar una multa de cerca de 35 millones de dólares por promover ilegalmente el uso de la HCH para fines fuera de las indicaciones, pero en comparación con sus ventas, fue como una gota en una cubeta. Según la AP «es probable que cuando menos la mitad de las ventas [de 2011] correspondieran a pacientes que no tenían autorización legal para obtener la sustancia».

En fechas más recientes, el gobierno federal ha empezado a tomar medidas más enérgicas al realizar redadas en las clínicas antiedad, como la de Miami que era frecuentada por Rodriguez.[13] Por lo tanto, quizá no sea raro que los asistentes a la A4M se resistieran a hablar abiertamente de la HCH. De hecho, «resistirse» es poco: su encargada de relaciones públicas mencionó, como por casualidad, que la organización podría considerar la posibilidad de demandarme, tal como lo había hecho con Jay Olshansky. El ambiente estaba muy caldeado. Por lo tanto, volé a Las Vegas para reunirme con el usuario más franco para hablar de la hormona del crecimiento que pude encontrar: el famoso doctor Life.

Si usted alguna vez ha ojeado las páginas finales de la revista de una línea aérea estoy seguro que reconocerá al doctor Life. Es un abuelo sonriente y medio calvo, con un torso increíblemente musculoso. Su nombre verdadero es, curiosamente, doctor Life. A sus 75 años, tiene el cuerpo de un joven de 25 años que baila en un Chippendale. El doctor Jeffrey Life es el rostro público de una compañía de Las Vegas que se llama Cenegenics, la cual maneja más de veinte clínicas antienvejecimiento que están repartidas por todo el país.

En persona, Jeff Life es un hombre amable, que tiene los pies en la tierra, y definitivamente tan musculoso como en su famoso retrato, el cual está colgado en su oficina ubicada en el edificio matriz de Cenegenics, que es un palacete de mármol blanco a unos veinte minutos del centro de Las Vegas. Sus famosos bíceps resaltan bajo las mangas de una sencilla camiseta negra cuando se reclina en su sillón para subir los pies al escritorio, que está perfectamente limpio. Ejemplares de sus dos libros más vendidos, *The Life Plan* y *Mastering The Life Plan* llenan las estanterías de los libreros. No parece ser una oficina donde haya mucho trabajo; es bueno ser el doctor Life.

Otra cosa que noto es que si bien su torso habla de una *estrella del porno gay*, su rostro y la línea de nacimiento de su cabello hablan de *Larry David*. Es evidente que no tiene ninguna cirugía plástica ni tampoco un trasplante de cabello. Luce como un hombre de su edad, salvo por sus enormes pectorales. Esto me hace desear que me caiga bien, pero por motivos distintos a los que quería que Suzanne Somers me cayera bien.

En el otro extremo de su despacho cuelga otra gran foto enmarcada de un hombre regordete, con panza cervecera, echado sobre un bote de vela en un lago pantanoso. También es el doctor Life o, mejor dicho, era. Cuando tomaron esa foto tenía 57 años y era un médico familiar que trabajaba en el nordeste de Pennsylvania y tenía un pésimo matrimonio, una barriga colgada y una inagotable sed de cerveza. Él todavía no lo sabía, pero iba a toda carrera hacia la diabetes tipo dos y la arteriopatía coronaria. Él mismo relata que, un par de años después de esa foto, un paciente por casualidad olvidó un ejemplar de una revista de fisicoculturismo en su sala de espera, que él se llevó a casa y leyó de cabo a rabo.

Unos cuantos números después, decidió inscribirse a un concurso patrocinado por la revista que ofrecía un premio a los hombres y mujeres que reconstruyeran más drásticamente sus cuerpos trabajando con pesas. Su entonces novia Annie, que ahora es su esposa, le tomó una foto de «antes» en el sótano de su casa. A continuación, se inscribió a un gimnasio, contrató a un entrenador y a un nutriólogo y jaló fierro como loco. Doce semanas después, envió su foto de «después», la cual también está enmarcada y colgada en un muro. El bobalicón de panza cervecera que estaba en el bote de vela se había transformado en un Schwarzenagger de sótano, incluso más musculoso que en los famosos anuncios. Ganó el concurso «Body for Life», pero también cambió su propia vida. En 12 semanas se había convertido prácticamente en otra persona.

—Es increíble —le digo. Él asiente.

—Le digo a la gente que si yo lo puedo hacer, cualquiera lo puede hacer. No soy especial. De hecho, he heredado genes malos y he triunfado sobre ellos. La realidad es que soy un gordo en un cuerpo delgado.

Pero, como ya habrá adivinado, hacer ejercicio y comer correctamente no son sus únicos secretos. Siguió entrenando de forma intensiva, pero para entonces había cumplido sesenta y pico años y sintió que estaba perdiendo terreno. «Seguía yendo al gimnasio y procuraba comer sano, pero estaba recuperando mi barriga, y también perdiendo masa muscular y fuerza». En 2003 asistió a una conferencia de Cenegenics en Las Vegas, gracias a la cual supo lo importante que era tener «concentraciones hormonales sanas». Se quedó un día más para someterse a la evaluación inicial de pacientes que hacía Cenegenics, la cual costaba 3 mil dólares e incluía análisis de sangre, estudios de resistencia física y varios estudios de imagenología para determinar la composición de su cuerpo y detectar la presencia de cánceres.

Los análisis de sangre revelaron que estaba en el extremo inferior del rango normal de testosterona y de hormona de crecimiento, incluso para su edad. Su nuevo médico de Cenegenics lo sometió a un régimen que conservaba su horario intensivo de levantamiento de pesas, pero además añadió dos inyecciones semanales de testosterona y una diaria de hormona del crecimiento. «A las dos semanas empecé a sentirme mejor», dice.

Al año, se había mudado a Las Vegas, donde no tardó en convertirse en el rostro de Cenegenics y el protegido de su fundador, el doctor Alan Mintz, entonces de sesenta y pocos años, que había sido radiólogo y participado en competencias de levantamiento de pesas. El propio Mintz era un defensor franco y un usuario entusiasta de la hormona del crecimiento humano, así como de otras cosas. Se cuenta que Mintz había corrido el Maratón de Nueva York cargando jeringas llenas de analgésicos (por una lesión de rodilla).[14]

El otro pilar del programa del doctor Life es, por supuesto, un régimen de entrenamiento que raya en lo brutal, el cual alterna un entrenamiento intenso de fuerza y otro igual de intenso de cardio, sobre una bicicleta Lifecycle (sin relación de parentesco) mientras ve DVD de series de acción, como *Breaking Bad*. Por su problema coronario lleva dos *stents*, pero no ha dejado que eso lo detenga. Sigue una dieta sensata (la cena de hoy consistirá en una pechuga de pollo sin piel, arroz integral y brócoli) y dejó el alcohol hace muchos años. «Uno no puede beber alcohol y verse como me veo», reconoce. (Tomo nota.)

Pero insiste que las inyecciones son esenciales. «Me di cuenta que el eslabón perdido eran las hormonas. Estoy del todo seguro que sin la hormona del crecimiento no me vería como me veo, no me sentiría como me siento, no actuaría como actúo ni pensaría como pienso.»

Todo eso suena fantástico; dónde firmo para verme como el doctor Life cuando tenga 75 años. Sin embargo, cuando escarbé en la investigación científica real sobre la hormona del crecimiento humano y en la historia reciente de la propia Cenegenics, encontré que la polémica sustancia no es del todo la fuente de la juventud que muchas personas piensan. Está lejos de serlo; de hecho, muchos científicos piensan que incluso podría contribuir a *acelerar* el proceso de envejecimiento.

Es asombroso que gran parte del furor por la HCH está basado en un solo estudio pequeño publicado en 1990, y que después ha sido desmentido por la revista donde apareció. En ese estudio, Daniel Rudman, un investigador de la Escuela de Medicina de Wisconsin, aplicó inyecciones de HCH a una docena de pacientes que tenían más de sesenta años y concentraciones de hormona del crecimiento por debajo del promedio para su edad. Rudman encontró que tras seis meses de inyecciones aplicadas tres veces a la semana, junto con un programa de ejercicio moderado, los hombres habían aumentado más de cinco kilos de «masa corporal magra» (también conocida como músculo), al mismo tiempo que habían perdido casi cuatro kilos de grasa.[15]

Hasta entonces, la HCH recombinante había sido una pequeña sustancia oscura que conocían sobre todo los pediatras que trataban a niños con deficiencias del crecimiento. Después de la publicación del estudio, el mercado de la hormona del crecimiento para adultos creció exponencialmente casi de un día para otro. Por fin se había «demostrado científicamente» que una sustancia incrementaba la masa muscular al tiempo que hacía desaparecer la grasa. En agradecimiento, Ron Klatz dedicó *Grow Young with* HGH a Rudman; pero el propio Rudman, que murió en 1994, estaba horrorizado del mal uso que se había dado a su trabajo. Su pequeño estudio fue citado en tantos anuncios de farmacias de pedidos por correo y clínicas antiedad cuestionables que, en 2003, el *New England Journal of Medicine* tomó la decisión inusitada de denunciar a su propia publicación, en un editorial muy severo: «Si bien los hallazgos del estudio eran interesantes en términos biológicos, la duración del tratamiento fue tan breve que no hubo tiempo para que se hicieran evidentes efectos secundarios, y queda claro que los resultados no son suficientes como para basar en ellos una recomendación de tratamiento».

Demasiado tarde. El caballo ya había huido de la caballeriza y además bajo los efectos de la HCH. Pero como encontré en una investigación posterior, la HCH tal vez no cumplía exactamente con lo que se pregonaba. Al parecer sí aumenta la masa muscular y elimina la grasa corporal, pero no aumenta la *fuerza* muscular real. Hacer pesas (y tomar testosterona) sí mejora la fuerza; además se ha demostrado que el entrenamiento con pesas y el ejercicio vigoroso, como las carreras cortas, incrementan las concentraciones de la hormona del crecimiento de forma natural. También lo hace el sueño profundo. Lo cual me llevó a cuestionarme si el doctor Life en realidad necesitaba esa sustancia. Come bien, no bebe y hace ejercicio vigoroso, con una mezcla de entrenamiento de fuerza y condicionamiento aeróbico. Perfecto. ¿En realidad necesita ayuda?

Él insiste que sí: que las inyecciones de hormona del crecimiento son el único camino que un hombre de su edad tiene para poder verse como... el doctor Life. Pero por desgracia, la hormona del crecimiento también hace otras cosas. Ha sido ligada a una larga lista de efectos secundarios que incluyen edema, dolor articular (incluso síndrome del túnel carpiano) y un riesgo mucho mayor de intolerancia a la glucosa o incluso diabetes en pacientes mayores, particularmente en los hombres.[16] Es difícil anticipar sus efectos a largo plazo. A diferencia de lo que ocurre con el estrógeno, para la HCH no existen estudios clínicos grandes a largo plazo de su uso en adultos mayores, en parte porque técnicamente es ilegal usarla con fines antienvejecimiento, pero también porque ni las compañías farmacéuticas que fabrican la sustancia ni los médicos que la recetan han mostrado entusiasmo alguno por un estudio de este tipo. Por lo que básicamente sus millones de pacientes están experimentando sobre sí mismos, igual que Suzanne Somers (y Brown-Séquard).

Durante algún tiempo consideré hacer eso mismo, apuntarme para una terapia de reemplazo de testosterona y posiblemente tomar un poco de hormona del crecimiento humano, solo para ver qué se siente. Incluso me sometí a análisis, pero encontré que mis concentraciones de testosterona (sin presumir) estaban bastante altas. No obstante, la hormona del crecimiento siguió intrigándome. Sin embargo, no tuvo que pasar mucho tiempo para que encontrara datos de laboratorio científico que explicaran por qué tomar mayores cantidades de ella podría no ser una idea tan buena. Los datos de laboratorio y también la película *La princesa prometida*.

Empecemos por el laboratorio, con este dato divertido: los ratones más longevos que se han observado en un laboratorio de hecho *no* tenían receptores de la hormona del crecimiento en sus células. Habían sido modificados genéticamente para ser inmunes al líquido. Procese en su cabeza esa información. Ausencia de hormona del crecimiento, vida más larga. La primera en observar este fenómeno fue Holly Brown-Borg, una estudiante de doctorado que estaba clasificando un lote de ratones, escogiendo a los animales más viejos para un estudio sobre el envejecimiento que había planeado, cuando advirtió que muchos de los ratones más viejos eran de un tipo llamado «enanos de Ames» que presentaban una extraña mutación que había eliminado sus receptores de hormona del crecimiento. Levantó un censo y encontró que los ratones enanos al parecer vivían más tiempo que los demás. «Fue como ¡vaya, tal vez la hormona del crecimiento tiene algo que ver con eso!», dice Brown-Borg, que ahora es catedrática en la Universidad de Dakota del Norte.

En resumen: ella y su mentor Andrzej Bartke de la Universidad del Sur de Illinois encontraron que la hormona del crecimiento y la longevidad en efecto guardaban una relación inversa. Algunas cepas de ratones con la hormona del crecimiento «eliminada» han vivido casi el doble que los ratones normales, o casi cinco años. Tienen muchas menos posibilidades de desarrollar las enfermedades de la vejez, como el cáncer, lo cual significa que en realidad están envejeciendo más despacio. Mientras tanto, los ratones que se han criado para producir hormona del crecimiento adicional tienden a vivir solo la mitad de tiempo.[17] Así, lo anterior sugiere que una cantidad excesiva de hormona del crecimiento podría ser malsana. ¿Entonces para qué inyectarse una cantidad más grande de ella?

«Si fuera una persona mayor no tomaría hormona del crecimiento. A la larga, lo único que hace es acelerar el envejecimiento. No entiendo por qué las personas siquiera piensan en tomarla», dice Brown-Borg.

Yo sí entiendo: los usuarios aparentemente piensan que la HCH los hará sentirse más jóvenes, cuando menos durante algún tiempo. Pero también lo haría ponerse un par de anillos en los pezones. A largo plazo, ninguna de las dos opciones es particularmente sensata.

Si quiere más evidencia, no necesita buscar más allá de su parque de perros más cercano. Los perros pequeños como los chihuahueños llegan a vivir 15 años o más, mientras que los Gran Danés rara vez viven más de siete u ocho. La razón de su enorme diferencia de tamaño se resume en un solo gen para el factor de crecimiento insulínico 1 (IGF-1), el mensajero que indica a nuestras células que crezcan y se dividan (y que opera de la mano con la hormona del crecimiento). Los perros grandes producen más IGF-1, mientras que cientos de años de crianza selectiva los han ido eliminando de los perros pequeños.[18] ¿Eso también explicaría por qué los perros pequeños, que tienen menos hormona del crecimiento y menos IGF-1, casi siempre viven más que los grandes? ¿Cabe decir lo mismo en el caso de los humanos?

Por supuesto, el exceso de hormona del crecimiento no fue nada bueno para André el Gigante, el querido luchador profesional que se volvió actor. Él padecía un extraño mal que se llama acromegalia, el cual se debe a un tumor benigno en la hipófisis que la hace producir demasiada hormona del crecimiento. (El orador motivacional Anthony Robbins padece ese mal.) Medía poco más de dos metros y en sus buenos tiempos pesaba más de doscientos cincuenta kilos;

¡esos sí que son huesos grandes! También vivía como un gigante; se cuenta que, cuando no le estaba quitando el maquillaje a golpes a Hulk Hogan o raptando a *La princesa prometida*, era capaz de despacharse más de cien cervezas de una sentada. Eso tal vez aceleró su muerte prematura en 1993, cuando solo tenía 46 años, si bien los acromegálicos suelen morir bastante jóvenes.

Una razón podría estar relacionada con el cáncer. Se sabe que el exceso de hormona del crecimiento estimula la proliferación de células cancerosas, pero no se sabe si quienes usan hormona del crecimiento corren mayor riesgo de desarrollar un cáncer porque no se han realizado los estudios correspondientes. Existen algunos casos inquietantes: en 2003, Hanneke Hope, una mujer de California de 56 años, acudió a Cenegenics para recibir tratamientos contra el envejecimiento porque quería seguir disfrutando de su estilo de vida activo, o sea, correr maratones y montar a caballo. En Cenegenics le aplicaron inyecciones de hormona del crecimiento, como a muchos otros de sus pacientes por no decir que a la mayoría, las cuales pueden costar entre mil y 2 mil dólares al mes (por las inyecciones, los análisis necesarios y las visitas al consultorio). Bajó ocho kilos enseguida y le comentó al *San Francisco Chronicle*: «Me hace sentir muy bien».[19] Pero sus tratamientos no duraron mucho porque seis meses después estaba muerta, con el hígado plagado de tumores malignos. Su familia arguyó que los tratamientos con hormona del crecimiento habían causado o acelerado su cáncer, pero el doctor Mintz insistió que no era cierto.

Unos cuantos años después, *60 Minutos*, que había estado investigando la polémica en torno a la medicina antienvejecimiento, hizo un perfil de Mintz, pero antes de que la historia pudiera salir al aire, Mintz también falleció en circunstancias extrañas. Al principio, la compañía declaró que Mintz había sufrido un infarto mientras hacía pesas, pero más adelante se supo que había fallecido a causa de complicaciones derivadas de una biopsia de su cerebro. La compañía siempre insistió que la biopsia había salido limpia, pero nunca ha hecho público el resultado de la necropsia. Así que tal vez jamás conoceremos la verdadera causa de su muerte ocurrida en 2007, a la edad no tan avanzada de 69 años.

Queda claro que el envejecimiento es bastante más engañoso de lo que supone casi toda la gente, y que el solo restituir algo, como la hormona del crecimiento o el suplemento que estuviera de moda en un momento dado, no resolverá el problema como tampoco lo hizo el elíxir de Séquard. No existe un remedio rápido, independientemente de lo que estuvieran ofreciendo muchos de los vendedores charlatanes en la junta de la A4M; los regímenes de reemplazo hormonal, pero también los sintonizadores del cerebro, las cámaras de sueño hiperoxigenadas y la aparentemente interminable sarta de suplementos, que prometen todos sanear este o aquel desagradable efecto secundario del envejecimiento.

«Suponga que está ante una sinfonía de Mozart», dice Valter Longo, profesor de biología en la Universidad del Sur de California y un destacado investigador del envejecimiento. «Tomar hormona del crecimiento, un suplemento o lo que fuere es como si alguien se dirigiera al chelista y dijera: "¿No puede hacer que suene un poco más fuerte?". Lo más probable es que eche todo a perder».

Sin embargo, Brown-Séquard había dado con algo importante, al igual que Suzanne Somers y el doctor Life, a pesar de vivir en el engaño. Un cuerpo viejo es fundamentalmente diferente de uno joven.

A principios de la década de 1970, Frederick Ludwig, un científico nacido en Alemania que trabajaba en la Universidad de California-Irvine, demostró la importancia de lo anterior mediante un experimento novedoso y radical. Seccionó el costado derecho de una rata de tres meses y el izquierdo de otra de unos dieciocho meses; edad equivalente a la de una persona de sesenta años. A continuación unió a los dos animales suturándolos de punta a rabo, como si fueran gemelos siameses. Repitió esto una y otra vez hasta que tuvo 235 pares con diferentes combinaciones: vieja con joven, vieja con vieja y joven con joven.

Esta técnica se llama parabiosis y si le suena como algo perteneciente a los tiempos de Brown-Séquard se debe a que lo es: data de la década de 1860 cuando el médico francés Paul Bert fue el primero en unir a dos ratas albinas. Descubrió que el sistema circulatorio de los dos animales se unía, de modo que por los dos cuerpos fluía la misma sangre. Desde entonces, la parabiosis se ha usado para estudiar el sistema inmunológico, el funcionamiento de los riñones, el cáncer y los efectos de la radiación. La pregunta de Ludwig era elegantemente sencilla: ¿qué sucedería si emparejaba a un animal viejo con una fuente de sangre joven?

No era el único que había tenido esa idea. La parabiosis «heterocrónica», o la idea de emparejar animales viejos con jóvenes, había sido sugerida varios años antes por Alex Comfort, uno de los primeros gerontólogos británicos que intuyó que la juventud tenía algo especial; cómo es que los jóvenes resisten el estrés, las lesiones y las enfermedades con mucha más fuerza que sus padres. «Si a lo largo de toda la vida conserváramos la misma resistencia al estrés, las lesiones y las enfermedades que cuando teníamos diez años, cabría esperar que alrededor de la mitad de los que estamos aquí hoy estaríamos vivos dentro de 700 años.»[20]

No es un error tipográfico: sí, *700 años*. Es justo lo que soñaba Aubrey de Grey. Lo único que tendría que hacer usted es permanecer igual, biológicamente, que cuando tenía diez años. Ahí está el truco.

Comfort sospechaba que los cuerpos jóvenes tenían algo que los dotaba de sus maravillosos poderes juveniles para resistir y regenerarse y si bien ese algo es extremadamente potente, también es efímero, porque al parecer se esfuma más o menos en diez años. Pero Comfort estaba demasiado ocupado para hacer los experimentos en persona, porque a sus sesenta y pico años estaba dedicado a poner los toques finales a su obra más popular, un práctico manualito ilustrado llamado *The Joy of Sex*. Por lo tanto, el trabajo pesado recayó sobre Ludwig y sus ayudantes de laboratorio, los cuales estuvieron muchas semanas suturando a los animales unos con otros.

Hay que admitir que la parabiosis es un tanto espeluznante; de hecho, en algunos países está prohibida. Sin embargo, suena mucho peor de lo que es en realidad. En un laboratorio de la Escuela de Medicina Albert Einstein en el Bronx presencié una operación de parabiosis en dos ratas; la cirugía para abrirlas y suturarlas tomó alrededor de veinte minutos y sangraron relativamente poco. En una semana más o menos, la incisión sanaría y sus sistemas circulatorios quedarían mezclados de modo que la misma sangre correría por los dos cuerpos. Es cierto que más de un tercio de las parejas de Ludwig murió, pero ahora las tasas de supervivencia son mucho mayores y llevan vidas relativamente satisfactorias una vez que deciden cuál animal «liderará», tal como en un baile de salón. No cabe duda que su nueva existencia estando las dos unidas es más interesante que estar sentadas todo el día solas en una jaula sin hacer nada. «Si lo pienso, supongo que debe ser bastante aburrido ser una rata de laboratorio», dijo medio en broma uno de los científicos involucrados en experimentos de parabiosis.

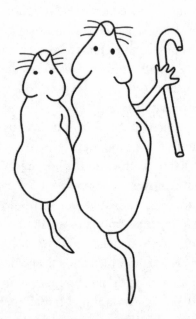

A continuación, Ludwig y su equipo hicieron lo que los científicos hacen siempre en los estudios sobre el envejecimiento: esperaron a que los animales se murieran. (Hablando de aburrido.) Sin embargo, los resultados distaron mucho de ser aburridos. Las ratas viejas que habían sido emparejadas con los animales jóvenes vivieron un tiempo asombrosamente largo, entre cuatro y cinco meses más que las ratas unidas a parejas de edad parecida. Incluso sobrevivieron un poco más que las 65 ratas de control no emparejadas de Ludwig que no habían sido sometidas a la cirugía traumática. Dado que las ratas de laboratorio por lo normal viven un poco más de dos años, esto era como extender la duración de la vida humana de unos ochenta años a cerca de cien.

En otras palabras, Ludwig encontró que la juventud es contagiosa, pero ¿por qué?

La mejor explicación que pudo ofrecer fue que los animales viejos tal vez quedaron protegidos contra infecciones, beneficiándose de su acceso al sistema inmunológico de los jóvenes. No cabe duda que el sistema inmunológico es importante para el envejecimiento, como veremos más adelante, ¿pero existía una razón más profunda? ¿Había algo en la sangre joven, alguna especie de factor secreto que dotara de juventud, que ayudaba a los animales viejos a vivir más tiempo?

La pregunta es muy, muy antigua. Ya desde el siglo XIII, el filósofo alquimista Roger Bacon afirmó que si un viejo inhalaba el aliento de vírgenes (supuestamente varones) rejuvenecería. Desde entonces, muchos viejos (y viejas) han buscado la compañía de jóvenes, sexual y de otro tipo, tal vez con una meta similar en mente. En el siglo XVI, sir Francis Bacon (sin parentesco alguno con Roger) transfundió sangre de un perro joven a uno viejo, y le pareció que había rejuvenecido mucho. Y, hablando de sangre joven, no olvidemos al novelesco Drácula, que lo único que cenaba era eso y se decía que tenía varios siglos de edad; aun cuando en la vida real, el verdadero Conde Vlad, El Empalador, Drácula del siglo XV, solo llegó a los cuarenta y pico años.

A la sazón, ni siguiera Ludwig pudo ofrecer mayor explicación de lo que había observado y la parabiosis no tardó en pasar de moda otra vez. Pero las interrogantes que había generado eran muy profundas. Algo que contenía la sangre joven seguramente transmitía este poder de rejuvenecer a los animales viejos, ¿pero qué era? ¿Y por qué con los años dejamos de tener ese algo, lo que quiera que sea? ¿Qué cambia tan enormemente en nuestro interior que altera la composición de nuestra propia sangre?

¿O debería dejar de hacer estas preguntas y simplemente recibir una transfusión de sangre de mi pequeña sobrina quien, por cierto, al momento de escribir estas líneas, tiene exactamente diez años?

Eso precisamente es lo que tenía que averiguar.

Capítulo 4

ATENTAMENTE, DESGASTÁNDOME

Cada día, lo que más me asombra es el espejo.
No puedo creer cómo me veo.

Neil Young

M e desperté al amanecer y encontré a un extraño sentado junto
a mi cama que estaba a punto de ponerme una mascarilla de
goma. Trabajando con rapidez y suavidad, la ajustó sobre mi nariz y
mi boca y en un segundo hizo que pasara de un estado medio ador-
milado a un pánico claustrofóbico instantáneo.

—Tranquilo —dijo con voz suave—, solo relájese.

—Mmm... —Me quejé debajo de la mascarilla al tiempo que mi
brazo caía con un espasmo.

—¡Ssshhh! —dijo, tomando mi brazo errante y sujetándolo junto
a mi cuerpo—. Solo permanezca acostado y callado.

Me recosté y traté de pensar en cualquier cosa menos en la ajustada
mascarilla y mi auténtica fobia a asfixiarme. El hombre que estaba en
mi cuarto se llamaba Edgar, como Allan Poe, y era enfermero nocturno
en el Harbor Hospital de Baltimore, donde yo acababa de pasar mi
tercera noche consecutiva. No estaba ahí porque estuviera enfermo,
sino porque estaba sano. Me había ofrecido de voluntario para el
llamado Estudio Longitudinal sobre Envejecimiento de Baltimore, o
BLSA por sus siglas en inglés, el más largo del mundo que se haya realizado sobre el envejecimiento humano. Desde 1958, investigadores
del gobierno han estado monitoreando a una cohorte cada vez más
numerosa de sujetos que van de bajada en la montaña rusa del tiempo.

El estudio es producto de la mente de Nathan Shock, el gerontólogo pionero que fue uno de los primeros científicos estadounidenses en estudiar el envejecimiento.[1] Cuando terminó sus estudios universitarios, cayó en la sucursal de Baltimore de los National Institutes of Health, donde no tardó en darse cuenta de que, básicamente, los científicos no tenían ni idea de cómo la gente envejece de forma natural. De entrada, hasta mediados del siglo xx, nunca había habido tantos viejos en el planeta. Además, los gerontólogos de la época por lo habitual solo estudiaban a personas que *ya* eran viejas o que estaban muertas.

La genialidad de Shock radicó en la parte «longitudinal»: en lugar de pinchar y palpar a los viejos, empezaría con personas sanas que no fueran muy viejas y observaría lo que les sucedía a medida que envejecían poco a poco. Así que en lugar de comparar a un hombre promedio hipotético de 75 años con un hombre promedio hipotético de cuarenta años, darían seguimiento a cada individuo en su viaje único hacia la vejez. Reunió a un grupo central de sujetos, en su mayor parte compañeros científicos y doctores de la comunidad médica de Baltimore, y les hizo toda clase de exámenes y mediciones básicas. Entonces observaría cómo iban cambiando con el paso del tiempo.

Un proyecto a un plazo tan largo sería prácticamente inconcebible con las fechas de vencimiento del escaso financiamiento y las presiones para permanecer en el puesto que existen hoy, pero el pequeño estudio de Shock ha ido madurando muy bien. El BLSA ahora da seguimiento a más de trece mil sujetos de entre veinte y 105 años. Su pequeño despacho se ha convertido en el National Institute of Aging. Al paso de los años, los científicos del NIA que se encargan del BLSA han recopilado un expediente verdaderamente detallado de los crímenes que el envejecimiento comete en el cuerpo humano. Según un estudio del BLSA que consulté en mi *laptop*, la VO$_2$ máx promedio, o la capacidad del cuerpo para procesar oxígeno mientras se hace ejercicio, disminuye 10% durante la cuarta década de vida, 15% en la quinta y 20% en la sexta, ¡ah sí!, y 30% en la séptima. Sin embargo, algo que no disminuye es el peso del sujeto, el cual se acumula sin cesar a lo largo de los cuarentas, cincuentas y sesentas. (Gracias, ciencia.)

De hecho, parte de la información ha ayudado a la gente. Uno de los hallazgos más importantes del BLSA fue que, en el caso de los hombres, las concentraciones de antígeno prostático específico (APE), un marcador del cáncer de próstata, en realidad no importan, sino que lo importante es la *velocidad de cambio* del APE. Ese solo hecho ha evitado que miles de hombres tengan que pasar por dolorosos exámenes y cirugías innecesarias. En fechas más recientes, los datos del BLSA han servido para establecer los criterios diagnósticos de la diabetes y también han ayudado a los investigadores a entender los patrones de evolución de las enfermedades cardiovasculares y del Alzheimer. Pero la pregunta principal sigue básicamente sin encontrar respuesta. ¿Cómo se puede *medir* el envejecimiento? ¿Se puede establecer la edad biológica de una persona frente a su edad cronológica?

El BLSA no acepta a cualquier persona. Yo había tenido que pasar por una rigurosa selección, con análisis de sangre, un examen físico completo (menos el de próstata) y muchas preguntas entrometidas sobre mi historial médico, todo ello para asegurarse de que yo estaba lo bastante sano como para que el gobierno observara cómo iba envejeciendo y cayéndome a pedazos. Si hubiese tenido alguna enfermedad crónica o estado tomando medicamentos, incluso simple ibuprofeno, habría quedado descalificado. «Estas personas se cuentan entre las más sanas que conocerá jamás», dijo en broma la enfermera de admisión.

Por el privilegio de unirme a este grupo de élite, con gusto renuncié a tres días perfectos de agosto para ser conejillo de Indias del gobierno. Pasaría todas mis horas de vigilia sometiéndome a exámenes de un tipo u otro, e incluso dormiría en una sala de hospital, en una habitación con una bonita vista a la Bahía de Baltimore. En total, el gobierno reuniría 6 mil datos sobre mi persona y cada pocos años tendría que regresar para proporcionarles más. Si bien estaría en libertad de abandonar el estudio en cualquier momento, este ni siquiera terminaría necesariamente a mi muerte. Un folleto explicaba la opción de donar mi cuerpo al BLSA. A cambio de ello, obtendría gratis las evaluaciones médicas más completas y de mejor calidad que el dinero de los contribuyentes pudiera pagar. Y, en cierto sentido, las más extrañas.[2]

A lo largo de los dos días anteriores, me habían pinchado, palpado, oprimido, inyectado, drenado y escaneado de todas las formas imaginables. Empecé muy temprano el martes, cuando una enfermera de forma sistemática me extrajo unos veinte tubos de sangre. Medio mareado por ese suplicio, porque como a la mayor parte de los hombres no me gusta ver sangre saliendo de mi cuerpo, tuve que tragarme una botella de una bebida dulzona y pegajosa sabor naranja, y permanecer ahí sentado mientras ella me extraía más sangre, cada veinte minutos durante dos horas, para saber cómo manejaba la colosal arremetida de glucosa. O, como dicen en Georgia, «el desayuno».

Una parte de mi sangre fue analizada de inmediato, pero el grueso sería guardado en los congeladores del banco del NIA, para usarla en proyectos de investigación futuros. (Nota a civilizaciones futuras: Por favor desentierren esos tubos y clónenme.) A continuación pasamos a una serie de pruebas cognitivas enloquecedoras que requerían que memorizara y recitara una lista de compras, que parecía preparada por un demente o tal vez mi novia: «Calamares, cilantro, una sierra, perfume...»

Me midieron todo lo medible. Me prohibieron que, durante las primeras 24 horas, orinara en otro lugar que no fuese una jarra anaranjada que estaba guardada en un refrigerador en mi baño. No paró ahí: una joven remilgada tiñó mi lengua de azul, aclarándome que esa no era su parte preferida, ni la mía tampoco, y a continuación le tomó una serie de fotos en primer plano. En otra sala, un gordito amable me había pegado electrodos en la cara y me había pegado veinte veces en la frente con un mazo de goma. Se supone que era para evaluar los nervios que estabilizan nuestra vista, o sea como nuestra propia Steadicam interna. Una enfermera me cortó las uñas de los pies y guardó los trocitos en un frasco para que pudiesen analizar mi «microbioma», o sea la comunidad de microbios que habitan en nuestro interior, sobre nosotros y en nuestro derredor, y cuya importancia se ha empezado a reconocer apenas en fechas recientes. Además, para ese efecto, me enteré horrorizado que también requerían una muestra de mi popó. Para ello, me dieron un artilugio especial para recolectarlo que parecía uno de esos sombreros antiguos como los que usan las damas en *Downton Abbey*.

Solo me daba miedo la máquina de resonancia magnética, pues me meterían durante más de una hora en un tubo blanco estrecho perfecto para la claustrofobia que produciría horrendos chillidos mientras escaneaba mi cerebro y después mis piernas. En realidad, no sería muy diferente de volar en clase turista a Cleveland, pero de cualquier manera detestaba la idea. Ahí, una técnica que se llamaba Bree me convenció con paciencia tocando mi brazo mientras me decía con voz arrulladora que estaría cerca; yo con gusto la dejé que me atara con las correas a la plancha y que me deslizara al interior de la máquina, la cual debe haber registrado imágenes de mi cerebro tomando una vacación imaginaria con Bree en un hotel tropical con todo incluido.

Mi estancia en el BLSA fue, sin duda alguna, el momento culminante de mi investigación para este libro. No miento: fue bastante agradable recibir tanta atención durante tres días, en especial en el caso de un tipo que normalmente trabaja solo en su casa. Era agradable estar tan ocupado. Además, los exámenes me parecieron absurdamente fáciles (bueno, salvo memorizar la lista de compras). Fue tan divertido que me dio por llamarlo *la juerga*.

El primer día, por ejemplo, me acompañaron por un pasillo y me pidieron que me pusiera de pie y me sentara diez veces, con los brazos cruzados sobre el pecho, mientras un fisiólogo del equipo cronometraba mis tiempos, como un cazatalentos de futbol. Después tuve que permanecer sobre un pie durante treinta segundos, y después sobre el otro, para una prueba de equilibrio. *Lo logré*. El fisiólogo también cronometró el tiempo que tardaba en caminar por el pasillo, para arriba y para abajo, con una mascarilla de oxígeno en la cara (les encantaban las mascarillas de oxígeno). También superé esa prueba. Al día siguiente tuve que caminar más, en esta ocasión en un laboratorio que era lo último para «estudiar la marcha» y ahí unas cámaras de alta velocidad del mismo tipo que las que usa Pixar registraron mis movimientos. Conseguí poner un pie delante del otro.

El examen de la vista estuvo regalado, incluso la parte en que me apuntaron faros a la cara para simular el tráfico que avanza de frente, y avancé hasta los tonos levemente chirriantes de la prueba auditiva. También me defendí bien en la pelea contra el medidor de fuerza de prensión y la máquina de extensión de las piernas, justo como Brown-Séquard.

Pero la mejor parte era que el personal de la juerga no paraba de decirme que yo era muy «joven», lo cual era cierto en comparación con su clientela típica. Ese solo hecho hizo que la experiencia fuera maravillosa. Las enfermeras, los médicos y los fisiólogos estaban encantados porque nada más tenían que explicarme cada examen una sola vez y porque hacia todo con rapidez. Estaba dominando en la juerga.

No fue hasta después que me di cuenta de lo que esto significaba: que apenas había empezado a experimentar el envejecimiento verdadero. Volvería cada tres años y era probable que la mayor parte de las cosas que estaban midiendo iría empeorando cada vez, en lugar de mejorar: el porcentaje de grasa corporal, la densidad ósea, la vista, el oído, la fuerza, la salud cardiovascular, la tolerancia a la glucosa (el análisis de la bebida dulzona, simple pero sumamente importante). ¡Ah!, y evidentemente la memoria. No faltaba mucho para que no me acordara de encender mi celular. La entrevista sobre mis hábitos para orinar sería más larga e incómoda. Siguiendo con las metáforas líquidas: el envejecimiento es como un río que solo fluye en una dirección: cuesta abajo.

Empecé a darme cuenta de todo eso más o menos a la mitad de la prueba de caminata de 400 metros: veinte vueltas al pasillo, subiendo y bajando a paso tan veloz como pudiera. A pesar de que caminé «vigorosamente» como me habían pedido, casi no sudé. Pero en ese momento entendí todo: *Algún día me resultará difícil hacer esto.* Levantarme de una silla será un suplicio doloroso y humillante. Caminar un par de cuadras me parecerá una tarea monumental. Y no mucho tiempo después de eso moriré. De hecho, en ese sentido, esta era una de las pruebas más importantes. Gracias a los datos de la juerga, los investigadores ahora saben que uno de los indicadores de la mortalidad más exactos que tenemos es la velocidad natural para caminar. En términos de estadística, entre más lento camine la persona, más probable será que ya vaya de salida.[3]

Empecé a deprimirme. Sí. Yo seguía en bastante buena forma. Por ahora. El envejecimiento casi no me había afectado y, para ser francos, estaba tomando todo este asunto como un niño malcriado. Lo que la juerga mediría en realidad era mi largo declive inevitable y ese apenas acababa de empezar. A partir de ahí las cosas no mejorarían. Hasta mi estatura cambiaría; probablemente nunca volvería a medir lo mismo que ahora porque el estudio ha documentado que la estatura registra una larga disminución constante (para que esté enterado, eso se debe a que los discos entre las vértebras pierden agua). El estudio terminaría cuando muriese y, si firmaba la forma de consentimiento para mi necropsia, ni siquiera entonces.

Esa noche, salí a cenar y devoré una docena de cangrejos azules de Chesapeake, los cuales están entre los alimentos con más colesterol que existen, y tomé varias cervezas para pasarlos. Porque, ¿qué motivo había para no hacerlo?

Unas semanas después de haber vuelto a casa, llamé por teléfono al doctor Luigi Ferrucci, que entonces encabezaba la juerga. Cuando se hizo cargo en el 2002, el estudio estaba languideciendo, tal como había sucedido desde que Nathan Shock muriera en 1989. En esa época se consideraba que no estaba de moda estudiar el envejecimiento en seres humanos reales; un ejercicio que algunos biólogos moleculares despreciaban llamándolo «contar arrugas». En cambio, el National Institute on Aging había gastado en vano muchos millones de dólares en estudios con ratones, buscando fútilmente «biomarcadores» del envejecimiento, cosas como las concentraciones de colesterol y otras sustancias químicas que cambian con la edad. Seguían sin encontrar una manera de medir adecuadamente el envejecimiento.

Cuando Ferrucci fue reclutado en su natal Florencia (Italia) era médico geriatra, un profesional que trata a los viejos. Ferrucci vio que la juerga representaba una estupenda oportunidad. No existía otro estudio como ese, ninguno que le permitiera seguir la trayectoria de sujetos individuales mientras iban envejeciendo. Él modernizó los procedimientos de los exámenes, introdujo nueva tecnología para los estudios de imagen, como la resonancia magnética y la tomografía axial computarizada, y también amplió el alcance del estudio.

En nuestra primera conversación, Ferrucci dijo algo que jamás olvidaré: «El envejecimiento está oculto en nuestros cuerpos».

El envejecimiento está oculto en nuestros cuerpos. ¿A qué se refería con esas palabras?

A dos cosas. En primer lugar, en términos de nuestra biología, el envejecimiento es un proceso profundo, casi subterráneo, que empieza antes de que tengamos conciencia de que está ocurriendo; los investigadores piensan que algunos aspectos del envejecimiento de hecho comienzan desde que estamos en el seno materno. Esos cambios se aceleran a partir de que dejamos de crecer, alrededor de los veinte años, y para cuando nos damos cuenta (con o sin la ayuda de velas de cumpleaños en pasteles con forma de lápida) que hemos llegado a la mediana edad, ya están muy avanzados. Muchos estudios han demostrado que la mala salud a la mitad de la vida es un indicador directo de un tiempo de vida más corto y un estado de buena salud más breve. Un estudio publicado en *JAMA* en 1999, basado en los datos de la juerga, encontró que incluso la simple fuerza de prensión en la mediana edad pronosticaba la presencia de discapacidad en la vejez.[4] Así que el doctor Brown-Séquard también había tenido razón en este punto.

En segundo, el envejecimiento «se oculta en nuestros cuerpos» porque nos esforzamos mucho por esconderlo, de modo muy parecido al que usaron los dueños anteriores de mi casa centenaria de Pennsylvania para ocultar su verdadero estado de putrefacción mediante el uso ingenioso de tejas, masilla y pintura. Según Ferrucci, la evolución nos ha dado varias formas de compensar los efectos del envejecimiento «de modo que esos cambios tengan tan pocas consecuencias como sea posible».

Lo compensamos de formas más que nada inconscientes. Por ejemplo, a medida que el tumor del perro Theo iba creciendo en su interior, su corazón lo compensaba trabajando mucho más, lo cual explica por qué pudo seguir corriendo a mi lado alrededor de la manzana tan solo una semana antes de morir. O, por hablar de un ejemplo menos tétrico, algunos estudios han demostrado que las personas que tienen un mayor desarrollo intelectual, o sea más estudios y más estímulos mentales, son capaces de resistirse a la enfermedad de Alzheimer durante mucho más tiempo que las que tienen un nivel educativo más bajo. Sus cerebros han desarrollado más conexiones y esa red más fuerte logra que el funcionamiento cognitivo parezca normal, cuando menos durante algún tiempo.

Sin embargo, Ferrucci considera que el terreno más importante del envejecimiento tiene que ver con la energía; con la forma de almacenarla y de usarla. Eso explica por qué Edgar me había aplicado el tratamiento de la mascarilla la última mañana. Sucede que nuestro metabolismo basal, o sea la cantidad de energía que el cuerpo de una persona consume en reposo, como si un auto estuviera andando pero sin avanzar, es una medida muy importante de la eficiencia de la energía. Entre más alta sea su frecuencia cuando está «andando», menos energía tendrá disponible para otras cosas necesarias, como luchar contra las infecciones o reparar el daño a los tejidos. Había visto estudios que relacionaban una frecuencia basal alta con aumento en el riesgo de mortalidad (es decir, la muerte) y por eso mismo no me agradaba recordar que Edgar me había murmurado al oído: «Tu metabolismo es alto, ¿verdad?».

Ferrucci estaba obsesionado con la eficiencia de la energía, lo cual explica por qué tantos estudios de la juerga medían el desempeño físico; era como si nos estuvieran seleccionando para la NFL, como la caminata de 400 metros por el pasillo o la agotadora prueba de la VO_2 máx en la caminadora. La prueba del equilibrio (permanecer sobre un pie durante treinta segundos, etcétera) es una de las más importantes y también uno de los primeros indicadores del envejecimiento. Según Ferrucci, una de las primeras cosas que se pierden es ese sentido fino del equilibrio. «Puedo salir a la calle y correr 15 kilómetros ahora mismo, pero pienso que no podría superar la prueba del equilibrio», me dijo (tiene sesenta años y buena condición).

Tal vez no parezca gran cosa, pero literalmente podrá sentir su efecto en cadena el resto de su vida. Conforme vamos perdiendo el equilibrio, lo compensamos cambiando nuestra posición cuando estamos de pie, por ejemplo, colocamos más separados los pies para que nos proporcionen una base más estable. Pero, a su vez, esta posición más abierta provoca que caminemos y corramos con mucha menos eficiencia que la de nuestro paso juvenil cerrado. En parte, esto explica por qué parece que las personas mayores arrastran los pies, incluso cuando tratan de correr. Por consiguiente, desperdiciamos energía y vamos a un paso incluso más lento. Ferrucci piensa que, al final de cuentas, esto explica la importancia de la velocidad para caminar y también de la eficiencia para hacerlo. Básicamente son un indicador de la cantidad de gasolina que nos queda en el tanque.

Así, nos encontramos ante una ironía trágica: conforme vamos envejeciendo tenemos menos energía pero, no obstante, usamos la que tenemos con mucha menos eficiencia. Me resultaba imposible no pensar en mi vieja perra Lizzy, que pasaba de los 13 años, o una edad bastante avanzada para cualquier clase de sabueso. Ahora caminaba tan lento que, en ocasiones, teníamos que hacernos a un lado para que nos pudieran rebasar las viejitas con sus carritos para mandado en las estrechas banquetas de nuestro barrio. Se estaba quedando sin gasolina ante mis propios ojos.

La movilidad es fundamental para la supervivencia: el tema surgía reiteradamente una y otra vez en mi investigación. Además, es interesante señalar que es válido para todos, incluso hasta para los animales primitivos, como los humildes *Caenorhabditis elegans*, pequeños gusanos transparentes y sinuosos que viven en la fruta. Los científicos adoran al *C. elegans* porque su cuerpo contiene los mismos sistemas principales que nosotros, pero es más pequeño que una coma, por lo cual no cuesta mucho alimentarlo. También son magníficos para estudiar el envejecimiento porque solo viven alrededor de tres semanas. En el laboratorio, su muerte siempre va precedida por una fase en la que simplemente dejan de moverse.

Eso explicaba por qué la prueba de la caminata de 400 metros era considerada una de las partes más importantes de la juerga. Entre más lento camine uno, menos energía tendrá en el tanque (y probablemente peor será su sentido del equilibrio). Ferrucci explicó que la verdadera razón por la que la energía y la movilidad son tan importantes es porque son un indicio de otras cosas que están sucediendo en nuestro interior pero que no podemos ver; algunas de ellas incluso al nivel celular. Nos hacemos más lentos porque en nuestro interior hay problemas más serios, como en el caso del viejo Chevette destartalado que va por la carretera sin poder pasar de ochenta kilómetros por hora a pesar de que su conductor pise el acelerador hasta el fondo.

«Uno trabaja más duro hasta cierto punto, pero llega un momento en que simplemente no puede hacerlo más», dijo Ferrucci.

Cuando se nos agota la gasolina alcanzamos un estado de fragilidad, que es una de las etapas finales del envejecimiento. No se refiere a un estado de simple fragilidad, sino más bien a un debilitamiento y agotamiento, que se suelen caracterizar por lentitud, poca actividad y pérdida involuntaria de peso. Básicamente uno se va desgastando y, llegando a ese punto, no se requiere de mucho para caer al despeñadero.

De hecho, si mi perra Lizzy llegara a un estado de fragilidad, por humanidad yo pensaría en llevarla al consultorio del veterinario en un viaje sin retorno. La abuela y el abuelo no tienen tanta suerte. En su caso, la fragilidad es el punto en que hasta un pequeño problema, como una enfermedad común y corriente o una cirugía menor, se puede convertir rápidamente en un gran problema porque el cuerpo nada más no se puede recuperar de él. Por ejemplo, debido a la fragilidad de mi abuelo, una infección de vías urinarias común y corriente desató una cadena de hechos que al final de cuentas culminaron en su fallecimiento.

Por suerte para él, no duró mucho tiempo en ese estado. Fue capaz de cuidar de sí mismo casi hasta el final y de realizar casi todas las actividades de la vida diaria; incluso se podía cortar las uñas de los pies, la cual es una de las tareas más difíciles para las personas mayores, pues requieren de una buena vista, de movimientos precisos y, sobre todo, de flexibilidad. En cierto sentido fue una bendición que pasara a mejor vida relativamente rápido, sin un largo deterioro. Sin embargo, su muerte no deja de ser horrible.

Por otro lado, al momento de escribir estas líneas, su esposa (o sea mi abuela) sigue con vida, a pesar de que casi no hizo nada sano a lo largo de su vida. Ahora tiene 97 años y vive en un asilo para ancianos en Florida; está prácticamente ciega, pero sigue cocinando y cuidándose sola. Sigue desayunando lo mismo que ha desayunado durante muchas décadas: un delicioso y azucarado pan danés o, si la invade un espíritu aventurero, una dona de las llamadas garra de oso.

La mañana después de mi comilona de cangrejo me desperté con una cruda que tenía tintes de lúpulo y un sabor de boca a condimentos para mariscos. Hacer eso no me había servido de mucho. Seguía regodeándome en la autocompasión por mi mediana edad. Tenía que sacudírmela: uno de los hallazgos más interesantes de la juerga se refiere a la actitud que uno adopta hacia su propio envejecimiento. Los jóvenes de mediana edad (de cuarenta o cincuenta años) con sentimientos positivos hacia el envejecimiento, como adquirir conocimiento, no tener que trabajar, la posibilidad de viajar y aprender más, tendían a gozar de mejor salud física y también cognitiva más adelante en la vida.

Otro conjunto significativo de investigaciones ha encontrado que, en general, tanto los hombres como las mujeres suelen ser *más felices* con la edad. De hecho, algunos estudios han identificado los cuarenta y pico como un punto bajo en términos de felicidad en el tiempo de vida; específicamente alrededor de los 46. Es como una curva en forma de u, más alta en la juventud y la vejez, y más baja a la mitad. Las conclusiones apoyaban básicamente lo que mi madre me ha dicho siempre, que cada década de su vida ha sido mejor que la anterior.[5] ¿Por qué no lograba creerle?

Empecé a recuperar la esperanza después de que conocí a mi vecina de junto, una elegante afroamericana de setenta y tantos años que llamaré Claudia. Era una empleada jubilada del gobierno federal de Washington, DC, que también es mi ciudad natal, y llevaba 15 años participando en el estudio, desde que había leído acerca de él en el *Washington Post*. Su sola presencia era una señal del cambio: durante sus primeros veinte años, el estudio del envejecimiento del doctor Nathan Shock solo había estado abierto, increíble o tal vez previsiblemente, para hombres blancos.

Pero eso había sucedido hace mucho tiempo, y ahora el NIA estaba muy activo reclutando a participantes de ambos géneros y de todas las razas y Claudia era toda una veterana. Estuvimos charlando sobre cosas de DC durante un rato y después ella amablemente procedió a ponerme al tanto de lo que significaba estar en la juerga. Sin embargo, no tardé en darme cuenta del verdadero objetivo de charlar conmigo. Ella vestía un conjunto de tenis de Ellesse de corte deportivo porque estaba llegando de la prueba de la caminadora, diseñada para medir la frecuencia cardíaca y la VO_2 máx; o sea lo bien que el cuerpo absorbe oxígeno durante un ejercicio intenso. Era la prueba más temida del estudio y también la más competitiva. Mi turno estaba programado para después de la comida y, como me había sometido a la prueba varias veces en el pasado, ya conocía el sufrimiento que entrañaría. Sin embargo, Claudia apenas y parecía estar sudando.

—No te sientas mal si te gano en esa prueba —dijo repasándome con la mirada—. Es bastante dura.

—¿Ah, sí? —pregunté sintiendo incluso más miedo.

Ella asintió muy seria y añadió:

—No sé si sabes que me llaman La Bestia.

Un momento. ¿Me estaba amedrentando con sus palabras una mujer más vieja que mi madre?

Sí. Así era.

Pero fue bueno. De hecho, ilustraba uno de los hallazgos fundamentales de la juerga. Si bien la habían diseñado para encontrar marcadores uniformes del envejecimiento, al final de cuentas descubrió que, en efecto, no existen. El envejecimiento es demasiado variado, demasiado caótico y demasiado idiosincrático; o sea que es diferente para cada individuo y los datos lo reflejan. Al principio, este hecho consternó a los científicos de la juerga; como son científicos les gusta que sus resultados salgan claros en bonitas curvas, donde todo el mundo encaja básicamente en la línea.

En cambio, obtuvieron un gráfico que más bien parecía un disparo de escopeta, con puntos de datos por todas partes.

Velocidad al caminar

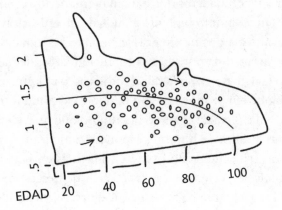

Por supuesto que por ser científico le gusta trazar bonitas curvas en sus gráficas, pero Ferrucci está mucho más interesado en las enormes variaciones que existen entre los individuos. Por ejemplo, algunos octogenarios casi no se pueden mover, mientras que otros aparentemente caminan tan rápido como un cuarentón promedio. En efecto, algunas personas de ochenta años caminan más rápido que personas treinta años más jóvenes que ellas. No me refiero a algo que haya sucedido en realidad, pero incluso pudiera ser que, en la prueba de la caminadora, ciertas afroamericanas de 74 años les diesen una paliza a ciertos hombres caucásicos de 46 años.

Sea como fuere, el punto es que todos envejecemos de manera diferente, pero muy diferente. De hecho, como comentó Ferrucci, los caminos que tomamos más adelante en la vida son mucho más divergentes que el proceso sumamente programado de nuestro desarrollo. Y, entre más viejas son las personas, más grandes son las variaciones que existen entre ellas. En términos biológicos, dos personas cualesquiera de veinte años tendrán mucho más en común entre ellas que dos personas de 75 años.

Sin embargo, la juerga ha demostrado que las diferencias ya están presentes en la mediana edad. En un estudio reciente, Ferrucci revisó los historiales médicos de los participantes en la juerga que tenían diabetes diagnosticada en busca de los primeros indicios de la enfermedad. Descubrió que habían presentado señales de aviso décadas antes del diagnóstico; incluso treinta años antes, en términos de ciertos biomarcadores hemáticos, los diabéticos habían sido ligeramente diferentes de sus compañeros que habían permanecido sanos.

De hecho, un conjunto bastante grande de investigaciones muestra que la trayectoria de nuestro envejecimiento personal está determinada en gran medida por nuestra condición en la mediana edad. Pero no solo la diabetes, sino la salud cardiovascular futura y hasta la demencia se pueden pronosticar con bastante exactitud mucho más pronto en la vida. Sirva de ejemplo un estudio que pasó cuatro décadas siguiendo a miles de hombres japoneses-americanos en Hawái y encontró que su salud cuando fueron mayores en la vida estaba directamente ligada a ciertos factores básicos de riesgo presentes en su mediana edad. El estudio encontró que quienes tenían valores más bajos de presión arterial, colesterol LDL, glucosa en sangre e índice de masa corporal (IMC) a los cincuenta y sesenta años tenían una probabilidad mucho mejor de llegar a los 85 años sin problemas mayores de salud.[6] En cambio, otro estudio grande encontró que la obesidad, el colesterol alto y la hipertensión aumentaban enormemente el riesgo de padecer demencia más adelante en la vida.

Lo interesante es que todos estos marcadores son bastante maleables; dependen en gran medida de la conducta y las elecciones. Esto indica a los científicos que gran parte del envejecimiento es variable y por ende susceptible de cambio. «Eso es maravilloso, es una ventana de oportunidad. Si todo el mundo siguiese la misma trayectoria biológica determinista, no tendríamos la esperanza de poder cambiarla. No obstante, la increíble variabilidad demuestra que la posibilidad de envejecer bien está al alcance de todos. Y unas cuantas personas nos están mostrando el camino», dice Ferrucci.

Yo quería buscar a esas personas, las de setenta años que lucen, actúan y superan las pruebas como si tuviesen cincuenta o menos; esas eran las que quería reclutar para mi equipo de softbol de la liga de ciudadanos mayores. Y entonces me di cuenta de que ya conocía extremadamente bien a un individuo así: mi propio padre.

Capítulo 5

CÓMO CUMPLIR 108 AÑOS SIN PROPONÉRSELO REALMENTE

Si llega a los cien años, la tiene hecha. Muy pocas personas mueren después de esa edad.

GEORGE BURNS

U n día, hace algunos años, me encontraba en una esquina en el bajo Manhattan esperando a mi padre para ir a comer, cuando de pronto detecté a una especie de espantapájaros que caminaba hacia mí. El saco oscuro que llevaba echado sobre los hombros ondeaba con la brisa mientras caminaba, pero incluso a una cuadra de distancia reconocí la marcha característica de mi padre.

Mi padre y yo nos parecemos mucho. Tenemos el mismo cabello rubio ralo, el mismo estilo de hombre blanco con pantalón caqui, incluso el mismo nombre. Cuando engordó en la mediana edad, yo heredé los pantalones y los sacos que ya no podía usar porque estaba demasiado robusto. Décadas de viajes de negocios por todo el mundo y cientos de cenas (literalmente entre 250 y 300 al año) en restaurantes de Manhattan le hacen eso a cualquiera. El hombre que ahora caminaba hacia mí podría haber sido una persona enteramente diferente. Y, en algunos sentidos, lo era.

Cuando mi padre llegó a mediados de los sesenta, implementó una serie de cambios radicales en su vida evidentemente con la esperanza de que le ayudaran a combatir algunos de los efectos del envejecimiento. Tenía motivos para preocuparse. Uno de sus hermanos había muerto repentinamente de cáncer antes de cumplir cincuenta años y a sus padres tampoco les había ido muy bien. Su padre, tras 69 años de seguir una dieta a base de filete típica del oeste medio del país y de toda una vida de fumar un cigarrillo tras otro, encontró que tenían que operarlo para un triple *bypass*, uno de los «arreglos» quirúrgicos que han contribuido a que la esperanza de vida vaya más allá del primer infarto tradicional a los cincuenta años. Sobrevivió a la operación y mi abuela lo cuidó otros dos años más. Entonces un día se recostó para echarse una breve siesta mientras ella se preparaba para acompañarla a una cita con el médico y murió de un infarto masivo inesperado cuando solo tenía 71 años.

En realidad, nunca he hablado con mi padre de números, pero tengo la impresión de que preferiría dejar el mundo por ahí de los cien años, quizá muriendo al instante a causa de una pelota de golf voladora. Poco tiempo antes de nuestra comida había tenido un atemorizante roce con la enfermedad, y si bien ahora parecía que el horizonte estaba despejado, no es nada extraño que odiara la sola idea de envejecer, enfermar y morir. No se adentrará en esa noche oscura caminando tranquilamente. Su plan de cuidados para el final de su vida, en caso de que alguna vez termine incapacitado o demente en un asilo para ancianos, incapaz de recordar quién ganó el abierto de Estados Unidos de 1963, está compuesto por cuatro palabras: «Simplemente pégame un tiro».

Mis hermanos y yo estamos bastante seguros de que habla en serio.*

Así, a los 67 años, había huido de la ciudad de Nueva York y sus tensiones y había regresado a su natal Illinois, donde en esencia reconstruyó su vida. Ahora pasa sus días dedicado a su gran pasión, que es el golf. Es un magnífico chef y un carnívoro retirado, pues ha cambiado a una dieta prácticamente vegetariana, a la Bill Clinton, con la esperanza de evitar la calamitosa tasa de mortalidad asociada a la comida de carne grasosa de Occidente. A diferencia de Clinton, a él nunca le habían gustado las Big Mac, pero me sorprendió saber

---

* Si alguna vez llegamos a eso, la tarea ha sido asignada a mi hermano el abogado corporativo.

que mi padre también había abandonado el vino en gran medida; después de todo, era un hombre que pensaba que el viaje perfecto de un padre y su hijo era recorrer Borgoña en auto, deteniéndose en restaurantes con estrellas Michelin para gozar de grandes comilonas (yo tenía 16 años entonces).

Tuve suerte: me crie con un padre que era el prototipo de un *hípster*. Me da vergüenza admitirlo, pero cuando yo era un adolescente y él un cuarentón me introdujo a algunos de los grupos musicales que han sido mis preferidos de toda la vida. Era un ferviente adoptador temprano y siempre traía a casa los aparatos tecnológicos más novedosos, como el enorme teléfono celular Motorola del tamaño de un ladrillo que Michael Douglas blandía en la película *Wall Street* de los años ochenta. Toda la vida fue un adicto a la información, investigó obsesivamente las cosas que le interesaban y con el transcurso del tiempo armó una biblioteca formidable, la cual incluía cientos de libros de cocina y comida, y más de mil volúmenes sobre el golf. Me lo contagió. En lugar de lanzarme un balón, me llevaba a la biblioteca pública, donde yo me clavaba en los libros y desarrollé el extraño deseo de escribirlos algún día.

Ahora estaba obsesionado con su salud, buscando lo último en dietas y estrategias antienvejecimiento para extender su tiempo de vida y, sobre todo, prolongar su salud. Se sube a su bicicleta nueva más o menos cuatro veces por semana y se dirige al sendero del ferrocarril local, donde pedalea por la pradera durante hora y media. Los otros tres días suele acudir a su club de golf para jugar una ronda rápida (siempre caminando, jamás en un carrito). O si hay mal tiempo, como suele ser el caso en Chicago, le saca jugo a su máquina remadora durante una hora completa mientras observa DVD de conferencias académicas. A la hora de cenar, él y su amiga de edad apropiada comen un platillo a base de vegetales, o tal vez dividen un pescado de 200 gramos y una ensalada. En cuanto a refrigerios, come exactamente 23 almendras cada día.

Durante nuestra comida, me preguntó si quería alguno de los pantalones que ya no le quedaban porque estaba más delgado. Creo que detecté una sonrisa burlona. Su portafolios, en lugar de contener documentos, estaba lleno de suplementos, entre ellos aceite de pescado, coenzima Q10 (se supone que es muy buena para el funcionamiento del corazón) y resveratrol, un potente componente del vino tinto que ha demostrado que extiende el tiempo de vida de ratones obesos. Estaba suscrito a una serie de revistas y folletos relacionados con la salud, entre ellos la revista *Life Extension*, que publica largos artículos de fondo que hablan de diversos suplementos (y es publicada por una compañía que vende esos mismos suplementos).

Su hallazgo más reciente era la curcumina, un derivado de la cúrcuma, que es una especie básica en la medicina ayurvédica tradicional. En fechas más recientes, la curcumina ha acumulado algunos resultados fascinantes en el laboratorio, los cuales sugieren que podría servir contra una gama muy amplia de dolencias, desde la diabetes y el síndrome de intestino irritable hasta algunos tipos de cáncer, inclusive el colorrectal.[1] Algunos estudios preliminares son alentadores, en particular contra las condiciones inflamatorias y, cuando menos en la caja de Petri, al parecer también acaba con las células cancerosas. Pero la evidencia dista de ser concluyente y no ha habido estudios clínicos con asignación al azar a gran escala con humanos; el jurado sigue deliberando. No obstante, más vale prevenir que lamentar. Papá toma ocho gramos cada día, o aproximadamente media cucharada, lo que me parece mucho.[2]

Sin lugar a dudas su aspecto lucía más saludable que la última vez que nos habíamos visto; su piel tenía una especie de brillo, aun cuando el único efecto discernible de toda la curcumina era que daba un tono amarillo brillante a ciertas funciones del cuerpo. (Lamenté haber preguntado.) ¿También estaría acabando con los genes de un cáncer incipiente que pudieran estar al acecho en sus células? Quién sabe. Sin embargo, ¿quién le podría juzgar por tener miedo a la decrepitud, la enfermedad y una muerte de sufrimiento prolongado? Si estos nuevos hábitos un poco extraños sirven para ahuyentar el temido día de «simplemente, péguenme un tiro», entonces bien valen la pena. Ciertamente no le pueden hacer daño, aunque Jay Olshansky señalaría que él también se beneficia de las dos medicinas más potentes contra el envejecimiento que conoce el hombre: el dinero y la educación.

Hasta ahora, parece que él se dirige en la dirección correcta. Hoy por hoy, a los setenta y pocos años, con su *drive* puede pegarle a una pelota de golf tan lejos y tan recto que sujetos que tienen la mitad de su edad se detienen a la mitad de su *swing* y exclaman: ¡*vaya!* En el 2013, él recorrió más kilómetros con su bicicleta en seis meses que yo en el año entero. Es más, pudo deshacerse de sus pastillas para la hipertensión y ahora no toma medicamento alguno. De hecho, está tan sano que también ha sido admitido en el estudio de la juerga, logro que le enorgulleció enormemente (y que me condujo a la bajeza de mentir sobre mis resultados en ciertas pruebas). Al final de cuentas, parece estar encaminado a quedarse por aquí el tiempo suficiente para gastar hasta el último centavo de la herencia de sus nietos.

Pero yo, su hijo periodista, escéptico de nacimiento y preocupado por él, no podía sino preguntarme: «¿*Alguna de estas sustancias en verdad podrá llevarlo a los cien años?*».

No, según Nir Barzilai. Él lleva más de diez años estudiando a un grupo de judíos askenazíes centenarios que viven en el área de Nueva York y ha llegado a algunas conclusiones notables. Barzilai es un afable bromista de lentes gruesos y rostro infantil, cuenta con 56 años y podría ser el hermano mayor del personaje Austin Powers de Mike Myers, pero debajo de ese parlanchín acecha la mente penetrante de un científico cumpliendo con una misión.

Estudió para endocrinólogo en su natal Israel y cuando era joven, en los años ochenta, trabajó como médico en clínicas de Soweto, los barrios pobres de negros en las afueras de Johannesburgo, Sudáfrica. Incluso ahora, se da un tiempo para atender a sus pacientes y no perder contacto con los problemas de las personas reales. Cuando se interesó por el envejecimiento, lo primero que se preguntó fue por qué la mayoría de las personas se enferman cuando envejecen, mientras que unos cuantos elegidos aparentemente son inmunes. Decidió enfocarse en los más longevos entre nosotros: los centenarios. ¿Qué los hace diferentes?

Encontró que no era nada fácil reclutar a sus sujetos; los judíos mayores tendían a tener sentimientos encontrados en relación con la investigación médica. Barzilai, hijo único de padres que habían sobrevivido el Holocausto, era sensible a sus preocupaciones. Después de pasar innumerables *sabbats* visitando sinagogas por toda la zona metropolitana de Nueva York, consiguió reclutar a más de 500 judíos mayores (para calificar debían tener 95 años o más) para su singular estudio del envejecimiento. (También dice de broma que acepta a conversos sanos de cien años.) Los llamamos Súper *Bubbes*, usando la palabra que quiere decir «abuela» en Yiddish, porque la mayoría son mujeres. Cada año más o menos, él y sus ayudantes de laboratorio someten a los Súper *Bubbes* a una serie de exámenes físicos, pruebas cognitivas, cuestionarios del estilo de vida y análisis de sangre que parecerían una versión de las estrellas de la juerga.

Por lo general, encontró que los Súper *Bubbes* no suelen comer una dieta «sana», competir en triatlones ni, para tal caso, practicar ninguna otra clase de ejercicio reconocible. Cuando tienen hambre, recurren a un *knish*, pero no a la quinoa (lo siento, papá).[3] Pero no solo eso, Barzilai también ha encontrado que muchos de sus Súper *Bubbes* han fumado, algunos incluso durante varias décadas, igual que Madame Calment. Casi la mitad de sus sujetos son gordos o incluso obesos, mientras que menos del 3% son vegetarianos. No obstante, les va muy bien en sus análisis de sangre; en particular, suelen tener concentraciones espectacularmente altas de HDL, o el colesterol «bueno». «Tienen la *mejor* sangre que haya visto jamás. ¡Su sangre es perfecta!», dice emocionado Barzilai.

No es que los judíos askenazíes tengan una ventaja especial en términos de longevidad; en general, no necesariamente viven más tiempo que otro grupo cualquiera de neoyorquinos. Barzilai los estudia porque, de entrada, la fuerte identidad cultural de los askenazíes y la larga historia de matrimonios entre ellos significan que los genomas de unos y otros son relativamente similares. Él considera que eso le ayudará a detectar los «genes de la longevidad» que supone que diferencian a los centenarios de los demás.

La teoría de Barzilai era que los centenarios viven más tiempo por la simple razón de que envejecen más lentamente. Eso tal vez parezca obvio, pero la pregunta interesante es *por qué*. Si de alguna manera pudiésemos desenmarañar cuáles genes son en realidad los responsables de que envejezcan más lento, entonces estaríamos en la pista de algo mayor. «La mayor parte de la biología trata de la forma en que somos iguales. Esta es una oportunidad increíble para que entendamos por qué la biología de algunos es diferente a la de otros.»

En términos biológicos, los hombres no llegan a ser mucho más singulares que Irving Kahn, al que conocí una soleada mañana de noviembre en su despacho, ubicado en la esquina del piso 22 sobre Madison Avenue. Acababa de leer el *Wall Street Journal* y el *Financial Times* y se estaba preparando para otro día como líder de la sociedad de inversión que pertenecía a su familia y que maneja activos del orden de 700 millones de dólares. Kahn me impresionó porque, cuando nos conocimos, parecía que tenía ochenta y muchos años, tal vez noventa, pero en realidad tenía 106. Cumpliría 107 en tres semanas. «37 personas asistirán a mi fiesta de cumpleaños. No tengo idea por qué», dijo con voz rasposa.

Tal vez asistirían por la misma razón que me había llevado hasta ahí: porque Kahn es uno de los hombres más viejos que viven. Nació en 1905, tres años antes de que Henry Ford produjera su primer Modelo T. Su familia vivía en Yorkville, en la parte alta del lado este de Manhattan, cuando la población de la zona estaba compuesta sobre todo por inmigrantes polacos y húngaros. El trabajo de su padre era vender candelabros finos a neoyorquinos ricos, pero con frecuencia primero tenía que convencerlos de instalar electricidad en sus casas. Irving empezó a trabajar en Wall Street en 1928 y llegó a ser discípulo del legendario Benjamin Graham, el padrino de las inversiones analíticas. Vivió el Crac de 1929 cuando apenas llevaba un año en el trabajo, y considera que Warren Buffet, a quien conoció y enseñó después de la Segunda Guerra Mundial, solo es un cachorro. Es un sobreviviente, una versión humana de El Arca, la casona eterna de mi familia en el lago.

Decir que Irving Kahn es un caso extremadamente atípico es subestimar las cosas. Según Barzilai, solo una de cada diez mil personas llega a la meta del siglo y, de esas, tres cuartas partes son mujeres, a pesar de que las mujeres muy longevas, en general, suelen tener más problemas de salud que los hombres muy longevos. «Las mujeres gozan de peor salud, pero viven más tiempo.»

De hecho, este parece ser el caso en todas las etapas de la vejez: un estudio de una cohorte numerosa de personas de 85 años de Newcastle, Inglaterra, encontró que los hombres habían llegado a esa edad en un estado de salud funcional ostensiblemente mejor que el de las mujeres. Uno de cada tres de esos hombres de 85 años podía desempeñar, sin ayuda, cada una de las 17 tareas de una lista de actividades de la vida diaria (como lavarse los dientes y bañarse), frente a solo una de cada seis mujeres. Sin embargo, los hombres morían más pronto. «Los hombres caen muertos, mientras que las mujeres siguen con vida», dice Thomas Kirkwood, director del estudio de Newcastle.[4]

No obstante, son muy pocos los hombres o las mujeres que siguen con vida después de los cien, y cuando lo hacen, su riesgo de morir cada año comienza a partir de uno en cada tres, para seguir aumentando en adelante. Según el calculador del tiempo de vida de la Social Security Administration, para marzo de 2014, Kahn estadísticamente solo podrá contar con 1.2 años más [que, a la fecha de publicación de este libro en 2015, él está a punto de superar]. ¿Pero a quién le importan las estadísticas? Kahn ya ha vencido muchos pronósticos al convertirse en uno de los estadounidenses vivos más viejos, empujando los límites observados de la longevidad masculina, y sin embargo se presenta a trabajar todos los días. «¿Cuántas otras personas como él hay en el mundo?», pregunta Barzilai. «No lo sé, ¿diez? ¡Tal vez veinte?».

No solo eso, sino que los tres hermanos de Kahn *también* vivieron más de 100 años, inclusive su hermana mayor Happy, quien falleció en 2011 a punto de cumplir 110 años, a pesar de que fumó a lo largo de 95 de ellos, a la Madame Calment. El propio Irving fumó durante unos treinta años, sin efectos nocivos observables para su salud. Sin embargo, aparentemente pensaba que su edad extrema era más bien un fastidio, y no el cuasimilagro que es. Extrañaba no poder recorrer a pie a diario las cerca de veinte cuadras que hay entre su departamento en el lado este de la ciudad y su despacho, como lo había hecho hasta el 2002, cuando un simulacro de incendio en el edificio de oficinas le obligó a bajar 22 pisos de escaleras. Las rodillas le han molestado desde entonces. Se siente incluso más molesto porque, como dijo:

«Estoy empezando a ver mal. ¿Cómo se supone que pueda leer el *Journal* todos los días?».

Barzilai insiste que el estereotipo de los viejos que son mantenidos con vida por los doctores y los fármacos, mientras pasan por un infierno en vida por dolencias prolongadas médicamente, no se aplica en absoluto a centenarios como Irving Kahn. Además, comenta que cuando estos se presentan a efecto de ser examinados para su estudio, resulta que muchas veces «es la primera vez que acuden a un médico». Jamás han tenido la necesidad de ver a uno, pero piensa que eso tal vez también contribuya a su prolongada supervivencia. «La persona más vieja del mundo ha ido rejuveneciendo constantemente, y pienso que se debe a que los doctores las han estado matando", con tratamientos innecesarios, como los que usan estatinas para disminuir el colesterol. Así que, después de todo, mis parientes de la Ciencia Cristiana tal vez tenían algo de razón.

Como los centenarios permanecen sanos por más tiempo (otra señal de su envejecimiento más lento) también es más barato mantenerlos por aquí. Según los Centers for Disease Control, una persona que muere a los cien años solo acumula en los últimos dos años de su vida la tercera parte de las cuentas médicas que otra persona que muere a los setenta. Es más, al final de su vida, los septuagenarios habrán estado más enfermos que los centenarios y durante mucho más tiempo, con un promedio de siete años de mala salud para los primeros frente a menos de dos años para los segundos. En salud pública esto se llama «compresión de la morbilidad»; es decir, que se acorta el tiempo que los viejos duran enfermos. Eso es bueno. Más tiempo de vida *y* más tiempo sanos, lo contrario de los Struldbrugs. Y es evidente que Irving Kahn lo tiene bastante resuelto. Pero, ¿cómo?

Lo supiera o no, no iba a divulgar el secreto. Su fama en las postrimerías de su vida y la consiguiente publicidad (ha sido entrevistado por reporteros de televisión de todo el mundo) lo habían convertido en un entrevistado astuto y evasivo. No le estaba sacando nada.

—Irving, no me equivoco si digo que consideras que tu edad no tiene nada de particular —le animó su nieto Andrew hablando más alto de lo normal para compensar que su abuelo ahora no oye demasiado bien.

Irv asintió con la cabeza.

—Bien, Bill, puedes hacer una pregunta —prosiguió Andrew—, y tú, Irv, harás todo lo posible por evadir la respuesta. —Su tono rayaba en acusación—: ¡Hablarás de una gran variedad de temas que no tienen nada que ver con la pregunta!

Justo lo que Irv hizo a lo largo de las dos horas siguientes, llevándome de tema en tema por un loco laberinto. Le interesan muchas cosas: sigue siendo un lector voraz, de todo lo que no sea ficción. Considera que las novelas y la poesía son una pérdida de tiempo, pero hace una excepción con Shakespeare. Mis intentos por interesarle en mi abuela de 97 años, una mujer atractiva que todavía se maquilla y se pone sus perlas todos los días, fracasó; él sigue enamorado de su mujer, Ruth, que murió en 1996.

Era inevitable que habláramos del mercado de valores y de su búsqueda incesante de empresas subvaluadas. Hace diez años compró la compañía Seabord, un conglomerado naviero, pagando unos cuantos dólares por acción; ahora su valor está en 2 600 dólares. La estrategia de inversión de comprar y retener tiene mucho sentido cuando uno vive hasta los 109 años (a diciembre de 2014). Además, encaja con uno de los otros hallazgos de Barzilai: que sus centenarios, además de sus valores espectaculares de colesterol, suelen tener una actitud positiva frente a la vida en general. Como dijo Irv: «La alternativa no sirve de nada».

Por cierto, el hecho de que vaya a trabajar todos los días está en función de su longevidad extrema, pero en parte, también podría ser un factor que contribuye a ella. En Okinawa, la famosa Zona Azul de Japón, donde está la concentración de centenarios más grande del mundo, las personas mayores se refieren a la importancia del *ikigai*, que se traduce como «una razón para levantarse por la mañana»; en pocas palabras, su motivación. El *ikigai* de Irv es encontrar la próxima Seabord. Yo simplemente estaba impidiendo que pudiese trabajar.

Me contó historias sobre Ben Graham y sobre sus experimentos de infancia con la tecnología novedosa de la radio. Que su madre le había preguntado si eso era una victrola. Y así sucesivamente a lo largo de dos horas. En su increíblemente larga vida había presenciado cambios inconcebibles, pero su propia longevidad era lo único que ni él, entre todas las personas, podía explicar. «Me está haciendo preguntas que no tienen una buena respuesta. Creo que no puedo decirle lo que desea saber», dijo gruñendo al final.

«Irving es el rostro de los centenarios, pero biológicamente me ha dejado de interesar porque está al final de su vida. Uno en realidad quiere saber cómo era cuando tenía cincuenta, sesenta, setenta años», me dijo Barzilai unos cuantos días después.

Lo más que podía hacer era estudiar la descendencia de Irv y sus compañeros centenarios; había encontrado que ellos también parecían estar envejeciendo más lento que sus pares. Por eso Tommy, el hijo de Irving que entró a saludarnos, más bien parecía tener 51 años en lugar de los 71 que tenía en realidad; y su nieto Andrew, que tenía unos treinta, no se habría visto fuera de lugar con un uniforme de *boy scout*. Además, por supuesto, los tres hermanos de Irv también habían pasado de los cien. Barzilai creía que el motivo por el cual envejecían tan lentamente radicaba en sus genes. En silencio, yo acariciaba la esperanza de haber recibido algún ADN de mi propia antepasada longeva, la puritana Elizabeth Pabodie que llegó a los 96 años.

Desde que sabemos que existen los genes, su papel en la definición de la longevidad ha sido muy debatido. Estudios de gemelos daneses han revelado que solo 20% de la longevidad es heredada y que 80% se debe a factores del entorno.[5] Sin embargo, eso solo es válido más o menos hasta los 85 años. Después de eso, la herencia ocupa el primer lugar y representa más bien como la mitad del rompecabezas, si es que no más. Como dice el biólogo evolucionista Steven Austad (al que conoceremos en el capítulo 7): «Si quiere ser un octogenario saludable, debe llevar un estilo de vida saludable, pero si quiere ser un centenario saludable, debe heredar los genes correctos».

El hecho de que los cuatro hermanos Kahn hayan vivido tanto tiempo no es motivo de asombro para Barzilai. «Estamos seguros, sin ninguna duda, que la longevidad excepcional es sobre todo cuestión de herencia. Pero no del modo en que sospechaba al principio».

Al principio, Barzilai pensaba que sus Súper *Bubbes* poseían genomas «perfectos», con genes sintonizados de forma óptima para la longevidad. Pero cuando se desarrolló la tecnología de secuenciación genética, junto con nuestro conocimiento del papel de los genes en las enfermedades, le sorprendió descubrir que sucedía justo lo contrario: muchos de sus centenarios de hecho poseían algunos de los mismos genes de porquería que el resto de nosotros. Su equipo y él secuenciaron los genomas de 44 centenarios y encontraron que casi todos ellos poseían algunas variantes genéticas indeseables que se piensa que propician trastornos desagradables, entre ellos las enfermedades cardíacas, de Alzheimer y de Parkinson.[6] Sin embargo, ninguno de ellos había presentado ninguno de estos padecimientos. Esto le llevó a formular una pregunta diferente: ¿Por qué personas que debían presentar demencia a los setenta y estar muertas a los ochenta están viviendo hasta los cien?

Barzilai decidió que los longevos en lugar de tener genes «perfectos», seguramente tenían en cambio genes *protectores*, que impiden que presenten las enfermedades habituales de la vejez. (Esos genes ultraprotectores tal vez también expliquen por qué Keith Richards sigue vivo.) Como los valores en sangre de sus centenarios eran excelentes y su salud cardíaca era perfecta, decidió concentrarse en sus genes relacionados con el colesterol. Encontró que los genes de muchos de ellos tenían una variante específica que inhibe algo llamado PTEC (si le interesa saberlo, es acrónimo de proteína transportadora de ésteres de colesterol), una molécula implicada en el procesamiento del colesterol. Es complicado, pero en general, entre menos PTEC tenga uno, tanto mejor, porque se piensa que las concentraciones elevadas de esta proteína llevan a la aterosclerosis prematura.[7] Según un artículo que Barzilai y sus colegas publicaron en *JAMA*, los centenarios que tenían la mutación que inhibía la PTEC no solo gozaban de mejor salud, y de colesterol «bueno» elevado, sino que también tenían incidencia más baja de pérdida de memoria y demencia.

En otras palabras, al parecer ese solo gen los protegía de dos de los Cuatro Jinetes: las enfermedades cardíacas y el Alzheimer. Irving Kahn tiene la variante de la PTEC, al igual que sus hermanos, y más o menos uno de cada cuatro de sus compañeros centenarios. Pero entre los de 65 años, solo uno de cada 12 tiene ese gen, lo que significa que aquellos con el gen tienen tres veces más probabilidades de llegar a los cien que aquellos que no lo tienen.

Este hallazgo encajó perfecto con investigaciones que estaban desarrollando las compañías farmacéuticas, las cuales estaban desesperadas por encontrar un fármaco que reemplazara los medicamentos a base de estatinas para reducir el colesterol, pues todas las patentes estaban expirando. Merck, Pfizer y otras se apresuraron a trabajar en desarrollar inhibidores de la PTEC, cuyo objetivo era elevar el colesterol HDL («bueno»). Pero hasta ahora, esos fármacos no han cuajado y algunos estudios fueron suspendidos porque morían demasiados pacientes.[8] (Merck todavía tiene uno en Fase III de sus pruebas, pero es el último sobreviviente de su clase.)

«Hicieron una droga sucia», dice Barzilai, una que afectaba a muchos otros objetivos además de la PTEC. Sigue pensando que si se encuentran más genes protectores y se desarrollan tratamientos que simulen sus efectos, tal vez sería posible extender la vida sana para todos nosotros y como dice él mismo: «superar la complejidad del envejecimiento». La búsqueda apenas está empezando.

Otro posible gen de la longevidad tenía que ver con el IGF-1, el factor de crecimiento, que tal vez no sea tan bueno para uno, como hemos visto en el capítulo 3.[9] Barzilai encontró que sus centenarios tenían concentraciones relativamente altas de IGF-1, pero que extrañamente sus células eran resistentes a él, también debido a otra variante genética. Es decir, Irv y sus compañeros longevos no solo son pequeños porque tienen un siglo de vida, sino que han vivido tanto tiempo *porque* son más bien pequeños, o una especie de chihuahueños humanos.

Sin embargo, lo más llamativo de los genes de longevidad descubiertos hasta la fecha es que su presencia es muy rara, incluso en los centenarios. Barzilai y otros equipos de investigadores solo han podido identificar a un puñado de candidatos, cosa que achaca al elevado costo de la tecnología de la secuenciación genómica, y también al número relativamente pequeño de centenarios que hay en el mundo. Son tan pocos, en comparación con todos nosotros, que es difícil aislar genes específicos como una «causa» de su longevidad que sea estadísticamente convincente. En décadas futuras, cuando la secuenciación sea más barata, eso podría cambiar. Barzilai y su equipo están trabajando con GoogleX en una empresa para la secuenciación genética y el genetista Craig Venter entró al juego en marzo de 2014, para fundar una compañía llamada Human Longevity, Inc., la cual pretende secuenciar 40 mil genomas con el propósito de buscar pistas de la genética del envejecimiento.

Pero por el momento yo tenía otra pregunta: si es que en realidad existen los genes de la longevidad, ¿por qué no los tenemos *todos*? ¿Por qué la evolución no nos ha bendecido a todos con esos genes maravillosos, que mejoran el colesterol, protegen el cerebro, desaceleran el envejecimiento y extienden la vida?

Pero entre más buscaba, más me daba cuenta de que, de hecho, la mayor parte de nosotros tenemos lo contrario a los genes de la longevidad y que está claro que gran parte de nuestro ADN nos quiere matar.

Capítulo 6

EL FONDO DEL PROBLEMA

Los hombres nacen suaves y flexibles; muertos están tiesos y rígidos.
Las plantas nacen tiernas y dóciles; muertas están quebradizas y secas.
Por ende, quienquiera que sea tieso e inflexible será un discípulo de la
muerte. Quienquiera que sea tierno y complaciente será un discípulo de
la vida. Lo duro y rígido se romperá. Lo suave y adaptable prevalecerá.

LAO TSE

«Vas a recibir varios piquetes, pero será en aras de la investigación», dijo Bill Vaughan al saludarme cuando me abrió la puerta de su casa en Berkeley Hills.

A pesar de que solo llevaba 24 horas de conocer a Vaughan, ya me había acostumbrado a sus malos tratos. El día anterior, cuando nos sentamos a comer, me había lanzado una advertencia:

—¿Quiere usted entender el envejecimiento? ¡Le mostraré el envejecimiento!

Y, dicho eso, pellizcó el dorso de mi mano con fuerza. Sentí como un piquete de avispón. Cuando lo miré impactado, hizo lo mismo con su mano.

—¡Mire! —dijo al tiempo que empujaba su mano muy cerca de mi cara—. ¿Nota la diferencia?

En mi mano, la huella del pellizco había desaparecido casi de inmediato, como una onda en un estanque. Sin embargo, en su mano todavía persistía un pequeño pliegue de piel.

—¡Eso es envejecer! —dijo apoyándose en el respaldo de su silla—. Es cuestión de *elasticidad*, de perder elasticidad. Todo se trata de eso.

93

La diferencia radicaba en dos moléculas: el colágeno, una sustancia áspera y gomosa que contribuye a la estructura de los labios, los tendones y la piel; y la elastina, que permite que nuestra piel recupere su forma después de sonreír o de fruncir el ceño, en lugar de quedarse toda arrugada. Pero Vaughan no estaba hablando de arrugas. Para él, la elasticidad es un concepto mucho más amplio, tal vez hasta la llave del envejecimiento.

—Afecta la función pulmonar, afecta la función cardíaca. Y, en realidad, todavía no la entendemos bien.

Vaughan tenía 77 años, pero no los representaba, con su mata de pelo oscuro y su ancho rostro sin arrugas. Mi primera impresión fue que se parecía un poco al actor Christopher Walken, y resultó que esa también había sido la primera impresión que algunos de sus amigos tuvieron de él. A principios de la década de 1980, cuando Vaughan era un doctor en bioquímica subempleado, había usado la batidora de la cocina de su esposa para preparar una suerte de alimento energético chicloso para atletas, el cual con el transcurso del tiempo se conocería como PowerBar o barra energética. Vendió los derechos de la barra a su socio comercial y coinventor antes de que PowerBar se convirtiera en una marca de renombre, pero nunca se ha arrepentido.

—Trabajaba todo el tiempo —dice refiriéndose a su socio de nombre Brian Maxwell— y murió a los 51 años a causa de un infarto. —Pausa—. En una oficina de correos.

Unos cuantos años después, Vaughan volvió a usar su KitchenAid, en esta ocasión buscando una mejor manera de alimentar a su hija Laura mientras corría (y ganaba) mega maratones de 160 kilómetros o más. Tenía que proporcionar calorías a su cuerpo, pero mientras ella corría, muchas veces durante 24 horas seguidas, su estómago no podía procesar ninguna clase de alimento sólido. Ni siguiera una PowerBar (Vaughan dijo: «Solo se queda en su estómago».). Así, dio con una suerte de gel azucarado, adicionado con una mezcla secreta de vitaminas, electrolitos, aminoácidos y hierbas que le suministraba en termos de plástico en puntos clave a lo largo de toda la ruta. Vaughan eventualmente llamaría GU a esta mezcla que salió al mercado en 1994 como el primer gel energético para atletas en el mundo. El GU se vendía en pequeños paquetes de aluminio a corredores, ciclistas y otros atletas que necesitaran una inyección rápida de combustible y cambió el mundo de la nutrición deportiva de forma tan radical como lo había hecho la PowerBar.

Hoy en día existen docenas de barras y geles energéticos en el mercado y estas dos categorías de productos que tuvieron su origen en la cocina de Vaughan tienen un valor de miles de millones de dólares. «Soy de esos que gustan de encontrar soluciones. En este caso, el problema que debía enfrentar era que mis hijos se iban a entrenar para sus carreras a las seis de la mañana con el estómago vacío y que no comían nada hasta las doce. Cuando las desarrollé no estaba pensando en comercializarlas.»

Pasados algunos años, vendió GU a su hijo Brian y eso le permitió retirarse a su casa en Berkeley Hills para dirigir toda su atención al «problema último», a ese que había rondado en su mente desde que estudiaba la carrera: el envejecimiento. El laboratorio que había ido instalando en el sótano de su casa gozaba de enorme fama entre los atletas de élite de Berkeley, los cuales lo visitan con frecuencia para someterse a pruebas de su desempeño potencial, pero era incluso más conocido entre la extensa y creciente comunidad del área de la Bahía, compuesta por científicos aficionados en el proceso de envejecimiento y «piratas de la salud» que se encargan ellos mismos de monitorear sus signos vitales y tomar las medidas correspondientes. Para el movimiento de los «autocuantificados», esos que se miden con aparatos Fitbit y complicadas básculas y demás, y que hasta envían sus heces a laboratorios de análisis, Vaughan es como el caso índice, porque ahí, en su laboratorio en el sótano, lleva décadas haciendo estudios de sí mismo. Yo me moría de ganas de verlo.

Su investigación iba muy en serio. Los anaqueles de su despacho escaleras abajo estaban atiborrados de libretas, algunas lucían la palabra atletas, otras decían estudios del envejecimiento; una impresión de los resultados de los exámenes más recientes de su mujer estaban sobre otra carpeta que decía familia. En la sala contigua, sobre una mesa de laboratorio, estaba la batidora KitchenAid que había dado origen a la Powerbar y al GU. Vaughan se había practicado exámenes a sí mismo desde que estudiaba la licenciatura, mucho antes de que alguien hubiese pronunciado siquiera la frase *autocuantificado*.

Entonces, estudiaba bioquímica en el edificio donde se había identificado el colesterol HDL por primera vez y, al igual que sus compañeros de licenciatura, con frecuencia era reclutado como conejillo de Indias para los estudios. Ahí fue cuando le picó el gusanillo de la investigación y ahora las libretas de los anaqueles contenían el equivalente a cincuenta años de datos de su propia química sanguínea; su versión personal de la juerga.

No es nada egoísta. De vez en cuando, organiza reuniones en las que sus amigos conscientes del envejecimiento permiten que les tome sangre y compiten en la «prueba de función pulmonar», un ejercicio asombrosamente doloroso que requiere que uno inhale tanto aire como pueda y después lo expulse (todo) en un tubo de plástico blanco conectado a una computadora. Yo había hecho eso mismo en la juerga y era casi tan divertido como tratar de provocarse el vómito. Se supone que la prueba mide la capacidad pulmonar, la cual depende, por supuesto, de la elasticidad. (Entre más envejecemos, más rígidos están nuestros pulmones.) Esos resultados también van a dar a las libretas y, en silencio, yo rogaba que Vaughan sirviera muy buena bebida en esas «reuniones».

No tardamos nada en entrar en materia. El primer asunto fue la prueba del colesterol. En cuestión de minutos, Vaughan estaba aplicando alcohol a mi dedo cordial con un algodón y, a continuación, ¡zas!, estaba pinchando la yema de mi dedo con una lanceta de plástico desechable. «Veamos qué tanto sangras —dijo al tiempo que apretaba mi dedo con fuerza mientras se empezaba a formar una gota de sangre—. Bien, basta».

Con un movimiento suave que había perfeccionado, succionó la sangre a una delgada pipeta de vidrio y la transfirió a un pequeño cartucho rectangular, mismo que después introdujo a la caja abierta de una pequeña máquina *beige* que parecía un aparato para validar boletos de estacionamiento pero que, de hecho, era lo último en analizadores de sangre, los cuales por lo general solo encontramos en laboratorios médicos especializados. La máquina empezó a ronronear.

Vaughan me dijo que él se sometía a este ritual cuando menos una vez a la semana y que los beneficios justificaban con creces los 1 300 dólares que había pagado por la máquina. En lugar de tener que acudir a un laboratorio médico una vez al año para sus análisis de sangre, él simplemente se los hace siempre que quiere. «Uso la máquina para saber si mis distintas intervenciones alimentarias tienen algún efecto. Alguien como yo, que le gusta hacer las cosas él mismo, puede averiguar lo que funciona y lo que no funciona en unas cuantas semanas; lo que me funciona a *mí* en lo personal, no como una estadística.»

Vaughan, al igual que Suzanne Somers, se ha convertido en su propio proyecto científico, pero con la enorme diferencia de que él sí posee un doctorado en Ciencias auténtico (y que además hace caso omiso de las hormonas). Presta especial atención a su colesterol LDL, el de tipo «malo», que suele ser extremadamente bajo en los centenarios. Su razonamiento es que si mantiene bajo su LDL, entonces también podría existir la posibilidad de vivir cien años. La máquina le permite vigilarlo muy de cerca: si sube mucho, reduce los carbohidratos y quizás aumente su dosis de arroz Red Yeast, una estatina natural que baja el LDL. Antes corría mucho, hasta que sus rodillas envejecidas le obligaron a dejarlo y ahora pasa una buena parte de cada día sentado en una Lifecycle, revisando en la base de datos de PubMed los estudios de investigación más recientes. Me dijo medio en broma que cuando su colesterol baja a concentraciones similares a las de los centenarios, se come una rebanada de pastel de queso.

—Es muy pesado mantenerse en forma —admitió—. Cuando uno ha llegado ahí no puede quitar el dedo del renglón y tiene que dedicarle mucho más tiempo.

Él dedica casi todo su tiempo a luchar contra el envejecimiento, mediante el ejercicio y la yoga, o estudiándolo. Yo me lo encontraba en una conferencia tras otra y siempre estaba al día en cuanto a las investigaciones más recientes.

La máquina hizo «bip» y la pantalla digital se iluminó.

—¡Veamos! —dijo al tiempo que se inclinaba para verificar las cifras—. 235. ¡Caramba!

No era un «¡caramba!» bueno.

De acuerdo con los lineamientos más recientes de la American Heart Association, una concentración de colesterol total superior a 240 se define como peligrosamente alta; lo ideal es que sea inferior a 200. Mis demás cifras empeoran a partir de ahí. Mi colesterol HDL, el del tipo «bueno», ese que entre más alto sea mejor, llegó a 56, que estaba bien, pero no era magnífico. A continuación vino el LDL, el que había estado esperando. Debajo de cien es bueno. Vaughan ha logrado bajar el suyo a 35, que es territorio centenario. El mío llegó a un gelatinoso 154.

«Tal vez no debí comerme esa Doble-Doble en el In-N-Out Burger anoche», pensé para mis adentros.

—Es muy alto —dijo frunciendo el ceño.

—¡Es infame! —dije lastimeramente.

—Así es.

Tres meses después de esa visita a Bill Vaughan, yo me encontraba en una abarrotada sala de espera en Fort Lee, Nueva Jersey, sentado hombro con hombro con más de una docena de ciudadanos de la tercera edad que se quejaban cuando menos en cuatro idiomas diferentes. Eran cerca de las diez de un viernes por la mañana y todos estábamos ahí para hacernos un análisis de sangre. Las cosas no habían marchado del todo bien y la multitud estaba perdiendo la calma. «¡Ella llegó *después* de nosotras!», gruñó una elegante matrona cuando pidieron que otra señora pasara a la sala de atrás. Mientras tanto, la mujer de mediana edad que estaba sentada a mí lado le dijo con contundencia a su madre septuagenaria: «*Es bueno* que te vea un médico más joven que tú».

Yo había ido a ver a un juvenil cardiólogo llamado Nathan Lebowitz para que me ayudara a controlar la compleja cuestión del colesterol. Al parecer, el colesterol alto era de familia, el de mi abuelo había rondado los 300, y mi breve visita al laboratorio casero de Bill Vaughan por fin me había convencido de someterme a una revisión. No tenía ganas de sumarme a los 600 mil estadounidenses, más o menos, que mueren cada año por enfermedades cardíacas, o sea más que por cualquier otra causa.[1] El cáncer les sigue de cerca en segundo lugar, pero la cuestión es que cada uno de esos enfermos de cáncer y de las víctimas de apoplejías y de los que padecen males respiratorios y todos los demás también muere porque a la larga su corazón deja de latir. El corazón se detiene y, evidentemente, es el fin.

Escogí a Lebowitz no tanto porque apareciera con frecuencia en las listas de «Mejores doctores», sino porque ponía mucho énfasis en la prevención, misma que los estudios habían señalado desde hace mucho tiempo como algo fundamental para combatir las enfermedades cardíacas. También era conocido porque se tomaba el tiempo para explicar las cosas a los pacientes, mucho más de los seis minutos de consulta directa que por lo normal permiten las compañías de seguros. No tenía ganas de escuchar a mi médico diciendo una vez más que «debería tener más bajo el colesterol». Yo quería saber más. «Si podemos detectar las cosas verdaderamente pronto, ¿para qué esperar?», me había dicho Lebowitz por teléfono, todavía con su tono de nativo de Brooklyn.

En efecto, ¿para qué? Todo lo que sabemos nos dice que las enfermedades cardíacas tienen un prólogo largo, largo. Un famoso estudio de la década de 1950 encontró que 77% de un grupo de 300 pacientes presentaba arteriosclerosis coronaria grave, es decir, el engrosamiento y el endurecimiento de la principal arteria que sale del corazón.[2] No eran hombres viejos ni de mediana edad: eran soldados jóvenes que habían perdido la vida en Corea y su edad promedio era tan solo 22 años. Sin embargo, es frecuente que los problemas cardíacos graves no se diagnostiquen; de hecho, el primer signo de una enfermedad cardíaca en dos tercios de los pacientes varones es un infarto. En el caso de las mujeres, la cifra es alrededor de la mitad, lo cual no deja de ser alarmantemente alto.

Gran parte de lo que sabemos acerca de las enfermedades cardíacas proviene del famoso estudio Framingham, o una especie de versión de la juerga enfocada en el corazón, que lleva más de cincuenta años realizándose en Framingham, Massachusetts, por lo cual ha incluido a personas de varias generaciones. Este estudio fue el primero que reveló la relación entre el colesterol alto y los infartos, así como otros cuatro factores de riesgo fundamentales: obesidad, diabetes, hipertensión y tabaquismo. Los científicos llevan decenios analizando los datos de Framingham, pero en el 2006, un equipo de epidemiólogos definió lo esencial en un importante estudio publicado en *Circulation*, la revista de la American Heart Association: «Incluso la presencia de uno de los grandes factores de riesgo a los cincuenta años se relaciona con un riesgo de por vida sustancialmente mayor de ECV [enfermedad cardiovascular] y una supervivencia ostensiblemente más corta».[3]

Gulp.

Así, cuando me acercaba al punto de quiebre mágico de los cincuenta, descubrí que era el orgulloso poseedor no solo de uno sino de dos de los cinco factores de riesgo de Framingham: colesterol más bien alto y presión arterial no tan baja (140/90 y subiendo con cada uno de los sucesivos borradores de este libro). A pesar de que me creía medio atlético, eso no me hacía inmune. Legiones de atletas de mediana edad han caído fulminados por un infarto, entre ellos Jim Fixx, el gurú de los corredores, y otros miles de los que nunca he leído nada.

Mis cifras elevadísimas de LDL eran particularmente preocupantes. El problema es que las partículas chiclosas del LDL tienden a adherirse a pequeñas fisuras que existen en las paredes arteriales y forman «placas» que después atrapan más colesterol y otra basura celular que viaja en el torrente sanguíneo; es como un árbol que cae en un río y atrapa toda suerte de desechos en sus ramas. A continuación, esas placas se endurecen y limitan el flujo de sangre, condición que se llama aterosclerosis (que no es lo mismo que arteriosclerosis, que es el endurecimiento del propio tejido de las arterias). Las placas están repletas de sustancias malignas y si una de ellas se rompe de repente y se abre, las sustancias malignas viajan directamente al corazón, y entonces es el adiós del tío Billy.

El objetivo central de la cardiología (y la farmacología) en las últimas décadas fue tratar de reducir las concentraciones de colesterol, a menudo usando los fármacos estatinas que disminuyen el LDL; nuestro frenesí por bajar el colesterol con rapidez hizo que las estatinas, como Lipitor y Crestor, se convirtieran en la clase de medicamentos más vendidos en la historia. Y en gran medida tuvimos éxito: desde 1960, las tasas de mortalidad por males cardiovasculares han bajado a la mitad.

Pero el asunto debía tener más de fondo. De entrada, las estatinas aparecieron para ayudar a los pacientes con cardiopatías existentes, que ya se encontraban enfermos, pero el uso preventivo generalizado de los fármacos en realidad no ha bajado las tasas de mortalidad generales de las personas sanas. Es decir, las estatinas al parecer solo ayudan a aquellos que ya tienen problemas, pero no sirven para una prevención primaria. «Deberíamos haber observado un descenso en la mortalidad general en las personas sanas, pero no fue así. Eso, para mí, significa que las estatinas las están matando de otra manera», dice Nir Barzilai.

En fechas más recientes han surgido dudas de si el colesterol en realidad representa la historia completa. Un importante estudio de 136 mil pacientes que habían sufrido un «evento» coronario encontró que la mitad de ellos de hecho tenían un colesterol LDL *bajo* de acuerdo con los lineamientos vigentes en ese momento.[4] El reportero de televisión Tim Russert fue uno de ellos: cuando murió de un infarto repentino en 2008, su LDL estaba en un santurrón 68. Aunque su peso era un factor de riesgo evidente y tomaba un medicamento para la hipertensión, no presentaba ningún síntoma grave antes de que su placa arterial se rompiera y le provocara la muerte a los 58 años.

Esto no quiere decir que los males cardíacos no envíen señales de advertencia. Una fácil de detectar es la hipertensión, que Russert tenía. Una menos evidente es simplemente si alguien se *ve* viejo o no. Los datos del estudio del corazón que duró muchos decenios en la ciudad de Copenhague indican que las personas que presentan ciertas señales externas de envejecimiento, como depósitos adiposos alrededor de los ojos, pliegues en los lóbulos de las orejas y calvicie o grandes entradas (¡Oh, oh!) tenían un riesgo de sufrir un infarto 50% más grande que otras.[5] Otro más: el tiempo de reacción más lento, que también mide Bill Vaughan en su laboratorio en el sótano, también ha mostrado que pronostica el riesgo de muerte por una enfermedad cardiovascular. Y, por último, hay un barómetro de los problemas cardíacos que, si lo pensamos, es obvio: la disfunción eréctil. El Viagra fue desarrollado originalmente como medicamento para la hipertensión antes de que se detectaran sus otros efectos que mejoran la vida. Un estudio de 2012 demostró que los hombres con una disfunción eréctil más grave también tenían más probabilidades de sufrir problemas cardíacos prevenibles. Como dicen los anuncios: «Podría ser cuestión del flujo sanguíneo».

No obstante, el colesterol sigue siendo el factor de riesgo más evidente y más cuantificable. La mala noticia es que su médico (y el mío) probablemente lo ha estado midiendo de forma equivocada. «El análisis normal de sangre para medir el colesterol que hemos hecho desde siempre no cuenta la verdadera historia. Es un intento por representar la verdadera historia», me dijo el doctor Lebowitz cuando finalmente logré pasar a su consultorio.

Empezó por aclararme bien un punto muy importante: no todo el colesterol es malo. De hecho, el colesterol es una molécula esencial para la vida y es fundamental para elaborar las membranas de las células, así como para producir hormonas como la testosterona y el estrógeno; de entrada, por eso está en nuestra sangre. Los colesteroles también son necesarios para el funcionamiento del cerebro, por lo cual no es posible ni deseable sacarlos de nuestra existencia usando Lipitor indiscriminadamente. Es más, el colesterol se presenta en infinidad de formas y tamaños, y no solo las tres grandes (bueno, malo y triglicéridos). Además me dijo que, para complicar más las cosas, no todo el colesterol malo es tan malo, ni todo el colesterol bueno tan bueno.

Lebowitz abrió una carpeta y revisó mis resultados de laboratorio. Para tener una idea más clara del verdadero perfil de riesgo de sus pacientes, recurre a una sofisticada serie de análisis de sangre llamada Boston Heart Panel que mide una cantidad abrumadora de parámetros. Mis resultados abarcaban tres páginas completas, pero relataban una historia ligeramente más alentadora que la máquina casera de Bill Vaughan para los análisis de sangre. Desde que había estado en Berkeley, mi LDL había bajado; esa era la buena noticia. La no tan buena es que solo había bajado 6 puntos, de 154 a, ejem, 148.

Lebowitz frunció el ceño. Las cifras del colesterol pueden rebotar de aquí para allá de un día a otro, pero esto estaba bastante mal. Sin embargo, no toda la esperanza estaba perdida. Me explicó que lo importante del LDL no solo es la cifra total. Todo ese LDL debe ser transportado por moléculas especiales, cuyo tamaño varía considerablemente. Como me explicó, un número pequeño de moléculas transportadoras grandes es mejor que un número grande de transportadoras pequeñas, de la misma forma que sería más seguro transportar a cincuenta turistas por Roma en un solo autobús que en cincuenta motonetas distintas. Así como sería mucho más probable que las motonetas sufrieran un accidente, unas cuantas moléculas transportadoras pequeñas tendrían más oportunidades de adherirse a las paredes de mi arteria y generar placas que con el tiempo me podrían matar. «Simplemente basándonos en las probabilidades porcentuales, una mayor cantidad de ellas toparán con la pared de sus arterias y algunas de ellas se adherirán y se abrirán camino hasta las fisuras, donde ocasionarán problemas», dijo.

Aterosclerosis

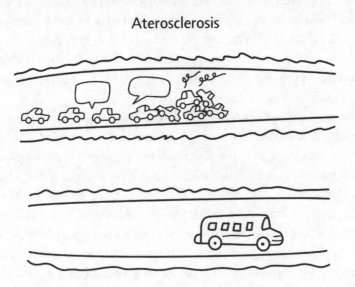

Cada molécula transportadora está marcada por una proteína llamada apolipoproteína B, o ApoB, que aparece en los análisis. Importantes estudios que se remontan a cerca de 15 años han demostrado que la ApoB es mucho mejor para pronosticar el riesgo que el simple y viejo colesterol LDL, y algunos investigadores han sugerido que, en su lugar, los médicos deberían enfocarse más en la ApoB.[6] Estos análisis ahora se realizan de forma sistemática en Europa, pero por desgracia, en Estados Unidos las guías de colesterol más recientes ni siquiera la mencionan.

¿Qué tan importante es el tamaño de las partículas? Una función del «gen de la longevidad» PTEC identificado por Nir Barzilai en sus centenarios es aumentar el tamaño de las partículas de su LDL. El colesterol LDL de Irving Kahn a sus 108 años probablemente es transportado por partículas del tamaño de aviones jumbo. Por desgracia, no tengo el gen PTEC correcto, por lo cual la calificación de mi ApoB fue 101, un poco arriba de 90 que es el umbral de riesgo. Por eso, al parecer mi LDL anda por ahí en oxidadas camionetas *pickup* ondeando la bandera confederada.

Por suerte, la cifra de mi colesterol HDL también era elevada, lo cual es bueno porque una función del HDL es «barrer» el colesterol para sacarlo del corazón y que vaya de regreso al hígado. Es más, la mayor parte de las partículas de mi HDL al parecer eran grandes, de un tipo llamado A-1, que son las barredoras más eficaces. (Lo mejor de todo es que se piensa que el vino tinto desborda el HDL.) Lebowitz anotó en mi hoja: «¡Estupendo!».

Sin embargo, no era *tan* estupendo; según me dijo, en términos técnicos, mis cifras de HDL y LDL me convertían en candidato para «bajar el colesterol», lo que generalmente significa alguna estatina. El momento en que su médico le entrega su primera receta de Lipitor es casi como un ritual iniciático de la mediana edad. Pero yo no ansiaba tomar una estatina, en especial porque las palabras de Nir Barzilai resonaban todavía en mis oídos. Los cardiólogos establecidos piensan, casi de manera uniforme, que sus ventajas superan en gran medida a los inconvenientes, pero mis genes latentes de la Ciencia Cristiana se oponían a un medicamento de largo plazo; por lo menos no todavía. Por suerte, tras escarbar un poco más encontré que no necesitaba una.

En realidad hay dos tipos de colesterol en el cuerpo: la sustancia que usted produce y la que absorbe de su dieta. El segundo tipo de hecho constituye una fracción relativamente pequeña del total, pero nuestros cuerpos son muy buenos para conservarlo y reciclarlo. «Recuerde que nuestros genes siguen pensando que vivimos hace tres mil años y que nos estamos muriendo de hambre, por lo que esos mecanismos para conservar el colesterol siguen manteniéndose fuertes», dijo Lebowitz.

El asunto es que una estatina solo disminuiría el colesterol que yo produzco, pero el complejo análisis indicaba que mi tipo particular de colesterol era principalmente del que absorbía de mi dieta (al parecer pueden diferenciarlos). Entonces, una estatina no serviría de mucho. La buena noticia es que podía tomar algo menos fuerte, un fármaco como Welchol o Zetia que simplemente ayudan a transportar el colesterol para que salga por los intestinos. (La fibra del salvado de avena hace algo muy parecido, absorbe el colesterol en el intestino y lo escolta hasta que sale del cuerpo.) Sin embargo, todavía tenía objeciones, por lo cual me empezó a interrogar sobre mis hábitos alimenticios:

—¿Tu dieta es la mediterránea? —me preguntó.

—Más o menos —rematé.

—¿Le gustan las papas a la francesa? —me insistió.

—Una vez a la semana —mentí.

—Noooooo, eso es inaceptable —exclamó.

—¿Filete una vez a la semana? —me aventuré a preguntar.

También hizo una leve mueca ante la noticia.

Desde hace mucho se sabe que las carnes rojas son un factor de riesgo para las enfermedades del corazón, originalmente por su contenido de grasa. Investigaciones más recientes han exonerado más o menos a la grasa (ahora resulta que es relativamente buena para usted), pero han señalado a la carnitina, un aminoácido que se encuentra en las carnes rojas, como otro posible culpable.[7] El cuerpo metaboliza la carnitina para convertirla en una sustancia llamada TMAO (Trimetilamina N-óxido) que produce aterosclerosis. En un estudio pequeño reciente, los investigadores detectaron unos microbios específicos en los intestinos de la mayoría de las personas que son los responsables de producir la TMAO, pero las personas que han sido vegetarianas desde hace mucho tiempo, que no tienen esos microbios específicos, no producen TMAO cuando comen carne roja.

Traducción: según ese estudio, al parecer solo es seguro comer carne si usted es vegetariano.

Yo no era vegetariano ni pensaba serlo, pero tampoco estaba dispuesto a tomar medicinas, por lo cual juré que eliminaría las hamburguesas y las papas fritas de mi dieta. Casi siempre. Podía haber ido más allá y también eliminar todos los embutidos, porque ha quedado demostrado, cuando menos en un estudio grande reciente, que aumentan el riesgo de insuficiencia cardíaca más que las carnes rojas no procesadas. Pero verdaderamente me encanta el jamón serrano. Eso bastó para convencer a Lebowitz de dejarme huir de su consultorio (llevaba adentro una hora completa), pero estoy seguro de que sabía que, como la mayoría de los pacientes cardíacos que tienen cifras regulares, yo no estaba todavía dispuesto a hacer algo por cambiar, o tal vez incluso salvar, mi vida.

Me puse a investigar más y ahí es cuando me asusté de verdad.

Se suele pensar que las enfermedades del corazón son enteramente un mal moderno, que se deben a nuestra reciente alimentación abundante; que supuestamente no existían allá en tiempos antiguos, antes de que comiéramos papas a la francesa y grasas trans y que estuviéramos engullendo filetes todo el tiempo. Pero en realidad eso no es del todo cierto.

En 1909, Marc Ruffer, un científico franco británico radicado en El Cairo, diseccionó y analizó a un grupo de antiguas momias egipcias al que tuvo acceso gracias a una estratagema. Se presentó como «paleopatólogo», es decir, uno que había estudiado enfermedades antiguas, y encontró varias en esos viejos cadáveres resecos. Algunas de las momias tenían huevecillos del parásito que se cría en el agua y transmite la esquistosomiasis y cuando menos había una que tenía pústulas consistentes con viruela. Lo más interesante de todo es que también encontró que varias de las momias al parecer padecían un mal que, hasta entonces, se pensaba que era enteramente nuevo: la aterosclerosis.[8]

En aquellos años, las enfermedades cardíacas apenas estaban surgiendo como una de las principales causas de muerte en el mundo industrializado; lugar que han conservado durante más de un siglo. Durante años se pensó que la presencia de arteriopatías en estas antiguas momias se debía al decadente estilo de vida de la realeza, porque solo los reyes, las reinas y las personas de nivel alto eran momificados. Pero poco más de un siglo después de Ruffer, un equipo multinacional hizo añicos esa visión cuando reportó en *Lancet* que había encontrado grados similares de endurecimiento arterial no solo en decenas más de momias egipcias, incluso en algunas de personas que solo tenían veintitantos años al morir, sino también en muchos otros cuerpos momificados hallados en Perú, el sudoeste americano y las Islas Aleutianas en Alaska. (La aterosclerosis también afligió a Otzi, el «hombre de las nieves», que quedó enterrado en un glaciar hace 5 mil años.)

A diferencia de los egipcios muertos, estas personas distaban mucho de pertenecer a la realeza; la momificación de los muertos era práctica común, especialmente en Perú. «Así como yo tengo en mi casa un retrato de mi abuelo el banquero de Newport, ellos tenían por ahí a sus momias. Algunas tenían dos mil años de antigüedad», dice Caleb *Tuck* Finch, un gerontólogo de la Universidad del Sur de California que formó parte del equipo de *Lancet*. La esperanza era que, por arte de magia, la tátara-tátara abuela momificada tal vez volviera a la vida algún día, como la cabeza de Ted Williams congelada por criólisis.

La diferencia fundamental era que las momias peruanas, y también las norteamericanas, eran en gran parte de cazadores-recolectores, que comían una dieta «sana» y auténticamente Paleo; sin embargo ellos también padecían el inicio de enfermedades cardiovasculares. La aterosclerosis afectaba a las mujeres y a los hombres de todos los rangos de edad y de todos los niveles de las sociedades antiguas; y así fue como el estudio de *Lancet* dio lugar a una pregunta inquietante: ¿están los humanos diseñados de alguna manera para ser proclives a las enfermedades cardíacas?

Respuesta breve: sí, probablemente lo estamos. Eso explica por qué esos pobres soldados estadounidenses que murieron tan jóvenes tenían arteriosclerosis antes de cumplir 25 años. En cierto sentido, prácticamente estamos programados para sufrir cierto grado de endurecimiento arterial, siempre y cuando vivamos el tiempo suficiente. Eso no es todo: con la edad, nuestros corazones se endurecen y atrofian. Justo lo que le sucedió a mi perro Theo, su pobre corazón envejeció prematuramente por la presión de tener que alimentar a su tumor hambriento de sangre. Pero el punto es que, con el transcurso del tiempo, eso nos sucede a todos.

El momento más fascinante de la juerga, pero también el más inquietante, se presentó el segundo día, cuando me acosté sobre una camilla en un cuarto oscuro, mientras un técnico me untaba un gel verdoso en el pecho. A continuación, presionó el frío extremo metálico del transductor del ultrasonido contra el charco gelatinoso y volteó la pantalla de su computadora para que yo la viera. Apareció algo que nunca había visto: una imagen fantasmagórica verde de mi corazón latiendo. Se veía muy extraño, con las válvulas saltando y ondeando en una compleja danza fluida, como una especie de animal del mar profundo.

Era doblemente extraño porque el ultrasonido solo revelaba una sección de una imagen, como si él hubiese dirigido la luz de una linterna a una cueva acuosa oscura donde se encontraba mi corazón latiendo. Ahí sentados observamos cómo trabajaba mi corazón con cada latido, con las válvulas aleteando y tambaleándose antes de finalmente encajar en su lugar para permitir que la cámara se llenara. Era por demás extraño ver el músculo, hasta entonces invisible, que había sostenido toda mi existencia.

Estábamos observando la elasticidad en acción. El músculo cardíaco debe mantenerse lo bastante fuerte como para poder impulsar sangre a lo largo de los 96 560 kilómetros (¡!) de vasos sanguíneos que hay en un cuerpo humano típico, contrayéndose y expandiéndose hasta 180 veces por minuto durante el ejercicio de intensidad máxima. Además, las arterias mismas también deben estar lo bastante flexibles para poder manejar todo ese flujo; es como un globo de agua, que solo puede llenarse un determinado número de veces antes de que la goma empiece a deteriorarse. Con el transcurso del tiempo perdemos esa flexibilidad; no solo debido a la aterosclerosis, sino también porque nuestros corazones (como el resto de nuestro cuerpo) sufren daños ocasionados por el envejecimiento *intrínseco*, tal como se desgastará la bomba de gasolina de su viejo auto con el transcurso del tiempo y usted tendrá que cambiarla por otra. Simplemente envejece. La intención nunca fue que durara tanto tiempo.[9]

A semejanza de la bomba vieja, el desempeño de su corazón va deteriorándose poco a poco con la edad. Si bien la frecuencia cardíaca en reposo no cambia mucho, excepto en respuesta al entrenamiento de resistencia, la frecuencia cardíaca máxima disminuye con la edad en una línea bastante recta. Como me enteré en la juerga, también disminuye la VO2 máx. El músculo cardíaco se debilita y no puede expulsar tanta sangre por latido. Sin embargo, dura mucho más tiempo que cualquier parte de cualquier automóvil que se haya fabricado jamás; de hecho, a pesar de que es una maquinita milagrosa, la verdad es que el corazón humano solo puede durar cierto tiempo. Eso explica por qué el «factor de riesgo» más grande y serio para las enfermedades cardíacas, y el que menos podemos modificar, es la edad misma.

Mientras movía el frío transductor del ultrasonido por mi pecho, el técnico de la juerga se detenía de cuando en cuando y oprimía un botón de su computadora para capturar imágenes de ciertas partes de mi corazón. Básicamente lo estaba midiendo, prestando especial atención al ventrículo izquierdo, que es una de las partes de esta «bomba» que primero evidencia los signos de la edad. Con el transcurso del tiempo, y con miles y millones de contracciones, el músculo tiende a engrosarse y crecer, lo cual cabría pensar que es una buena noticia. Un corazón más grande y fuerte bombea más sangre, ¿cierto?

Falso. De hecho, un ventrículo izquierdo más grande es un síntoma clásico de enfermedad cardíaca e hipertensión, ya que la bomba debe esforzarse más para que todo se siga moviendo por su sistema circulatorio endurecido. A medida que bombea con más fuerza, crea más músculo y, por lo tanto, crece y se vuelve mucho menos eficiente. Ese fue el problema de Theo. A pesar de su enorme tumor, parecía sano porque había sido muy atlético toda su vida perruna. El envejecimiento se oculta en nuestros cuerpos.

El ejercicio aérobico, el entrenamiento de fuerza o ambos a largo plazo de hecho pueden reducir el riesgo de que la persona sufra hipertrofia cardíaca, en el entendido que cuando el ejercicio se inicia a una edad más avanzada es mucho menos efectivo. Como apuntó Luigi Ferrucci, si lo deja pasar, un corazón que se hace grande puede derivar en insuficiencia cardíaca, que es una de las principales razones que explican por qué las personas mayores se quedan sin gasolina. Richard Lee, un cardiólogo e investigador de células madre de Harvard, dice: «La naturaleza probablemente se interesa más por la pérdida de cabello a los cuarenta que por la insuficiencia cardíaca a los ochenta, pero nuestros hospitales ahora están llenos de octogenarios con insuficiencia cardíaca».

¿Qué se puede hacer? Al parecer, controlar la presión arterial en general ayuda en algo, sea con medicación o con meditación, aunque usted no lo crea; existen estudios que han demostrado que esta funciona. Datos del BLSA también indicaron que la grasa abdominal (de mi tipo) contribuye o es otra posible causa de los problemas en el ventrículo izquierdo. Así que deshacerse de ella sería un siguiente paso aconsejable (como exploraremos más a fondo dentro de unos cuantos capítulos). Pero esas cosas solo ayudan hasta cierto punto. Sigue presente el hecho de que su corazón, como los componentes de su automóvil, sencillamente no fue diseñado para durar por toda la eternidad.

Nuestras arterias tampoco lo fueron. A continuación, el técnico introdujo la varilla al interior de mi cuello, y ahí la movió un poco. Ahora estaba midiendo algo que se llama «grosor íntima-media» o el grosor de la pared de mi arteria carótida. Con el transcurso del tiempo, las paredes de las arterias tienden a ser más gruesas y menos flexibles. De ahí que tengamos hipertensión e hipertrofia cardíaca, debido a un círculo vicioso de retroalimentación. El doctor Lebowitz había hecho las mismas mediciones y a pesar de que de hecho no encontró placas, lo cual era bueno, llegó a la conclusión de que mi «edad arterial» era de 59 años, cosa que me impactó.

Al paso del tiempo, los datos de la juerga han demostrado que la biología de nuestro envejecimiento es, por mucho, lo que más contribuye a las enfermedades del corazón y a la insuficiencia cardíaca; o sea, los cambios que van ocurriendo en nuestro músculo cardíaco y las paredes de las arterias con el transcurso del tiempo, haciéndonos más susceptibles a la aterosclerosis y a la arterioesclerosis. Los procesos en el interior de nuestras propias células crean distintas clases de basura, incluso las llamadas proteínas recombinantes y los depósitos excesivos de sustancias como el calcio y el colágeno.

De hecho *queremos* que nuestros huesos y piel tengan calcio y colágeno, pero en nuestros corazones los dos provocan endurecimiento, rigidez y otras cosas malas. Y al parecer no hay manera de evitarlo. Entre más tiempo vivamos, mayor será la cantidad de esa basura que se deposita en nuestro músculo más importante. Lo que es peor, el músculo cardíaco no se regenera en realidad porque sus células no se dividen. (Tampoco lo hacen las neuronas, la otra clase de células más importantes de nuestro cuerpo.) Y como un número mayor de nosotros está viviendo más allá del rango tradicional del riesgo de infarto a los cincuenta y sesenta años, cada vez hay más personas que están viviendo con corazones viejos.

«Sencillamente es imposible que un Pinto camine más de 650 mil kilómetros. Tal vez un Volvo o una Suburban los pueda recorrer, pero no un Pinto. Y algunas partes del corazón probablemente sean así», dice Lee de Harvard.

Entonces el chiste sería saber si un Pinto se puede convertir en un Volvo.

Capítulo 7

LA METÁFORA DE LA CALVICIE

Un ojo lacrimoso, una mano reseca, una mejilla macilenta, una barba
blanca; una pierna que se encoje, una barriga que crece... su voz
cascada, su falta de aire, su papada, su inteligencia misma, y todas las
partes de su ser destruidas por la antigüedad.

SHAKESPEARE

De alguna manera logré huir de Baltimore sin tener que llenar el sombrero de *Downton Abbey*. Mi microbioma no será analizado, por lo menos en los próximos tres años. Pero las amables personas de la juerga tampoco tomaron en cuenta otro biomarcador del envejecimiento que, al menos en mi caso, es muy obvio: mi cabello. Más concretamente, la falta del mismo. El momento que más temo es cuando mi peluquero *hípster* me pasa el espejo para que «vea la parte de atrás», y el creciente círculo calvo que un cómico *standup* de Los Ángeles en cierta ocasión llamó el solideo o «kipá color carne».

Mi kipá color carne se había convertido en una obsesión desde principios de verano, cuando asistí a la reunión de exalumnos de mi universidad (llamémosla simplemente una reunión «importante»). En parte, había ido por pura curiosidad para ver qué tipo de adultos eran ahora mis excompañeros llenos de granos, pero también por la vieja razón de siempre: para ver qué tan viejos se veían los demás. Varios cientos nos reunimos un fin de semana de junio en el viejo College Greene para volver a vernos. Nos alojamos en los viejos dormitorios, vagamos por los viejos lugares importantes y comentamos lo viejos que se veían ahora nuestros profesores preferidos, o exactamente lo mismo que los estudiantes actuales pensaban de nosotros. En la noche saboreamos unas cervezas, en lugar de beberlas de un trago, debajo de unas carpas blancas, y tratamos de mantener conversaciones con personas que no habíamos visto en décadas. Siempre quedaba en el aire una gran pregunta. *¿Pero qué pasó con tu cabello?*

Antes de partir, había desenterrado el viejo «Anuario de primer año». Soy tan viejo que en aquellos tiempos de hecho era un libro físico, con una foto e información básica [redactada] de cada uno de los miembros de la generación. Sin embargo, lo que saltó de la página, casi de forma literal, fue el cabello. Teníamos tanto; matas de cabello grueso increíblemente densas que brotaban de una línea tan baja de nuestra frente que casi se fundían con nuestras cejas. En muchas fotos parecía como si algún tipo de animal peludo hubiese anidado en la cabeza de esa persona.

De acuerdo, esas fotos se tomaron en la década de 1980, una especie de edad de oro perdida para el cabello. No obstante, entonces había mucho cabello. Y ahora, en el mejor de los casos, para la mayoría de nosotros era solo un vestigio de lo que fue. Muchos de los compañeros se habían rendido ante lo inevitable y simplemente se rasuraban el cráneo, otros, inclusive el abajo firmante, seguíamos en la negación. No era solo cosa de hombres, porque también las cabelleras de muchas de las mujeres habían perdido su lustre y brillo de juventud. Pero no todos padecíamos esa desgracia, por lo menos no todavía. Unos cuantos compañeros favorecidos todavía lucían, o más bien presumían, sus exuberantes melenas, tal vez un poco salpicadas de blanco, pero por lo demás poco cambiadas de las de sus fotos de primer año; sin embargo, ahora el resto de nosotros los odiábamos.

¿Qué fue lo que pasó? ¿Por qué nuestro cabello andaba tan mal apenas veinte años después de un glorioso apogeo peludo? ¿Se trataba de alguna especie de marcador, una señal de que el resto de nuestros cuerpos también estaban muriendo, marchitándose, desbaratándose?

En busca de respuestas, me fui a ver al doctor George Cotsarelis, un profesor de la Universidad de Pennsylvania experto en la ciencia de la regeneración capilar. Con una voz tranquilizante que había puesto en práctica con miles de pacientes atemorizados, entre los que podía estar o no estar Donald Trump, me explicó que nuestro cabello no *desaparece*. Una foto de Cotsarelis y Trump muy sonrientes dándose la mano adornaba el librero del consultorio, junto a otra donde estaba con el presidente Obama, pero él no aceptó ni negó que fuese el genio tras el famoso copete de Donald. No insistí en el tema. Tenía preocupaciones más profundas.

· Cotsarelis me explicó que la pérdida de cabello en realidad no es una pérdida, sino que este más bien encoge. La buena noticia es que los folículos capilares no han desaparecido, ni siquiera en la zona de mi kipá color carne. La mala noticia es que esos folículos se han «miniaturizado» a tal grado que los cabellos que producen son microscópicos. En otras palabras, los calvos en realidad no son calvos, sino que su cabello es sencillamente invisible. Pero además de esa, en realidad no tenía muchas respuestas. «En verdad no sabemos mucho sobre por qué sucede. Realmente no sabemos.» «No me estás ayudando gran cosa», pensé.

El término médico para la calvicie de patrón masculino es *alopecia androgenética* y, al parecer, está programada en los genes de muchos desafortunados varones (de hecho, la mayor parte de ellos). Sin embargo, casi todos los pacientes de Cotsarelis son mujeres que presentan básicamente el mismo síndrome. El volumen de su cabello se encoge y los mechones se adelgazan, aun cuando no se caigan o se «miniaturicen» con el paso del tiempo como en sus esposos. «Es interesante señalar que las que se ven más afectadas por esto son aquellas que tuvieron el cabello más bonito y espeso cuando fueron más jóvenes. Estaban en el nonagésimo noveno percentil».

Sorpresa: la pérdida de cabello o el cabello ralo también afecta a las mujeres.[1] Según un estudio, 6% de las mujeres de menos de cincuenta años presentan algún grado de pérdida real de cabello, cifra que sube a 38% para cuando llegan a los setenta. Por supuesto que en el caso de los hombres es mucho peor: cuatro de cada cinco habrán perdido casi todo el cabello para cuando lleguen a los setenta años. Pero casi todo el mundo encanecerá con el transcurso del tiempo, incluso aquellos que conserven su cabello. «¿Por qué pasa eso?», pregunté.

Cotsarelis me explicó con gran paciencia que una cabeza canosa no se debe a que cabellos individuales se vuelvan «blancos», sino que las canas son cabellos que carecen de pigmento; o sea, otro síntoma del envejecimiento de los folículos. Con el transcurso del tiempo, los cabellos pigmentados se caen y su lugar es ocupado por las canas. Eso si tiene suerte. Él calcula que, a los setenta años, solo 5% de los hombres o de las mujeres conservan sus mechones de aspecto juvenil.

Cotsarelis simpatiza con el dolor que sentimos los demás: «Pienso que, en términos de evolución, la condición del cabello era un importante indicador de la salud. Si usted ve que alguien tiene un cabello grueso y abundante sabe que no tiene deficiencias nutricionales, que seguramente ha ingerido suficientes calorías y que probablemente es fértil. Pero si las personas están enfermas, si tienen sarna, entonces su cabello luce terrible y no son atractivas. En términos de evolución, todo eso está programado».

Los cueros cabelludos yermos de la mayor parte de la Generación de 198-, a excepción de unos cuantos afortunados odiosos, estaban telegrafiando al mundo que estábamos cansados, agotados y tal vez cerca del final de la línea; una mala apuesta para intercambiar genes. Eso explica por qué las damas muchas veces tienen dudas de hacer clic en Match.com para conectarse con tipos calvos, y por qué la industria de los productos para el cabello se lleva miles de millones de dólares de los dos sexos. No es mera vanidad, es *evolución*. «Simplemente es una parte considerable de nuestra identidad y sentido de bienestar», dijo Cotsarelis.

Lo que me había llevado hasta ahí era que Cotsarelis ha efectuado novedosas investigaciones sobre cómo se puede conseguir que los folículos pilosos vuelvan a crecer. En 2012, su equipo identificó a un gran culpable de la pérdida de cabello: una molécula llamada prostaglandina D2 que suele encontrarse cerca de la escena del crimen, en zonas del cuero cabelludo que no tienen cabello.[2] La evidencia es mucho más que circunstancial. Se sabe que la prostaglandina D2 inhibe el crecimiento de los folículos pilosos y también que está relacionada con la inflamación, la cual suele aumentar en nuestros cuerpos con la edad. Merck estaba probando un fármaco que inhibía la PGD2, o si lo prefiere, que inhibía al inhibidor, pero lo retiró en el

2013. Cotsarelis fundó Follica, una nueva compañía de su propiedad, para que, entre otros tratamientos, trabajara en su propio inhibidor de la prostaglandina.

Pero la verdadera acción estaba en las células madre capilares, que eran la «obsesión principal» de Cotsarelis desde que estudiaba en la universidad. Entonces se pensaba que nacíamos con cierta cantidad de folículos pilosos y que estos iban muriendo con el tiempo; de hecho, Cotsarelis sostiene que las células madre foliculares permanecen intactas a lo largo de toda nuestra existencia, pero que conforme envejecemos simplemente quedan en estado latente; además resulta que lo mismo sucede con otras clases de células madre. Entonces la pregunta sería: ¿cómo volver a despertar a las células madre?

En 2007, Cotsarelis publicó un novedoso artículo en *Nature* que describía cómo había aplicado un montón de pequeños piquetes a la piel de ratones y esperado para ver lo que sucedía con las células de la piel mientras sanaban.[3] Para su sorpresa, encontró que las heridas activaban una cascada de factores del crecimiento que básicamente regresaban las células de la piel a un estado similar al embrionario, de hecho convirtiéndolas en células madre, y a su vez ocasionaban que generaran folículos pilosos enteramente nuevos. Los cueros cabelludos humanos tal vez harían lo mismo si se les administrara la combinación correcta de fármacos y piquetes. En su nueva compañía también está trabajando en eso.

¿Entonces hay esperanza para mi kipá color carne que no cesa de crecer? ¿Para la línea del cabello, en retirada de mi frente como el ejército confederado en Gettysburg? Él piensa que sí, a pesar de que hasta el momento no ha sido muy explícito con los detalles.

«Pero incluso si averiguamos cómo tratarla, eso no significa que la "curaremos" —me advirtió cuando yo iba de salida—. Pienso que lo que estamos haciendo terminará por convertirse en un tratamiento, incluso sin que necesariamente lo entendamos».

Curar la calvicie está muy abajo en la lista de prioridades de los NIH para otorgar fondos; la mayoría de los científicos que estudian el envejecimiento considera que la pérdida de cabello no tiene gran relevancia en nuestro envejecimiento biológico real. Sin embargo, en términos evolutivos, el hecho de que tantos nos quedemos sin cabello tiene mucho que ver con por qué todos envejecemos. Cotsarelis tenía razón en eso.

No mucho tiempo después de que Darwin propusiera su teoría de la evolución, los científicos comenzaron a preguntarse de qué manera el envejecimiento y la muerte cabrían en su marco de referencia. ¿Por qué envejecemos? ¿Por qué la selección natural había permitido que existiera el envejecimiento si en gran medida es lo contrario de la «supervivencia del más apto»?

En 1891, el gran biólogo alemán August Weissmann hizo el intento de responder la pregunta. Especuló que los seres vivos envejecen y mueren a efecto de dejar lugar para la siguiente generación, ahorrando así recursos para que los jóvenes puedan sobrevivir.[4] Opinaba que teníamos el envejecimiento programado para bien de la especie y que los viejos deben morir y dejar libre el camino. Esta teoría ha sido muy popular entre estudiantes y todos los demás que tienen menos de 25 años. Pero la idea de que, de alguna manera, tenemos el envejecimiento programado ha sido discutida acaloradamente desde entonces y la mayoría de los biólogos evolucionistas no están de acuerdo con Weissmann.

Para empezar, los científicos han creído desde hace mucho tiempo que la evolución opera al nivel del individuo, pero no del grupo; los genes se seleccionan y transmiten porque benefician al animal que los porta, permitiendo su reproducción. La idea de la selección basada en el grupo es contraria a eso.[5] Para continuar, muy pocos animales salvajes viven el tiempo suficiente para morir de viejos; casi todos fallecen mucho antes por otras causas, como por ser devorados. Por ejemplo, vea el caso de los ratones. En el laboratorio, con una alimentación regular y una bonita jaula llena de agradable serrín, un ratón vive alrededor de dos años antes de morir, por lo general de cáncer. Sin embargo, los ratones en el campo rara vez viven más de seis meses y a menudo mueren en la boca de un zorro o bien a causa del frío, lo que es mucho más frecuente.

Entonces el envejecimiento no es muy relevante para la evolución de los ratones o de algún otro animal, incluyendo a los humanos. Nuestro antepasado cazador-recolector promedio vivía más o menos hasta los

25 años y muy probablemente moría a causa de una infección o de un accidente, o por el ataque de un depredador o de un compañero humano. Solo unos cuantos elegidos llegaban con vida a los sesenta o los setenta años, y como entendió J. B. S. *Jack* Haldane, el perspicaz genetista británico que más adelante ganaría el Premio Nobel, esto podría en verdad explicar por qué envejecemos como lo hacemos.

Haldane había estado estudiando la llamada enfermedad de Huntington, que podría ser uno de los trastornos más horrorosos del mundo. Se trata básicamente de una forma de demencia de inicio temprano que empieza con cambios muy sutiles en la personalidad y el equilibrio, pero que en pocos años se vuelve un padecimiento incapacitante y tortuoso. Las personas que la padecen parecen estar bailando porque pierden el control de sus cuerpos y empiezan a retorcerse y sacudirse con espasmos. La víctima más famosa de la enfermedad de Huntington tal vez haya sido Woody Guthrie, el cantante de música folklórica que pasó los últimos 15 años de su existencia en instituciones psiquiátricas antes de morir a la edad trágica pero típica de 55 años.

Haldane consideraba que lo extraño del Huntington era que de hecho es un trastorno heredado, transmitido por un solo gen.[6] Pero además, el gen del Huntington es dominante, lo cual significa que incluso si solo lo tiene uno de los padres, la probabilidad de que sus hijos e hijas hereden la enfermedad es de 50%. Según la teoría de la selección natural, esta condición genética catastrófica debería haber quedado eliminada hacía mucho tiempo. Pero el Huntington tiene otra característica única: sus síntomas no se presentan sino hasta alrededor de los cuarenta años.

Haldane se dio cuenta de lo que esto significaba. Como el Huntington solo se manifiesta en edades más avanzadas, cuando sus portadores han tenido hijos, la selección natural lo había dejado prácticamente intacto. Para cuando una persona se daba cuenta de que tenía el gen, ya lo había transmitido. Así, el gen del Huntington pudo sobrevivir porque residía en la «sombra de selección», o el período de la vida posterior al reproductivo cuando la fuerza de la selección natural se debilita enormemente.

Uno de los colegas de Haldane, el brillante Peter Medawar, que más adelante también ganaría el Nobel, vio la conexión con el envejecimiento. La sombra de selección permite que toda clase de genes nocivos florezcan más adelante en la vida, y no solo los del Huntington sino de muchos otros rasgos desagradables que, de no ser así, la fuerza purificadora de la selección natural debería haber borrado: el endurecimiento de nuestras arterias, la flacidez de nuestros músculos, las arrugas de nuestra piel, el florecimiento de rollos de grasa en nuestras cinturas y la confusión constante de nuestros cerebros. Eso, por no mencionar el temido kipá color carne. Una vez que llegamos a la mediana edad, la evolución básicamente suelta el volante y abre una lata de cerveza.

Así que, sin importar el propósito de las cabelleras exuberantes juveniles de mis compañeros universitarios y la mía propia: plumaje para atraer a las parejas, aislamiento para nuestros cerebros, protección contra las lesiones o el sol, todos perdieron importancia después de los cuarenta porque a la evolución ya no le importaba que fuéramos guapos. Lo mismo aplica a nuestra vista, nuestras rodillas y nuestra instalación hidráulica sexual. Como dijo el genetista Michael Rose: «La última parte del ciclo de vida [se convierte] en un "basurero genético", donde también termina nuestro cabello».

La sombra de selección explica muchas otras cosas, como por qué es mucho más probable que las mujeres tengan cáncer de mama a los cincuenta años que a los veinte, que es su época de actividad reproductiva. Las madres que estuviesen genéticamente predispuestas a un cáncer de mama temprano tendrían mucha más dificultad para criar a sus bebés y esos bebés habrían tenido menos probabilidad de sobrevivir y de transmitir esos genes de cáncer mamario temprano.

Medawar considera que el envejecimiento es la acumulación de esos genes nocivos no seleccionados. Pero ¿qué sucedería si los *mismos* genes que nos esculpieron en esos seres magníficos de veinte años acabaran de hecho por matarnos al largo plazo? Esa fue la perspectiva de George Williams, un genetista estadounidense que, en un artículo escrito en 1957, especulaba si ciertos genes que son útiles al principio de la vida podrían tener efectos dañinos o incluso peligrosos más adelante. Con el paso del tiempo este fenómeno fue llamado pleiotropismo antagonista (*pleiotropismo* se refiere a un solo gen con múltiples funciones). Es más, Williams afirmaba que la selección natural de hecho *favorecería* a esos genes.

En fechas recientes surgió un ejemplo interesante de un gen plei-trópico, relacionado con el que las personas de piel blanca se bron-ceen.[7] Científicos de la Universidad de Oxford encontraron en los caucásicos una variante de un gen que oscurece temporalmente sus pieles pálidas para que puedan resistir el daño de los rayos UV del sol, pero a expensas de un mayor riesgo de padecer cáncer testicular. Por mencionar otro ejemplo: los científicos se preguntaban a qué se debía la elevada prevalencia del gen de la hemocromatosis, un trastorno que provoca que el hierro tóxico en la sangre llegue a concentraciones peligrosamente elevadas, lo cual conduce a daños y a enfermedades a la mitad de la vida. Entonces surgió evidencia de que, en la Edad Media, los hombres que portaban ese gen al parecer eran más resis-tentes a la peste bubónica. El gen de la hemocromatosis aumentaba su probabilidad de sobrevivir a la peste, a expensas de una mala salud en la mediana edad. Para la evolución no hay nada que pensar: el gen se queda.

El envejecimiento está lleno de esta clase de intercambios entre la supervivencia inmediata y la longevidad futura. Por lo general la longevidad es la que sale perdiendo. De hecho, la evolución hasta podría haber ayudado a *acortar* nuestro tiempo de vida.

A principios de la década de 1990, Cynthia Kenyon, una joven investigadora de la Universidad de California en San Francisco, descu-brió una mutación que aumentó enormemente el tiempo de vida de nuestro amigo el *C. elegans,* ese gusano de un milímetro de largo que es tan querido por los científicos del envejecimiento. Esos gusanos mutantes no tenían el gen llamado DAF-2 que rige el metabolismo, específicamente los receptores del factor del crecimiento insulínico, o el equivalente en el gusano de nuestro IGF-1. Kenyon encontró que sus gusanos con el DAF-2 «eliminado» vivían el doble de tiempo que los gusanos normales o de «tipo silvestre».[8]

Fue un descubrimiento asombroso, la primera evidencia real de que el envejecimiento se podía desacelerar si se eliminaba un solo gen. Y eso no es todo, sino que su descubrimiento demostró que la «vía» de la insulina/IGF desempeñaba un papel central en el envejecimiento, y que, a diferencia de lo que creían el doctor Life y compañía, entre menor cantidad de estos factores del crecimiento que tenga uno, mejor. Kenyon declaró que sus gusanos habían sobrevivido por un tiempo equivalente a 120 años humanos, afirmación que llegó a los titulares y la colocó en la larga lista para recibir el Premio Nobel. Aún no se ha encontrado un «gen de la parca» (como lo llamó Kenyon) comparable en los humanos, pero su descubrimiento representó una pista tentadora de que modificar nuestros genes podría extender el tiempo de vida.

Una terapia genética así está a muchos años de distancia y todavía está en duda si alguien podrá encontrar a un solo gen que tenga un efecto tan drástico en la longevidad de los humanos. (De entrada, el *C. elegans* solo tiene 959 células, mientras que el cuerpo humano tiene billones). Pero este descubrimiento también arrojó luz sobre la evolución de la longevidad misma. El sentido común nos diría que los gusanos de vida larga deberían haber disfrutado de algún tipo de ventaja evolutiva frente a sus primos de vida breve. ¿Entonces por qué la selección natural no ha eliminado *ya* el gen de la parca?

Unos cuantos años después del descubrimiento de Kenyon, un científico escocés llamado Gordon Lithgow descifró el porqué. Mezcló a gusanos normales y a longevos con el DAF-2 eliminado en la misma caja de Petri para ver qué sucedía. Los resultados lo dejaron anonadado. En solo cuatro generaciones, los gusanos longevos prácticamente se habían extinguido. Resulta que el motivo de ello es que los gusanos modificados se reprodujeron algún tiempo después que los normales de tipo silvestre. No tardó mucho para que los promiscuos gusanos silvestres se reprodujeran más que sus primos los gusanos longevos mutantes, los superaran en número y los avasallaran. Resultó que su enorme longevidad no fue de ayuda en absoluto.[9]

Es interesante señalar que este fenómeno también se ha observado en los humanos longevos. Muchos de los judíos askenazíes centenarios de Nir Barzilai, por ejemplo, tenían pocos hijos o ninguno, a pesar de que se habían casado en la década de 1920 o 1930, antes del advenimiento de la anticoncepción.[10] O, los que tenían hijos, los habían tenido más adelante en la vida, otro hallazgo que se ha relacionado con un tiempo de vida más largo. (Es evidente que un efecto secundario de esto ha sido provocar que los «genes de la longevidad» sean incluso más raros.) Así, pudiera ser que tener hijos literalmente acorte su tiempo de vida.

La confrontación de los gusanos de Lithgow parecía demostrar que la selección natural favorece claramente a los que se reproducen con rapidez en lugar de a los longevos, por la misma razón que la mayor parte de los pueblos tienen veinte McDonald's por cada elegante restaurante francés. Lo barato y fácil suele ganarle a lo largo y lento. Pero también despertó otras interrogantes como: ¿Por qué algunos animales (y algunas personas) viven más tiempo que otros? ¿Por qué los humanos viven ochenta años, mientras que los ratones solo viven dos años o acaso tres si están en las mejores condiciones? ¿Por qué ha evolucionado la longevidad?

Resulta que en realidad existen dos explicaciones: una tiene que ver con el sexo y la otra con la muerte.

Steven Austad no había pensado mucho en el envejecimiento hasta ese día de 1982 cuando conoció a la Zarigüeya #9. Como comentaría su mujer más adelante, antes de eso, su principal interés había sido el sexo; el de las zarigüeyas, pero no deja de ser sexo.

Había acampado en la sabana del centro de Venezuela con el propósito de ayudar a un amigo a atrapar zarigüeyas hembras para un estudio. Cada mes, más o menos, atrapaban a todas las hembras locales, evaluaban su salud y las soltaban. Un día, recapturó a la Señora #9, que había atrapado por primera vez unos cuantos meses antes, cuando le colocó una banda de identificación. Más adelante, él recordaría que entonces ella era joven y combativa, y le había propinado una «buena mordida». Ahora estaba artrítica y casi ciega porque tenía cataratas. Cuando la soltó, ella se fue tambaleando y chocó contra un árbol.

Austad notó que esto se repetía una y otra vez: «En un plazo aproximado de seis meses, los animales jóvenes sanos simplemente se venían abajo. Envejecían a una velocidad increíble».

La historia se tornó todavía más extraña unos cuantos años después, cuando Austad fue a estudiar a otro grupo de zarigüeyas que vivían en una remota isla barrera en la costa de Georgia llamada Sapelo Island. Las zarigüeyas de la isla eran básicamente iguales a sus primas venezolanas, excepto por una gran diferencia: vivían mucho más tiempo, a veces llegaban hasta los cuatro años, frente al año o dos que vivían las venezolanas. La principal razón tenía que ver con los depredadores. Las zarigüeyas de la selva tenían muchos, pero las de la isla no tenían ninguno, porque llevaban aisladas de la tierra firme más de 5 mil años.

Por lo tanto, vivían bastante más relajadas. La primera que detectó Austad estaba dormitando en medio del camino. Él corrió y la agarró con sus propias manos. No tardó en darse cuenta de que había llegado a un paraíso de zarigüeyas. Sin depredadores, la vida de los animales transcurría prácticamente sin estrés, porque lo único que debían hacer era comer, dormir y reproducirse, lo cual hacían con gusto. Cada hembra de Sapelo producía dos o tres camadas durante su existencia, frente a una sola de las venezolanas. Era como un Club Med para zarigüeyas.

Austad no consideró extraño que las zarigüeyas de la isla vivieran más tiempo, pero le llamó la atención que al parecer también envejecían más lentamente. Estudió los tendones de las colas de los animales y encontró que las zarigüeyas de Sapelo conservaban su flexibilidad mucho más tiempo que los animales del continente, un marcador claro de un envejecimiento más lento; sus extremidades y articulaciones no envejecían ni se ponían rígidas tan pronto. Se dio cuenta de que las zarigüeyas de Sapelo Island estaban lejos de envejecer a un ritmo fijo y que, de alguna manera, habían evolucionado para envejecer más lento que sus primas de la selva. Era el problema de la reunión de la generación pero en versión de la naturaleza: algunos animales envejecen en un pestañeo, mientras que otros parecen conservar la juventud por siempre. Pero, ¿por qué?

A diferencia de la mayor parte de los investigadores del envejecimiento, que en gran medida siempre están confinados en sus laboratorios, Austad tiene un poco de vagabundo. Pasó la primera parte de su carrera como biólogo de campo en lugares exóticos como Papúa Nueva Guinea y también en Venezuela y la costa de Georgia. Ha pasado una parte considerable de su vida durmiendo en tiendas de campaña, pero fue un león llamado Orville quien le inculcó la profunda conciencia de su lugar en la cadena alimentaria.

Una tarde de invierno, Austad me llevó a uno de sus lugares preferidos, el Zoológico de San Antonio, no lejos del centro. Mientras paseábamos por el zoológico, me contó historias y detalles divertidos sobre los monos, las arañas, las pitones y los canguros arborícolas, un extraño animal que había estudiado en Papúa Nueva Guinea. Observó que, hoy en día, los humanos envejecen de manera muy parecida a los animales de un zoológico; protegidos de depredadores y accidentes vivimos más tiempo del que jamás vivimos cuando éramos salvajes. Al poco nos encontramos frente a la jaula de los leones, donde había un macho joven que empezó a lanzarle una mirada feroz a Austad, como si este hubiese estado flirteando con su novia en un bar. O quizá simplemente estaba aburrido, porque el día estaba fresco y el zoológico estaba casi desierto. Cualquiera que fuera la razón, Austad se puso inquieto y seguimos avanzando con rapidez.

«No me gusta mirarlos a los ojos, hasta en un safari, cuando pasamos en el vehículo junto a un grupo de leones, yo me siento en medio y no miro hacia afuera. La gente piensa que estoy loco.»

Después les cuenta el caso de Orville. Mucho antes de que pensara asistir a la universidad y ser científico, Austad había caído en un empleo en que manejaba animales para películas de Hollywood. Su tarea consistía en asegurarse de que los leones cumplieran bien su papel, por ejemplo bostezando cuando les daban la señal, pero lo más importante es que debía impedir que mordieran a los actores. Uno pensaría que esa ocupación requiere de muchos años de capacitación y experiencia, pero estaría en un error: en aquel tiempo, su currículo incluía «licenciado en inglés semiempleado» y «chofer de taxi en la ciudad de Nueva York».

Un día estaba paseando a Orville por el rancho en las afueras de Los Ángeles donde vivían los animales, cuando un desafortunado pato pasó caminando frente al león. Este se lanzó sobre el pato y Austad le ordenó que lo soltara, reforzando la orden golpeando a Orville con la cadena de metal que servía de correa. «Una cosa importante cuando se manejan animales grandes como ese es que deben hacer *de inmediato* lo que usted mande, y desde la primera vez. No es como con mi perro que le digo "¡Aquí! ¡Aquí! ¿Aquí?"».

Orville obedeció la orden y soltó el pato, pero acto seguido se lanzó contra Austad. En un instante, Austad estaba derribado en el suelo y su pierna derecha estaba en el hocico de Orville. Cuando finalmente aceptó el hecho de que no tenía escapatoria, logró calmarse y evaluar la situación. La mala noticia era que un león estaba a punto de comérselo. La buena noticia, si se puede llamar así, era que Orville se lo estaba comiendo lentamente, casi como si lo pensara. Me dijo que el hecho de que tuviera su pierna en el hocico significaba que no se estaba comiendo otra cosa. Sin embargo, también supuso que a la larga Orville se comería el resto de su persona. Pero, para su suerte, el rancho estaba al borde de un camino y justo en ese momento un vehículo lleno de turistas por casualidad se detuvo en la cuneta para que pudieran ver a los animales. Los turistas vieron a un león sobre un hombre y reportaron la situación a la oficina del rancho.

Austad pasó varias semanas recuperándose en el hospital local, donde gozó de algo de fama porque la esposa del dueño del rancho, la actriz Tippi Hedren, estrella de *Los Pájaros,* lo visitaba todos los días. Fue un milagro que pudiera conservar su pierna, menos por un trocito de fémur y mucha de su sangre. Incluso volvió a su trabajo, pero al poco tiempo Orville lo atacó otra vez y entonces consideró que había llegado el momento de buscar otra línea de trabajo.[11]

Desde niño, en la granja de Indiana donde creció, Austad había amado a los animales, con excepción de Orville, por lo cual regresó a la escuela con la intención de estudiar a los leones en su ambiente natural. Pero en lugar de ello, desvió su camino hacia las zarigüeyas, esas criaturas menos espectaculares y con menos dientes. Cuando vio a la Zarigüeya #9 caminar tambaleándose y chocar contra el árbol, se dio cuenta de que el envejecimiento era el gran problema sin resolver que afectaba a todos los seres que alguna vez hubiesen vivido. Y nosotros prácticamente no sabíamos nada sobre él. «Es el emperador de la biología», dice.

El cuento de las dos zarigüeyas parecía confirmar, cuando menos en términos generales, una teoría nueva del envejecimiento bastante intrigante. Concebida por Thomas Kirkwood, un joven científico británico (que había estudiado matemáticas y no biología), la teoría del «soma desechable» decía básicamente que nuestros cuerpos son simples recipientes de nuestras células reproductivas «germinales» (nuestro ADN) y por lo tanto solo necesitan durar el tiempo suficiente para que nos reproduzcamos.[12] Lo que suceda después no importa. Y como las células germinales tienen prioridad, nuestros cuerpos solo tienen que durar el tiempo que sea probable que sobrevivamos en la vida silvestre. Por ende, para la naturaleza no tiene sentido crear una zarigüeya que pueda sobrevivir diez o 15 años, cuando es probable que solo viva dos o tres años.

«Todo lo que tienen que hacer nuestros genomas es invertir en el cuerpo lo suficiente para que esté en forma aceptable durante el tiempo que es probable que vivamos. En el caso de la naturaleza no es buena estrategia invertir más allá de eso, porque ¿qué sentido tendría? La naturaleza es un lugar peligroso, por lo tanto no es necesario que un cuerpo funcione indefinidamente de forma impecable», me dijo Kirkwood.

Pero en el caso de las zarigüeyas que tienen la enorme fortuna de haber nacido en la idílica isla Sapelo donde no hay depredadores, sí tiene mucho sentido crear un cuerpo que dure más tiempo. A lo largo de cinco mil años, ellas evolucionaron para vivir la vida con un horario más relajado, sin tanta presión para reproducirse a toda prisa. Para Austad, lo obvio era preguntarse cuáles eran las diferencias.

La mayor parte de los demás científicos se enfocaban en «organismos modelo», como las moscas de la fruta, los gusanos nematodos como *C. elegans* o los ratones y «no solo los ratones, sino en una *cepa* de ratones», especifica. Esos animales tenían un rasgo en común: no vivían mucho tiempo, lo cual era conveniente para obtener resultados rápidos de los estudios, pero Austad dudaba de que nos pudiesen enseñar gran cosa acerca del envejecimiento humano. «Desde la perspectiva del envejecimiento, todo lo tocante a los roedores es bastante aburrido», dice Austad. Por lo mismo, decidió buscar más allá de los animales de laboratorio usuales para tratar de encontrar otros caminos que ha usado la Naturaleza para derrotar, demorar o reprogramar el proceso del envejecimiento en la vida silvestre. Empezó por tratar de formar una colonia de zarigüeyas, pero resultaron difíciles de criar en condiciones de laboratorio. Así que empezó a buscar especies que ya vivían más de lo que uno esperaría.

En el caso de la mayor parte de los animales, el tiempo de vida está bastante correlacionado con el tamaño y, en general, los animales grandes viven más tiempo. (Los chihuahueños y otros perros pequeños pero longevos son una excepción a la regla gracias a siglos de reproducción manipulada.) Usando una medida llamada cociente de la longevidad, que compara la longevidad real con la pronosticada por el tamaño, Austad encontró que los humanos de hecho son bastante longevos en términos absolutos y relativos. No se han observado muchos otros seres vivos que vivan cien años o más. Por lo tanto, extender el tiempo de vida humano todavía más sería un truco bastante difícil de lograr.

Sin embargo, unas cuantas criaturas llegan a vivir más tiempo que nosotros, empezando por las famosas tortugas galápagos, algunas de las cuales han logrado sobrevivir a la depredación de las hambrientas tripulaciones balleneras del siglo XIX y viven hasta nuestros días, es decir, más de 150 años. Las langostas también son famosas campeonas de la longevidad, viviendo entre cincuenta y cien años. Eso es juvenil si se compara con ciertas almejas que se sabe han vivido cientos de años. En fechas recientes, en Islandia encontraron una almeja que tenía más de 500 años, lo cual significa que había estado por ahí prácticamente desde tiempos de Colón. La almeja, apodada Ming, vivió feliz en cautiverio hasta 2013, cuando unos investigadores tuvieron la brillante idea de abrirla.[13] Dios sabe por qué lo hicieron, ¿tal vez para guisarla?, pero el resultado fue su muerte prematura a una edad estimada de 507 años.

Hay otros casos sorprendentes. Se encontraron puntas de arpones antiguos hechas a mano en los restos de una ballena boreal que habían matado unos esquimales inuit cazadores de Alaska en la década de 1990. Antes de eso, se pensaba que las ballenas «solo» vivían unos 50 años, pero un análisis de los cambios en los cristalinos de este ejemplar reveló que tenía alrededor de 211. El agua fría quizá sea buena para la longevidad: los pescadores de Alaska también han sacado ejemplares de pescados de roca, parientes del pargo rojo y el robalo, que tienen más de un siglo de edad.

Austad reúne a estas especies longevas en lo que llama el Zoológico de Matusalén; todas ellas son criaturas que presentan poca o ninguna evidencia de envejecimiento o, como dicen los científicos, una senescencia insignificante.[14] Y si bien no es fácil realizar estudios del envejecimiento en ballenas del océano profundo que viven 200 años, hay otro animal muy longevo, muy numeroso y de fácil acceso: el murciélago. Austad encontró que en todo el reino de los mamíferos solo 19 especies tenían un cociente de longevidad mayor al de los humanos y 18 de ellas eran murciélagos. Se ha sabido de murciélagos silvestres que viven hasta cuarenta años, o sea un cociente de longevidad de 9.8 o el doble que el de los humanos. (La decimonovena especie es una criatura llamada rata topo lampiña, la cual es tan extraña que todavía no quiero hablar de ella.)

Hace algunos años, Austad y un colega reunieron un montón de murciélagos de una colonia que vivía bajo un puente en Texas, con la esperanza de responder una simple pregunta: ¿en qué eran diferentes de, por decir, los ratones? Y ¿cómo les ayudaba eso a vivir más tiempo?

La diferencia más evidente era que los murciélagos seguían vivos a los siete años o más, mientras que los ratones habían muerto hacía mucho tiempo. Otra diferencia era que en tanto los ratones tienen una camada de entre cinco y diez crías cada treinta días, los murciélagos producen una cría a la vez, una vez al año. Tiene sentido: resguardados en cuevas, con la facilidad de salir volando para huir de sus escasos depredadores, los murciélagos se dan el lujo de reproducirse lentamente, de forma muy similar a las zarigüeyas de la isla o a los humanos.

Pero ¿cuál es su «secreto»? ¿Es su dieta con mucha proteína y poco colesterol a base de insectos? ¿Todo ese ejercicio por volar de aquí para allá? ¿La gran cantidad de horas que duermen durante el día? Probablemente no. En cambio, Austad buscó más allá, ahí donde realmente reside el envejecimiento: en las células de los animales. En un estudio, él y sus colegas colocaron un montón de células de murciélago en una caja de Petri y las rociaron con sustancias químicas tóxicas con el propósito de medir su capacidad para resistir el estrés. Después hicieron lo mismo con células de ratones y de humanos. Las células del murciélago aguantan el estrés mucho mejor que las del ratón o incluso las del humano. En pocas palabras, los animales de vida más larga tenían células más resistentes, por lo tanto duraban más tiempo.[15]

Todo tiene que ver con el mantenimiento celular; los mecanismos internos de limpieza que hay en todas nuestras células. Austad y otros han encontrado que, en los animales longevos, estos programas de mantenimiento suelen ser mucho mejores que en las células de criaturas de vida corta, como los ratones. Así, sus cuerpos están mejor cuidados y, por lo tanto, duran más tiempo. Es como si usted tuviese dos automóviles, un costoso Jaguar en condición impecable que solo usa los fines de semana y para ocasiones especiales y un Ford Focus barato y destartalado que usa para hacer mandados por la ciudad. Llevaría el Jaguar a un mecánico especializado muy experimentado con la esperanza de que le dure la mayor cantidad posible de años, pero probablemente llevaría el Focus a un Taller Jiffy Lube, porque es barato y fácil de reemplazar. Lo mismo sucede a nivel celular. Los ratones reciben mantenimiento de Jiffy Lube, mientras que los murciélagos reciben trato de Jaguar.

Entonces, la pregunta ahora es: ¿hay forma de hacer que nuestras células se parezcan más a las células de los murciélagos y menos a las de los ratones? ¿Más a las de la ballena boreal que a las de la trucha de río? ¿Más al Jaguar que al Ford Focus?

Para responder, primero tenemos que saber cómo y por qué nuestras células envejecen, cosa que sabemos gracias a un muchacho de clase mediabaja que vivía en una casa adosada en Filadelfia, el cual tomó y derribó un mito científico de cincuenta años de edad que había sido inventado y propagado por un viejo nazi francés.

Capítulo 8

LA VIDA DE NUESTRAS CÉLULAS

¿Realmente no crees todas esas tonterías, o sí? ¿Esto, esto es más
sagrado que toda esa porquería, que los tratamientos a base de enemas,
que los emplastes de lodo, que la privación sensorial? ¿Qué nos traerán,
otros seis meses de comer mosto de uvas y semillas de psilio? ¿Otro año?
De todos modos todos nosotros moriremos, incluso el exaltado
doctor Kellogg, ¿no es esa la verdad?

T. C. Boyle, *The Road to Wellville*

Según Google Maps solo hay 167 kilómetros del puente Golden Gate a la casa de Leonard Hayflick en la costa de Sonoma. Uno pensaría que llegar hasta ahí en auto tomaría, cuando mucho, alrededor de dos horas y media. Pero en el mundo real, como el propio Hayflick insistió, el trayecto toma más bien cuatro horas. En marzo de 2013, después de que aceptó reunirse conmigo, decía molesto en un correo electrónico: «Google Maps lo llevará por el camino *más largo*».

En cambio, me envío por el correo, lento como tortuga, una fotocopia de un mapa dibujado a mano con sumo detalle que mostraba la ruta correcta para llegar a su casa, lleno de exhortos anotados a mano («¡RESPETE TODOS LOS LÍMITES DE VELOCIDAD!»). Decía que tan solo los 43 kilómetros finales me tomarían una hora entera.

Sin embargo, puse en duda lo que él decía, uno de los científicos más importantes del siglo XX. Al parecer también lo han hecho muchas otras personas; de ahí el mapa que, según descubrí muy pronto, era exacto en todos los particulares. De verdad había «¡*trampas de velocidad por todas partes!*» y en serio tomaba una hora recorrer ese

131

último tramo costero serpenteante de la Carretera 1. Cuando llegué a la puerta de Hayflick, exactamente cuatro horas después de atravesar el Golden Gate, me bajé del auto sintiéndome un poco mareado; y eso sin mencionar que llegué tarde.

«¡Tenía razón en lo del trayecto!», espeté. Él contestó con un gruñido. A estas alturas está acostumbrado a que la gente no le crea, a pesar de que *sabe* que tiene razón.

Hace unos sesenta años, el joven Len Hayflick trabajaba en el laboratorio del Instituto Wistar de Filadelfia, estrenando su recién acuñado doctorado en las trincheras de la investigación del cáncer. Su tarea, importante pero poco glamorosa, era formar grupos de células humanas y mantenerlos vivos, lo que se conoce como cultivos de células, para que los científicos de Wistar los usaran en experimentos. Esto suena bastante simple, pero Hayflick siempre se topaba con un problema. De tiempo en tiempo, sus colonias de células se morían. Se preguntaba si no estaba alimentándolas debidamente, si las células se estaban contaminando o si estaba ocurriendo algo que aún no había podido diagnosticar. Estaba claro que, fuera lo que fuese que estaba mal, sucedía por su culpa.

Lo sabía gracias al trabajo de Alexis Carrel, un célebre científico francés que, en esencia, había inventado la disciplina de los cultivos de células. En su laboratorio en la Universidad Rockefeller de la Ciudad de Nueva York, Carrel había mantenido con vida una cepa de células de corazón de pollo durante decenios, a partir de 1912. Eran las células más festejadas del mundo; cada año los tabloides de Nueva York celebraban su «cumpleaños» con reporteros y fotógrafos que las iban a ver a un dramático anfiteatro con muros de vidrio que Carrel había diseñado específicamente para que ingresaran los medios.

Nadie se atrevía a cuestionar su trabajo; después de todo, en 1912 Carrel había ganado el Premio Nobel por desarrollar técnicas novedosas para suturar los vasos sanguíneos.[1] Era el faro que guiaba a la Universidad Rockefeller, que recibía mucho dinero de la Standard Oil (a la fecha su retrato está colgado en un muro del vestíbulo). En la década de 1930, aumentó todavía más el cociente de publicidad cuando trabajó con Charles Lindbergh en el diseño de una bomba especial que sirviera de ayuda en los trasplantes de órganos; un truco que los llevó a los dos a la portada de *Time*. Ambos compartían también su amor por la eugenesia, la cual fue defendida por Carrel en *Man, The Unknown*, un conocido libro publicado en 1935. Mientras tanto, las células de pollo seguían vivas en 1943, cuando Carrel, que probablemente era simpatizante de los nazis, finalmente las abandonó porque regresó a la colaboracionista Francia de Vichy.

Murió al año siguiente, pero su dogma permaneció. Gracias a Carrel, todos en el mundo científico «sabían» que las células vivas en esencia eran inmortales; es decir, que se podían dividir eternamente. Sin embargo, en su laboratorio en Wistar, Hayflick empezó a observar un fenómeno muy interesante. En aquel entonces estaba usando células tomadas de embriones humanos, porque a diferencia de las células de adultos, las fetales todavía no habían estado expuestas a virus contaminantes. Pero, como el aborto no era legal ni común en Estados Unidos en la década de 1950, era bastante difícil conseguir células fetales. Él tenía que cultivarlas con especial cuidado. Sin embargo, tras unos cuantos meses, las células invariablemente morían. Un repaso de sus libros le mostró que los cultivos que morían siempre eran los más viejos.

Decidió olvidarse del cáncer para tratar de averiguar por qué no podía mantener con vida a las células. Al paso del tiempo, se topó con lo que llama «el experimento del viejo verde». En una caja de Petri, combinó un lote de células femeninas «jóvenes» que solo se habían dividido diez veces, con un número igual de células masculinas que se habían duplicado cuarenta veces: los viejos verdes. Unas cuantas semanas después, revisó las cajas de Petri y encontró que solo perduraban las células femeninas. Las masculinas estaban muertas. Por consiguiente, o algo había matado exclusivamente a las células masculinas o había otra explicación. Por ejemplo, que las células viejas simplemente se morían.

Sabía que sus resultados alterarían uno de los postulados más populares de la biología moderna y, por lo mismo, sabía que antes de publicar algo tenía que conseguir que expertos establecidos del campo respaldaran su teoría; hombres como George Gey de John Hopkins, que diez años antes había aislado un cultivo de células de una mujer joven que había muerto de una forma agresiva de cáncer.

Esas células, ahora conocidas como HeLa porque su donadora se llamaba Henrietta Lacks, habían sido de gran utilidad para la investigación del cáncer (y son el tema del magnífico libro *The Immortal Life of Henrietta Lacks* de Rebecca Skloot).

Hayflick envió muestras de sus células fetales a George Gey y a media docena de otros líderes de opinión en el campo del cultivo celular, pidiéndoles que le llamaran si dejaban de dividirse o cuando lo hicieran. «Esos tipos son las grandes personalidades del campo y usan sus técnicas, que por supuesto piensan que son las mejores. Así que, cuando empezaron a llamar por teléfono para decirme que sus cultivos habían muerto, me dije: si voy a quemarme, entonces me quemaré en buena compañía», dice Hayflick al recordar.

Para no hacer el cuento largo, él había demostrado que Carrel estaba totalmente equivocado. Después de todo, parecía que las células sí tenían un tiempo de vida limitado. Pero su ensayo fue rechazado sin consideración. Un editorialista de un periódico (que por cierto era empleado de la Universidad Rockefeller) insistía que la inmortalidad de las células de un cultivo era «el hecho más importante que se hubiese conocido del cultivo de tejidos en los últimos cincuenta años».

El ensayo de Hayflick finalmente fue publicado en una pequeña revista llamada *Experimental Cell Research* en 1965. Ahí, él demostraba con detallada minuciosidad cómo es que 25 clases diferentes de células fetales habían muerto *todas* alrededor de su quincuagésima ronda de división celular. Escribió que las células normales distan mucho de ser inmortales, sino que tienen un tiempo de vida finito.[2] Además, apuntó que a las células tomadas de donadores más viejos les quedaban menos duplicaciones. Sus células, como ellos, habían envejecido. El dogma había muerto. Es más, escribió: «existen serias dudas de que la interpretación común del experimento de Carrel sea válida».

A continuación vino lo que Hayflick llama las «tres fases de una idea nueva», a saber: «Primero eres un idiota; segundo, no tiene sentido; tercero, siempre fue evidente y nadie te da crédito por ser su autor».

Pero Hayflick es verdaderamente terco. Su determinación ya le ha llevado del barrio de clase trabajadora al sudeste de Filadelfia donde se crio y donde había descubierto su amor por la ciencia, recorriendo el viejo camino de hacer estallar cosas en el sótano con un juego de química navideño, a la cercana Universidad de Pennsylvania donde obtuvo una licenciatura y un doctorado en biología molecular. Eso le dio el valor para adentrarse en el campo del estudio del envejecimiento que, como él mismo dice, era considerado un «basurero» de la ciencia. «En la década de 1960, admitir que uno estaba trabajando en el campo del envejecimiento era una receta para el suicidio profesional», dice.

Donde otros veían suicidio, él veía oportunidad. En 1975 estaba en línea para ser el primer director del nuevo National Institute on Aging. Pero en ese momento se encontró en medio de un curioso escándalo, en el cual otra rama del NIH esencialmente le acusaba de haberse robado uno de los cultivos de células que había usado en los experimentos del «viejo verde»: una línea de células llamada WI-38 que él y un colega habían creado a partir de tejido pulmonar de un feto que había sido abortado en Suecia en 1963. La línea de células WI-38 demostró ser la más duradera y útil jamás creada: era versátil, fácil de cultivar y «limpia», libre de virus u otros contaminantes.[3] Resultó un vehículo ideal para fabricar vacunas contra toda suerte de enfermedades, desde la rabia y la polio hasta la hepatitis B. Merck y otras grandes compañías farmacéuticas la usaron para producir vacunas contra el sarampión, la polio, la viruela y la rabia, entre otras. Hayflick no solo les proporcionó muestras de WI-38 a ellos, sino a quienquiera que las solicitara, a cambio de un pequeño pago por concepto de manejo y envío.

Si bien las vacunas producidas con la WI-38 han salvado innumerables vidas, también colocaron a Hayflick en el centro de la polémica del aborto que atizaron los religiosos de línea dura (inclusive el Vaticano) objetando que el origen de la línea de células hubiese sido el tejido de un feto abortado.[4] Pero sus quejas no fueron nada en comparación con la ira de un enemigo mucho más grande y más poderoso: el gobierno federal, el cual básicamente le acusó de haber huido con propiedad federal para crear la WI-38 y después usarla con fines de lucro. Hayflick dice que usó alrededor de 100 dólares del subsidio para comprar algunos suministros que sirvieron para iniciar su línea de células, pero insiste en que él jamás lucró con la WI-38, a pesar de que las compañías farmacéuticas sí ganaron miles de millones con las vacunas que fabricaron con ella.

La polémica le costó el puesto del NIA y su puesto de profesor en Stanford, de donde fue despedido sin miramientos. Ahora sí, «se fugó» (en sus palabras) con un tanque de nitrógeno líquido que contenía sus preciosas células WI-38, llevándolo bien amarrado al asiento de atrás de la camioneta de la familia, junto a sus hijos, y atravesó la Bahía para dirigirse a Oakland, donde durante algún tiempo mantuvo a su esposa y cinco hijos con los 104 dólares a la semana del subsidio por desempleo. Finalmente acabó por aceptar un puesto de profesor de mucho menos prestigio en Florida. Hayflick luchó contra el gobierno durante años hasta que el caso quedó cerrado en 1982, poco después de que el Congreso aprobó una ley que permitía a los investigadores y las instituciones patentar y lucrar con inventos creados a partir de fondos del gobierno, gracias a la cual ahora tenemos la llamada industria de la biotecnología.

Hoy, a los 85 años, Hayflick se sienta en la sala de su casa con vista al Pacífico, todavía tan saludable y combativo como un luchador en su mejor momento. El infame tanque de nitrógeno que contenía las células WI-38 originales permaneció en su cochera hasta hace algunos meses, cuando lo donó para investigaciones. Esas células congeladas ahora tienen más de cincuenta años, incluso más de lo que se presumía sobre las células de corazón de pollo falsas del estudio de Carrel. El propio Hayflick además está muy bien para su edad: es agudo, animado y combativo. Dice que «no tiene patologías», y lo atribuye a los genes de su madre, que pasó a mejor vida hace algunos meses a la edad de 106 años. No obstante sus ochenta años sigue siendo un luchador y con frecuencia escribe cartas a mano dirigidas a los editores de revistas científicas y también artículos de opinión más largos en los que ataca a la industria antienvejecimiento y a los investigadores establecidos. «Me rompí el lomo durante veinte años tratando de conseguir que la gente aceptara mis ideas. Le aseguro que no fue fácil», dice.

Su observación fortuita de que las células no son eternas ahora está consagrada como el límite de Hayflick, cuya aceptación universal es tanta como la que en su día tuvo el dogma de la célula inmortal de Carrel. Los dos ensayos de Hayflick que originalmente fueron publicados en revistas oscuras ahora están entre los ensayos de biología más citados de los últimos cincuenta años. Sin embargo, las implicaciones del límite de Hayflick, que configuró el campo entero de la investigación del envejecimiento, fueron más importantes.

Él piensa que Carrel, con sus células de pollo «inmortales», prácticamente perpetró un fraude porque, como se supo más adelante, su ayudante las había estado reemplazando, a sabiendas o no. Pero las ideas equivocadas de Carrel también influyeron en el estudio del envejecimiento. Carrel francamente no creía que el envejecimiento fuese real. Por el contrario, en 1911 escribió que era un «fenómeno contingente». Afirmaba que, dadas las condiciones correctas, él podía mantener una cabeza humana viva por siempre, con la misma facilidad que había mantenido creciendo las células de corazón de pollo.[5]

«La senilidad y la muerte de los tejidos no son un fenómeno inevitable», escribió. Insistía que el envejecimiento es resultado de accidentes y causas que no están en la célula. Infinidad de científicos creyeron esto durante muchas décadas, incluso después de que Hayflick publicara sus dos ensayos. En la década de 1950 se pensaba que el envejecimiento era ocasionado primordialmente por la radiación solar y la actividad nuclear (después de todo eran tiempos de la Guerra Fría).

El trabajo de Hayflick demostró que el proceso mismo del envejecimiento se tenía que originar en algún lugar *dentro* de la propia célula. Las implicaciones para la biología del envejecimiento fueron enormes. Nuestras células mismas envejecen, son mortales. «Considero que el trabajo de Hayflick marcó un momento crucial, pues concentró la atención en la posibilidad de estudiar el envejecimiento al nivel celular», dice Steven Austad.

De verdad fue un momento de definición para la biología humana, pero también fue el punto en que Hayflick se distanció de muchos de sus colegas. Para Hayflick, su límite era en esencia una prueba de que no se podía hacer *nada* para desacelerar o detener el proceso de envejecimiento; que este era una consecuencia natural e inevitable de que nuestras células también envejecen y mueren. «Entrometernos con el proceso del envejecimiento es lo peor que podemos hacer. ¿Alguna vez ha pensado en eso a fondo? ¿Cuánto tiempo desearía que hubiese vivido Hitler?», dice burlonamente hacia el final de mi visita.

Por fortuna, no todo el mundo veía las cosas del mismo modo.

Los ensayos de Hayflick no habían dado respuesta a dos interrogantes muy importantes: ¿Por qué existe un límite de Hayflick? Y, exactamente, ¿qué relación tiene con el envejecimiento?

Una extraña observación le desconcertaba: sus células parecían saber lo viejas que eran. Si congelaba un lote de células WI-38, por decir, en su trigésima división y después las descongelaba unas cuantas semanas, meses o incluso años después, estas se volvían a dividir, pero solo otras veinte veces. «Ellas recuerdan», me dijo en un tono que seguía expresando cierta sorpresa.

Al final de cuentas decidió que seguramente existía alguna suerte de mecanismo contador. Y estaba claro que era independiente del horario del reloj, porque así lo habían demostrado sus experimentos de congelar y descongelar las células. Por lo tanto, la edad biológica de una célula no tenía prácticamente nada que ver con su edad cronológica. Al parecer, lo único que importaba era la cantidad de veces que se había dividido. Él y sus alumnos dedicaron los siguientes diez años a buscar ese contador, que él llamo «replicómetro», pero no tuvieron suerte. Fue necesario que pasaran otros 25 años para que surgiera la respuesta, y provino de una fuente inesperada: el verdín de estanques.

A finales de la década de 1970, Elizabeth Blackburn, una joven científica de Berkeley, estaba observando a un protozoario simple pero único llamado *Tetrahymena*, que se suele encontrar en el agua estancada (por eso a ella le gusta llamarlo verdín de estanque). Blackburn advirtió que el *Tetrahymena* tenía muchas, pero muchas secuencias periódicas de ADN en los extremos de sus cromosomas. Al principio le pareció que las secuencias eran ADN «basura» que no tenían una función y eran solo dos timinas y cuatro guaninas (TTGGGG) que se repetían muchas veces.

Estos telómeros, pues así se llaman, coronan los extremos de los cromosomas, protegiéndolos de modo que muchas veces se comparan con los herretes de plástico de las agujetas. Los telómeros no contienen información genética significativa, solo una serie de aminoácidos que se repiten (en los humanos, la secuencia es TTAGGG, ligeramente diferente de la de los telómeros del verdín de estanques).[6] Sin embargo, distan mucho de ser inútiles: funcionan como una especie de barrera de los sacrificios, protegiendo al ADN que es más importante porque transmite información cuando es copiado. Con cada división sucesiva de las células, los «herretes» de los telómeros se van desportillando ligeramente. Cuando se agotan, las propias «agujetas» (el importante ADN) empiezan a deshilacharse, y cuando el daño es lo bastante grande, la célula deja de dividirse.

Sin embargo, como suele ocurrir en la ciencia, un descubrimiento simplemente lleva a más interrogantes. Si nuestros telómeros se erosionaban de ese modo, entonces ¿por qué seguíamos aquí? Nuestras células seguramente tenían algún modo de reparar sus propios telómeros y de mantener intacto su ADN.

Diez años después, todavía trabajando con el verdín de estanque, Blackburn y su alumna de posgrado Carol Greider descubrieron la respuesta: una enzima llamada telomerasa, cuya tarea básica era reparar los extremos de los cromosomas, pegando más TTAGGG cuando eran consumidos con cada división sucesiva de las células. La telomerasa servía para mantener los «herretes» de nuestro ADN, evitando que las agujetas se desamarraran.

No fue difícil encontrar la correlación entre la longitud de los telómeros y la salud. Un importante estudio realizado a lo largo de 17 años encontró una fuerte asociación entre la longitud de los telómeros y la mortalidad general.[7] No es por ser alarmista, pero el estudio encontró que entre más cortos sean sus telómeros, más corta será su vida. En otro estudio más revelador, una colega de Blackburn de la Universidad de California en San Francisco de nombre Elissa Epel estudió a un grupo de madres que habían cuidado durante varios años a un hijo que padecía una enfermedad crónica; en otras palabras, a un grupo de personas con un estrés por los cielos. Ella observó que entre más tiempo llevaba una mujer en su papel de cuidadora, más cortos tendían a ser sus telómeros, en una cantidad equivalente a entre nueve y 17 años de envejecimiento celular adicional. Cuidar a los padres ancianos también tendía a producir el mismo efecto, probando una vez más que el envejecimiento se alimenta a sí mismo.

Otros estudios encontraron una relación entre los telómeros más cortos y los leucocitos y muchas enfermedades comunes del envejecimiento o de factores de riesgo para ellas, inclusive la demencia vascular, las enfermedades cardiovasculares, el cáncer, la artritis, la diabetes, la resistencia a la insulina, la obesidad y muchas más. Por otro lado, los atletas de pruebas de resistencia al parecer tenían telómeros bastante largos en comparación con los de la persona promedio. Y algunas aves acuáticas longevas tienen telómeros que de hecho se van alargando con el transcurso del tiempo.

Así pues, está bastante claro que las personas con telómeros más cortos están en un lío. Pero los estudios dejaron sin respuesta una gran interrogante. ¿Los telómeros cortos son una *causa* del envejecimiento o son simples síntomas de un estrés biológico subyacente, debido a una situación psicológica o a una enfermedad crónica? En fechas más recientes, otro estudio de más de 4 500 personas encontró que si uno controla las conductas poco saludables como fumar o beber en exceso, no existe nexo alguno entre los telómeros y la mortalidad.[8]

Blackburn, Greider y otro investigador llamado Jack Szostak más adelante compartirían el Premio Nobel de 2009 por descubrir la telomerasa. Sin embargo, no está muy claro si la telomerasa es una varita mágica contra el envejecimiento. Cierta evidencia sugiere que podría serlo: en un estudio publicado en *Nature* en 2010, el cual fue objeto de mucha publicidad, el investigador Ronald DePinho tomó un grupo de ratones que tenían el gen de la telomerasa eliminado y que, en consecuencia, estaban en un estado de salud deplorable, y les administró un activador de la telomerasa.[9] Recuperaron su salud como por arte de magia, lo cual fue un triunfo porque DePinho, que ahora es el director del MD Anderson Cancer Center de Houston, era conocido como un escéptico de los telómeros. En los humanos, los estudios encontraron que las personas con concentraciones bajas de telomerasa tenían concentraciones más altas de seis de los grandes factores de riesgo cardiovascular. Pero los críticos señalaron que lo único que había demostrado el estudio en realidad era que es muy malo *no* tener telomerasa.

La idea de que nuestras células contienen un «reloj» integrado que se puede reprogramar con una simple enzima es enormemente atractiva porque es muy sencilla. ¿Por qué no simplemente añadir (o activar) la telomerasa para que las células se sigan dividiendo? Los médicos antienvejecimiento como Jeffry Life ofrecen análisis de sangre, que cuestan desde 200 hasta cerca de mil dólares, para conocer la longitud de los telómeros, los cuales presuntamente miden la edad celular de la persona. Esos mismos médicos antienvejecimiento también venden un supuesto «activador de la telomerasa», llamado TA-65 (según su material publicitario basado en la «Tecnología del Premio Nobel»), siempre y cuando usted esté dispuesto a pagar 600 dólares por una dotación para un mes. Eso no es un problema para personas como Suzanne Somers, quien lo toma, pero el resto de nosotros debemos saber que su ingrediente activo se deriva de la hierba china llamada astrágalo, que se puede adquirir en la tienda Vitamine Shoppe por unos 15 dólares el frasco.

Además hay otro problema: activar la telomerasa podría provocar cáncer. Un elemento que todas las células cancerosas tienen en común es la telomerasa aumentada. Repito: la telomerasa está activa en 100 por ciento de las células tumorales. Las células cancerosas también tienen, evidentemente, telómeros largos (lo cual explica por qué se siguen dividiendo) y, de hecho, un punto focal de la investigación reciente en torno al cáncer ha sido encontrar la manera de *inhibir* la telomerasa en las células cancerosas. Un estudio de la TA-65 en ratones patrocinado por su fabricante encontró que no solo no incrementaba el tiempo de vida de los ratones, sino que los ratones que estaban tomando la sustancia de hecho desarrollaban un número ligeramente *mayor* de tumores de hígado que los ratones control.[10]

«[La telomerasa] es la característica más distintiva entre las células cancerosas y las normales. Por lo tanto, debería ser una bandera roja. ¿Usted dejaría que le inyectaran telomerasa?», dice gruñendo Hayflick.

Mmm, no si lo plantea así.

El hecho de que algunos animales con telómeros muy largos y con mucha telomerasa vivan un tiempo muy *corto*, como los ratones de laboratorio, da lugar a más interrogantes sobre la teoría de los telómeros/la telomerasa en el envejecimiento.

Así, en el mejor de los casos, el jurado aún está deliberando si los telómeros cortos son en realidad la causa del envejecimiento o, por el contrario, si son un síntoma de enfermedades relacionadas con la edad. Sea como fuere, lo más importante sería conocer la *suerte* de nuestras células y lo que sucede cuando dejan de dividirse.

Una de las pruebas más importantes a las que me sometieron en la juerga fue un simple análisis de sangre que puede predecir, tal vez más que otro marcador cualquiera, el estado de salud de una persona. También es un análisis que su médico probablemente jamás le pedirá. Por supuesto que el personal de la juerga nunca habló de esta prueba conmigo ni me proporcionó los resultados; yo ni siquiera sabía de su existencia hasta que me enteré de lo que era semanas después cuando hablé con Luigi Ferrucci.

La prueba detecta algo llamado interleucina-6, o IL-6, que es una especie de citocina, o un mensajero químico que producen nuestras células. Normalmente se supone que la IL-6 sirve para luchar contra las infecciones y sanar heridas, y lo hace como parte de la respuesta inflamatoria del cuerpo. Pero en las personas mayores, la IL-6 y otras citocinas inflamatorias parecen estar vagando por ahí todo el tiempo en concentraciones cada vez más altas, sin razón aparente alguna. Es uno de los misterios más grandes del envejecimiento: entre más envejecemos, más inflamación presentamos en nuestros cuerpos y nadie sabe muy bien por qué. ¿De dónde proviene?

La IL-6 es como el Lance Armstrong de las citocinas inflamatorias, la líder de un grupo cochino. Es responsable de la mayor parte de las fiebres (una de sus funciones es subir la temperatura del cuerpo), pero al parecer también controla la liberación de decenas de otros agentes inflamatorios, tal como Lance alguna vez encabezó el pelotón del Tour de France. Ah, y es mortífera o, cuando menos se correlaciona directamente con las tasas de mortalidad. Según el estudio de Rancho Bernardo de californianos mayores, el cual duró 25 años, entre más altas sean sus concentraciones de IL-6, más pronto saldrá del Hotel Tierra.[11]

También es uno de los marcadores a los que Luigi Ferrucci presta más atención en la juerga. Es más probable que los sujetos con concentraciones elevadas de IL-6 tengan más problemas, como muchas enfermedades del envejecimiento u otros factores de riesgo de muerte. «Si bien no podemos decir que exista un mecanismo causal, sí es uno de los biomarcadores más fuertes que conocemos», me dijo.

En particular, la inflamación crónica al parecer aumenta enormemente el riesgo de morir por enfermedades cardiovasculares, hepáticas y de cáncer. Esto tiene mucho sentido: la infamación ayuda a formar placas arteriales y la exposición constante a la IL-6 aumenta la probabilidad de que las células se vuelvan cancerosas. Incluso se ha dicho que la inflamación está implicada en la depresión. Es tan común a medida que envejecemos que uno de los colegas italianos de Ferrucci acuñó el término *inflammaging* para describir la conjunción de las dos. Pero apenas hasta hace poco, nadie había podido encontrar una explicación satisfactoria de por qué hay tantas personas mayores que presentan esta clase de inflamación de grado bajo. Pero resultó que una respuesta posible se remonta a Hayflick y su límite.

Hayflick reconoció que cuando nuestras células dejan de dividirse pueden correr dos suertes: o se vuelven cancerosas, es decir inmortales, o caen en un estado que él llamó senescencia replicativa. ¿Pero qué hacían las células senescentes?

A finales de la década de 1990, Judith Campisi, una investigadora de cáncer del Lawrence Berkeley National Laboratory, se puso a estudiar la interrogante. Se pensaba que las células senescentes eran básicamente benignas, que estaban por ahí sentadas tranquilamente como los amables viejos jubilados que hay en el McDonald's local. Campisi no estaba tan segura de ello. Tampoco estaba convencida de que el límite de Hayflick realmente fuera la «causa» del envejecimiento en alguna forma significativa. «Si uno va con una persona nonagenaria y toma una biopsia, obtendrá un montón de células que se siguen dividiendo. Por lo cual, la idea de que uno envejece y muere porque sus células dejan de dividirse no me acababa de convencer.»

Ella se puso a estudiar más de cerca las llamadas células senescentes y encontró que distaban mucho de ser las jubiladas benignas que Hayflick y todos los demás habían supuesto. Ella encontró que las células senescentes, en lugar de solo estar ahí sentadas inocuamente, expulsaban un caldo de citocinas inflamatorias. «El gran *ajá* se presentó en el momento que vimos que cuando una célula se vuelve senescente empieza a secretar moléculas que producen una inflamación crónica, y la inflamación produce o contribuye mucho a casi todas las demás enfermedades mayores relacionadas con la edad que conocemos.»

Las células senescentes son malas vecinas, y se parecen menos a esos jubilados amables que beben café McLatte y más a un personaje de Clint Eastwood que se vuelve malo y está ahí sentado en su porche con una Budweiser, un cigarrillo encendido y una escopeta. Sus secreciones tóxicas contribuyen a envenenar a las células que hay en su alrededor, aumentando la probabilidad de que se enfermen o vuelvan cancerosas, o que ellas también se vuelvan senescentes; al parecer la senescencia es contagiosa. La buena noticia es que las células senescentes no son tan comunes en los tejidos vivos; el porcentaje más alto observado jamás es 15 por ciento (en la piel de mandriles muy viejos). Pero como el vecino Clint, no se necesitan muchas de ellas para que el barrio deje de ser un lugar agradable.

Campisi, nacida en Queens y todavía muy neoyorquina, bajo la penumbra de su cabello castaño rizado parece estar un poco fuera de lugar en su propio despacho, ubicado en el elegante edificio del Buck Intitute for Research on Aging diseñado por I. M. Pei, que es un colosal palacio posmoderno de mármol en una colina del condado de Marin.[12] En 2005, Campisi y sus colegas encontraron que la mayor parte de los tipos de células senescentes tenían una «firma» típica de las citocinas que secretaban, por lo general con la IL-6 al frente de la jauría. Lo llamó el fenotipo de secreción asociado a la senescencia, o SASP por sus siglas en inglés, que dejando a un lado la jerga científica solo quiere decir un entorno celular contaminado. (Seguramente ha notado que a los científicos les encanta usar acrónimos.) Sin embargo, curiosamente era el mismo grupo de citocinas que son las responsables de la inflamación básica de grado bajo que aflige a las personas mayores, lo cual llevó a Campisi y a otros a preguntarse si las células senescentes y el SASP contribuían a promover el propio proceso de envejecimiento.[13]

«[La senescencia] evolucionó para suprimir el cáncer, pero nosotros pensamos que otra cosa que hace es impulsar estas enfermedades degenerativas más adelante en la vida y pensamos que incluso impulsa el cáncer secundario, los cánceres de la vida avanzada, esos que se presentan después de los cincuenta años. Impulsa el cáncer, impulsa la degeneración neuronal, impulsa la sarcopenia [pérdida de músculo]. Eso es lo que hacen las células senescentes: crean esta inflamación crónica.»

Es un círculo del envejecimiento que no tiene salida: las células se vuelven senescentes en lugar de cancerosas, pero a su vez, las senescentes crean la inflamación que contribuye a que *otras* células se vuelvan cancerosas. Sin embargo, las senescentes cumplen una función muy importante: ayudan a sanar. Si usted clava un escalpelo en un ratón (o para el caso, si usted se corta) algunas células alrededor de la herida de inmediato se vuelven senescentes y empiezan a expulsar SASP por toda la zona. A su vez, eso ayuda a curar la herida y a protegerla contra infecciones. Por lo tanto, a corto plazo, las células senescentes son esenciales para que el cuerpo y el alma permanezcan juntos, pero a la larga podrían matarlo.

La evidencia más sólida de que la senescencia celular acelera el proceso de envejecimiento podría ser la proveniente de un grupo de sobrevivientes de cáncer que habían sido sometidos a una quimioterapia con fármacos muy potentes que los dejó invadidos de células senescentes gracias a un daño rampante en el ADN que básicamente detuvo la división celular. En estudios de seguimiento, los investigadores empezaron a notar que, a largo plazo, estos pacientes de cáncer estaban presentando otras enfermedades relacionadas con la edad mucho antes de lo normal. «A veinte años de distancia, se están presentando en las clínicas con muchas patologías relacionadas con la edad, incluso cánceres secundarios que no están relacionados con su cáncer primario», dice Campisi.

Se observó un fenómeno similar en pacientes de VIH que habían sido tratados con potentes fármacos antirretrovirales, que también dejaron sus cuerpos, y sobre todo sus sistemas inmunológicos, repletos de células senescentes.[14] También se ha visto que muchos de los expacientes de VIH padecen males como la arteriosclerosis, la cual es propiciada por niveles elevados de inflamación. En razón de todas esas células senescentes, estos expacientes de cáncer y de VIH estaban inundados de inflamación, la cual podría provocar que envejezcan más rápido. Entonces, ¿qué sucede si conseguimos que las células senescentes desaparezcan?

En la Clínica Mayo en Rochester, Minnesota, a 200 millas del edificio Buck, un equipo de investigadores montaron un elaborado experimento diseñado para ver lo que sucedería si de alguna manera pudiéramos sacar las células senescentes de un animal. No era cosa sencilla. Para empezar, el científico en jefe Darren Baker y su equipo tuvieron que recurrir a la manipulación genética para crear un ratón sumamente complicado. Partieron de un ratón diseñado de modo que careciera del gen para una proteína clave y, por ende, envejeciera prematuramente a causa de la acumulación de células senescentes y disfuncionales. A continuación cruzaron ese ratón con otro que habían creado, cuyas células senescentes podrían ser eliminadas utilizando un fármaco especial que eliminaba las células senescentes.[15] (Le dije que era complicado.)

El nuevo ratón híbrido no solo era el roedor más exótico y costoso que jamás haya pisado la tierra, sino también uno de los menos sanos. Esos ratones envejecieron con suma rapidez (debido a todas esas células senescentes), formaron cataratas a edad temprana y perdieron músculo y tejido adiposo como esas personas muy mayores que se van marchitando. En pocas palabras, padecían algo parecido a la fragilidad, pero apenas estaban en la mediana edad de los ratones. Además, se marchitaron y se llenaron de arrugas. Pero cuando el equipo de Baker usó otro fármaco especial para eliminar sus células senescentes, su condición mejoró de forma drástica. Se pusieron mucho más fuertes y aguantaron más tiempo en las pruebas de la banda sin fin, las cataratas desaparecieron e incluso las arrugas dejaron de verse. En pocas palabras, rejuvenecieron, y todo sin inyección alguna de hormona del crecimiento ratonil.

«Algún día, usted tal vez vaya a un lugar para que le quiten sus células senescentes, del mismo modo que va a cambiar el aceite de su automóvil», me dijo James Kirkland, el coautor del estudio. «Sin embargo, primero tendremos que saber identificarlas y después eliminarlas sin dañar a sus vecinas, lo que no es tarea fácil dado que las células senescentes solo constituyen un porcentaje muy pequeño del total de células y están regadas por todas partes». Pero Kirkland advierte que todavía es ciencia ficción.

Sin embargo, la tarea se facilita si consigue averiguar dónde se suelen encontrar las células senescentes, porque recuerde que son más o menos escasas. Kirkland, al igual que Campisi, lleva muchos años estudiando la senescencia celular y piensa que esas células están impulsando una parte considerable de lo que reconocemos como envejecimiento. El gran misterio, o uno de los misterios, está en saber justo dónde se encuentran, porque son muy difíciles de detectar y ubicar (excepto en los ratones exóticos manipulados que costaron millones de dólares). Kirkland llegó a la conclusión de que los grupos de células senescentes más potentes y malignas están en una clase particular de tejido humano, uno que muchos tenemos en cantidad demasiado abundante: la grasa.

Capítulo 9

PHIL CONTRA LA GRASA

No existe amor más sincero que el amor a la comida.
GEORGE BERNARD SHAW

Phil Bruno estaba súper engordando otra vez. Eran apenas las 5:30 p.m. de una tarde de febrero de 2004 e iba manejando a casa luego de salir del trabajo. Unos cuantos kilómetros antes de llegar a su hogar, se detuvo en un White Castle, uno de los muchos establecimientos de comida rápida que hay a lo largo de Manchester Road en los suburbios de St. Louis. Seguro que solo faltaban unos minutos para que llegara a su cocina, donde su esposa Susan estaba preparando su abundante cena italiana de costumbre, pero él tenía hambre *en ese momento*. Había hecho esto mismo tantas veces que ya era algo casi automático.

Diez minutos después, con una bolsa de hamburguesas calientes sobre el asiento del copiloto, se detuvo en *otro* autoservicio, en esta ocasión un McDonald's. Ahí, ordenó más comida, un combo que incluía una hamburguesa doble con queso y un pay de manzana de postre. ¡Ah!, y una malteada de chocolate para ayudar a pasar la comida. «Hacía eso porque me daba vergüenza ordenar demasiada comida en un solo autoservicio. No quería que la persona que me atendía en la ventanilla me viera raro.»

Es que cuando un hombre que pesa cerca de 250 kilos se acerca con su coche a uno de esos establecimientos y ordena varios paquetes especiales, los empleados del lugar comienzan a hablar. Sobre todo

149

si la persona hace lo mismo todos los días, como era el caso de Phil Bruno en ese momento de su vida. Y la cosa no terminaba en el autoservicio, porque algunas noches se preparaba un sándwich rápido mientras esperaba que llegara la hora de cenar.

A Phil siempre le había gustado mucho comer, era parte de los estrechos lazos que unían a su familia siciliana. La abuela y su lasaña estaban a poca distancia en la misma calle. En la universidad había jugado baloncesto, con su cuerpo de huesos anchos y 1.90 metros de estatura cargaba unos 110 kilos. Pero después se había casado, había tenido dos hijos, y después tres. De repente, sus noches y sus fines de semana estaban dedicados enteramente a los pequeños: la tarea, la cena, las prácticas de beisbol y de futbol. Dejó de hacer ejercicio. No le importaba, todo giraba en torno a la familia. Pero el peso se fue acumulando sin cesar, kilo tras kilo, año tras año. No luchaba contra él. Incluso lo aceptó. Phil Bruno hacía todo con mucho gusto y, en ese momento de su vida, lo que hacía era comer. «Llegar a ese enorme tamaño requirió de un gran *esfuerzo*», dice ahora.

En realidad, no tuvo que esforzarse tanto. En parte, Phil Bruno fue víctima de la biología de su mediana edad. A medida que envejecemos y que la hormona del crecimiento y la testosterona disminuyen (además de otros cambios químicos), aumenta la probabilidad de que las calorías que consumimos terminen como grasa. A partir de los 35 años más o menos, nuestro porcentaje total de grasa corporal incrementa hasta un punto por año, incluso si nuestro peso general no cambia. Es más, la distribución de esa grasa deja de ser «subcutánea» (la grasa bajo la piel que hace que los jóvenes se vean firmes y tersos) y se convierte en grasa abdominal o «visceral», también llamada tripa o panza o esa molesta barriga que uno sencillamente no se puede quitar. Según un estudio de largo plazo en mujeres de mediana edad, la circunferencia de la cintura también se expande, al parecer sin límite, y aumenta alrededor de cuatro centímetros cada nueve años.[1] Estos cambios son casi universales. Luigi Ferrucci dice que si comparamos a una persona mayor con una más joven del mismo peso, la mayor casi siempre tendrá más grasa visceral. Podremos sobrevivir más tiempo cuando llegue el Apocalipsis, pero no nos veremos muy guapos. Como dijera hace poco uno de mis amigos, un hombre mayor pero atlético: «En algún punto de los cincuenta y tantos años todo empieza a *cambiar de forma*».

Yo estaba bien enterado de todo esto gracias a la juerga. Un par de meses después de mi estancia en Harbor Hospital recibí por correo un sobre de papel manila que contenía mis resultados. La mayor parte de ellos no tenía nada de particular, salvo por una cosa: mi índice de grasa corporal era el más alto de mi vida: 24.3%. Cerca de una cuarta parte de mi cuerpo era grasa, lo cual me colocaba en un punto muy alto del extremo «normal», a punto de llegar al umbral de la obesidad, o sea 25% de grasa corporal o más.[2] En el caso de hombres en buena condición física lo normal es entre 17 y 20%, en el caso de los atletas, o lo que yo consideraba que había sido antes, es más bajo, desde alrededor de 13% hasta 6%, y a partir de ahí las cosas se ponen insólitas con los fisicoculturistas.

Las mujeres suelen estar unos cuantos puntos arriba de los hombres, porque sus cuerpos están hechos para acumular grasa para poder alimentar a los bebés, por lo cual lo normal en ellas es más bien alrededor de 25% y la obesidad empieza con un 32% de grasa corporal. Esto significa que la mitad del cuerpo de algunas mujeres muy obesas puede ser de tejido adiposo. Por otra parte, esto también significa, y probablemente ese sea el propósito, que las mujeres tienen más probabilidad que los hombres de sobrevivir a una hambruna.

A pesar de que seguía dentro del terreno «promedio» (apenas), la noticia no me cayó muy bien. De inmediato envié un correo electrónico al personal de la juerga informándoles que su máquina estaba mal calibrada. Lacónicamente me contestaron que no era así. Su aparato era un absorciómetro radiográfico de energía dual, o sea un DEXA por sus iniciales en inglés, que era mucho más exacto que el viejo método escolar, donde un horroroso señor con una tabla con clip y un calibrador medía la grasa. Por desgracia, sus resultados también coincidían con mi báscula de baño, que medía la grasa corporal y me había costado 100 dólares, la cual hacía poco había dado un salto de 18%, cifra todavía aceptable, a mi actual 24% porcino. La amable señora me informó servicialmente que el escaneo de mi cuerpo mostraba que la mayor parte de la grasa estaba en mi sección media. Y escribió: «Bienvenido a la mediana edad». Ahí terminaba el asunto.

Phil estaba decididamente en otro nivel. Mi índice de masa corporal, o IMC, estaba un poco arriba de 25, o sea en el extremo inferior del rango de sobrepeso. Todo lo que pase de treinta es considerado obesidad. El 45 de Phil estaba por las nubes, pero lo más importante era que la circunferencia de su cintura se acercaba mucho a su estatura; algunos estudios han demostrado que la cintura de una persona debe medir menos de la mitad de su estatura. Era bastante más que una simple cifra. Toda esa comida le había llevado, según su propia descripción, a ser una «ruina física y emocional». Siempre que tenía que subir o bajar las escaleras de su casa de dos pisos le dolían las articulaciones; sentía como si sus «piernas estuviesen llenas de arena». A cada rato su corazón martilleaba dentro del pecho y lo abrumaba una extraña sed quemante que ninguna cantidad de agua helada podía apagar y cuyo único resultado era que pasara toda la noche yendo al baño entre tropezones cada media hora. «Tenía 47 años, pero me sentía como de ochenta», dice.

Sin embargo, resultó que la biología de la mediana edad no era rival para Phil Bruno.

Ante la insistencia de un amigo, el 6 de junio de 2004 finalmente acudió al doctor Ron Livingston, que había sido su médico de cabecera toda la vida. Siempre recordará la fecha porque los resultados fueron tan serios. Para empezar, no se pudo pesar en la báscula del consultorio porque llegaba a un máximo de 175 kilos. Tuvo que ir a un supermercado cercano y subirse a la báscula que usaban para pesar los bultos de comida que bajaban de los camiones de entrega. Marcó que pesaba 237 kilos. La presión de Phil estaba a la altura de una manguera para incendios, alrededor de 250 sobre 160, lo cual ejercía una enorme tensión sobre sus arterias y su corazón. Sus valores de 600 de glucosa en sangre también estaban por las nubes, dado que estaban seis veces más altos de lo que se consideraba normal y su prueba de hemoglobina AIC, un importante marcador de diabetes, debía haber estado por debajo de 5.8 pero estaba elevadísimo, en 16.

Evidentemente tenía diabetes franca, pero ese solo era uno de sus problemas. Salió del consultorio del médico con recetas para no menos de doce medicinas y suplementos diferentes, desde aceite de pescado y un medicamento para la hipertensión, hasta Lipitor para su colesterol y Glucophage para su diabetes. Y jamás olvidó lo que había dicho el doctor Livingston cuando terminó la consulta: «Bruno, me extraña que sigas vivo. Estás a punto de caer muerto aquí mismo en el consultorio».

Todo el mundo «sabe» que estar gordo es malo, pero la mayor parte de las personas no sabrían explicar exactamente por qué. Por supuesto que algunas razones son evidentes. Más peso significa más presión en las articulaciones y, lo que es más grave, en el corazón. Además, suele ir de la mano con la diabetes, el trastorno con el que el doctor Livingston había diagnosticado a Bruno ese día. Si bien no todas las personas gruesas son diabéticas, la mayoría de las personas que padecen diabetes tienen sobrepeso u obesidad.

Ahora se piensa que la diabetes acelera enormemente el proceso de envejecimiento. El cuerpo pierde su capacidad para procesar el azúcar que comemos, la cual termina bailoteando por ahí en nuestro torrente sanguíneo, infligiendo un número colosal de daños en las células de todos los tejidos que toca. El exceso de azúcar en sangre incluso hace que la persona se *vea* más vieja. Un estudio demostró que las personas con una concentración elevada de azúcar, o glucosa, en sangre de hecho parecían más viejas de lo que eran, tal vez porque el daño es visible en su piel. Entre más envejecemos, menos será nuestra eficiencia para procesar el azúcar y más propensos seremos a la diabetes. Por otro lado, los centenarios al parecer son capaces de manejar el azúcar sin problema alguno; como mi abuela, que toda la vida se desayunó por las mañanas un pan dulce con total impunidad. La glucosa le hace los mandados.

Pero la diabetes solo es parte de la razón que explica por qué el exceso de grasa también se ha relacionado con problemas graves de salud, entre ellos el cáncer renal, de colon y hepático. Un estudio masivo publicado en el *New England Journal of Medicine* en 2003 encontró que la elevada tasa de obesidad en Estados Unidos (un tercio de la población) es responsable del 14% de las muertes por cáncer en hombres y del 20% en mujeres. Hay evidencia nueva que apunta a la posibilidad de que la grasa misma podría estar ocasionando todos esos problemas.[3]

Hasta hace poco, se pensaba que el tejido adiposo era inerte, un mero almacén de energía para el cuerpo; tan pasivo como una libreta bancaria de ahorro. Uno «deposita» calorías cuando come y las «retira» cuando hace ejercicio. Si uno quema 3 500 calorías corriendo (durante cerca de cinco horas) perderá medio kilo, o cuando menos no lo subirá. De lo contrario, la grasa permanece ahí depositada, sin hacer gran cosa, o cuando menos eso se pensaba.

En la década de 1990, los científicos se empezaron a dar cuenta de que nuestra manteca podría hacer mucho más que solo rebotar. A lo largo de la última década han empezado a reconocer que la grasa de hecho es una enorme glándula endocrina y que tiene gran influencia sobre el resto del cuerpo. «El tejido adiposo del norteamericano medio es su órgano más grande», dice James Kirkland, quien ayudó a encabezar el estudio de los efectos endocrinos de la grasa. Él piensa que cuando se trata de envejecimiento, la grasa también podría ser el órgano más importante del cuerpo.

Como Phil y yo constatamos, en realidad es muy fácil subir de peso, incluso cantidades enormes de kilos, sin proponérselo. El cuerpo humano, condicionado por milenios de ciclos de festines y hambrunas, ha evolucionado para ser una máquina extraordinariamente eficiente de acumular grasa, con la misión de almacenar hasta el último exceso valioso de calorías. La evolución todavía no está al tanto de que, para la mayoría de nosotros, la comida ahora es más o menos abundante y barata. Nuestros genes siguen pensando que somos cazadoresrecolectores y, para ellos, la grasa equivale a supervivencia. Un estudio masivo publicado en *Lancet* calculaba que ingerir cada día tan solo diez calorías más de las que quemamos puede conducir al significativo aumento de peso de diez kilos en veinte años.[4] Si usted pasa de las diez calorías extra a, por decir, 138 (la lata de 355 ml de Coca-Cola que acostumbraba beber en las tardes) o a una tablilla de chocolate de 200 calorías, esos diez kilos extra se podrían convertir muy pronto en cincuenta o cien.

Pero no toda la grasa es mala. La grasa subcutánea sirve como un colchón que protege al cuerpo contra lesiones y además secreta factores inmunológicos que le ayudan a luchar contra la infección y a curar heridas; de ahí provienen esas células senescentes que curan heridas.

La grasa por lo general es muy resistente a las infecciones y algunos científicos piensan que es fundamental para el funcionamiento general del sistema inmunológico. También nos mantiene calientes en climas fríos, nos mantiene a flote en el agua y se ve muy bien cuando está acomodada en su debido lugar. Sin ella no habría Kardashians.

La grasa «SubQ» también produce una hormona llamada adiponectina que al parecer sirve para controlar el metabolismo y para protegernos contra ciertos tipos de cáncer, sobre todo el cáncer de mama, así como para otras cosas buenas que todavía no se han identificado. No es pura casualidad que los centenarios judíos de Nir Barzilai tendieran a presentar concentraciones de adiponectina más altas de lo normal.

Esa es la buena noticia. La mala es que, conforme envejecemos, vamos perdiendo grasa poco a poco, lo cual explica por qué nuestras manos adquieren un aspecto más huesudo e «interesante». En cambio, acumulamos montones de grasa jugosa en nuestra sección media, de modo que nos obliga a comprar pantalones cada vez más grandes. Esa grasa «visceral» no es igual que la bonita grasa subcutánea, que cura heridas y secreta adiponectina. Por ejemplo, la grasa subQ también produce leptina, otra hormona importante que le dice al cerebro: «Oye, tienes mucha energía almacenada, así que ya puedes dejar de comer.»

La grasa visceral produce muy poca leptina, por lo cual el centro del cerebro que controla la saciedad jamás recibe ese mensaje. Eso quizá se deba a que el propósito evolutivo de la grasa visceral era otro, es decir, como almacén de energía a corto plazo al que se pudiera acceder sin demora y producir explosiones breves de energía, por ejemplo durante una sesión de caza (lo cual tal vez explique por qué los hombres tienen más grasa visceral y las mujeres más cantidad de la subQ «nutriente»). La hormona del estrés, cortisol, actúa en situaciones donde es preciso luchar o correr y le pide al cuerpo que almacene incluso más grasa visceral, por lo tanto, si su estrés proviene de un trabajo sedentario de escritorio, jamás llegará a quemarla en realidad. En cambio, la grasa visceral se quedará por ahí, entre su hígado y otros órganos vitales, mientras usted está pegado a su escritorio comprando en línea pantalones nuevos.

Los pantalones no son el problema. El problema es la grasa. En la última década más o menos, pero en especial desde 2004, cuando Phil Bruno escuchó su diagnóstico, Kirkland y otros científicos han descubierto que esa grasa abdominal o visceral se infiltra a nuestros órganos vitales, bañándolos con un repugnante caldo químico que es devastador para todo el cuerpo. La grasa visceral produce una serie de citocinas inflamatorias que no solo incluyen la IL-6, la reina de la inflamación crónica, sino otra llamada TNF alfa, o «factor de necrosis tumoral», que en verdad es tan malo como suena.[5] (Sí, está ligado al cáncer, pero también contribuye a la resistencia de las células a la insulina.)

Con razón Phil Bruno se sentía mucho mayor de sus 47 años. Su grasa de hecho era un gigantesco tumor tóxico que estaba envenenando el resto de su cuerpo. Como le advirtió su médico, estaba en sumo riesgo de morir a causa de enfermedades que normalmente afligen a gente mucho mayor, sobre todo diabetes y paro cardíaco, pero también apoplejía, cáncer y demencia. «La obesidad tiene muchas cosas en común con una situación en la cual se presenta una especie de envejecimiento acelerado», dice Kirkland.

Así, el envejecimiento nos engorda y después nuestra grasa nos hace envejecer. Y de la misma manera que la mantequilla y la manteca se ponen rancias con el tiempo, la grasa vieja hace que envejezcamos a más velocidad. Kirkland piensa que las células senescentes que hay en nuestro tejido graso podrían ser las grandes culpables de la inflamación sistémica que acompaña al envejecimiento y entre más envejecemos, mayor es el número de células senescentes que están al acecho en nuestros depósitos de grasa. Otro problema es que las mismas células adiposas se vuelven disfuncionales y son menos capaces de cumplir con su tarea de almacenar más grasa. Esto libera los ácidos grasos que circulan en nuestro torrente sanguíneo, en una situación peligrosa llamada lipotoxicidad, o, si lo prefiere, envenenamiento por grasa. Eso no es bueno. Y no es extraño que se haya ligado a la obesidad con el acortamiento de los telómeros (lo cual, a su vez, crea más células senescentes).

Este círculo de retroalimentación negativa se acelera con la edad. Sin embargo, la grasa problemática afecta sobre todo a las personas de mediana edad o más viejas, lo cual explica por qué el «síndrome metabólico», que es una combinación de obesidad, resistencia a la insulina, hipertensión y colesterol malo, aflige a 7% de las personas veinteañeras, pero casi a la mitad de ellas cuando llegan a los sesenta años. Phil Bruno presentaba síndrome metabólico, como es probable que también lo hagan todas las personas gordas que usted ve en el centro comercial. Otra estadística aterrorizante: más de dos tercios de los *Baby boomers* son gordos u obesos.

De hecho, cada vez hay más evidencia de que el propio tejido adiposo estaría literalmente acortando nuestro tiempo de vida. En un dramático experimento realizado en 2008, Nir Barzilai y sus colegas de la Escuela de Medicina Albert Einstein en el Bronx retiraron quirúrgicamente la grasa abdominal de una serie de ratas de laboratorio obsesas y encontraron que los animales vivían más de 20% más tiempo que sus todavía regordetas primas. Básicamente, su grasa abdominal las estaba matando. Pero Barzilai dice que «no toda la grasa es simple grasa».[6]

Phil Bruno lo sabía muy bien. Sin embargo, para su mala suerte, la cirugía en realidad no era una opción; Barzilai dice que no es seguro retirar la grasa visceral de los humanos porque está totalmente entrelazada con nuestros vasos sanguíneos y órganos. La liposucción solo retira la grasa subcutánea «buena», lo cual explica por qué varios estudios recientes han ligado este procedimiento a lo que los científicos llaman «resultados de salud desfavorables» y que usted y yo llamamos «muerte».

Así, en julio de 2004, alrededor de un mes después de su diagnóstico, Phil Bruno hizo lo único que su médico *no* le había recetado: se inscribió en un gimnasio.

Sí, usted leyó bien. El médico de Phil le había sugerido que bajara de peso, pero de hecho no le había recomendado que hiciera ejercicio como una forma de conseguirlo. Es increíble, pero las encuestas demuestran que los médicos solo recomiendan el ejercicio más o menos a la mitad de sus pacientes diabéticos, probablemente porque creen que estos de hecho no irán al gimnasio, que no serán constantes o que a largo plazo terminarán sin bajar mucho de peso. Además, algunos estudios apoyan cada uno de estos puntos de vista pesimistas. Pero ninguno de sus autores había conocido a Phil Bruno.[7]

Tras unas cuantas semanas de tomar sus medicinas nuevas, Phil seguía sintiéndose tan mal como antes, pero ahora estaba incluso más cansado. Cuatro de los medicamentos advertían que podían producir somnolencia, y eso significaba que algunos días sentía ganas de acurrucarse debajo de su escritorio y dormirse a las 11 a.m. También sabía que sus medicamentos no estaban atacando las causas de su enfermedad, sino solo los síntomas. Se sentía atrapado, desesperado y deprimido. «Algo hizo clic en mi cabeza y me dijo: "Esto no funcionará"», explica. Como católico devoto que era, recurrió a la oración en busca de respuestas, como narra en un relato de su lucha que tituló «La dieta de Jesucristo».

> En mi caso todo empezó cuando acudí a la iglesia y me desplomé sobre una banca, y llorando dirigí una oración de corazón a Jesús. Solo repetía Jesús, Jesús, Jesús, una y otra vez. Cuando llevaba alrededor de una hora ahí sentado una pregunta fundamental saltó a mi mente. Creo que esa claridad de pensamiento fue lo primero que hizo el Espíritu Santo para ayudarme.
> La pregunta era... ¿quieres vivir o morir?
> La respuesta... ¡¡¡¡Quiero vivir!!!!

Se dio cuenta de que lo que más quería era ver a sus hijos casados. Pero como estaban las cosas, no parecía probable que llegara a verlo. En busca de una motivación, recurrió a La Biblia, pero también a algunos libros que había leído antes, al de Tony Dungy, el excoach de futbol, y al de Tony Robbins, el gurú de la motivación, que reforzaban el mensaje de que su futuro no tenía que estar determinado por su pasado. Era justo lo que necesitaba oír.

Después de hacerse un estudio del corazón (que, por supuesto, estaba engrandecido por haber trabajado tiempo extra todos esos años, pero con arterias limpias gracias al aceite de oliva de la abuela), Phil entró al Gold's Gym de su localidad un sábado de julio de 2004. Miró a su alrededor con desconcierto antes de quedarse en el único aparato que pensó que podría usar una persona de 200 kilos: la bicicleta fija. Se subió al sillín y consiguió pedalear cinco minutos antes de tener que parar, resoplando, jadeando y sintiéndose acomplejado, pero al mismo tiempo invisible. «En el gimnasio todo el mundo se queda viendo al gordo», dice.

Pero regresó al día siguiente y también al siguiente. Al poco tiempo podía permanecer treinta minutos en la bicicleta y cada vez dejaba un charco de sudor más grande en el piso. Visualizaba cada gota de sudor como una mancha de grasa más que había abandonado su cuerpo, un pequeño paso hacia su meta.

En aquellas primeras semanas en el Gold's Gym, cuando se dirigía hacia su bicicleta preferida, pasaba junto a la sala de bicicletas, con muros de vidrio. El lugar se veía genial, con la fuerte música y los cuerpos elásticos pedaleando a todo vapor en las bicicletas fijas. Le tomó una o dos semanas armarse de valor para presentarse en una clase de *spinning*, e instintivamente se dirigió a una bicicleta que estaba en el rincón del fondo. Pero lo habían detectado: una bella rubia atlética se dirigió a él y le dijo de frente: «Soy Beth. Te ayudaré a empezar», dijo sonriendo.

Lo colocó en la primera fila. Su nombre era Beth Sanborn y cada centímetro de su cuerpo se veía como el de la triatleta Ironman que era. A ella no le importaba cuánto pesaba él. Aguantó los 45 minutos de la clase, resoplando y pedaleando en su bici. Phil enseguida se convirtió en un asiduo a la clase de Beth, iba tres veces por semana y, dado su carácter, no tardó en conocer a todos los de la sala. «Jamás había visto a alguien tan grande. Era el que más trabajaba en mi clase, en realidad era como un hombre que estaba cumpliendo una misión», dice Sanborn.

Phil se tomó los domingos de descanso, pero no dejó de ir día tras día. Con frecuencia estaba sobre la bicicleta hasta que sus shorts se manchaban de sangre, porque no hacen shorts para bicicleta (ni sillines) para personas que pesan más de 160 kilos. Él recuerda que «no era agradable». Para septiembre había decidido aceptar un reto incluso mayor: participaría en el paseo de 160 kilómetros a beneficio de la esclerosis múltiple, una enfermedad que le habían diagnosticado a su esposa Susan. Llevaba veinte años sin subirse a una bicicleta de verdad, pero sacó su vieja bicicleta Trek del sótano, le quitó el polvo y la llevó al taller.

Aguantó hasta el kilómetro 100, en una subida poco empinada, y sintió que el camino empezaba a bailar y derretirse. Le dolían las piernas y el pecho, pero lo más inquietante era que había dejado de sudar. La camioneta de acompañamiento lo iba siguiendo y el personal médico del evento corrió a brindarle asistencia, tomándolo de los brazos para evitar que se derrumbara. «En esos momentos pasó por mi mente la idea de que si moría ahí en el camino, cuando menos era haciendo algo para cambiar mi vida», dice.

Sin saberlo, Phil había desatado una guerra para hacerse con el control de su cuerpo, con la grasa en un bando y el músculo en el otro. Él ya sabía que la grasa era una sustancia muy terca. «Había hecho todas las dietas imaginables.»

La grasa es mandona además de terca. Es paradójico que gran parte del tiempo le esté diciendo a uno que *coma más*, lo cual explica por qué las dietas fracasan con tanta frecuencia. Nuestra grasa quiere que estemos gordos. Aun cuando cierto tejido adiposo secrete leptina, la cual nos dice que dejemos de comer, las personas muy obesas se vuelven sordas o insensibles a la leptina. Así pues, cuando Phil Bruno recorría Manchester Road con una hamburguesa doble sobre su regazo, su cerebro le gritaba que todavía tenía hambre. Mark Febbraio, investigador de la diabetes en el Baker IDI Heart and Diabetes Institute de Melbourne, Australia, dice que si para una persona gorda «normal» es bastante duro poder bajar de peso, para alguien como Phil Bruno es casi imposible.

«Cuando hablamos de personas que pasan de 180 kilos, se trata de individuos que suelen tener un defecto genético en las señales que van de distintas partes del cuerpo al cerebro y que nos dicen que dejemos de comer. Por eso, tienen un apetito insaciable. El estilo de vida puede modificarlo en cierta medida, pero si uno siempre tiene hambre, con el tiempo empezará a comer otra vez», dice Febbraio.

Lo anterior hace que la historia de «A. B.» sea más notable. El escocés A. B., que en el mundo de la ciencia solo es conocido por sus iniciales, tenía 27 años cuando llegó a un hospital en Dundee, en el noreste de Escocia, hace más de cuarenta años. Pesaba 205 kilos, que para la norma de preobesidad de la década de 1960 era verdaderamente insólito. A instancias de los investigadores, A. B. se puso a la dieta más simple posible: dejó de comer.[8]

No ingirió ningún alimento, solo vitaminas y levadura de cerveza, mientras que los médicos vigilaban muy de cerca su estado de salud. Bajó de peso, pero a un ritmo más lento del que habían esperado los científicos; después de todo, el hombre prácticamente no estaba ingiriendo calorías y subsistía tan solo de sus colosales depósitos de grasa. Debía haber quemado esa grasa enseguida. Al final de cuentas, consiguió adelgazar a un peso normal de unos 81 kilos, un logro colosal visto desde el punto que usted quiera, pero tardó 382 días en conseguirlo. Pero lo más asombroso fue que no volvió a subir de peso.

Phil Bruno no estaba a punto de dejar de comer, ni creía que tuviera que hacerlo. Sin embargo, sí hizo algunos pequeños cambios sensatos en su dieta. En lugar de matarse de hambre, empezó por eliminar los alimentos fritos, la comida rápida y el refresco, los cuales representaban una parte considerable de su consumo anterior. Los reemplazó con cosas como pollo y pescado a la plancha y de refrigerio comía almendras sin sal en lugar de papas fritas. Un poco de sentido común hizo una gran diferencia. «Los primeros 22 kilos se derritieron sin sentir», dice.

Su objetivo inicial solo era poder pesarse en la báscula de casa y no en la del supermercado. Pero como le encantaba comer, a la hora de cenar de vez en cuando se comía una pechuga de pollo extra si le apetecía. Mejor que una hamburguesa doble con papas. «Cuando uno está comiendo dos combos especiales de comida rápida al día, con pay de manzana y una malteada de chocolate, cualquier cambio es para bien», comenta.

Pero conforme fue haciendo más ejercicio, Phil descubrió que no solo estaba bajando de peso, sino que también sentía menos hambre. Además, había dejado de sentir una sed abrasadora y sus rodillas y caderas, que le habían molestado desde hacía mucho tiempo, estaban mejor. Se dedicó a sus clases de *spinning* y, con el tiempo, obtuvo su certificado de instructor, convirtiéndose en uno de los más populares en esa sucursal del Gold's Gym. «Vimos que se operaba en él un cambio notable. Cuando vino la primera vez, era un tipo enorme con obesidad mórbida que difícilmente podía hacer *spinning* más de unos cuantos minutos; ahora aguanta todo lo que quiera», dice Jim Wessley, un amigo de la clase de bicicleta, que es jefe de médicos de urgencias en el Hospital St. Luke de St. Louis.

Como dice Phil: «rendirse no era una opción, porque eso habría significado la muerte».

Es exuberante y entusiasta, y también un motivador, que nunca se rinde; no es nada extraño que se gane la vida trabajando en ventas. Cuando estaba entrenando para aguantar su primer paseo de 160 kilómetros, en la primavera de 2005, organizó a sus compañeros del gimnasio en un equipo de ciclistas que llamaron los Golden Flyers. El grupo ahora cuenta con más de 150 miembros que participan en paseos de beneficencia por todo el oeste medio del país. Le gustaban tanto las clases de ciclismo en bicicleta fija que se capacitó para ser instructor y obtuvo su certificado en 2008, cuatro años después de que entró al gimnasio siendo Ese Gordo. Ahora, tres mañanas a la semana es instructor de las clases que antes temía, dirigiendo a un grupo entrañable de fieles seguidores que se presentan a las 5:30 a.m. para entrenar con frenesí; Phil marca el tono con su camiseta preferida que dice: aplasta al débil, salta al muerto.

También pertenece a un grupo nacional de ciclismo para diabéticos llamado Equipo Tipo 2, dedicado a ayudar a las personas a manejar la enfermedad haciendo ejercicio en lugar de tomando medicamentos; que fue como yo lo encontré. Phil tiene el récord de haber adelgazado más kilos. Saul Zuckman, uno de los líderes del Equipo Tipo 2, dice que Phil «se cuece aparte».

Phil fue implacable, pero porque su enemigo también lo era. En las personas sedentarias inactivas, sean obesas o no como Phil, la grasa de hecho invade los músculos, introduciéndose entre las fibras musculares como el marmoleado de la carne de res fina Wagyu. El doctor Gerald Shulman, un destacado investigador de Yale que estudia la diabetes, dice que es mucho peor, porque la grasa se infiltra a las células musculares mismas en forma de «gotitas» de lípidos que vuelven a las células perezosas y hasta pueden contribuir a la resistencia a la insulina.

Según Shulman, estos «depósitos» de grasa en el hígado y en los músculos bloquean un paso fundamental en la conversión de la glucosa, con lo que provocan la resistencia a la insulina, que es el preámbulo de la diabetes. Eso también explica por qué muchas personas sedentarias que tienen un peso normal siguen estando en riesgo de padecer la enfermedad. «No es cuestión de la cantidad de grasa que tenemos, sino de la forma en que está repartida. Cuando la grasa se acumula donde no pertenece, en las células musculares y hepáticas, eso conduce a la diabetes tipo 2», dice Shulman.

Con el ejercicio intenso, Phil estaba expirando todas esas albercas de grasa excesiva. Por consiguiente, su resistencia a la insulina y su diabetes parecían estar cediendo. El exceso de azúcar ya no flotaba por su cuerpo ocasionando estragos sino que era incinerado en el horno de sus músculos. Seguía pasado de peso, por arriba de los cien kilos, pero el estado de su metabolismo ahora era enteramente diferente. Datos recientes demuestran que ser obeso en términos generales representa un factor de riesgo muy grave para la salud, pero la pequeña categoría de personas «gordas pero en buena condición física» tienen mucho menor motivo de preocupación.

Un año después de ser diagnosticado, Bruno volvió al consultorio del doctor Livingston para su revisión de rutina. El doctor estaba sorprendido: la resistencia a la insulina de Bruno había desaparecido y sus valores en sangre estaban casi en un rango normal. Su AIC, que había sido de 16, ahora había bajado a un 5.5 más normal. Nunca había visto a alguien que lograra eso. Se resistió un poco, pero le quitó a Bruno todos sus medicamentos. Había controlado la diabetes que alguna vez fue una amenaza para su vida con solo cambiar su dieta y haciendo mucho ejercicio. Este había sido casi como un segundo empleo. «Soy asesor financiero en Wells Fargo, pero casi todo el mundo piensa que soy instructor de *spinning*».

Sin embargo, Phil sabía que estaba muy lejos de estar «arreglado». Su composición individual le había preparado para subir de peso toda la vida; ya desde pequeño había tenido que usar pantalones para niños fornidos. Tendría que lidiar una batalla permanente y cada vez más grande contra su destino morfológico. Siguió dedicado al gimnasio, asistiendo a clases de *spinning* cuatro y cinco días a la semana;

los domingos organizó un paseo grupal regular; y además integró los equipos de Gold's Gym para paseos de beneficencia con el propósito de reunir fondos, como el Tour de Cure (para diabetes) y el MS 150.

En cuatro años había bajado más de 90 kilos, dejando su cuerpo en menos de 117, lo cual era un logro enorme. Seguía siendo gordo y todavía no estaba satisfecho. Quería bajar esos últimos 22, para llegar al peso que había tenido en la universidad. Se mantenía en movimiento y seguía con sus paseos en bicicleta a sabiendas de que nunca podría dejarlos. «Es como sostener una pelota de playa debajo del agua. Mientras uno no deje de hacer lo que está haciendo, es fácil. Tan pronto como la suelta, entonces ¡paf!, rebota y vuelve a subir.»

Capítulo 10

SALTO DE GARROCHA A LA ETERNIDAD

Los hombres no dejan de jugar porque se vuelvan viejos; se vuelven
viejos porque dejan de jugar.

Oliver Wendell Holmes

Esa nublada y fresca mañana de verano, yo estaba en Cleveland
en el campo de un pequeño estadio de futbol colegial, viendo
a algunos de los mejores atletas del país enfrentarse en un importante encuentro de pista y campo. El ambiente era intenso y entre
pruebas fui avanzando al centro de la pista donde conocí a tres corredores larguiruchos que se estaban preparando para sus carreras. Sus
nombres eran Ron Gray, Don Leis y Bernard Ritter, y todavía llevaban
puestos sus trajes de calentamiento para protegerse contra el frío de
la mañana. Mientras se estiraban y calentaban, fríamente evaluaban
a sus competidores mientras, como los atletas varones de cualquier
otro lugar, se guardaban una mirada o dos para algunas de las atletas
más atractivas.

Ron, Don y Bernie se habían distinguido en sus pruebas. Don
había establecido un récord nacional en salto triple, Ron era uno de
los velocistas más sobresalientes del país y Bernie había destacado en
las competencias regionales y estatales de su natal Carolina del Sur.
Cada uno de ellos había entrenado muchos meses con la esperanza
de ganar una medalla en esta competencia nacional; su siguiente
paso serían los campeonatos mundiales que tendrían lugar en Brasil
más adelante ese mismo año. Don provenía del semillero de pista
y campo de Pasadena, mientras que Ron era aclamado en Denver,

donde había jugado como corredor en el equipo de futbol de la Universidad de Colorado.

Hace sesenta años.

Estaba en los National Senior Games de 2013, una especie de juegos olímpicos bienales para atletas senior o mayores («senior» definido como toda persona con más de cincuenta años). Incluía las pruebas tradicionales de pista y campo y la natación, pero también triatlón, baloncesto, voleibol, bádminton y *ping-pong*, por mencionar algunas. Y por supuesto el *shuffleboard*. Se decía que la competencia de *pickleball*, una especie de tenis con paleta que está adquiriendo enorme popularidad en las comunidades de jubilados, era especialmente feroz. Para llegar ahí, los competidores tenían que calificar en los Senior Games locales y estatales, lo que significaba que Cleveland era la anfitriona de la crema de la crema de los atletas mayores.

Me concentré en las pruebas de pista y campo porque los resultados son cuantificables (se debe cruzar una meta final o superar una barra) y porque no requieren de un talento especial. Cualquiera puede correr y saltar. Por esa razón me encontraba en medio de este estadio a las nueve de la mañana, rodeado de personas mucho mayores que yo vestidas con licra, tacos de pista y rostros muy serios. También aparatos para sordera. Era tan intenso como cualquier encuentro colegial de pista y campo, pero con más arrugas.

Había ido a ese lugar en busca de personas que estaban «envejeciendo con éxito», como dicen condescendientemente los geriatras, y había encontrado mucho más de lo que esperaba. En el transcurso del fin de semana vi a una mujer de cerca de noventa años lanzar una jabalina olímpica lo bastante lejos como para esquivar una casa. El mejor saltador de altura del grupo de entre setenta y setenta y cuatro años superó una marca que le habría ganado una medalla de plata en las Olimpiadas de Atenas de 1896, y vi a un hombre de noventa y dos años correr por una pista estrecha y tratar de saltar con garrocha una barra que estaba a la altura de mi cabeza.

Me aterró. ¿Estaba loco? ¿Quién había permitido que esto sucediera? Toda la mañana había disparado mi ansiedad, ahí parado observando a personas de la edad de mis padres correr y saltar con tanta fuerza que casi vomitaban. Ni siquiera podía recordar la última vez que yo había corrido 400 metros completos. Todos estos atletas tenían una cosa en común y esa era que estaban rompiendo las reglas, pero no las reglas de las competencias de pista y campo, sino las reglas tácitas que rigen la conducta aceptable que se espera de los llamados viejos. Todo el mundo aplaude cuando las abuelas arrastran los pies por la tienda 5K local. Pero cuando la abuela puede dejar atrás a sus hijos de mediana edad en la carrera de cien metros, las cosas se ponen difíciles. Simplemente no está bien, por no decir que es claramente peligroso. (Este parece el lugar adecuado para agregar: si compra este libro acepta relevar al autor de cualquier responsabilidad civil por lo que le pudiera suceder si «intenta hacer esto en su casa».)

Pero a estas personas no les importa lo que piensen sus hijos. Ahí en el campo, Ron, Don y Bernie hablaban de entrenamiento y dieta como competidores experimentados, lo cual eran. Este era el octavo encuentro de Don ese año y apenas era julio. Ese día estaba un poco alicaído a causa de un ojo morado que se había ganado mientras perseguía a su nieto por el parque. Ron tenía la complexión rugosa de un hombre que había pasado demasiado tiempo bajo el sol de las Montañas Rocallosas, lo cual había ocurrido. Pero el resto de su persona se seguía viendo como la del recluta de futbol de la Universidad de Colorado que había sido a principios de la década de 1950, con un pecho ancho y potentes antebrazos sobre un par de piernas cónicas delgaduchas. Había sido corredor de pista en la universidad y jugado cuatro temporadas como corredor de los Búfalos. «Después nada durante 55 años». Pero su «nada» en realidad quería decir escalar el Highlands Bowl de Aspen y esquiar colina abajo por sus laderas de 55 grados casi todas las semanas.

Hacía cuatro años, un compañero de generación le había sugerido a Ron que participara en un encuentro de pista categoría Másters. Él se enganchó en la competencia, que le recordaba a sus días en el negocio de las subastas. Además, le encantaba entrenar. Ahora entrena él solo tres días a la semana en una pista local y otros dos días en el gimnasio con un entrenador. «Te hace sentir bien, y por supuesto te ayuda a ganarle al otro tipo», me dijo después.

Algo que llamó mi atención fue que Ron, Don y Bernie abordan el envejecimiento con la misma disciplina que dedican a su entrenamiento, como si el envejecimiento mismo fuese una especie de evento deportivo. Ron dijo que se mantiene joven porque evita los «inflamables», al parecer refiriéndose a alimentos que contienen lácteos, trigo y azúcar. Dijo que llevaba seis meses experimentando con su nueva dieta «antiinflamable» y que al parecer estaba funcionando. «El año pasado desperté una mañana y no me dolía nada —dijo impasible—. Pensé que había muerto. Ahora me despierto y no me duele nada, ¡porque no me duele nada!»

Y, pensando las cosas, *sí* se veía un poco como Rodney Dangerfield. También empleaba los servicios de un «médico conserje», un doctor de alto nivel al que pagaba una iguala. Lo podía consultar por cualquier cosa, en cualquier momento y estar con él todo el tiempo que quería. La educación, el dinero y el acceso a la atención médica están muy correlacionados con la longevidad de acuerdo con los hallazgos de Jay Olshansky y otros estudiosos. Ron, Don y Bernie tenían las tres cosas.

El trío planeaba entrar a los relevos de 4x100 como equipo, pero necesitaban a un cuarto. En secreto me sentí aliviado de que yo era cuatro décadas demasiado joven. Sin embargo, su verdadero enemigo no eran los otros corredores, sino las lesiones. Y, de hecho, mientras charlábamos de pie junto al campo, los muchachos y yo vimos que una mujer de 75 años se tropezaba durante una carrera de cien metros, se golpeaba la cabeza en la pista y era llevada en una ambulancia todavía inconsciente. En la siguiente carrera, un caballero, más o menos de la misma edad, sufrió un tirón en el ligamento de la corva y se desplomó en el carril retorciéndose de dolor. «*Fuerte* tirón», dijo Ron con una mueca mientras los auxiliares volvían a entrar corriendo para sacarlo en la camilla.

Ron era más cauto. Hacía con cuidado sus ejercicios de calentamiento antes de cada entrenamiento y de cada carrera, siguiendo una rutina específica diseñada para preparar sus músculos y articulaciones de 81 años para correr. Conforme se acercaba la hora de arrancar, Ron siguió toda su rutina de calentamiento, como siempre, con su sudadera roja que decía USA y sus shorts de compresión de licra, mientras el otro grupo de edad arrancaba, uno por uno. Entonces llegó la hora del grupo varonil de entre ochenta y ochenta y cuatro años y él se dirigió a ocupar su posición cuando anunciaron su nombre. El carril 6.

«En sus marcas», dijo el juez.

Ron se agachó, puso sus dedos sobre la superficie antiderrapante de la pista y colocó sus pies en los bloques de arranque; primero el del frente, después el de atrás. Dos de los corredores no se molestaron en usar los bloques: a los ochenta años es un poco problemático arrancar de cuclillas, por no decir que más peligroso. Por lo tanto, se colocaron de pie sobre la línea, porque era más suave para sus tendones de la corva, pero también los eliminaba de la lista de los verdaderos contendientes. Eso dejó a tres corredores en la mezcla: Ron, un delgado afroamericano de nombre Alex Johnson, que lo había aplastado en la ronda de calificación, y otro corredor de nombre John Hurd, de Florida, que también le había ganado a Ron en el pasado.

«Listos», dijo el juez y los corredores se congelaron. En las gradas del lado de la meta estaba sentado un pequeño grupo de espectadores, compuesto principalmente por las esposas y los hijos de mediana edad de los competidores, que se veía bastante aburrido.

¡BANG!

Ron salió disparado de los bloques, con un movimiento que practicaba varias veces a la semana en una pista cerca de su casa. En dos zancadas estaba totalmente erguido, corriendo a toda velocidad, moviendo sus brazos de adelante hacía atrás como rebanadora con las palmas de las manos como cuchillos que cortaban el aire mientras sus piernas giraban como si fueran las aspas de una batidora. Y, a los diez metros iba a la cabeza, llevando la delantera a Hurd y a Johnson por una zancada o dos. Pero a los 75 metros Johnson, devorando la pista con sus largas zancadas, lo superó. Ron quedó en segundo lugar, cronometrando un tiempo de 16.75 segundos, casi un segundo más rápido que en la carrera de los Másters Nacionales que había corrido tres semanas antes. Estaba feliz, y permaneció un rato de pie junto a la pista mientras trataba de recuperar el aliento.

«Estoy ansioso de que llegue la siguiente», dijo todavía jadeando.

Los atletas entienden el envejecimiento mejor que nadie porque sienten sus efectos antes que el resto de nosotros. Un jugador profesional de futbol americano piensa en retirarse a los treinta años; LeBron James está envejeciendo a los 33. Los deportes de resistencia son más clementes, pero no mucho. Meb Keflezighi ganó el Maratón de Boston a los 39 años, lo cual fue aclamado como una hazaña asombrosa. El ciclista más viejo en el Tour de Francia de 2014 tenía 43 años. Jamie Moyer tenía cincuenta años cuando fue el pitcher más viejo que iniciara un juego de beisbol de Ligas Mayores. Lanzó dos entradas.

Para los atletas profesionales es vital mantenerse sano con el paso de los años para conservar su forma de ganarse la vida. Esto explica por qué Alex Rodríguez, que fuera estrella de los Yankees, y algunos de sus colegas frecuentaban las clínicas «antienvejecimiento» del sur de Florida en busca de hormona del crecimiento humano y de otra magia química que sirvieran para prolongar sus carreras. Sin embargo, para los atletas Másters, la dinámica es al revés. Ya no son víctimas de la edad sino combatientes, que batallan contra ella conforme los decenios se deslizan uno tras otro.

«Volverse atleta a los 47 o 50 años, o estoy seguro que a los 90, es tan solo una manera de decir: "¡Un momento!"», escribió el finado John Jerome en *Staying with It*, sus maravillosas memorias sobre dedicarse a la natación competitiva a una edad avanzada. «Es una manera de agarrar el tiempo por los cuernos, de decir, alto, espere un momento, déjeme entender lo que está sucediendo aquí. El punto tal vez no esté en luchar contra la edad, sino en dejar que llegue, en meterse en ella, en averiguar exactamente qué es.»[1]

Pocos competidores de los Senior Games se habían adentrado tanto en el envejecimiento como Howard Booth, a quien conocí más adelante esa tarde en el «foso», una zona con pasto donde se realizaban las competencias de salto. La competencia de salto de longitud varonil estaba a todo vapor, con señores de cabello gris corriendo a toda velocidad por una pista estrecha para lanzarse a una caja de arena. Las rodillas me palpitaban de solo verlos. Booth se distinguía por su estilo muy especial para saltar. Después de que aterrizaba, daba una pequeña marometa rápida y caía bien parado. Esto provocaba cada vez la risa de los espectadores y también de los jueces.

Booth no solo había sido gimnasta cuando estudiaba en la universidad, de ahí las marometas, sino que también había sido profesor de biología en la Universidad Estatal de Michigan, con un interés personal y profesional muy marcado por los atletas y también por el envejecimiento. Era un hombre compacto y musculoso, de cabello blanco y una barba bien cuidada y llevaba puesto un ajustado *bodysuit* que dejaba ver su envidiable buena forma para cualquier edad. De hecho, su especialidad es el salto con garrocha, lo cual es un poco extraño considerando que no es particularmente alto, pero lo que le falta de estatura lo compensa con pasión.

Había practicado el salto con garrocha en la universidad, pero lo abandonó para seguir con sus estudios de posgrado y su investigación. Hace unos diez años, un amigo le habló de los Senior Games y, por diversión, revisó los récords de salto de garrocha para su grupo de edad. Le pareció que podía alcanzarlos y decidió retomar el deporte. Construyó un foso en el patio de su casa, con los postes verticales hechos de sobrantes de madera y la caja de aterrizaje con bolsas de basura llenas de hojas. Una vara de maple le sirvió de garrocha y otra de barra cruzada, y ¡zas! estaba saltando con garrocha otra vez. Desde entonces ha mejorado las instalaciones para darles un toque más profesional y ahora, los domingos por la mañana, el foso de su patio atrae a saltadores de garrocha de todas las edades. En las competencias nacionales gana medallas con regularidad.

«Uno se despierta con músculos adoloridos y se pregunta: "¿Por qué hago esto?"» Respuesta: porque volar por los aires es verdaderamente divertido. Mentalmente somos niños jugando.

La parte de «mentalmente» quizás signifique algo. Nos recuerda los famosos experimentos realizados por Ellen Langer, la psicóloga de Harvard que reclutó a ocho hombres mayores para que pasaran una semana en una casa decorada, en todos sus detalles, con el estilo de sus días gloriosos de la década de 1950. Hasta las revistas y los libros eran de esa década. A continuación pidió a los hombres que se imaginaran cómo habían sido en 1959, cuando estaban en su apogeo (para ayudarles a hacerlo, no había ningún espejo). Hablaron de los deportes y las noticias de la década de 1950 como si ocurrieran en el presente y así sucesivamente. Les pidió que «se metieran» en la persona que habían sido.

Al terminar la semana, los hombres habían rejuvenecido milagrosamente, y obtuvieron resultados mucho mejores en pruebas tipo la juerga, como la fuerza de prensión, e incluso salieron a jugar un partido espontáneo de *tochito*. Rejuvenecieron de forma milagrosa.[2] «Casi parecía que estábamos en Lourdes», dijo Langer más adelante.

* * *

Hipócrates creía que el ejercicio era una medicina y los médicos de la antigua China también lo creían. Sin embargo, a principios del siglo XX dejó de estar de moda e incluso se pensaba que podría ser peligroso; esto coincidió con el momento en que las enfermedades cardíacas estaban surgiendo como la principal causa de muerte. En la primera mitad del siglo XX, los doctores solían recetar reposo en cama a los pacientes que tenían problemas cardíacos. ¡Caramba!

La situación cambió en la década de 1960, cuando el masivo estudio Framingham encontró que las personas que hacían ejercicio con regularidad tenían muchas menos probabilidades de padecer un infarto que las que no lo hacían. Por otro lado, las que fumaban corrían un riesgo más grande. Desde entonces, una oleada de datos sobre el ejercicio ha apuntado en la misma dirección. Un análisis reciente de estadísticas que abarcan a más de 650 mil individuos demostró que las personas que se mantenían en un peso normal y que hacían una cantidad moderada de ejercicio, el equivalente a una caminata a buen paso más o menos durante una hora todos los días, vivían un promedio de *siete años* más que las que no hacían ejercicio.[3] Existe una acalorada polémica en torno a si un ejercicio más intenso o prolongado proporciona beneficios proporcionalmente mayores o no, pero un estudio de los veteranos de la Tour de France arrojó que ellos también vivían alrededor de siete años más que sus pares. También era el caso los medallistas olímpicos, pues según un estudio de más de 15 mil atletas, de 1896 a 2010, vivían tres años más.

Eso tal vez se debe a la cantidad de vino, por lo menos en el caso de los ciclistas, pero es más probable que se deba al hecho de que el ejercicio mismo es literalmente una medicina, como está empezando a demostrar la creciente evidencia. En una comparación detallada y reveladora, John Ioannidis, el científico de Stanford, emparejó más de

300 estudios clínicos farmacológicos con asignación al azar con los resultados de 57 estudios del ejercicio y encontró que en casi todos los casos, el ejercicio había sido tan eficaz como los medicamentos, y en ocasiones mejor, para evitar la muerte por enfermedades cardíacas, apoplejía y diabetes.[4]

«Si pudiéramos meter los beneficios del ejercicio en una píldora, sería una píldora asombrosa», dice Simon Melov, un investigador del Buck Institute que ha estudiado el ejercicio extensamente. «Ahora están surgiendo datos sobre los efectos del ejercicio crónico y es sorprendente en términos de su capacidad para prevenir toda clase de enfermedades relacionadas con la edad, desde el cáncer y los trastornos neurodegenerativos hasta las enfermedades cardíacas, e incluso la artritis. Todo eso ha reducido enormemente el riesgo en el caso de las personas que hacen ejercicio con regularidad; y sería una *locura* que todo eso estuviera contenido en una píldora».

Howard Booth era biólogo y lo sabía bien. Al salir de la universidad se había mantenido activo montando en bicicleta y seguía relativamente en buena forma, pero le estaba aburriendo. Optó por el salto con garrocha a la edad de sesenta años en parte porque sabía que cuando se retirara de la docencia necesitaría un nuevo reto. «Pienso en la generación de mi padre, cuando la idea de jubilación significaba que uno había trabajado muy duro a lo largo de muchos años y que ahora merecía no hacer nada. No se trataba de hacer otra cosa, sino no hacer *nada*.»

Eso no era para él. Tampoco el golf, que alguna vez fuera el único pasatiempo para los sesentones que aceptaba la sociedad. «Apenas un paso más allá de sentarse a observar cómo se seca la pintura», dijo burlonamente. Si bien no ha dejado del todo la docencia (ni las asesorías) en Eastern Michigan, el entrenar y competir en el salto con garrocha le ha proporcionado otra meta, o como dice la gente de Okinawa, un *ikigai*, o propósito en la vida. Lo que está en juego no es mucho; lo que podría ganar en los Senior Games en el mejor de los casos sería una medalla de un metal barato, pero al mismo tiempo el premio tampoco podría ser más alto. «Si uno gasta miles de dólares en el viaje y el hospedaje y piensa que lo más que ganará es una medalla de dos dólares, entonces no tiene sentido, pero tiene un sentido psicológico enorme. Uno no está al margen, sino que está participando.»

En su interior estaba sucediendo algo parecido a nivel biológico. Estaba *participando*. A medida que estudiaba los resultados y libros de récords su curiosidad iba aumentando: ¿qué tan bueno podía llegar a ser uno? ¿Un atleta mayor podía igualar las marcas de su juventud? ¿Se podría acercar a ellas?

Booth pidió a sus estudiantes que encuestaran a sus homólogos mayores que participaban en el circuito de pista y campo y encontró que los atletas sesentones dedicados llegaban a tener un desempeño que equivalía más o menos al 80% del que habían tenido en su juventud. Es decir, si en la universidad habían saltado 4.57 metros, a los sesenta años estaban llegando a los 3.66. Esto también se hace evidente en los récords nacionales: por ejemplo, en 2012, el mejor tiempo registrado por un estadounidense de entre 60 y 64 años en la carrera de cien metros para varones fue un magnífico tiempo de 11.83, solo 2 segundos más lento que los 9.70 que le dieran la medalla de oro olímpica a Justin Gatlin.[5] En el caso de corredores diez años más viejos, de 70 a 74 años, el hombre más veloz solo tarda un segundo más (12.90), tiempo que es bastante rápido.

Después de los 75 años, el desempeño de nivel máximo baja de forma bastante drástica, pero el hecho verdaderamente interesante que descubrió Booth fue que sus «controles», o sea, los adultos sedentarios promedio de la misma edad, solo habían conservado 22% de su capacidad física. Esto le indicó a Booth que lo que estaba en juego era bastante más que simplemente romper récords y ganar medallas, lo que él hacía con relativa facilidad. Se trataba más bien de una cuestión de permanecer en el juego, de no darse por vencido. «A esta edad, la mayor parte de las personas sencillamente no están sanas. Y, bueno, la idea de que eso es natural porque ahora uno es sencillamente un viejo, eso sí que *no es* natural. Eso es por *default*. Es el punto al que llegamos si no nos ponemos un reto. El ejercicio es un continuo. Entre más haga uno, menos veces perderá».

Booth había terminado sus pruebas de ese día y estábamos sentados en sillas plegadizas, relajados bajo el sol y charlando sobre la ciencia del deporte. Su esposa Luanne estaba sentada ahí cerca y asentía con la cabeza mientras él hablaba. «Lo podemos ver en la producción de proteínas musculares; en las uniones nerviosas, que tienden a esfumarse; y en la velocidad con la que las fibras musculares recuperan su forma. Básicamente, todos ellos responden al aumento de ejercicio, al hacer más lento el ritmo al que declinarían de forma natural. Y entre mayor intensidad pueda aplicar al proceso, más lenta será la pérdida de capacidad.»

Había escogido el salto con garrocha porque no solo requiere de una condición física básica, sino también de habilidad física y coordinación fina, la cual, como ha demostrado la juerga, se pierde incluso más rápido que la capacidad aeróbica. Las fibras musculares de contracción rápida que se usan para saltar y para el *sprint* tienden a desaparecer más pronto que las fibras de contracción lenta que usan los atletas de resistencia. «Entre más las use para el detalle fino, como la precisión de una volea en tenis o de un salto para encestar, particularmente las fibras de contracción rápida tendrán una mayor cantidad de unidades motoras (la combinación de una fibra muscular y los nervios que la accionan) en las zonas que haya usado y ejercitado. Y si deja de hacer esas cosas, disminuyen.»

Cuando le contaba a la gente que estaba trabajando en este libro, casi todo el mundo quería saber lo mismo: «Entonces, ¿cuál es el secreto para no envejecer?»

Hasta ahora, el secreto parecer ser: *Úsalo o despídete de él.*

Eso suena sencillo, incluso simplista. Pero surgía una y otra vez, casi como un mantra, no solo en las conversaciones sino también en la investigación de alto nivel y aplica para su sistema cardiovascular, sus músculos, su vida sexual y su cerebro. Howard Booth lo tenía bien descifrado.

En cambio, *si no los usa* puede tener graves consecuencias. Incluso la jubilación del trabajo, la corona del Sueño Americano, puede ser peligrosa para su salud. Un ensayo publicado por el National Bureau of Economic Research, un prestigiado grupo de estudio de la iniciativa privada, encontró que «jubilarse por completo genera, dentro de los siguientes seis años, un incremento de entre 5 y 16% en las dificultades asociadas a la movilidad y las actividades cotidianas; un incremento de entre 5 y 6% o en las enfermedades y una disminución de entre 6 y 9% en la salud mental». Si bien se ha observado que la jubilación temprana disminuye el riesgo de mortalidad, cuando menos en Europa, las personas recién jubiladas dicen que su existencia ha dejado de tener sentido, otra vez el *ikigai* de la gente de Okinawa, y esa pérdida puede ser difícil de reemplazar.[6]

Como ha observado todo el mundo a partir de Brown-Séquard, con la edad, los parámetros físicos como la fuerza y la VO_2 tienden a avanzar en una sola dirección: hacia abajo. Pero no es igual para todo el mundo. Un estudio reciente de escandinavos viejos que practicaban el esquí de fondo encontró que los atletas viejos habían conservado gran parte de su capacidad aeróbica, en relación con la que habían tenido de jóvenes, y que tenían mucha más que la de su grupo control de la misma edad, o sea un grupo de viejos sedentarios que viven en Indiana.

Esta podría ser la más injusta de todas las comparaciones: los dioses nórdicos del esquí frente a los flojonazos del oeste medio. ¿Pero usted quién preferiría ser? Los esquiadores habían cumplido mejor con la tarea de conservar su capacidad para bombear sangre con eficiencia, la elasticidad de sus arterias, la flexibilidad de sus pulmones. Sencillamente eran más jóvenes en términos biológicos. En un ámbito práctico, esto significaba que tenían menos dificultades para caminar, subir escaleras y, como dijo Howard Booth, *participar* en la vida. Nunca habían dejado de usarla, por lo cual no la perdieron.

Si observamos los músculos y los huesos de los atletas mayores, el contraste con sus pares sedentarios resulta incluso más drástico. Una de las características distintivas de la mediana edad, y una de las primeras cosas que noté, es que aumentar la masa muscular es mucho más difícil que conservarla. Empezamos a perderla poco a poco alrededor de los cuarenta años y conforme pasa el tiempo la perdemos con más rapidez: entre los cincuenta y los setenta años nos despedimos más o menos de un 15% de nuestra masa muscular magra por década. Después salta a 30% por década. «Cabría decir que el envejecimiento empieza en los músculos», dice Nathan LeBrasseur, un investigador de la Clínica Mayo que estudia la masa muscular.

Pero a pesar de que perdemos músculo en la mediana edad, no perdemos peso en general (obvio). Eso significa que nuestra masa muscular es reemplazada gradual e insidiosamente por grasa. Más grasa y menos músculo significa que su «motor» metabólico funciona a un ritmo mucho más lento; uno tiene menos músculo, lo cual significa que tiene menos mitocondrias, y eso significa que su cuerpo es menos eficiente para quemar el azúcar de su torrente sanguíneo. No es coincidencia que la mayoría de los casos nuevos de diabetes se presenten en personas de cuarenta y tantos años o más.

Todavía no se conocen del todo las razones de lo anterior. Se ha señalado que las concentraciones más bajas de testosterona son las culpables de la pérdida de masa muscular en la mediana edad, pero los cambios hormonales no son los únicos malhechores. Las personas mayores se enfrentan a un enemigo incluso más poderoso, a algo que está en sus propios cuerpos. Experimentos con parabiosis han revelado que en los ratones más viejos (y presuntamente también en los humanos más viejos), las células madre musculares o las «células satélite» tienen más dificultad para activarse en respuesta a una lesión o al estrés debido a algo que circula en la sangre vieja o que no está presente en ella.[7] Por si eso no fuera suficientemente malo, según LeBrasseur, nuestros cuerpos también producen una hormona llamada miostatina, cuya tarea de hecho es *desacelerar* el crecimiento de la masa muscular, para que esta no crezca demasiado y que, por ende, requiera demasiada comida. (Gracias, evolución).

Si esta pérdida de músculo continúa y se acelera, nos pone en peligro de padecer un mal llamado sarcopenia, o lo que Shakespeare, agudo observador de la vejez, llamó «ancas reducidas» en la que nuestras extremidades básicamente se consumen, colocándonos en peligro de padecer fragilidad. La pérdida de masa muscular en razón de la edad explica por qué mi perra sobreviviente Lizzy ahora tiene dificultad para saltar cuando quiere subirse a la cama o entrar al auto, siendo que antes superaba bardas de metro y medio de un salto. Ha perdido su resorteo. Sus ancas, que alguna vez fueron firmes, ahora están guangas. No es solo cuestión de saltar con garrocha o de saltar vallas. Las personas (y los perros) que padecen sarcopenia corren más riesgo de caerse y, con la fragilidad, una simple caída se puede convertir en una bola de nieve que lleve a la fatalidad; eso explica por qué la falta de masa muscular es la segunda causa, después del Alzheimer, que hace que los ancianos sean recluidos en una institución.

Nadie sabe bien a bien qué ocasiona la sarcopenia; hasta su definición exacta es tema de polémica entre los científicos. La cura también es objeto de grandes discusiones. Para personas como el doctor Life o Suzanne Somers, la respuesta es fácil: llenar a esas personas de testosterona y hormona del crecimiento. A estas alturas del libro seguramente se da cuenta que esa idea es bastante mala. Y, de cualquier manera, aun cuando el reemplazo de testosterona incremente la masa muscular, no siempre mejora la *calidad* del músculo, al menos no sin ejercicio.

Media docena de compañías farmacéuticas están desarrollando medicamentos que fomenten el crecimiento de la masa muscular para luchar contra la sarcopenia en los viejos; esos fármacos apenas están en su primera etapa de pruebas, pero algunos de ellos ya circulan en el mercado negro para atletas y fisicoculturistas. Sin embargo, existe otro tratamiento más simple para la sarcopenia que hasta hace poco la ciencia había ignorado en su mayor parte: mantenerse activo. Los adultos que han hecho ejercicio gran parte de su vida conservan la masa muscular durante más tiempo, como muestra de forma dramática la ilustración que aparece un poco más adelante.

Estos dibujos se basan en imágenes de una resonancia magnética de los muslos de cuatro hombres, y son similares a las tomadas en la juerga. Cada una muestra un corte transversal de la parte superior del muslo. La del lado izquierdo arriba pertenece a un cuarentón típico que está en buena condición y podemos ver que la mayor parte es masa muscular, con un pequeño anillo de grasa subcutánea en el exterior. La del lado derecho arriba corresponde a un estadounidense sedentario de setenta años típico y presenta las señales clásicas de la sarcopenia. Observe que casi todo es grasa, como si fuera una rebanada de tocino de un cerdo bien alimentado. Pero la grasa también está totalmente infiltrada en la masa muscular, provocando que luzca «marmoleada» y que sea más débil.

Músculo vs. Grasa

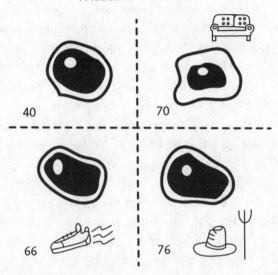

Las dos imágenes de la parte inferior son igual de llamativas. La de la izquierda corresponde a un triatleta de 66 años y luce muy parecida a la del cuarentón en buena condición física. (Según Nathan LeBrasseur, la diferencia entre las dos solo podría apreciarse bajo el microscopio.) Pero la que está a la derecha pertenece a un hombre de 76 años que jamás ha participado en un triatlón ni en ninguna otra clase de carrera en su vida. Es de un granjero inglés, cuyo trabajo requirió que permaneciera de pie la mayor parte de su vida, moviéndose mucho todo el día. Tiene aproximadamente la misma «edad muscular» que el cuarentón, porque su estilo de vida es lo más próximo al de nuestros antepasados en la evolución.

Con sus saltos con garrocha, sus saltos de altura y sus carreras, Howard Booth y sus compañeros atletas mayores no solo están desafiando el tiempo y la gravedad, sino también imitando de alguna manera el tipo de cosas que nuestros antepasados cazadores-recolectores tenían que hacer. Evitar la sarcopenia solo es un beneficio secundario. Ellos podrán perseguir a sus nietos en el parque, o incluso simplemente caminar por ahí, por decir, en París cuando están de vacaciones. El hombre sedentario no podrá. *Úselo o despídase de él.*

Lo de úselo o despídase de él también aplica a los ratones de laboratorio. Por lo habitual, esos ratones están dentro de pequeñas jaulas de plástico un poco más grandes que una caja de zapatos, con acceso prácticamente ilimitado a comida, pero no tienen la posibilidad de hacer ejercicio. Además viven solos, porque los machos en cautiverio tienden a pelear. Hace unos diez años, Sandy Keith, un ayudante de laboratorio de Tom Kirkwood, hizo un pequeño experimento inédito que consistió en simplemente colocar a sus ratones en jaulas más grandes y proporcionarles objetos para jugar, cosas simples como los tubos de cartón del papel de baño. Él también jugó con los ratones todos los días, para que tuvieran contacto social. Uno de estos ratones con «campo ancho», un macho llamado Charlie, vivió la asombrosa cantidad de 1551 días, o sea cuatro años y tres meses; es decir, seis meses más que el ratón sujeto a una restricción de calorías que haya vivido más tiempo.[8] También se divirtió mucho más.

A la fecha, Charlie sigue siendo uno de los ratones de vida más larga que haya existido, simplemente porque le dieron la ocasión de «usarla». El problema es que, tratándose de la mayoría de las personas mayores, no esperamos ni fomentamos que hagan gran cosa y cuando hacen algo con frecuencia les duele, así que lo evitan. «Algunas generaciones han estigmatizado el ejercicio. Uno dice "ejercicio" y la gente pierde interés», dice LeBrasseur, cuyo centro de investigación está conectado con una comunidad de personas mayores. «Me llama mucho la atención que las personas construyen su mundo en torno a su sillón La-Z-Boy. Tienen a la mano sus medicamentos, la televisión y su comida. Se las han arreglado para dejar la actividad fuera de su existencia.»

Así que ni siguiera se trata de «ejercicio» en el sentido de esforzarse mucho sobre la caminadora del gimnasio, sino de algo más parecido a «moverse de aquí para allá», como el granjero inglés. Estudios recientes han señalado que el acto mismo de permanecer sentado es un fuerte factor de riesgo de muerte. Un análisis publicado en el *Lancet* en 2013 encontró que la inactividad era responsable de más de 5.3 millones de muertes prematuras cada año en el mundo, por causas que iban desde las cardiopatías hasta el cáncer de colón.[9] Los autores llegaron a la conclusión de que acabar con la inactividad (¿Tal vez encadenando a las personas a las caminadoras?

¿Prohibiendo las televisiones?) reduciría la incidencia de esas enfermedades y también de la diabetes tipo 2 y del cáncer de mama entre 6 y 10%. No solo eso, llegaron a la conclusión de que incrementaría la esperanza de vida en todo el mundo para toda la raza humana en cerca de nueve meses.

Algunos científicos piensan que el permanecer sentado es el nuevo tabaquismo: un mal hábito que inevitablemente conduce a enfermedades. Salga a la calle a caminar un rato, pero asegúrese de no respirar cuando pase junto a personas que están fumando en la banqueta a las puertas de un edificio.

Sea como fuere, queda claro que mover los músculos hace algo mucho más profundo que simplemente quemar calorías. En fechas recientes, LeBrasseur y sus colegas terminaron un experimento novedoso que ilustra magníficamente el poder metabólico del ejercicio. LeBrasseur alimentó a los ratones de laboratorio con una dieta especial diseñada concretamente para imitar el contenido nutricional de un paquete de comida rápida: una Big Mac, papas fritas y una Coca. Los ratones habían sido manipulados genéticamente para que las células senescentes se ligaran a un marcador fluorescente especial que las haría brillar en la oscuridad. Tras algunos meses de seguir la dieta de la comida rápida, los ratones se iluminaban de color verde brillante, porque estaban llenos de muchas más células senescentes que los ratones que habían ingerido una dieta normal. Pero los ratones Big Mac que además habían hecho ejercicio tenían muchas menos células senescentes. El ejercicio había anulado efectos negativos del Combo #1, ya sea eliminando las células senescentes resultantes o impidiendo desde un inicio que se formaran.

«En verdad hace destacar el poder del ejercicio. Uno vierte todas esas sustancias tóxicas dentro de su cuerpo, pero si hace ejercicio, no será tan dañino.»

Por lo tanto, está bien ir a McDonald's, pero vaya corriendo (o mejor aún, corra de regreso a casa). Pero lo que los científicos están descubriendo no solo es que el ir corriendo impide que la salsa especial se quede en sus arterias, sino también que sus músculos de alguna manera se comuniquen con otros órganos de su cuerpo para optimizar su funcionamiento. Sabemos esto gracias a varios experimentos innovadores realizados en la década de 1990 con atletas que habían quedado paralizados por lesiones en la columna. Los investigadores descubrieron que cuando los músculos de los atletas eran estimulados de modo que imitaba el ejercicio, sus hígados «sabían» enviar una inyección de energía directamente a sus músculos. Antes se pensaba que esta comunicación se daba por vía del sistema nervioso y el cerebro, pero los afectados de la columna recibían la misma explosión de energía; incluso experimentaron «la euforia de los corredores». ¿Cómo podía ser?

En el año 2003, los biólogos Mark Febbraio y Bente Pedersen encontraron que así como la grasa «le habla» al resto de su cuerpo, por lo habitual diciendo cosas terribles, los músculos también lo hacen. «Descubrimos que cuando uno contrae un músculo, este funciona de hecho como un órgano endocrino que libera factores que hablan con otros tejidos. Por lo tanto, cuando un músculo se contrae, no solo es un órgano de locomoción», dice Febbraio.

El principal factor de señalización que identificaron fue sorprendente: nuestra vieja amiga la IL-6, la conocida citocina inflamatoria que suele ir de la mano con cosas malas como la inflamación y la muerte temprana. Encontraron que el ejercicio genera cantidades enormes de IL-6, pero en ese contexto en realidad tiene efectos beneficiosos, como señalar al hígado que empiece a convertir la grasa en energía. «Cuando lo descubrimos, verdaderamente no nos creían, porque se pensaba que la IL-6 era nociva en muchas enfermedades. Pero el caso es que, en el ejercicio, de hecho es *anti*inflamatoria».[10]

La diferencia tenía que ver con el tiempo. Los obesos y los viejos suelen tener concentraciones permanentemente altas de IL-6, un signo de inflamación crónica. Los pacientes de peso normal y más jóvenes tienen concentraciones más bajas, pero cuando hacen ejercicio, las concentraciones de IL-6 aumentan a cifras muy elevadas y después se disipan en unas cuantas horas. Estas pequeñas explosiones de IL-6 de hecho envían mensajes a otros órganos, como el hígado y los intestinos, diciéndoles que cambien al modo de «ejercicio».

Desde entonces, se han identificado docenas más de estos mensajeros específicos de los músculos llamadas miocinas. Febbraio, que fue triatleta profesional y se describe como «adicto al ejercicio», piensa que hay cientos más por descubrir y que en gran medida son las responsables de los innumerables y complejos efectos beneficiosos del ejercicio. Algunos de ellos incluso actúan sobre el cerebro, desencadenando la liberación de BDNF, factor neurotrófico derivado del cerebro, que cura y protege a las neuronas.

En cierto sentido, el ejercicio ayuda a mantener el cuerpo limpio. La actividad intensa pone en marcha un proceso de limpieza celular llamado autofagia, que proviene del griego y significa «comerse a uno mismo». La autofagia es fundamental para la supervivencia de nuestras células. Sin ella, nuestras células no tardarían en llenarse de basura y se volverían disfuncionales, como sucedería con su casa si dejara de sacar la basura. «El ejercicio es un mecanismo increíblemente eficaz para impulsar el recambio de proteínas, es como eliminar por el caño las proteínas viejas. Ayuda a nuestras células a hacer limpieza de modo que puedan funcionar mejor y durante más tiempo», dice LeBrasseur.

Al parecer, otras miocinas operan en los huesos, en el páncreas (que secreta insulina), en el sistema inmunológico y en los músculos mismos, propiciando el crecimiento y la curación. «Al parecer la masa muscular es el órgano que contrarresta a la grasa», dice Pedersen. Literalmente: una miocina recién descubierta incluso trata de convertir la grasa en un sistema que quema energía, igual que el músculo. En 2012, un equipo de Harvard identificó una hormona llamada irisina, secretada por los músculos durante el ejercicio, que engaña a la simple grasa blanca, la cual constituye la mayor parte de nuestra grasa, para que actúe como grasa «parda», una forma mucho más rara de tejido adiposo que está lleno de mitocondrias y que de hecho quema energía. Bruce Spiegelman, el científico de Harvard que descubrió la irisina, ahora está buscando un fármaco compuesto capaz de desatar su liberación, independientemente del ejercicio.

Pero Febbraio advierte que «el ejercicio en una píldora» no es una posibilidad viable. «Jamás sucederá, porque los beneficios del ejercicio son multifactoriales. No es posible diseñar un fármaco que reemplace al ejercicio». Solo tendría que preguntar eso a Phil Bruno. Para él, el ejercicio de hecho ha terminado por reemplazar a los fármacos.

Don y Ron y Bernie y Howard Booth tenían una cosa en común. Cada uno de ellos se veía y actuaba como alguien mucho más joven de la edad que consignaba su licencia de conducir. Sin embargo, hasta fechas recientes, la ciencia establecida ha insistido en que el ejercicio en realidad no afecta el proceso mismo del envejecimiento sino que simplemente extiende el tiempo de vida y mejora el funcionamiento. En estudios con ratones (que tanto le gustan a los investigadores) al parecer solo incrementó el tiempo *promedio* de vida, pero no el tiempo máximo, lo cual significa que en realidad no estaba desacelerando el envejecimiento, si bien ayudó a ciertos individuos a vivir más tiempo de lo que habrían vivido de lo contrario.

Sin embargo, nuevas investigaciones sugieren que el ejercicio podría tener un efecto más profundo sobre el proceso de envejecimiento que el que los científicos habían estado dispuestos a creer. En 2007, Simon Melov formó parte de un equipo que encontró que el ejercicio en realidad parecía revertir los efectos del envejecimiento en un grupo de canadienses mayores. El estudio se basó en dos grupos de personas, uno de mayor y otro de menor edad. Los investigadores tomaron biopsias de los músculos de personas en los dos grupos, un doloroso procedimiento que involucra una aguja bastante grande y larga, y analizaron los patrones de «expresión génica» de los tejidos, es decir, qué genes se activaban y desactivaban. (Con el transcurso del tiempo, diferentes genes se activan en diferentes células de nuestros cuerpos, un proceso que se conoce como cambio «epigenético»).[11]

A continuación, asignaron a la mitad de cada uno de los grupos a un programa de ejercicio de resistencia muy estricto pero no muy demandante durante seis meses. Al término de los seis meses, tomaron más biopsias y encontraron que los músculos de los sujetos mayores habían vuelto a un estado «más joven»; es decir, se habían activado muchos de los mismos genes que en sus compañeros jóvenes del estudio. «En esencia, demostramos que mediante el ejercicio es posible revertir la firma de la expresión génica del envejecimiento», dice Melov.

En pocas palabras, el ejercicio había activado a los genes «jóvenes» y había desactivado a los genes «viejos». La mayor parte de esos genes tenía que ver con el funcionamiento de las mitocondrias que, como usted sin duda recordará de su clase de biología en bachillerato, son las pequeñas plantas de energía en el interior de nuestras células. Me gusta pensar que son como pequeñas turbinas celulares, pero lo verdaderamente interesante es su historia. En la evolución, las mitocondrias originalmente fueron organismos separados (en realidad parásitos) allá en tiempos del caldo primordial. En esos tiempos, la mayor parte de las bacterias que vivían en la tierra eran anaeróbicas; es decir, sobrevivían sin oxígeno. Pero a medida que la atmósfera se fue oxigenando, en ese primer gran episodio de cambio climático global, las criaturas anaeróbicas empezaron a morir, a no ser que hubiesen sido invadidas por los pequeños parásitos que quemaban oxígeno y que ahora llamamos mitocondrias. Hoy, casi toda la vida depende del oxígeno y las mitocondrias están presentes en casi todas las células vivas. Sin embargo, como las mitocondrias son tan antiguas y primitivas, siguen conservando su pequeño genoma por separado, diferente del nuestro, con solo trece genes que son sumamente importantes y también sumamente frágiles.

Mark Tarnopolsky, un médico investigador de la Universidad McMaster de Ontario y coautor de Melov, estaba fascinado con las mitocondrias, por lo cual empezó a trabajar a partir del punto donde había quedado el estudio de 2007. A lo largo de toda su carrera, Tarnopolsky se había dedicado a estudiar enfermedades mitocondriales raras en niños y adultos y había notado que muchos de sus pacientes sufrían efectos como de una especie de envejecimiento acelerado: presentaban pelo cano prematuro, sufrían de ceguera a los veinte años o perdían fuerza muscular a los cuarenta. Esto tiene sentido porque se piensa que la disfunción mitocondrial es uno de los principales motores del envejecimiento. «¿Qué tiene el proceso del envejecimiento que desenmascara a tantos de nuestros males?», pregunta Tarnopolsky.

Él también ha estudiado a las mitocondrias a un nivel más funcional porque fue un atleta amateur de alto nivel, clasificado a nivel nacional en esquí de fondo y carreras a campo traviesa. Cuando se acercaba a los cuarenta años, se empezó a preguntar cuáles serían los efectos de la edad en sus propias mitocondrias y si el ejercicio podría frenar esas consecuencias. Una teoría del envejecimiento dice que con el transcurso del tiempo nuestras mitocondrias acumulan mutaciones en su más bien frágil ADN, lo cual provoca que mueran, de una en una. Como observó Luigi Ferrucci, dado que con la edad vamos perdiendo mitocondrias, a la larga nos quedamos sin energía. Para empeorar el asunto, nuestras mitocondrias son el punto donde ocurren algunas de las reacciones químicas más intensas del cuerpo, las cuales producen radicales libres tóxicos y otras moléculas nocivas. Cuando un número considerable de mitocondrias deja de funcionar, también deja de funcionar la célula, sea una muscular, una cerebral o una de otra clase cualquiera.

Tarnopolsky quería realizar un estudio del envejecimiento de las mitocondrias en ratones, pero no pudo conseguir financiamiento porque, en su opinión, los científicos conservadores tienen una posición tendenciosa contra los estudios del ejercicio. «Por desgracia, cuando uno quiere estudiar el ejercicio, de entrada está en desventaja. La gente dice que el ejercicio es "sucio" porque ofrece tantas vías. Un número considerable de nuestros artículos son rechazados porque la gente dice: "No has demostrado el mecanismo exacto de la vía del ejercicio"».

Sin otra alternativa, Tarnopolsky decidió financiar el estudio él mismo, echando mano de más de 100 mil dólares de utilidades de su clínica médica para adquirir un número muy pequeño de ratones genéticamente modificados muy caros. Los ratones habían sido programados para sufrir mutaciones en el ADN de sus mitocondrias a un ritmo muy superior al normal, lo cual provocaba que sus mitocondrias murieran antes y eso, a su vez, hacía que envejecieran antes. A continuación, asignó a algunos de esos ratones a un programa de ejercicio regular en una banda sin fin, de solo 45 minutos tres veces a la semana, pero dejó que otros estuviesen sedentarios en sus jaulas.

Los resultados fueron dramáticos. Como esperaba, los ratones sedentarios envejecieron prematuramente: estaban canosos, demacrados y débiles. Pero los ratones que habían hecho ejercicio estaban fuertes y activos, además de que lucían un pelo negro lustroso; literalmente caminaban sobre sus primos sedentarios, a pesar de que tenían el mismo ADN mitocondrial modificado. Los efectos llegaban más allá de la superficie. Las necropsias demostraron que los ratones ejercitados tenían corazones más fuertes (por supuesto), pero también hígados y cerebros más sanos e incluso gónadas (¡yay!) más robustas que los de los ratones inactivos. El ejercicio de alguna manera había reparado el ADN de sus mitocondrias; en pocas palabras, había revertido su envejecimiento. Tarnopolsky suponía que, con el ejercicio, las mitocondrias envían alguna especie de moléculas mensajeras que se encargan de las reparaciones en otros órganos, y no solo en los músculos. Estaba decidido a averiguar cuáles eran esas moléculas, porque podrían conducir a fármacos que ayudaran a sus pacientes con enfermedades raras. Sin embargo, para el resto de nosotros, el ejercicio *es* el medicamento.

«Es muy sencillo, ¡levántate del sillón!»

Estuve tres días en los Senior Games, mirando a estos increíbles atletas mayores correr, saltar y lanzar cosas. Llegó un punto en que me acostumbré a ver todo eso, por lo que casi no presté atención a la imagen de una señora de setenta años con ropa de tenis dando un salto de Fosbury perfecto. Pero la segunda tarde, el estadio entero se detuvo para ver una carrera extraordinaria.

Era la carrera femenil de 800 metros, o dos vueltas a la pista. Desde que sonó la pistola una corredora se destacó entre las demás. Era alta, tenía cabello largo plateado y sus largas piernas recorrían la distancia con zancadas largas y elegantes. Otras participantes de su carrera parecían avanzar a duras penas, como si hubiesen perdido su vigor, pero ella se deslizaba por la pista con el garbo de una competidora olímpica. Cerró en 3:28, un nuevo récord para los Senior Games, y un tiempo que pocas cuarentonas podrían igualar, y todo el mundo aplaudió. Fue algo espectacular, incluso bello de observar. Yo tenía que averiguar sus secretos.

Su nombre es Jeanne Daprano, tiene 76 años y fue maestra de tercer grado en las afueras de Atlanta. Es muy conocida en el círculo de pista para personas mayores, y posee varios récords mundiales dentro de su grupo de edad. En el 2012 fue la única mujer de 75 años en correr una milla en menos de siete minutos; según las fórmulas usadas en los deportes Másters para calificar según la edad, su tiempo de 6:58 se traduce a que una persona corra la milla en 4 minutos cerrados, cosa que ninguna mujer ha logrado jamás. (El récord mundial femenil actualmente es 4:12.)

En pocas palabras, era una mujer exitosa, pero la historia de su vida dista mucho de ser la de una atleta de élite. Se crió en una granja en Iowa y la mayor parte de su vida el único ejercicio real que hizo fue seguir el paso de los pequeños de primaria en una escuela en Long Beach, California del Sur. Había empezado a correr a los 45 años, cuando el jogging se puso de moda en la década de 1980, pero hasta que cumplió sesenta años nunca tomó en serio el entrenamiento ni la competencia. «Las mujeres con las que empecé a correr hace muchos años eran mejores atletas que yo, pero ya no están corriendo», me dijo.

Cuando era maestra llevaba a sus niños a eventos de carreras. Ahora, casi todo su entrenamiento para las carreras es sobre pasto blando con el propósito de cuidar sus rodillas (que, sobra decir, en realidad no fueron diseñadas para durar setenta años) y, como muchas atletas, presta enorme atención a su dieta. A medida que se centró más en las carreras, dejó de comer papas a la francesa (que le encantaban) durante seis semanas, tan solo para ver si era capaz de hacerlo. Cuando pasaron esas seis semanas se había curado de su adicción a las papas a la francesa y ahora sigue una dieta de «alimentos vivos», término que usa para referirse a alimentos crudos, ensaladas y *sashimi*. Dedica su tiempo libre a visitar asilos, donde trata de convencer a los residentes (algunos más jóvenes que ella) de que no dejen de estar activos y que se alimenten de forma más sana.

«Envejecer es bello. Escriba ahí que es bello. El diseño de Dios para el envejecimiento es perfecto», me dijo cuando estábamos junto a la pista.

Era difícil discutir este punto con ella. Ahí, se me ocurrió la pregunta: ¿Tendría Jeanne Daprano más en común con Irving Kahn, el gurú de las inversiones de 108 años, que con sus viejas compañeras corredoras? ¿De alguna manera, Jeanne y Ron y Don y Bernie y sus compañeros competidores también estaban protegidos genéticamente contra el envejecimiento? El plan de Dios (o de quien sea) para el envejecimiento tal vez es más perfecto para unos que para otros.

Nathan LeBrasseur se hace la misma pregunta, esa que las investigaciones existentes no han contestado en realidad. «El problema con esos estudios es que no sabemos si la capacidad para ejercitarse bien, para tener una VO₂ máx alta o para estar motivado forma parte de la misma firma genética que la longevidad. Si alguien tiene capacidad para entrenar y para proteger su condición física, ¿estamos hablando de las mismas cosas que lo protegen contra las enfermedades cardio-vasculares y la apoplejía?»

Todos conocemos a familias enteras que la pasan tirados en un sillón, ¿pero son de esa forma porque lo han heredado o porque todos en su derredor también son así? Una investigación reciente sugiere que la disposición misma a hacer ejercicio podría ser here-dada, cuando menos en parte. Por ejemplo, estudios de gemelos han encontrado que sus parientes genéticos cercanos mantienen niveles similares de actividad a lo largo de toda la vida. En realidad eso no contesta del todo la cuestión de la herencia o el entorno.

En fechas recientes, científicos de la Universidad de Missouri trataron de dilucidar la cuestión con un interesante experimento: dividieron a varias ratas de laboratorio en dos grupos, las que corrían con entusiasmo y las que no se acercaban a la banda sin fin. A continuación cruzaron selectivamente a unas corredoras con otras corredoras y a unas ratas holgazanas con otras holgazanas. Al cabo de ocho generaciones encontraron diferencias claras en el cerebro de las dos líneas de ratas.[12] Las corredoras tenían mayor número de un tipo particular de neuronas que están relacionadas con el placer y la adicción, lo cual significaba que era más probable que derivaran placer del ejercicio. Las ratas holgazanas tenían una cantidad más baja de esas neuronas, las cuales se encuentran en la zona del cerebro llamada núcleo accumbens. A continuación, los investiga-dores añadieron un toque. Indujeron a las ratas holgazanas a correr (mediante descargas eléctricas) y ellas también desarrollaron una cantidad más grande de «neuronas del ejercicio». Así, incluso las ratas holgazanas programadas genéticamente aprendieron a que les gustara, cuando menos un poco.

Este hallazgo es importante porque los estudios indican que hasta 90% de los estadounidenses no cumplen con los lineamientos míni-mos de la actividad física, definida por el gobierno federal como treinta minutos de ejercicio moderado (piense en «caminar rápido») cinco veces a la semana. A medida que nos las arreglamos para eliminar la actividad de nuestras vidas con cada generación que pasa, tal vez en camino a un mundo en que no haya que pararse de un sillón La-Z-Boy, como muestra la película *Wall-E*, los humanos del mundo desarrollado tienden a ser cada vez más holgazanes, a estar menos dispuestos a ser activos (y rara vez se requiere que lo sean), a ser más como las ratas holgazanas.

Pero, al mismo tiempo, tanto las ratas dispuestas como las no dispuestas estuvieron en mejor condición haciendo algo que sin hacer nada; y lo mismo se aplica a las personas. Los investigadores por fin están recibiendo fondos para hacer estudios clínicos del ejercicio, en forma de una «intervención», es decir, evaluar el ejercicio como si fuera un medicamento. Uno de los más grandes, el Estudio LIFE, informó sus resultados en junio de 2014. El experimento consistió en inducir a un grupo de 800 personas mayores sedentarias, de entre 70 y 89 años, a que iniciaran un programa de ejercicio leve (presuntamente no fue por vía de descargas eléctricas, pero ¿quién sabe?).

Ya tenían problemas, con calificaciones muy bajas en las pruebas de desempeño físico, pero por lo menos todavía podían caminar 400 metros, distancia que se considera el umbral para algo llamado desorden mayor de movilidad. No obstante, eran el tipo de personas que probablemente no saldrían a la calle para entrar a un gimnasio; estaban al borde de no poder vivir de forma independiente. Después de dos años, el grupo que hizo ejercicio tenía tasas de discapacidad mucho más bajas que el otro grupo, el de las personas a las que solo se les *había dicho* que hicieran ejercicio. Caminar un poco mantuvo a muchas de esas personas fuera del asilo, cuando menos por un poco más. Si hubiese sido un medicamento hubiera tenido la aprobación garantizada de la FDA.[13]

«De verdad que es nuestra intervención más promisoria para los males de la vida avanzada. Y es gratis», dice LeBrasseur.

Capítulo 11

MATARSE DE HAMBRE PARA SER INMORTAL

Salí despavorido de Harrisburg, ¡Maldita ciudad! Me recogió
un tipo siniestro y delgado que creía en el ayuno controlado
para mejorar la salud. Cuando ya en marcha hacia el Este le dije
que me estaba muriendo de hambre, me respondió: «Estupendo,
estupendo, no hay nada mejor. Yo llevo tres días sin comer. Y viviré
150 años». Era un montón de huesos, un muñeco roto, un palo
escuálido, un maníaco.

JACK KEROUAC, *En el camino*

D on Dowden abre la puerta de su mansión en el norte de Boston
y me recibe con la noticia de que me he perdido la comida.
Me lleva a la cocina, me muestra una enorme ensaladera de
metal, que ahora está vacía salvo por algunos rastros de aderezo y
unos restos de espinacas, pimientos rojos, brócoli, champiñones
y uno o dos garbanzos perdidos por ahí. «Estaba muy sabrosa»,
me dice y yo, que acabo de recorrer 240 kilómetros sin desayunar, no tengo otra alternativa que aceptar su palabra, y hasta me
huele deliciosa.

A pesar de mi obnubilación hipoglucémica, soy capaz de apreciar
la ironía de la situación. Yo estoy ahí muerto de hambre, mientras
Dowden, un abogado jubilado especializado en patentes que practica
lo que Kerouac llamó el «ayuno controlado para mejorar la salud»,
también llamada restricción calórica, está relamiéndose. Lo normal
sería que él fuese el hambriento. El espigado y elegante Dowden de
inmediato me recordó a otra figura patricia que creía en esa misma

disciplina, solo que ese hombre vivió hace cinco siglos, antes de que estuviera de moda.

El nombre del otro sujeto es Alvise Cornaro y era un acaudalado comerciante dueño de muchas propiedades que vivió en Padua, Italia en el siglo XVI. Era un hombre de extracción baja que se había abierto camino hasta el lugar que ocupaba y le encantaban las fiestas. Sus amigos le llamaban Luigi. Sin embargo, cuando llegó a los treinta y tantos años su vida licenciosa le había cobrado la factura y vivía asolado por su pésimo estado de salud; según confesó él mismo, padecía «cólicos y gota, una fiebre baja pero continua, un estómago casi siempre descompuesto y una sed permanente».

Phil Bruno y otro diabético cualquiera de inmediato reconocerían que esos son los síntomas básicos de la diabetes, una enfermedad de la vejez que es totalmente moderna. A veces se dice que Johann Sebastian Bach fue el primer diabético del que se tenga registro, pero el pobre Luigi Cornaro le ganó la partida por un par de siglos. Todavía no cumplía cuarenta, pero tenía tantos malestares que, en su fuero interno, solía aceptar que a veces preferiría morir. Sin embargo, no podía permitir que eso sucediera. Su hermosa esposa Veronica acababa de dar a luz a una criatura que habían anhelado durante mucho tiempo y él tenía que vivir para ver crecer a la niña.

Sus médicos de inmediato achacaron la causa de sus dolencias a su estilo de vida «desenfrenado»; en pocas palabras, demasiadas fiestas renacentistas. (A todos nos ha pasado.). Los doctos médicos, citando el consejo ya entonces antiguo del médico romano Galeno, le dijeron que se limitara un poco. Evidentemente, hizo caso omiso de sus consejos y siguió de parranda con sus amigos. (Eso *también* nos ha pasado). Más adelante admitiría que, «como todos los pacientes, le ocultaría eso a los médicos».

Sin embargo, con el tiempo, su enfermedad lo obligó a darse por vencido. Sus médicos le habían advertido por enésima vez que si no ponía un alto y dejaba las parrandas estaría muerto en cuestión de meses. En esta ocasión decidió cambiar de vida. Empezó por descartar los alimentos que no le caían bien: «vinos pesados y muy fríos, así como melones y otras frutas, ensaladas, pescado y cerdo, tartas, productos del huerto, pasteles y demás, [que] eran muy agradables para el paladar, [pero] que por lo demás me caían mal». Esto no dejaba mucho en la lista, tal vez con excepción del hielo, pero también lo eliminó. ¡Vaya propósito de Año Nuevo!

Pasados unos cuantos meses, se conformaba con una ración diaria de pan, saludable pero escasa, un poco de carne (de carnero o cabra) o algún ave o pescado, por lo habitual preparados en forma de sopa caldosa, con una yema de huevo para que le llenara más. Se permitía comer 340 gramos exactos de este potaje al día. «Siempre me levantaba de la mesa con ganas de comer y de beber más. Apenas como lo bastante para que mi cuerpo y alma sigan unidos», comentó comprensiblemente.

A pesar de lo frugal que suena, su nueva dieta le brindó literalmente una segunda oportunidad de vivir. En cuestión de una semana se empezó a sentir mejor y eso le dio la fuerza necesaria para seguir adelante. En lugar de morir a los cuarenta años, como temían sus médicos, Cornaro vivió lo bastante para llegar a ser uno de los hombres más ricos e importantes de Padua y, con el transcurso de los años, uno de los más viejos. Tintoretto pintó su retrato, que ahora cuelga en un muro del Palazzo Pitti de Florencia. En el retrato, de año desconocido, él luce calvo y avejentado, pero sus ojos bailan llenos de vida. Era un hombre feliz. Le presumió a un amigo que su forma de vida le «había dado el vigor de los 35 años a la edad de 58».

Ese apenas fue el principio. Cuando llegó a los ochenta años seguía subiendo y bajando las escaleras de su mansión y trabajando en sus jardines. «Puedo montar a caballo con facilidad, y hacer muchas otras cosas», se jactaba.

No todo el mundo estaba tan emocionado. Su familia estaba preocupada y le pedía que comiera un poco más. Subió a 396 gramos al día, pero se quejaba de que la comida extra le producía «melancolía». Por lo cual, él regresó a sus 340 gramos y su familia dejó de molestarlo. Pudo regresar tranquilamente a su gran tarea, continuar con un tratado que estaba escribiendo desde hacía mucho tiempo sobre su nuevo estilo de vida. Lo tituló *Discorsi della vita sobria* (*Discurso de la vida sobria*) y la primera edición apareció en 1558, cuando Cornaro era un viejo de 81 años, el doble de edad que sus médicos habían pronosticado que alcanzaría.[1] Lo revisó dos años después, a los 83 años, y después otra vez a los noventa. A la madura edad de noventa y cinco años, y en perfecto estado de salud, pensó que era necesario revisarlo y extenderlo por cuarta vez; lo cual tal vez demuestra que lo único que termina el proceso de edición es la muerte misma, a la cual finalmente sucumbió a la edad de 98 años.

Sin embargo, en las cuatro versiones, el mensaje básico era bastante sencillo: *No coma demasiado*. Escribió que «un hombre no debe comer sino lo absolutamente necesario para sostener la vida, recordando que todo exceso provoca enfermedades y conduce a la muerte».

El ferviente tomo de Cornaro se convirtió en el primer libro de dietas en lograr superventas en el mundo. Escrito en un tono confesional sumamente moderno, el libro fue traducido y republicado en casi todos los idiomas y en todos los siglos hasta el nuestro y de entre los trabajos sobre la dieta y la longevidad que se hayan escrito jamás, fue uno de los más populares. Fue publicado en alemán, francés e inglés y hasta existe una edición compilada nada menos que por Ben Franklin, quien seguramente reconoció el atractivo del sentido común de la obra.

El libro de Cornaro se volvió a poner de moda a principios del siglo XX, cuando el creciente movimiento de la templanza malinterpretó la forma en que usaba el concepto de *sobriedad*, olvidándose convenientemente de que él comía sus 340 gramos de caldo acompañados de casi medio litro de vino, o sea unos tres vasos. Thomas Edison fue un gran difusor del libro, que ahora se suele titular *The Art of Living Long* o *How to Live to 100* [*El arte de vivir mucho tiempo o Cómo vivir hasta los 100 años*]. Henry Ford se lo regalaba a sus amigos ricos y hasta bien entrada la década de 1980, siguieron apareciendo nuevas ediciones de la obra. Por medio de su libro, Alvise Cornaro había conquistado la inmortalidad que deseaba, pero también dejaría su marca en la ciencia.

Clive McCay, un joven profesor de nutrición en Cornell, descubrió el *Discorsi* cuando se topó con una edición de 1917 publicada como *The Art of Long Living* e hizo algunas anotaciones en sus páginas. Intrigado por el contenido, hizo la prueba de hacer que un grupo de ratas de laboratorio siguiera la dieta de Luigi Cornaro. Alimentó a un grupo de crías con una dieta con muy pocas calorías (enriquecida con vitaminas para evitar la desnutrición) y a otro con una dieta normal. Los animales subalimentados no crecieron mucho y estaban escuálidos (o como escribió McCay se quedaron «retrasados»), pero vivieron casi el doble de tiempo que sus primas rechonchas; en algunos casos hasta cuatro años más, lo cual es mucho tiempo para una rata.[2]

Hoy, el artículo de McCay al respecto, escrito con su alumna de posgrado Mary Crowell y publicado en el *Journal of Nutrition* en 1935, está considerado uno de los grandes avances en nuestro conocimiento del envejecimiento, pero en su época, otros científicos consideraron que el trabajo era bastante extraño y, por supuesto, que carecía de importancia. En aquellos días, la nutrición era más bien un campo yermo. Él se quejaba de que «las personas ni siquiera la consideran ciencia». Y si en el ámbito científico la nutrición era un páramo, entonces el estudio del envejecimiento (la gerontología) era prácticamente una isla desierta.

No obstante, la gente estaba fascinada. En una charla en la radio, McCay afirmó que sus ratas habían vivido el equivalente a 120 años humanos, lo cual captó la atención del público. Ahí mismo declaró: «el tiempo de vida probablemente es mucho más flexible de lo que habíamos supuesto». En la revista *Time* escribieron sobre él y también dio infinidad de entrevistas en la radio para un público que estaba intrigado por la idea de que matarse de hambre puede ser un camino para tener una vida más larga. El programa del Seguro Social era enteramente nuevo y los estadounidenses querían aprovechar la posibilidad de cosechar sus bondades durante tanto tiempo como pudieran. La Fundación Rockefeller no tardó en aparecer con un subsidio de 42 500 dólares para ampliar el trabajo de McCay en «dietas que pudieran propiciar la longevidad». A la sazón, el patriarca de la familia John D. Rockefeller tenía 96 años y era demasiado tarde para que se beneficiara del trabajo de McCay, pero de cualquier manera, las distintas dietas experimentales que intentó con dinero de los Rockefeller (alimentando a las ratas con café, vitaminas, vísceras y pan de trigo integral) no las llevaron a vivir tanto tiempo como lo hizo la sencilla y añeja hambre.

El nuevo entusiasmo del público por la investigación de la longevidad se esfumó al avecinarse la Segunda Guerra Mundial, la cual estaba acortando los tiempos de vida de forma bastante abrupta en todo el mundo. El racionamiento de alimentos y de azúcar apagó el atractivo que pudiera retener el ayuno controlado y McCay se dedicó a otros proyectos. Trabajando mano a mano con el ejército, desarrolló un nuevo tipo de hogaza muy nutritiva, densa y digamos que *chiclosa*, que llevó el nombre de «pan de Cornell», mismo que tuvo bastante éxito y que, hasta bien entrada la década de 1980, se podía encontrar en las tiendas naturistas de todo el país. Las personas nunca supieron que estaba basado en la receta de la comida especial que McCay daba a sus ratas.[3]

Sin embargo, McCay nunca abandonó su fascinación por la longevidad. Era un buen hombre que había quedado huérfano desde muy joven y se rodeó de animales, en particular de perros viejos. Su granja Green Barn en las afueras de Ithaca, Nueva York, era una verdadera perrera, llena de perros callejeros y sabuesos retirados que habían sido usados en investigaciones. Sus carreras científicas no habían quedado enteramente en el pasado, porque McCay seguía jugueteando con sus dietas. Su investigación contribuyó a establecer los requisitos nutricionales básicos del alimento moderno para perros. Y verdaderamente no le produjo sorpresa descubrir que, al parecer, las vidas de los perros que ingerían una dieta limitada eran más sanas que las de los que comían normalmente. (Consejo que tomé muy en serio para alimentar a mis propios canes: siempre en el extremo inferior del rango sugerido para su alimentación.)

Algún día, si tenía la ocasión, aplicaría su investigación a los humanos. «Hemos aprendido a evitar que muchos de nuestros niños mueran, pero no hemos avanzado mucho en el camino para brindar a los hombres y las mujeres una mediana edad más larga y saludable —se lamentaba hacia el final de su vida—. No queremos prolongar el sufrimiento que va de la mano con la vejez débil, queremos extender la flor de la vida cuando la mayoría estamos viviendo y disfrutando de la existencia».

Tras la muerte de McCay, el evangelio de la inanición en aras de la salud encontró a un apóstol en un lugar por demás extraño, o sea la playa de Venice en Estados Unidos en un momento dudoso, la década hedonista de 1970. Roy Lee Walford, que era un poco *hípster*, un poco artista, un poco malandrín, y un poco científico, llevaba mucho tiempo fascinado por el envejecimiento, ya desde su adolescencia en San Diego a principios de la década de 1940. «Cuando era joven, lo único que quería era vivir eternamente», le comentó una de sus (muchas) novias a Christopher Rowland, el director de documentales en 2007. Decía que si pudieses prolongar tu vida, podrías tener muchas carreras, podrías casarte muchas veces, podrías hacer toda clase de cosas en este mundo.[4]

Walford quería hacer de todo. Se adelantó a su tiempo en muchos sentidos y fue actor, escritor y aventurero. También era listo: se cuenta que pagó sus préstamos estudiantiles haciendo un viaje a Reno con un amigo matemático, donde pasaron tres días analizando cómo estaban cargadas las ruedas de las ruletas. A continuación, apostaron con base en esa información y limpiaron la banca. De tiempo en tiempo descansaba de la ciencia, incluso pasó un año viajando por India con un taparrabos, en sus propias palabras, «como un buscador desnudo», con un termómetro que llevaba a efecto de estudiar la temperatura corporal y el envejecimiento de los yoguis indios. Cuando regresó a casa en Los Ángeles, hizo amistad con un grupo muy interesante que incluía a Timothy Leary y a algunos miembros del grupo Living Theatre. Destacaba entre los *hippies* de pelo largo de Venice porque él llevaba la cabeza rapada y bigotes y una barba rubia canosa tipo Fu Manchú, en este caso también adelantándose a su tiempo. Cuando era un cincuentón, se metió en el rock punk antes de que en el mundo hubiera mucha gente que supiese lo que era eso. «Era un hombre bastante alocado. Vivía a tope la vida», recuerda Rick Weindruch, su alumno de posgrado y protegido.

Walford quedó fascinado con Clive McCay y sus ratas hambrientas. McCay y otros creían que la restricción calórica estaba extendiendo la vida de los animales porque «retrasaba» su desarrollo desde el nacimiento; pensaban que un crecimiento más lento era igual a un envejecimiento más lento. Walford y Weindruch suponían que la restricción de calorías de hecho estaba desacelerando el proceso mismo del envejecimiento en un nivel más básico. Lo demostraron con un grupo de ratones adultos a los que les fueron restringiendo poco a poco la cantidad de comida que les daban.[5] Pensaban que los animales más viejos no aguantarían esa reducción en su comida, pero de hecho vivieron más tiempo y con una incidencia mucho más baja de cáncer. Weindruch dice que la dieta restringida al parecer «los llevaba a otro estado metabólico y fisiológico, a uno consistente con el envejecimiento más lento».

No tenían idea de cómo había sucedido, pero fue suficiente para convencer a Walford de tomar muy en serio su propia dieta: la redujo a un batido de proteínas en el desayuno, una ensalada a la hora de comer y un camote asado o tal vez un poco de pescado para cenar. Se ciñó a este menú, que Cornaro habría calificado de glotón, prácticamente por el resto de su vida. Y empezó a predicar las maravillas de la restricción calórica para todo el que estuviera dispuesto a escucharlo. Encontró un público receptivo en California, donde siempre hay conciencia de la salud. Publicó una serie de libros muy populares, empezando con The 120 Year Diet [La dieta de 120 años], que se vendió bien a pesar de su título. «¿Quién quiere estar a dieta 120 años?», pregunta Weindruch.

Pero él no negaba lo que decía y, como explica Weindruch: «Roy era muy diferente de la mayoría de los otros practicantes de la restricción calórica que he conocido». Se mantenía rigurosamente en buena condición levantando pesas en el Gold's Gym original en la playa de Venice. En las cenas, se abstenía ostensiblemente de comer mientras todos los demás se atascaban como cerdos; en broma le dijo a un amigo que eso le hacía sentirse «travieso». Se suponía que solo se mataba de hambre cada tercer día y se sabía que los días alternos engullía una cantidad colosal de comida. Su amigo Tuck Finch comentó que las cenas estruendosas llenas de alcohol que compartían por casualidad siempre caían en los días que Walford «sí» comía, lo cual le sigue pareciendo «poco probable en términos estadísticos».[6]

Gracias a Walford, y a McCay antes que él, «el ayuno controlado para mejorar la salud» había atraído a un grupo de seguidores pequeño pero muy decidido, el cual incluía a Don Dowden. Sin embargo, en el ámbito científico, el jurado seguía indeciso ante la interrogante de si la restricción calórica de hecho era buena para las personas o no lo era. Por razones evidentes, pero sobre todo porque el estudio tomaría décadas, no existían datos sólidos en sujetos humanos.

Pero entonces, a principios de la década de 1990, Walford tuvo la ocasión de participar en algo que cambiaría radicalmente su carrera, y su vida. En una de sus fases de inquietud que le daban de tiempo en tiempo, se contrató como director médico en jefe de la Biósfera 2, la famosa (o infame) «estación espacial» en la Tierra que se estaba construyendo al norte de Tucson en el desierto.

«Considero que es necesario puntuar el tiempo con actividades peligrosas y excéntricas», explicó a *Los Angeles Times*.

Financiado por Ed Bass, el emprendedor heredero petrolero que se consideraba ambientalista, la Biósfera 2 era un terrario que medía alrededor de una hectárea y media, cubierto por vidrio, que había sido diseñado para replicar los grandes ecosistemas de la tierra (la Biósfera 1).[7] Walford y siete otros «terronautas» pasarían dos años dentro de esa cámara sellada herméticamente, comiendo los alimentos que produjeran en sus amplios jardines orgánicos y su granja piscícola interna. No recibirían nada del exterior, ni siquiera aire o agua, los cuales serían reciclados por el ecosistema del interior.

Cuando el equipo entró a la Biósfera el 26 de septiembre de 1991, Walford proyectaba una estampa estupenda con su uniforme estilo *Star Trek*, el cual quedaba perfectamente con sus orejas tipo Spock y su cráneo brillante. Sin embargo, las cosas no tardaron en tomar un giro inesperado cuando los exploradores descubrieron que no podían producir comida suficiente para alimentarse a sí mismos. Walford consideró que si la vida le daba limones, él haría limonada de dieta y decidió que era la ocasión perfecta para estudiar la restricción calórica en las personas. De ahí en adelante, los ocho miembros del equipo se sujetarían estrictamente a una pequeña ración de menos de 1 800 calorías por persona al día, al principio. Como médico del equipo, Walford monitorearía los efectos que la dieta iba produciendo en ellos.

En condiciones normales, los humanos están programados para hacer trampa en cualquier tipo de dieta, lo cual es otra razón que explica por qué resulta tan difícil estudiar la restricción calórica. Pero ahora la Biósfera había proporcionado a Walford ocho ratas de laboratorio cautivas, durante dos años. Su llamada dieta de inanición saludable incluía muchas frutas (cultivaban plátanos, papayas y naranjas chinas), una larga lista de vegetales, nueces y leguminosas, un puñado de huevos, lácteos de las cabras y una cantidad muy pequeña de tilapia y pollo. Solo 10% de sus calorías venían de la grasa y solo comían carne los domingos. Se supone que todo esto les proporcionaba combustible para pasar por semanas de ochenta horas de trabajo manual intenso, incluyendo levantar las cosechas, mantener la maquinaria pesada, podar las enredaderas que trepaban por los muros de vidrio, y preparar y ponerse el equipo de buceo para limpiar los tanques de los peces.

No es extraño que los Terronautas bajaran de peso como luchadores de sumo en un baño de vapor, deshaciéndose de kilos hasta que su IMC promedio cayó por debajo de veinte, en los hombres y las mujeres por igual (o en términos científicos «bien flacos»). Un hombre bajó 26 kilos y pasó de ser un hombre corpulento de 94 kilos a un delgaducho de 68. Todos bajaron tan rápido de peso que Walford comenzó a preocuparse de que sus células adiposas estuvieran liberando toxinas, como pesticidas y contaminantes, de regreso a sus cuerpos. De hecho, encontró que así era, pero la dieta estricta y la carga de trabajo físico pesado además produjeron problemas más inmediatos, por ejemplo que se estaban muriendo de hambre. Según Jane Poynter, la miembro del equipo que escribió una memoria reveladora titulada *The Human Experiment: Two Years and Twenty Minutes Inside Biosphere 2*, todos ellos aceptaron la costumbre de lamer el plato hasta dejarlo limpio después de cada comida para no desperdiciar ni una sola valiosa caloría. Los plátanos eran el artículo más sabroso del menú y tenían que ser guardados bajo llave.[8] Lo más triste de todo era que los Terronautas de vez en cuando se asomaban al exterior con sus binoculares y, como si fueran monjes viendo pornografía, observaban a turistas comiendo *hot dogs* en un puesto cercano. «Sin embargo, Roy estaba encantado ahí, porque era el trabajo de su vida», dijo contundente Poynter.

Era cierto. Walford solo había podido observar los efectos de la restricción calórica en los ratones de laboratorio (también en ratas, peces y monos). Ahora podía medir sus efectos en los humanos, inclusive en él mismo. Tomaba muestras de sangre de los miembros del equipo cada ocho semanas, y encontró que tenían la mejor sangre que jamás hubiese visto.[9] Sus concentraciones de colesterol habían bajado drásticamente, de un promedio de más de 200 a muy por debajo de 140. Sus concentraciones de insulina y de glucosa en sangre también se desplomaron, al igual que su presión arterial, según un artículo que Walford publicó mientras estaba «adentro». En términos metabólicos y cardiovasculares estas personas estaban entre las más sanas de todo el planeta. O eso parecía.

Cuando el octavo Terronauta salió de la Biósfera, en septiembre de 1993, la pompa y la ceremonia competían con el enorme alivio de que el largo proyecto, objeto de enorme escrutinio, por fin hubiese terminado. El proyecto había empezado con un ambiente de optimismo desbordado (¡así es como viviremos en *Marte*!), pero había tenido que aguantar un escepticismo desgastante y una andanada de artículos negativos en la prensa, inclusive uno publicado en *Village Voice* que exploraba las raíces del proyecto en una organización extraña llamada Synergia, donde era calificado de culto. Dos años de encierro habían dividido al equipo en facciones belicosas amargadas; la tensión y el drama en el interior de la Burbuja de hecho contribuyeron a inspirar el *Big Brother*, el programa de televisión tipo *reality*. La frugal dieta tampoco había ayudado a mantener un estado de ánimo favorable. Se había pretendido que el día de romper el «sello» fuese de gran felicidad para todos los involucrados. Por lo menos ahora podrían acudir al puesto de *hot dogs*.

Sin embargo, para Walford, el final de la Biósfera marcó el inicio de un oscuro capítulo de su vida. Cuando había entrado a la cápsula estaba en buena condición, muy animado y se veía mucho más joven de los 67 años que tenía. Los dos años de reclusión habían devastado su cuerpo. Tal vez se debió a la falta de comida, quizá fue por otra causa, pero en las fotos tomadas en la Biósfera, Walford luce consumido y demacrado, con los ojos macilentos y hundidos. De por sí delgado, había bajado 11.3 kilos de los 65 que pesaba y en la foto que le tomaron después de la Biósfera, parece mucho más viejo que en la versión de la derecha.

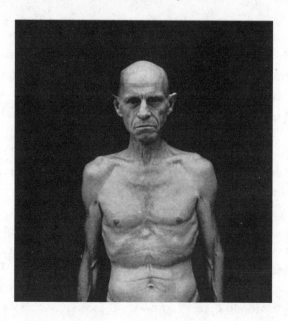

Roy Walford durante la Biósfera
Crédito: *Journal of Gerontology*

Sin embargo, el verdadero daño era invisible. Seis meses después de abandonar la Biósfera, Walford cayó en una depresión profunda y, para salir de ella, se bebía una botella de vodka cada cuatro días. Se había lesionado la espalda cuando trabajaba en el interior y, al principio, casi no podía caminar. Parecía que algo también había cambiado en su cerebro: apenas tres días después de salir de la Biósfera empezó a sufrir ataques en los que «quedaba como congelado» y sencillamente dejaba de caminar y caía al suelo. No tardó en necesitar una andadera.[10]

Personas cercanas a él sospechaban que había desarrollado alguna forma de enfermedad de Parkinson y que la causa no había sido la restricción de calorías, sino la restricción de oxígeno. Los diseñadores de la Biósfera no habían previsto que las grandes superficies de concreto del complejo absorberían literalmente toneladas de precioso oxígeno, de hecho asfixiando al equipo. Cuando llevaban unos seis meses dentro, el propio Walford se alarmó cuando descubrió que ya no podía hacer cálculos simples.

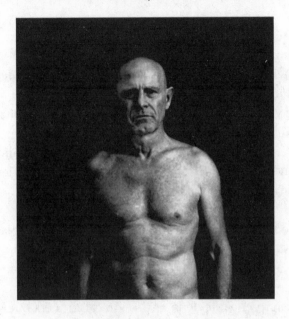

Roy Walford después de la Biósfera
Crédito: *Journal of Gerontology*

Incluso cuando la atmósfera fue «reequilibrada» inyectándole oxígeno e instalando más depuradores de CO_2 (que los periodistas descubrirían más adelante con enorme regocijo), los niveles de oxígeno no dejaron de ser bajos. Los habitantes de la Biósfera estaban viviendo en una atmósfera equivalente a una altura de 2133 metros sobre el nivel del mar, lo cual puede ser muy duro. No solo eso, sino que las concentraciones de CO_2 y monóxido de carbono subían a niveles peligrosos. En particular, la exposición a monóxido de carbono se ha ligado al Parkinson y a otros trastornos neurológicos.

Sin embargo, a pesar de la enfermedad, la mente de Walford no dejó de ser aguda y se apegó a su dieta, insistiendo que había detenido el avance de la enfermedad en lugar de acelerarla. Incluso en 2001, hablando con Alan Alda, que entonces era el anfitrión de un programa de televisión de *Scientific American*, Walford pregonó los beneficios de la restricción de calorías, insistiendo que «le permitiría vivir más tiempo que en caso contrario». Él, como Suzanne Somers, dijo que esperaba cumplir 110 años.[11]

Pero físicamente era una ruina. Un video que le tomaron ese mismo año es en verdad espeluznante. Apenas diez años después de la Biósfera, cuando entró como una versión vigorosa del Capitán Jean-Luc Picard en la vida real, había quedado reducido a un viejo encorvado y tembloroso, quebrado y casi incapaz de caminar solo. Ya le habían diagnosticado con enfermedad de Lou Gehrig, que a la larga le llevaría a la muerte en 2004. No encontró la inmortalidad, pero Walford pudo incluir más vivencias en sus 79 años en la Tierra que la mayoría de nosotros podríamos incluir en tres vidas.

Para cuando Roy Walford murió, él y otros científicos habían pasado décadas estudiando la restricción calórica (hablaríamos de siglos si contamos a Luigi Cornaro) sin llegar a entender un punto importante: cómo funciona en realidad.

Lo más sorprendente de la restricción calórica era que *sí* funcionaba y punto. Va en contra de lo que dictaría el sentido común: cabe suponer que la inanición provocaría que el hambre debilitara a los animales o que incluso los llevara a la muerte. Pero, de hecho, ocurre lo contrario. Según Rick Weindruch, los ratones sujetos a una dieta restringida se vuelven mucho *más* activos y, cuando sus jaulas están equipadas con bandas sin fin, corren literalmente muchos kilómetros más que sus hermanos y hermanas que tienen una alimentación normal. Tampoco se limita a los ratones y las ratas; se ha demostrado que una amplia gama de criaturas, desde los perros hasta la humilde levadura, funcionan mejor con una dieta restringida. Y durante mucho tiempo nadie había tenido la más remota idea de por qué.

Weindruch y Walford suponían que, de alguna forma, la falta de comida llevaba al animal (fuese una levadura de una sola célula, un ratón o un humano) a un estado metabólico diferente que de alguna manera era más sano. «No es solo que este automóvil sea azul y este sea rojo. Es que el automóvil tiene un motor diferente», dice Rozalyn Anderson, colega de Weindruch en la Universidad de Wisconsin.

A principios de la década de 1990, Leonard Guarente, un científico del MIT, descubrió un gen específico de la levadura que aparentemente respondía a la falta de nutrientes. Al parecer, estos fabricantes unicelulares de cerveza eran capaces de detectar la cantidad de comida que estaba a su disposición y de reprogramar su metabolismo en consecuencia, de modo que les permitía vivir más tiempo. El gen fue llamado sir2 y al parecer era el responsable de optimizar el funcionamiento de la célula en respuesta a la falta de comida.

El caso se volvió incluso más intrigante cuando se encontraron genes tipo sir2 en otros organismos, desde los gusanos y las moscas de la fruta hasta los ratones y los monos. Estos genes, llamados sirtuinas, al parecer eran del tipo que los científicos llaman «conservados»; es decir, que habían evolucionado en numerosas especies diferentes de animales e incluso en algunas plantas.[12] Eso significaba que de alguna manera eran importantes para la vida misma y no es difícil ver por qué: permitieron que los animales sobrevivieran a los largos períodos de hambre que son parte integral de la vida en el mundo natural. Un cazador-recolector capaz de resistir un invierno con escasez, volviéndose más fuerte y saludable pero ingiriendo menos comida, tendría una ventaja evolutiva sobre uno que necesitara una dieta constante de Big Macs. Por el contrario, al parecer nuestros genes sienten deseos de matarnos cuando estamos bien alimentados y rechonchos.

El descubrimiento de las sirtuinas fue una descarga eléctrica para el campo del envejecimiento. Su existencia significaba que, en algún nivel, nuestras células tenían programadas vías para la longevidad. Más adelante, en 2003, David Sinclair, un alumno de Guarente, descubrió que era posible activar los genes de la sirtuina con un compuesto llamado resveratrol, que por azar se encuentra en el vino tinto (se produce en el pellejo de las uvas, donde cumple la tarea de protegerlas contra infecciones micóticas mientras la fruta madura). En un estudio publicado en *Nature* en 2006, Sinclair y su equipo demostraron que, cuando les suministraban resveratrol, los ratones con una dieta alta en grasas vivían tanto tiempo como los ratones con una alimentación normal. No solo eso, sino que estaban en mejor condición física y eran más rápidos y de mejor aspecto que sus colegas regordetes.[13]

Los medios enloquecieron con el caso. Llegó a la primera plana del *New York Times* y ahora le tocaba a Sinclair brindar con Morley Safer de *60 Minutes*. Deslumbró a Barbara Walters con su galanura juvenil y, en cuestión de días, internet estaba inundado con anuncios de suplementos de resveratrol, algunos de los cuales insinuaban que el propio Sinclair respaldaba esos productos (lo cual no era cierto). La demanda de uno de los pocos suplementos de resveratrol que existen, una marca llamada Longevinex, se multiplicó por 2 400 en solo un par de semanas. Si alguna vez hubo un fármaco hecho a la medida de los estadounidenses tragones de comida rápida y con sobrepeso, esa parecía ser el resveratrol.

Y ajustaba perfectamente con la llamada Paradoja Francesa, la cual dice que los franceses comen toda clase de comidas grasosas y sin embargo no sucumben a las enfermedades de corazón (ni la obesidad) a tasas que se acerquen a las de los estadounidenses. Se había pensado desde hacía mucho que la explicación estaba en el vino tinto y he aquí que el resveratrol se encuentra en el vino tinto; queda claro que algo que contiene el vino tinto es bueno para usted. Tal vez varios algos. (Los bebedores de whiskey y de cerveza y hasta los de vino blanco también gozan de un refuerzo para la salud en comparación con los abstemios, pero no se benefician tanto como aquellos que ingieren vino tinto).[14]

Mientras tanto, las investigaciones sobre el resveratrol se convirtieron en su propia mini-industria, ya que se publicaron cientos de artículos en torno a la píldora maravillosa que al parecer podría desacelerar el proceso de envejecimiento. Supuestamente también mejoraba la resistencia, lo cual provocó que algunos miembros del laboratorio de Sinclair la tomaran en busca de un empujón a su desempeño deportivo. Los críticos eran pocos y aparecían a cuentagotas, pero su voz era fuerte. De hecho, entre sus principales antagonistas estaban algunos exalumnos del laboratorio de Leonard Guarente, lo que debe haber hecho que las reuniones fueran bastante incómodas. (Si quiere saber más del resveratrol como suplemento y de por qué tal vez no sea la píldora maravillosa que se suponía, vea el Apéndice «Lo que podría funcionar».)

No importaba. Sinclair ya había ido más allá del resveratrol a cosas mucho más grandes. Alrededor de año y medio después del artículo de *Nature*, GlaxoSmithKline desembolsó 720 millones de dólares por la compra de Sirtris, la compañía farmacéutica novata que Sinclair había cofundado. Se suponía que la compañía seguiría desarrollando fármacos que activaran las sirtuinas, que se dirigieran mejor al blanco y que fueran más específicas que el resveratrol, el cual Sinclair descarta calificándolo como «droga sucia». Los fármacos nuevos de Sirtris además estarían protegidos por patentes, lo cual significaba que la compañía farmacéutica podría ganar dinero con ellos.

Pero entonces... nada. GSK/Sirtris sometieron un puñado de fármacos nuevos a estudios clínicos, pero no salieron bien librados. Uno tuvo que ser retirado por los efectos secundarios y en marzo de 2013, GSK cerró su oficina de Sirtris en Cambridge, Massachusetts. La compañía declaró que no había abandonado la causa del todo, pero al parecer solo un puñado del personal seguía trabajando en el proyecto.

«Es una decisión empresarial que no tiene nada que ver con lo científico», me dijo Sinclair una semana después de que GSK canceló todo. Él no se había dado por vencido, pero parecía resignado. «Estábamos jugando a las cartas y recuerdo que le dije a mis amigos universitarios: "¿Se dan cuenta que probablemente seamos la última generación que vivirá un tiempo normal? Alguien hará un descubrimiento y la próxima generación vivirá mucho, pero mucho tiempo. Y eso es terrible, porque nacimos una generación demasiado pronto"».[15]

Otra razón por lo que es «terrible» es que, en ausencia de una píldora de restricción calórica (que es como se anunciaba el resveratrol), tendremos que seguir matándonos hambre si queremos vivir más tiempo. ¿Pero cuánta hambre debemos pasar en realidad?

Recurrí a Don Dowden para que me ayudara a responder esa pregunta. Lo había encontrado cuando me puse a buscar a un Luigi Cornaro de tiempos modernos. Era un hombre alto de aspecto patricio que había sido un exitoso abogado especialista en patentes en Manhattan durante muchas décadas antes de retirarse a este lugar en el norte de Boston, el cual parece ser una antigua propiedad familiar. «Es un hombre interesante. Es una persona mayor, pero muy alegre», me había dicho un amigo.

Enseguida supe a qué se refería. Dowden tiene ochenta y pocos años y su piel delata su edad, pero sus ojos están llenos de vida. Nos sentamos en los refinados sillones raídos de su estudio y me contó su historia. Poco antes de cumplir treinta años, cuando estaba recién casado e iniciando su vida en Nueva York, por casualidad leyó un informe de la American Society of Actuaries que, según recuerda, decía que «era mejor ser delgado que gordo».

Corría el año de 1960, cuando esas ideas eran novedosas y dieron en el blanco. Había engordado 15 kilos después de casarse gracias a la comida de su esposa. Decidió bajar de peso y su plan era muy sencillo: comer menos. También empezó a hacer *jogging*, que en aquellos tiempos era considerado algo más bien excéntrico como, de hecho, también lo era la idea de comer menos, sobre todo en el ambiente de filetes y martinis que existía en la periferia de Manhattan a principios de la década de 1960.

Después, a principios de la década de 1980, leyó *The 120 Year Diet*, el vendido libro de Roy Walford, y decidió ser más sistemático al respecto. Se afilió a la Calorie Restriction Society, un grupo de personas que pensaban del mismo modo (inclusive Walford) y que comían de forma verdaderamente frugal. No tardó en entender por qué el número de miembros de esa sociedad nunca ha sido particularmente grande: organizó una reunión para sus compañeros practicantes de la restricción calórica y uno de ellos llevó una báscula para pesar la comida. «Yo me peso, pero no peso la comida», dice él.

Sin duda luce joven para su edad. A los 82 años no toma medicamentos y se enorgullece de ello. Porta 70 kilos en un marco de un metro con ochenta y cinco centímetros, menos de lo que pesaba cuando era universitario, lo que presume con humildad, pero no se ve escuálido. Siguió corriendo hasta los setenta años, pero sus rodillas finalmente le traicionaron, por lo cual ahora sale a caminar todos los días al bosque durante una hora o noventa minutos. Lo único que le falta es su esposa, quien murió en 2000 de un trastorno neurológico a los 65 años, y explica que ella no se había unido a su dieta de restricción calórica.

¿Valieron la pena todas esas privaciones? Dowden piensa que sí. A mediados de la década de 2000, se ofreció de voluntario para un estudio encabezado por Luigi Fontana, un científico de la Universidad Washington en St. Louis que es el principal investigador de la restricción calórica en las personas (y que también practica la misma).

Dowden fue uno de los 32 miembros de la CR Society que participaron en el estudio y, como en el caso de los internos en la Biósfera, los practicantes de la restricción calórica tenían una presión arterial más baja, mejor colesterol y arterias mucho más sanas que las del grupo control. Se esperaba que fuese así, pero también resultaron mucho más sanos que un grupo compuesto por maratonistas que corrían esa distancia con regularidad. Eso sí fue sorprendente. Fontana llegó a la conclusión de que, al tenor de estas medidas, Don Dowden y sus compañeros famélicos salieron en las pruebas como personas que eran décadas más jóvenes que su edad cronológica.[16]

Y todo el mundo pensaba: ¡*Vaya novedad!* Solo se trata de otra extraña subcultura dietética estadounidense, como la de los veganos, los frutarios, los que solo comen alimentos crudos, los que toman jugos y todos los demás. El resto considerábamos que eran muñecos rotos, palos escuálidos, maníacos.

Pero eso fue solo hasta el 9 de julio de 2009. En ese día, dos monos muy especiales aparecieron en la primera plana de *The New York Times*. La foto de uno aparecía al lado de la del otro: Canto, de 27 años, y Owen de 29. En años mono, esto los hacía equivalentes a ciudadanos adultos mayores, pero lo llamativo era que Owen lucía como si hubiese sido el papá borrachín cervecero de Canto. Su pelo crecía en mechones y tenía la cara colgada; su cuerpo estaba drapeado con rollos de grasa. Del otro lado, Canto lucía un pelambre tupido (si bien canoso), un cuerpo delgado y un talante alerta y vivaracho, como un retrato simiesco de Don Dowden.

Los dos monos eran parte de un largo estudio sobre la dieta restringida y el envejecimiento realizado en la Universidad de Wisconsin, encabezado por Rick Weindruch y Roz Anderson. Desde finales de la adolescencia (por ahí del final de la década de 1980), los investigadores habían alimentado a Canto, y a unas cuantas docenas de desafortunados monos más, con entre 20 y 30 por ciento menos comida que a Owen y su bien alimentado equipo. Los monos, primates suplentes de los humanos, eran lo bastante cercanos a ellos como para poder llegar a conclusiones sobre si la restricción calórica en realidad podía demorar el envejecimiento en las personas o no. (Uno de los primeros directores del National

Institute on Aging había propuesto hacer el experimento con reos, pero su idea fue vetada.)

El estudio duró décadas, porque los estudios del tiempo de vida son muy tediosos, pero a finales de 2008, los científicos pudieron reportar resultados significativos. Las diferencias eran tan llamativas como las fotos comparativas: los monos hambreados eran mucho más sanos en cuestión de medidas básicas como la presión arterial y tenían una incidencia mucho menor de enfermedades relacionadas con la edad, como la diabetes y el cáncer. Por lo tanto, estaban viviendo hasta 30% más tiempo que sus amigos sobrealimentados.[17]

En una palabra: ¡Maravilloso! (y en dos: ¡No, gracias!). Sea como fuere, la restricción calórica se había introducido a la conciencia popular; ¡por fin una cura para el envejecimiento! La mala noticia es que uno no puede comer.

Sin embargo, el hallazgo más sorprendente en los monos de Wisconsin fue lo que revelaron los encefalogramas.

Los monos sujetos a restricción calórica habían conservado mucha más materia gris, un hallazgo novedoso que no había sido observado en los ratones sujetos a la restricción calórica (ni, evidentemente, en la levadura). Los monos, al igual que los humanos, pasan por un largo proceso constante de atrofia cerebral conforme van envejeciendo. Sin embargo, los monos subalimentados parecían estar protegidos contra ese envejecimiento cerebral. En particular, habían conservado las zonas del cerebro responsables del control motriz y la «función ejecutiva», la parte del cerebro donde tomamos las decisiones diarias importantes (como la de ¿una ensalada o una hamburguesa con queso?).

Para los científicos que estudiaban la restricción calórica, el estudio de los monos era la prueba contundente de que comer menos extendería el tiempo de vida de todo el mundo, todo el tiempo. Incluso había funcionado en perros cobradores de Labrador en un estudio patrocinado por Purina. Por *supuesto* que funcionaría en las personas. Pero entonces llegaron los monos de los Alimentos Integrales y en verdad que echaron a perder las cosas.

Dos años después de que Canto y Owen aparecieron en la primera plana, un científico llamado Rafael de Cabo pasaba por un estado de gran ansiedad en su cubículo en el National Institute on Aging, en un magnífico edificio de vidrio con vista a la bahía de Baltimore. Había estado revisando datos de otro gran estudio sobre la restricción calórica en monos que había financiado el NIA y la conclusión era tan impactante como ineludible. En esa ocasión, los monos «a dieta» *no* habían vivido más tiempo.[18] Se suponía que la restricción calórica representaba un triunfo contundente, sin embargo este estudio había fracasado, tirado millones de dólares federales a la basura y creado una incipiente pesadilla de relaciones públicas.

El estudio del NIH, al igual que el de Wisconsin, databa de la década de 1980. Roz Anderson de Wisconsin explicó que «no existe una vía rápida para hacer un estudio del envejecimiento». Cuando los datos empezaron a llegar, De Cabo no solo detectó un problema, sino dos: sus monos sujetos a restricción calórica no solo no estaban viviendo más tiempo, como se suponía que debía suceder, sino que los monos «gordos» del NIH *también* estaban viviendo mucho tiempo, tanto como los sujetos a la restricción calórica de Wisconsin. ¿Qué estaba sucediendo?

De Cabo y sus coautores cumplieron con su obligación y publicaron sus hallazgos en *Nature* en agosto de 2012 y los titulares eran predecibles; el *Times* decía: «La dieta estricta no prolonga la vida, cuando menos en los monos». Al parecer no solo ponía en tela de juicio la teoría entera que sustentaba la restricción calórica, sino que iba a provocar un desastre institucional.[19] El gobierno acababa de gastar en Wisconsin alrededor de 40 millones de dólares para demostrar que la restricción calórica ayudaba a los monos a vivir más tiempo, pero no así en Maryland. Pero los titulares también ocultaban una historia mucho más detallada y esperanzadora.

A pesar de que los monos «hambrientos» del NIH en promedio no vivieron más tiempo que los monos que comían lo que fuera, de hecho sí estuvieron más sanos durante más tiempo. Presentaron una incidencia más baja de enfermedades cardiovasculares, así como de diabetes y cáncer, y cuando se presentaron los problemas de salud, aparecieron más tarde en la vida. Además, cuatro de los monos del NIH vivieron más de cuarenta años, convirtiéndose en los monos Rhesus que más tiempo hubiesen vivido en la historia. «Pienso que es uno de nuestros hallazgos más interesantes. Podemos ejercer un efecto colosal en el tiempo que dura la salud, aun cuando no mejore la supervivencia», dice De Cabo.

De Cabo, nacido en España, es una anomalía en el mundo de la investigación de la restricción dietética por la sencilla razón de que le encanta comer. En un campo dominado por flacos, como Luigi Fontana que pesa sus ensaladas, tiene el físico robusto de un chef; sueña con tener un restaurante algún día. Le encanta un buen Rioja y hace la mejor paella de este lado de Sevilla. «Me encanta cocinar. ¿Me gustaría practicar la restricción calórica? Creo que no».

Y de hecho, tal vez no debería hacerlo de todos modos: existen abundantes datos epidemiológicos válidos que señalan que es mejor estar un poco pasado de peso (es decir, un IMC de 25) que estar excesivamente bajo de peso (un IMC inferior a 21) como Don Dowden; los practicantes más ferviente de la restricción calórica pueden bajar a un IMC de 19, lo cual es considerado peligroso. Según Nir Barzilai y otros, la razón es que las personas excesivamente delgadas podrían no tener las reservas de grasa necesarias para superar una infección, en particular cuando van siendo mayores.[20]

Tal vez porque le encanta comer, De Cabo se concentró en la principal diferencia entre los dos estudios, o sea en las dietas de los animales. Los monos de Wisconsin habían ingerido una comida «purificada» para monos, compuesta por ingredientes procesados refinados, mientras que los monos del NIH habían comido una fórmula diferente hecha a base de ingredientes naturales y alimentos integrales, entre ellos harina de pescado y cereales. La dieta de Wisconsin permitió que los investigadores controlaran el contenido nutricional con más precisión. Por tanto, como los monos del NIA estaban comiendo ingredientes más naturales, estaban ingiriendo más polifenoles y otros compuestos aleatorios que ahora sabemos que podrían tener efectos beneficiosos para la salud. «Tenemos los micronutrientes, tenemos los flavonoides, los cuales cambian dependiendo de la época del año», dice De Cabo.

Había otras diferencias. Los monos de Wisconsin obtenían su proteína del suero (es decir, un lácteo), mientras que los del NIH obtenían la mayor parte de la suya de la soya y el pescado. Debido a las diferencias en el régimen de alimentación, los monos del NIH acababan comiendo entre 5 y 10% menos que los gorditos de Wisconsin, lo cual significaba que ellos también estaban sujetos a una forma leve de restricción calórica. Y si bien los monos del NIH solo obtenían 5% de sus calorías del azúcar, la comida de los monos de Wisconsin contenía más de 30% de azúcar, de calorías. «Es como el helado hecho en casa. Supongo que [a los monos de Wisconsin] no les gustaba la comida y que le añadían azúcar para que la comieran», dice Steven Austad. (Más o menos como los fabricantes de alimentos añaden montones de azúcar, por decir, al yogurt «natural»).

Así que, de hecho, los monos del NIH estaban cenando alimentos integrales obtenidos en un Whole Foods, mientras que los de Wisconsin estaban en el estadio de beisbol comiendo salchichas, cerveza y pastelillos azucarados todos los días, durante más de treinta años. «Los monos del NIH en realidad estaban siguiendo una dieta mediterránea a base de pescado», dice Luigi Fontana. Visto así, no es extraño que tuvieran resultados diferentes. Tampoco es sorpresa que cerca de la mitad de los monos de Wisconsin fueran diabéticos o prediabéticos, tal como 25% de la población de Estados Unidos en general; esos eran los monos que habían muerto jóvenes. Sin embargo, Rozalyn Anderson de Wisconsin señala que «nuestra dieta era mucho más parecida a lo que las personas comen en realidad».[21]

Por tanto, con todo y sus fallas, el estudio de los monos de Wisconsin sigue siendo uno de los mejores sobre los efectos de una dieta de comida chatarra que se haya hecho jamás; y está claro que entre menos comida chatarra ingieran los monos, mejor.

Las personas también. Nadie ha efectuado una prueba clínica de una dieta de comida chatarra, pero Luigi Ferrucci, el científico del NIA que encabeza la juerga (y colega de De Cabo) en fechas recientes intentó un pequeño experimento similar muy interesante. En un pequeño estudio inédito, Ferrucci proporcionó un abundante almuerzo de comida rápida a unas dos docenas de voluntarios, y después monitoreo su química sanguínea durante el resto del día. Los que ingirieron la comida rápida tuvieron concentraciones extremadamente altas de IL-6, el marcador principal de la inflamación sistémica, durante más horas que el grupo de control que había ingerido una comida sana de verduras y salmón. Fue como si la comida hubiese lesionado físicamente a los que ingirieron la comida rápida.

Así, está claro que *lo que* usted come es tan importante o más que la cantidad que come. Tal como Hipócrates, quien dijo «que su alimento sea su medicina», había descifrado hace más de 2 mil años.

Lo que básicamente es lo que hace Don Dowden: su dieta tipo Cornaro es limitada, pero dista mucho de ser tan austera como la de muchos adoradores de la restricción calórica obsesionados con las calorías y con pesar la comida. La cena consiste en un poco de pescado y vegetales o ensaladas (come montones de ensaladas) y no se niega una copa de vino de vez en cuando. Pero es flexible. Si uno lo invita a cenar y le sirve un burrito de carne, con la cortesía de un anglosajón blanco protestante comerá cuando menos la mitad.

Sin embargo, en su mayor parte, come como un mono del NIH, no demasiado y nada procesado, solo comida verdadera y sana. Disfruta de sus comidas a base de ensaladas y sus cenas con salmón tanto como cualquier sibarita. De hecho, cuando lo visité, estaba a punto de remodelar su cocina. Además, supe que no deja mucho en la ensaladera. ¿Su dieta es la responsable de su buena salud? Quién sabe; la respuesta bien podría estar en sus genes, en particular los de su bisabuelo, que vivió hasta los 97 años. Pero a él le funciona el régimen, no es demasiado difícil y se ciñe a él, tal como Luigi Cornaro.

«Estoy seguro que en Estados Unidos hay millones de personas que básicamente están haciendo lo mismo que yo. Solo que no hablan de estar «restringiendo las calorías», sino que dicen que «están a dieta».

Y con esas palabras se despide de mí, enviándome al restaurante de jugosa carne asada más cercano.

Capítulo 12

LO QUE NO MATA

No me da miedo morir, pero no quiero estar ahí cuando suceda.
WOODY ALLEN

Un sábado por la mañana, poco después de las 11, dos hombres de mediana edad caminaron por la arena de una playa de California, se quitaron las camisas y corrieron para lanzarse a las olas batientes. Eso no tendría nada de particular si no hubiera sido el mes de abril en Half Moon Bay, justo al sur de San Francisco, donde la temperatura del agua estaba alrededor de unos diez grados y pico bajo cero.

El aire estaba incluso más frío, debido al efecto congelador de una fuerte brisa que llegaba del mar y a que la húmeda neblina habitual de la costa tapaba el sol. Lo único bueno era que la playa no estaba abarrotada. Un hombre solo estaba jugando al Frisbee, lanzaba el disco hacia el mar abierto y dejaba que el viento helado se lo regresara. El único surfista estaba cubierto por un grueso y abrigado traje de neopreno y trataba de deslizarse subiéndose a alguna de las olas de cerca de un metro de alto. Las personas sensatas estaban bien cubiertas con capuchas o acurrucadas en tiendas de campaña.

Estos dos idiotas no. Metidos en sus pantaloncillos hawaianos de surf, ellos corrieron hasta la arena, sin importarles las miradas que atraía su carne pálida, blanca como la leche. El mayor de los dos, un hombre de pelo más bien escaso y canoso se introdujo al agua, se puso de lado mientras pasaban dos olas y ante la tercera se echó un clavado con un pequeño grito. El otro sujeto, que también tenía poco pelo pero rubio, seguía al primero muy de cerca, pero de repente se quedó congelado en su lugar, con el agua a la altura del ombligo, y expulsó un chillido infantiloide muy agudo antes de que sus pulmones se cerraran como almejas y que él sintiera que no podía respirar y que estaba a punto de sufrir un infarto ahí mismo.

Entonces dio media vuelta y empezó a correr de regreso para salir del agua como un gran cobarde.

Seguramente ha adivinado que el segundo hombre era yo. El primero era el temerario Todd Becker, un ingeniero bioquímico de 57 años y aspecto gentil que bien podría ser el nerd más rudo del mundo. Le encanta nadar en agua fría y otras actividades dolorosas que edifican el carácter, porque pertenece a la antigua escuela de filosofía de los llamados estoicos, que pensaban que el sufrimiento genera fuerza. Las teorías de los estoicos, prácticamente ignoradas en el canon filosófico occidental, tienen ecos en las religiones orientales, sobre todo en el budismo, que enseña a guardar la calma frente a la adversidad.

Becker usa sus enseñanzas como una guía de vida. Él es el principal practicante, y tal vez el único, de lo que llama un estilo de vida «hormético», con el cual busca activamente experiencias estresantes (como nadar en agua que congela los huesos). Proviene de *hormesis*, palabra del griego antiguo que ahora usan los científicos para describir una clase de respuesta al estrés que se ha observado en la naturaleza. La idea básica de la hormesis es que, en dosis correctas, ciertas clases de estrés o retos (incluso algunos venenos), en la dosis correcta, pueden generar efectos beneficiosos. «Sabemos que el estrés crónico en los humanos es claramente nocivo para la persona, pero períodos breves podrían ser beneficiosos», dice Gordon Lithgow, que ha estudiado la hormesis en gusanos *C. elegans*.

Podemos observar el fenómeno en toda clase de organismos, desde los mamíferos hasta las bacterias. El efecto de extender la vida que se deriva de la restricción calórica probablemente se debe a una respuesta de tipo hormético. En nuestras propias vidas es frecuente que la observemos cuando hacemos ejercicio, en particular cuando hacemos pesas. El trabajo tensiona nuestras fibras musculares o incluso las daña, pero gracias al milagro de la hormesis, las reparamos y las reconstruimos con fibras nuevas más fuertes. La mayor parte de las vacunas funciona a partir del mismo principio. Una pequeña dosis de un patógeno estimula una respuesta que nos vuelve inmunes a la enfermedad.

«El estrés fortalece, incluso es esencial para la vida. Sin él simplemente nos disiparíamos en la nada», había opinado Todd cuando íbamos de su casa en Palo Alto hacía la playa.

Esto explica algunas de sus bastante extrañas prácticas diarias. Por ejemplo, todos los días dedica media hora o más a ejercitar los ojos, lo cual, según dice, ha fortalecido tanto su vista que se deshizo de los lentes gruesos como fondo de botella que usaba antes. Por la mañana, después de levantarse, se da un regaderazo con agua helada, con la llave del agua fría en el máximo. Permanece debajo del agua un mínimo de cinco minutos y afirma que este ritual vigorizante no solo lo despierta del todo (y disminuye su presupuesto para café), sino que también quema grasa, mejora la tolerancia al dolor y mejora la inmunidad. Su ensayo sobre el regaderazo de agua fría sigue siendo la publicación más popular en su muy leído blog, gettingstronger.org. (Lema: «Aprenda a aprovechar el estrés»).[1]

El nerd más rudo del mundo se bañó bajo una ducha fría por primera vez hace más de diez años y pronto se convirtió en un pilar de su estilo de vida que fomenta la hormesis. Jura que hasta le ayudó a superar su depresión, tanto por razones fisiológicas como psicológicas. Me dijo que «facilita lidiar con otras presiones y situaciones de la vida». Aunque parezca increíble, también había convencido a su hijo y a su hija, de 19 y 22 años, de que lo probaran. Para su sorpresa, de hecho les gustó, pero no había tenido tanto éxito con su esposa que le contestó que «¡de ninguna manera!», y con eso puso fin a la discusión. Consiguió convencer a algunos amigos de que se unieran al club y uno de ellos comentó más adelante que «las duchas de agua helada son la cosa más espeluznante, sin ser peligrosa, que haya hecho jamás».

Bien dicho. Las otras actividades dolorosas pero no peligrosas de Todd incluyen los ayunos cortos (saltarse una y a veces hasta dos comidas) y las rutinas de ejercicio intensas, corriendo descalzo por senderos o escalando la pared de rocas en un gimnasio cercano, muchas veces con el estómago vacío. Por cierto, llevaba sin comer 22 horas, o desde la comida del día anterior, a pesar de que, al salir del trabajo, había participado en una ruda carrera con sus colegas de la oficina por las colinas de Palo Alto, entrenándose para la próxima carrera de relevos de 200 kilómetros. «Las rutinas de ejercicio en ayuno son algo que *verdaderamente* me encanta», me confesó.

Suena terrible, pero en el capítulo siguiente veremos por qué hacer ejercicio con hambre de hecho podría ser algo bueno.

Este chapuzón en agua abierta congelada sería una delicia extraordinaria para él, un lujo especial que de forma muy generosa había querido compartir conmigo. Su héroe es un holandés loco de nombre Wim Hof, que tiene el récord Guinness mundial por nadar 57 metros bajo el hielo del Ártico. Como Hof, él se había entrenado para aguantar el agua helada durante períodos largos. «La cosa con nadar o ducharse en agua congelada es que la primera vez que uno lo hace es la peor. Y entonces, el primer minuto es incluso *peor*. Pero después de eso, las cosas mejoran. Tal vez te suene extraño, pero es cierto», me había dicho cuando entrábamos en el estacionamiento.

Me di un máximo de treinta segundos. Soy una persona que titubea ante la idea de meterse a una piscina a 27 grados en la *YMCA*. Muchas veces, el punto culminante de mi día es una agradable ducha caliente. Además, no pude dejar de pensar en que no hacía mucho tiempo que un hombre que nadaba en agua fría había fallecido en la cercana bahía de San Francisco al inicio del triatlón anual Escape de Alcatraz. Había muerto casi de inmediato, a causa de lo que los organizadores del evento llamaron un «infarto masivo». Tenía 46 años, como yo. Probablemente pensaba que estaba en buena condición física, como yo. Y llevaba puesto un *wet suit*, a diferencia de mí.

Caminamos por la playa y extendimos nuestras toallas y nuestro equipo. Yo seguía con mi sudadera puesta; era mi última cobija de seguridad. El frío se sentía cuando menos tres grados más aquí que en el estacionamiento. Todd miró la sudadera y dijo:

—¡Ahora o nunca!

—Estoy bien aquí —repuse, clavando los dedos de los pies en la arena tibia y tratando de olvidar que por el camino había dicho que «creía que el agua ahora estaba lo más fría que llega a estar».

En cambio, traté mejor de concentrarme en los deliciosos rollos de langosta que comeríamos más adelante en Sam's Chowder House, con algunas papas fritas y una sabrosa cerveza caliente...

—Solo se vive una vez —dijo Todd, interrumpiendo mi sueño.

O algo parecido. En realidad no recuerdo muy bien todo lo que sucedió después, salvo que bajé el cierre para quitarme la capucha, dije «¡al demonio!» y salí disparado corriendo a la orilla del agua.

Un ser humano expuesto al agua fría puede morir de dos maneras: rápida o lentamente. La primera suele implicar el shock de la respuesta al frío, en cuyo caso la presión arterial y la frecuencia cardíaca se disparan a las nubes de forma repentina, provocando un ataque cardíaco (o, como diría un boletín de prensa, un «infarto masivo»). Esto suele ocurrir bastante en el caso de triatletas de mediana edad y es infinitamente preferible a la forma lenta, en cuyo caso el agua fría simplemente absorbe el calor del cuerpo (por cierto, 26 veces más rápido que cuando la piel está expuesta al aire), hasta que a la larga uno pierde la conciencia y se ahoga. Según la Guardia Costera, eso suele suceder cuando la temperatura central de una persona baja a menos de treinta grados, o unos cinco grados más que el agua de Half Moon Bay.

Por lo tanto, tenía que estar convencido de que este chapuzón en agua helada valdría la pena y que no sería exclusivamente un ejercicio «vigorizante» que odiaría, si es que no me mataba. ¿La exposición breve al frío ofrecía otros beneficios o Todd era más bien masoquista? Ya sabe, de este tipo que deliberadamente se ducha todos los días con agua fría y lo disfruta.

No tuve que escarbar mucho en la base de datos para encontrar algunos indicios de que, en efecto, una inyección de frío podría ser beneficiosa para uno. De entrada, algunas de las criaturas de la tierra que viven más tiempo crecen en aguas muy frías. Las langostas pueden vivir muchas décadas si son lo bastante inteligentes para no caer en las trampas para langosta. Se ha sabido de ballenas azules que viven alrededor de 200 años y, por supuesto, está el caso de Ming, la almeja del océano de Islandia que vivió 507 años y ahora descansa en paz. El agua fría también explicaría por qué ciertas especies de peces del fondo del mar (una familia que incluye al pargo y la lubina) parecen no tener edad, porque no presentan señal alguna de deterioro por el envejecimiento. ¿Pero quién sabe si el agua fría es la responsable de su longevidad?

Sin embargo, los gusanos nematodos son muy fáciles de mantener en el laboratorio y estudios realizados en ellos sugieren que el agua fría tal vez contribuye a aumentar su longevidad.[2] Durante mucho tiempo se pensó que eso tenía que ver con el simple hecho de que las temperaturas más bajas desaceleraban las reacciones químicas que a la larga conducen al envejecimiento. Sin embargo, nuevas investigaciones sugieren que sucede algo mucho más profundo. En un artículo reciente publicado en la revista *Cell*, científicos de la Universidad de Michigan dicen que observaron que las temperaturas frías activaban una vía que fomenta la longevidad en los gusanos.

La buena noticia es que los humanos de hecho tienen la misma vía genética. Eso tal vez explicaría por qué Katharine Hepburn, que nadaba todos los días en Long Island Sound, fuera invierno o verano, vivió hasta los 96 años. En un estudio finlandés sobre nadadores en agua fría, se analizó a los sujetos al principio de la «temporada de natación invernal» (sí, existe algo así) y otra vez al final de la misma, cinco meses después. Tras meses de nadar regularmente en agua fría, los sujetos del estudio tenían concentraciones mucho más altas de enzimas antioxidantes naturales en la sangre.[3] También tenían recuentos más altos de eritrocitos y hemoglobina; en pocas palabras, había más sangre en su sangre. Sus cuerpos verdaderamente se habían adaptado al estrés de la inmersión en agua fría de forma positiva.

Más interesante aún fue la investigación que mostraba que la exposición a agua fría podría activar la grasa parda, que quema energía y ayuda a generar calor (por ejemplo, cuando hacemos cosas estúpidas como echarnos un clavado en agua helada).[4] Por desgracia, la grasa parda también es relativamente rara en los adultos y constituye apenas una fracción mínima del total de nuestra grasa almacenada; en la mayoría de nosotros, se limita a unas cuantas bolsas de grasa en la parte superior de la espalda, entre los omóplatos. Entra en acción en condiciones de frío para mantenernos calientes, pero también ejerce efectos beneficiosos en el metabolismo, sobre todo porque quema la grasa blanca con más rapidez y eficiencia que el ejercicio y las dietas. Algunos estudios han demostrado que entre más nos expongamos al frío, más grasa parda creamos. Eso es muy bueno.

Por último, en un nivel mucho más básico, el calor es malo para nosotros; el ser criaturas de sangre caliente de hecho acelera nuestro envejecimiento. Es parte del precio que pagamos por no ser reptiles. El motivo tiene que ver con nuestras proteínas, no del tipo que comemos en forma de carne o tofu, sino de las proteínas que forman la moneda más básica de nuestras células. (Casi todo lo que sucede en nuestras células depende de las proteínas.) La cuestión es que el calor excesivo hace que nuestras proteínas pierdan su estructura tridimensional, conocida como «plegamiento», que es crucial para su debido funcionamiento. Cuando se «despliegan» no pueden seguir cumpliendo con su tarea. Podemos observar lo anterior cuando estamos preparando el desayuno. «Uno rompe el cascarón, el huevo cae en el sartén y las proteínas se despliegan», explica Gordon Lithgow.

A continuación, esas proteínas «mal desplegadas» se vuelven inútiles para nuestros cuerpos, como botellas de vino vacías regadas por toda nuestra casa. Tienen que ser arrojadas a la basura, o recicladas, mediante un complejo sistema de eliminación de la basura celular y de maquinaria para reciclar las proteínas, llamado proteasoma. Pero incluso a temperaturas más bajas, por decir alrededor de 37°F, está ocurriendo lo mismo. Nuestras proteínas literalmente se están cociendo.

Eso se debe a un fenómeno llamado la reacción de Maillard (como se llamaba el francés que la descubrió hace cien años) y que todos hemos observado. Explica por qué las cortezas de pan son color café, por qué la carne se dora en la plancha y por qué el arroz guisado huele bien. La reacción de Maillard ocurre cuando los aminoácidos se combinan con los azúcares por efecto del calor y eso hace que la comida sea sabrosa. Por desgracia, la misma reacción está ocurriendo en el interior de nuestros cuerpos, una especie de reacción de Maillard en cámara lenta que produce unas cosas horribles llamadas productos finales de la glicación avanzada, o PGA, que en realidad contribuyen a fomentar algunas enfermedades de la vejez, sobre todo la degeneración macular, pero también la aterosclerosis, la diabetes y el

Alzheimer. Sabemos que los PGA en nuestros vasos sanguíneos son la causa principal, por ejemplo, de las arterias más rígidas y la presión arterial más alta.

En pocas palabras: mis proteínas estaban encantadas con el agua fría. También mi grasa parda. Si bien otras partes de mi persona no lo estaban disfrutando tanto, mi cerebro sabía lo bastante como para confiar que Todd había hecho su tarea y que tal vez tenía razón. Así que me juré hacer mi mejor esfuerzo por permanecer en esa J*7@i*a agua helada de Half Moon Bay tanto como pudiese.

* * *

Al principio me quemaba. Cuando menos eso sentí, era como vadear en lava ardiente. Esa sensación solo me duró un par de segundos antes de que la fría realidad me golpeara. Literalmente me dejó sin aliento; no podía respirar. Chillé, después sentí pánico y me detuve con el agua más o menos a la altura de la cintura.

—¡No puedo respirar! —aullé mientras giraba para salir disparado hacia la orilla.

Todd se sumergió en una ola, ignorándome. Mi única opción era seguir adelante o llevarme un revolcón. Cuando salí a flote, había sucedido algo extraño: como que habían mejorado las cosas. Un poco. Mi impulso a huir se había desvanecido. Apareció otra ola y nos zambullimos en ella. Ahora gritaba de gusto, era divertido. El hombre del Frisbee había dejado sus lanzamientos masturbadores y nos miraba fijamente.

—Recuerda que es importante moverse mucho —dijo Todd—, pero no para mantenerse caliente sino para sentir más el frío. De lo contrario generaría una capa de calor junto a su piel. —Como si eso fuera algo malo—. Corrimos sin movernos de nuestro lugar y recibimos con el cuerpo las olas que llegaban, riendo y gritando como niños. Un hormigueo recorría toda mi piel y no sentía las piernas de las rodillas hacia abajo. El corazón me latía con furia, tratando de mantener mi centro caliente, pero robando sangre a mis extremidades. Y también de mis testículos, que me dolían casi tanto como si una exnovia vengadora los estuviera apretando.

—¡Me duelen los huevos! —solté sin pensar.

—Sí —dijo el nerd más rudo del mundo, con un gesto sabi-
hondo—, así pasa.

Por lo demás me sentía bastante bien. Me embargó una extraña
calma y me relajé en el agua, como si fuera el mismo templado
Pacífico que acaricia Hawái (que técnicamente lo es). Mientras me
zambullía en otra ola hipotérmica más me pregunté: *¿Esto será lo que
sucede cuando mueres?* Me sentía casi demasiado bien. Miré mi reloj,
que decía que llevábamos en el agua cuatro minutos y pico. Estaba
fría, pero no me importaba demasiado. Poco después, llegó una ola
de tamaño decente y me deslicé con ella hasta la orilla. Había permanecido adentro casi seis minutos y, aunque parezca raro, lo había
disfrutado inmensamente. Era el tipo de cosa peligrosa más emocionante que había hecho en todo el mes.

—¡Buen trabajo! —dijo Todd cuando salió del agua seis minutos
refrescantes después.

Nos secamos con las toallas, sintiéndonos los más rudos de la playa
y nos subimos a la camioneta para ir a comer. Un rollo de langosta
nunca me había sabido tan sabroso, pero se debió a la emoción del
agua fría.

—Es como una mina de oro que la gente no está explotando —
dijo con un suspiro mientras comíamos—. Para mí es tan evidente;
no lo entiendo.

En casa intenté eso de ducharme con agua fría unas cuantas veces,
diciéndome que el agua de la llave de nuestra ciudad no estaba tan
helada como la de Half Moon Bay. ¡Sería fácil! Además, el caso a favor
de los beneficios del agua fría parecía bastante sólido. Aun cuando no
terminara viviendo eternamente, sin duda me hacía arrancar el día
con energía. Y muchas veces con un aullido.

Se sentía maravilloso después de un paseo largo en bicicleta en un
día caluroso, o cuando necesitaba un golpe de energía más grande
que el que me podía proporcionar otra taza más de café. De vez en
cuando. Pero cabría decir que mi entusiasmo por convertirlo en una
práctica diaria no tardó en menguar. Darme un duchazo de agua
helada simplemente no era tan divertido como juguetear en el agua

del océano. Así, aunque ahora me zambulliré encantado y sin temor alguno en cualquier cuerpo de agua fría, en mi vida diaria volví a ducharme con agua caliente.

Por lo mismo, fue un alivio saber que así como el frío puede ser bueno para uno, las pequeñas dosis de calor también son beneficiosas en algunos sentidos.[5] El calor activa en nuestras células unas cosas que se llaman proteínas de golpe térmico, que suenan como malas pero no lo son. Su tarea básica es ayudar a reparar las proteínas celulares, que suelen despegarse o desplegarse en condiciones de calor o de tensión. Estudios con animales pequeños como los gusanos han demostrado que es posible «entrenar» esta respuesta; los gusanos que han experimentado tensión en sus vidas presentan una respuesta más potente al golpe térmico.

Las proteínas de golpe térmico tienen especial importancia en el ejercicio. Comprimiendo una historia muy larga y complicada: ciertas proteínas de golpe térmico, como las que se producen con el ejercicio muy intenso, de hecho ayudan a nuestras células a hacer la limpieza, lo cual les permite funcionar mejor durante más tiempo. Por ejemplo, cada vez que Phil Bruno aumentaba la intensidad en sus clases de *spinning* estaba creando proteínas de choque térmico que contribuían a reparar sus propias células, y también a reducir su resistencia a la insulina, que es otro modo en que el ejercicio contrarresta la diabetes.

Pero mi encuentro con Todd Becker me llevó a pensar sobre el tema del estrés en general. Y conforme ahondaba en la literatura sobre la tensión y la hormesis, empecé a darme cuenta de que gran parte de lo que creemos que sabemos sobre el estrés está, en pocas palabras, enteramente equivocado.

El término *tensión o estrés* sirve un poco para todo: lo usamos para describir cómo nos sentimos cuando estamos presionados en el trabajo, manejando en las vías rápidas de Los Ángeles o escribiendo para cumplir la fecha límite de un libro; también «nos estresamos» cuando debemos llegar al aeropuerto a tiempo, vamos de vacaciones con los suegros o cualquier cosa que tenga que ver con educar adolescentes. El estrés psicológico puede llevar a la tensión biológica: una forma es que activa la liberación de las hormonas del estrés como el cortisol, el cual ayudó a nuestros antepasados paleolíticos a presentar su respuesta de luchar o huir para sobrevivir y almacenar más calorías en forma de energía para los largos viajes al exilio pasando hambre. Pero, en el mundo moderno el cortisol simplemente provoca que los oficinistas engorden. Al parecer, la tensión también encoge nuestros telómeros, esas quiensabequécosas que protegen nuestros cromosomas. Otro estudio muy interesante encontró que entre quienes sufrían de soledad, que es una de las formas más intensas de estrés psicológico, los genes de la inflamación se activaban a una velocidad mucho mayor que en los que se sentían más conectados socialmente.[6]

La forma más común de tensión biológica es una de la que probablemente ha oído hablar: la tensión oxidativa, provocada por los radicales libres. Y si sabe algo de la tensión oxidativa, está al tanto de que es mala, pero que esos radicales libres son y deben ser combatidos tomando antioxidantes, sea en forma de suplementos o con nuestros alimentos. Eso explica por qué, cuando acude al supermercado, casi todo desde el jugo de fruta y el cereal para el desayuno hasta la comida para perros presume en el empaque que contiene antioxidantes. La mayoría de nosotros pensamos que los antioxidantes de alguna manera «absorben» a los radicales libres o contrarrestan sus efectos. Como sabe todo el mundo son algo bueno, pero en realidad no lo son.

El descubrimiento de la tensión oxidativa fue uno de los dividendos olvidados en la carrera para construir la bomba atómica. Durante la investigación para el Proyecto Manhattan, las cuestiones de seguridad a veces se manejaban de forma bastante chapucera y muchas personas quedaban expuestas por accidente a grandes dosis de radiación. Cuando eso sucedía, esas pobres víctimas de la radiación parecían envejecer a gran velocidad: se les caía el cabello, su piel se arrugaba y en poco tiempo desarrollaban distintos tipos de cáncer.

Los científicos no tardaron en averiguar que la radiación ionizante generaba gran cantidad de radicales libres, que son las moléculas de oxígeno con un electrón libre. El electrón no emparejado los pone furiosos en términos químicos y se vuelven vándalos en busca de bonitas moléculas inocentes para reaccionar con ellas y corromperlas. Este abuso químico genera *oxidación*, lo cual también explica por qué los metales expuestos se oxidan y las manzanas cortadas se ponen oscuras; este «oscurecimiento» también ocurre en el interior de nuestros cuerpos. (Y es diferente del «oscurecimiento» que se presenta en la reacción de Maillard). Los radicales libres también dañan el ADN de las células, lo cual (entre otras cosas) lleva al cáncer. Los científicos atómicos pensaron que podían ayudar a las víctimas de intoxicación por radiación alimentándolas con compuestos «radioprotectores» que, básicamente recogían todos los radicales libres excedentes. Esos fueron los primeros antioxidantes, y más o menos funcionaron.

Pero nunca se pensó que los radicales libres estuvieran ligados al envejecimiento hasta una mañana de noviembre en 1954, cuando el joven científico Denham Harman se encontraba sentado en su laboratorio de Berkeley sin trabajar demasiado. En aquellos tiempos, los científicos no tenían que invertir cada segundo disponible solicitando subsidios como sucede ahora, por lo cual podían dedicar algunas horas a la productiva empresa de simplemente estar sentados pensando en cosas. Harman llevaba cuatro meses yendo a su oficina en ese plan, y meditaba exclusivamente sobre un problema que le consumía: el envejecimiento. Varias décadas después, Hartman diría en una entrevista que, dado que todo animal envejecía y moría, él suponía que «debía existir una causa común básica que estaba matándolos a todos». Esa mañana, tuvo un destello instantáneo y se le ocurrió la respuesta. «Los radicales libres destellaron en mi mente», diría más adelante al recordar el momento.[7]

A la larga, Harman pudo demostrar que todas las formas de vida que consumen oxígeno producen radicales libres, es decir, moléculas de oxígeno de carga negativa que los químicos ahora llaman especies reactivas de oxígeno, o ROS, en sus mitocondrias. Él pensaba que esas moléculas dañaban el ADN y provocaban otros daños celulares que impulsaban el proceso del envejecimiento, además de causar cáncer. En particular, creía que el colesterol LDL (el «malo») oxidado aparentemente era el responsable de que se formaran placas arteriales. También dañan las proteínas de nuestras células, pero como las ROS son la consecuencia imparable e inevitable de la respiración aeróbica, el daño oxidativo es el precio que pagamos por vivir en una atmósfera con mucho oxígeno. O, dicho de otra manera, respirar mata.

La idea es bastante deprimente, pero Harman tenía una solución: los antioxidantes. En un experimento famoso alimentó a ratones con comida que estaba adicionada con el preservativo butilhidroxito-lueno (BHT), el cual resulta que también es un fuerte antioxidante, y vivieron 45% más tiempo. Lo hizo una y otra vez con otros compuestos, inclusive con vitamina C y E. Su teoría recibió un fuerte impulso por parte de Linus Pauling, el premio Nobel, quien adoptó a la vitamina C, uno de los antioxidantes naturales más potentes, como cura para todos los males, desde el resfriado común hasta el cáncer.

La teoría del envejecimiento de los radicales libres era perfecta para la década de 1960, porque enfrentaba a los «radicales libres» contra las fuerzas del orden, en forma de antioxidantes. Su sencillez era seductora: el envejecimiento quedó reducido a una reacción química que se podía desacelerar, o incluso tal vez detener, con solo consumir unas cuantas píldoras. El propio Harman tomaba grandes cantidades de vitaminas C y E, los dos antioxidantes más comunes; también corría tres kilómetros todos los días, hasta bien entrados los ochenta. Murió en noviembre de 2014 en un asilo para ancianos en Nebraska, pero su teoría ha invadido al mundo. En fechas más recientes, los fanáticos de la comida saludable han abrazado antioxidantes más exóticos, desde el beta caroteno hasta distintos fitoquímicos que están presentes en las moras, las granadas y las uvas rojas, por nombrar algunos. Según algunos cálculos, más del 50% del público estadounidense toma a sabiendas algún tipo de suplemento antioxidante. El doctor Oz los festeja todos los días en su programa. Cabe decir con bastante seguridad que la gente ha aceptado casi universalmente la teoría de los radicales libres.

Pero, en la década de 1990, los geriatras se empezaron a dar cuenta que había un problema inquietante: al parecer, los antioxidantes en realidad no extendían el tiempo de vida en los animales de laboratorio. Incluso Harman estaba un poco preocupado por el hecho de que podía incrementar el tiempo de vida *promedio*, pero no era capaz de extender el tiempo de vida *máximo* de los animales como lo había hecho en sus experimentos.[8] No estaba claro si sus compuestos antioxidantes estaban afectando el proceso de envejecimiento en sí mismo. Si en realidad estaban desacelerando el envejecimiento, absorbiendo los radicales libres, entonces los ratones de vida más larga deberían haber vivido más tiempo. (Por otro lado, Linus Pauling, que consumía dosis colosales de vitamina C, había vivido hasta los 93 años.)

Otros tuvieron grandes dificultades para replicar los resultados de Harman. Y en estudios con humanos, particularmente en pruebas clínicas aleatorias doble ciego que son la regla de oro para la ciencia médica, los suplementos de antioxidantes en el mejor de los casos han tenido resultados mixtos. Una enorme reseña de *JAMA*, de 68 pruebas clínicas de antioxidantes que incluyeron a un total de más de 230 mil sujetos, arrojó resultados enormemente desiguales.[9] Un puñado de estudios demostró que los antioxidantes reducían el riesgo de mortalidad, pero en general la mayor parte de los estudios bien manejados encontró que, al parecer, las personas que tomaban vitamina A, vitamina E y beta caroteno de hecho *incrementaban* su riesgo de muerte. El beta caroteno en particular, que alguna vez fuera el nutriente adorado, estaba fuertemente asociado a un mayor riesgo de cáncer. Los datos sobre la vitamina C eran menos contundentes y había algún indicio de que el selenio podía ser ligeramente beneficioso.

Pero ¿qué había sucedido? La teoría de los antioxidantes que había parecido algo tan sencillo y elegante ahora resultaba equivocada. Si los radicales libres en verdad producían daños en las células y, por consiguiente, el envejecimiento, entonces ¿por qué los antioxidantes aparentemente no ayudaban?

En el 2009, Michael Ristow, un científico alemán disidente, arrojó algo de luz sobre la interrogante con un experimento sencillo pero subversivo: su equipo reclutó a cuarenta jóvenes para que cumplieran con un programa de ejercicio regular, en el cual se ejercitaban durante más de noventa minutos, cinco días a la semana. Los investigadores suministraron un suplemento antioxidante con grandes dosis de vitamina C y vitamina E a mitad de los sujetos y a la otra mitad, sin que lo supiera, le dieron un placebo.

Sabemos que el ejercicio incrementa notablemente la tensión oxidativa, cuando menos en el corto plazo. Este hecho desconcertó a los científicos durante mucho tiempo, pero llegaron a la conclusión de que el ejercicio es saludable *a pesar* de las concentraciones más altas de ROS que produce. Y, en efecto, es posible hacer demasiado ejercicio, al punto donde ocasionamos un daño real; si hacemos pesas un día después de no haberlas levantado durante un mes, nos sentiremos adoloridos después, en parte debido al daño oxidativo, o cuando menos eso se pensaba. Así, desde hace décadas, los atletas han tomado suplementos antioxidantes con la idea de que mitigarían el dolor que les provoca su entrenamiento.

Los resultados de Ristow pusieron de cabeza la teoría de la tensión oxidativa. Sometió a sus jóvenes voluntarios, esperamos que bien pagados, a dolorosas biopsias musculares, antes y después del período de entrenamiento. Como se esperaba, los dos grupos presentaron evidencia de tensión oxidativa en sus músculos después del entrenamiento, pero encontró que los sujetos que habían tomado los suplementos (vitaminas aparentemente inocuas) de hecho se habían beneficiado mucho *menos* de su programa de ejercicio que los que habían tomado placebo. En todo caso, los antioxidantes al parecer habían aniquilado los beneficios del entrenamiento. Todo eso llevó a Ristow a sugerir, en una carta al editor que escribió más adelante, que los suplementos antioxidantes son «por lo demás inútiles».[10]

Piensa eso por la siguiente razón: normalmente, nuestros cuerpos producen sus propios antioxidantes, potentes enzimas que tienen nombres súper extravagantes, como superóxido dismutasa y catalasa, las cuales absorben el exceso de radicales libres que produce el ejercicio. Al parecer, los suplementos estaban bloqueando esas enzimas. «Al tomar antioxidantes impedimos que nuestro propio sistema antioxidante se active. Pero no solo los antioxidantes, sino también otras enzimas reparadoras», explica Ristow.

En pocas palabras, cuando tomamos suplementos provocamos que nuestras defensas antioxidantes originales se debiliten y vuelvan perezosas, lo cual nos deja más vulnerables a los daños de las ROS. Si añadimos un poco de tensión, como el ejercicio, eso nos sirve para mantener sintonizadas nuestras propias defensas antioxidantes. Nos adaptamos a la tensión y salimos más fuertes (por no mencionar que vivimos más tiempo). Dice que «eso explica por qué los beneficios del ejercicio duran mucho más tiempo que el ejercicio mismo». Considera que cabe decir lo mismo de la restricción calórica.

Los suplementos estaban bloqueando esta respuesta de la hormesis. En este caso, la buena noticia es que todos nos ahorraremos mucho dinero en el pasillo de vitaminas de Whole Foods, igual que hace Todd Becker, el señor de la Hormesis, que desdeña casi todos los suplementos, hasta el aceite de pescado y los ácidos grasos omega 3. En lo referente a cosas como las granadas y las moras azules, tan festejadas como «súperalimentos» por sus propiedades antioxidantes, Ristow dice que «son saludables *a pesar* de que también contienen antioxidantes».

El trabajo de Ristow además apuntó hacia una comprensión enteramente nueva de la tensión oxidativa misma: sospechaba que esta no solo no era dañina, sino más bien que era beneficiosa y tal vez esencial para la vida. En los estudios, él y otros habían encontrado que niveles más altos de tensión oxidativa de hecho *prolongaban* el tiempo de vida de los gusanos. Incluso el rociar a los pequeños granujas con dosis bajas del herbicida Paraquat, que incita gran tensión oxidativa porque es un veneno, acabó por hacer que vivieran más tiempo. El arsénico hizo lo mismo. (De nueva cuenta, no trate de hacer esto en casa.) Otros habían observado resultados similares: ni siquiera los ratones que (por vía de manipulación genética) se habían quedado totalmente sin enzimas antioxidantes registraban una merma en su tiempo de vida o su salud. Pero era más extraño aún. En otros experimentos, Ristow encontró que los antioxidantes también acababan con los beneficios de restringir las calorías de sus gusanos, lo cual normalmente prolongaría su tiempo de vida.

En simple español: al parecer los antioxidantes no estaban relacionados con el envejecimiento. Y no importaba si eran producidos por nuestros cuerpos o consumidos en forma de píldoras. Ristow llegó a sugerir que los radicales libres distan mucho de ser las toxinas peligrosas que Denham Harman suponía; en realidad, son moléculas de señalización esenciales, producidas por las mitocondrias específicamente para desencadenar respuestas de tensión beneficiosas en otras partes de la célula.[11] O más simple, las ROS son nuestros Paul Revere intracelulares. El ejercicio y la falta de comida (que en términos de evolución significa que estamos cazando o padeciendo hambre) de hecho llevan a nuestras mitocondrias un estado enteramente

diferente, que él llama mitohormesis, en el cual producen más radicales libres, que a su vez, desencadenan las respuestas a la tensión
que fomentan la salud en nuestros cuerpos, como reparación del ADN,
procesamiento de la glucosa y hasta la eliminación de células con
potencial canceroso.

Por tanto, un poco de tensión es buena para nosotros. ¿Pero qué
sucede cuando hay *mucha* tensión? Para responder esta pregunta,
viajé a Texas en busca del animal más estresado del mundo y también
uno de los más feos.

En algún lugar más allá de las afueras de San Antonio, en un sótano
sin ventanas, el animal más extraño que haya visto jamás sube por mi
brazo. Es más grande que un ratón pero mucho más pequeño que un
hámster y tiene un aspecto muy raro: es rosa pálido, tiene una delicada piel arrugada y dos pares enormes de dientes de castor. Envío
una foto por correo electrónico a mi novia y me contesta que parece
«un pene con colmillos».

Completamente.

Pero los dos hechos más interesantes acerca de esta criatura, una
rata topo lampiña que he llamado Queeny, son: tiene treinta años,
seis veces más que el ratón de laboratorio más viejo que se haya
conocido jamás. Y dos: está embarazada. Muy embarazada. Tan
embarazada que puedo ver el contorno de su próxima camada, unas
pequeñas protuberancias oscuras bajo su piel casi transparente. Así,
en términos humanos, tengo en mi mano el equivalente a una mujer
embarazada de 800 años. Al parecer las ratas topo lampiñas han
conquistado la menopausia.

Eso no es lo único fascinante de Queeny: su cuerpo y el de sus
hermanas y hermanos (y sus padres, sus hijos, sus tíos y sus primos,
que viven todos juntos en este espacio que es como una jaula de
hámster enorme) aguantan cantidades colosales de tensión oxidativa, o sea niveles que chamuscarían el pelaje de casi cualquier otro
animal sobre el planeta. Sin embargo, no parece molestarles en lo
más mínimo. «Desde muy pequeños presentan grados muy elevados
de daño oxidativo, y sin embargo viven 28 años más», explica mi guía
Shelley Buffenstein.

Desde hace más de treinta años, cuando era estudiante de licenciatura, Buffenstein había ayudado a obtener a los padres de Queeny y, más o menos, a un ciento de sus amigos y parientes pertenecientes a una colonia que vivía debajo de un camino de terracería en el Parque Nacional Tsavo en Kenia. En aquel tiempo no se sabía mucho sobre la rata topo lampiña, salvo que eran animales verdaderamente raros. Como viven bajo tierra casi nunca se les ve. A diferencia de la mayor parte de los roedores, las ratas topo son «eusociales», es decir que viven en colonias dominadas por una sola hembra reproductora, como muchas clases de hormigas y abejas. Son el único mamífero que vive así. Y rara vez, si acaso, ven el sol, lo cual explica su delicada piel rosada, por no mencionar el hecho de que son ciegas. Buffenstein, con la cadencia de su acento afrikáner, me informa que «ven» con los bigotes.[12]

Buffenstein se crío en una granja en Rodesia, cuando el país era gobernado por blancos, y debido a las sanciones internacionales ella había tenido que pagar de su bolsillo sus estudios en Kenia. Por lo mismo, mientras estudiaba, aceptó un empleo como ayudante de laboratorio con Jenny Jarvis, una bióloga que fue la primera en estudiar a la rata topo lampiña. Jarvis tenía unas cuantas ratas topo en su cubículo y, cuando emprendió una expedición para estudiarlas en la vida silvestre, Buffenstein la acompañó. El resultado fue que los antepasados de Queeny fueron desarraigados de su acogedor nido subterráneo para más adelante, cuando Buffenstein emigró a Estados Unidos, acompañarla a su destino. Ahí, en el sótano de su laboratorio, viven en un sistema tipo jaula de hámster bastante grande y compleja. Una cámara está reservada para baño común, tal como en su nido subterráneo. El aire huele bastante mal.

Al principio, Buffenstein pretendía estudiar la biología endocrina de los animales (básicamente las hormonas), pero conforme fueron pasando los años notó otra cosa rara de sus ya de por sí raros huéspedes: al parecer se negaban a morir. «Cuando cumplieron diez años me dije: "¡Caramba, viven un montón de años!". Entonces pensé: "deberíamos empezar a estudiar su envejecimiento para averiguar cómo llegan a vivir tanto tiempo"», me explica.

Fue más fácil decirlo que hacerlo. Todo lo relacionado con las «encueradas» (como las llama) parecía como si fuera una pieza de un rompecabezas diferente, empezando por sus grados de daño oxidativo que salían de cualquier rango de referencia. Sus pequeñísimos cuerpos tenían más «óxido» que una montaña rusa en Rusia. Sin embargo, sus corazones seguían latiendo durante décadas; mucho tiempo después de que, según insistía la teoría de la tensión oxidativa, deberían haber muerto.

Su supervivencia desconcierta incluso más a Buffenstein porque considera que esos niveles superlativos de oxidación están en función de su vida en cautiverio. En la vida silvestre, en sus madrigueras subterráneas profundas, las lampiñas sobreviven con una cantidad de oxígeno mucho menor de la que disfrutamos nosotros, los habitantes de la superficie; rara vez o nunca ven el sol o respiran el aire de la superficie. Por lo tanto, tienen mucho menos tensión oxidativa. «Imagine que comparte una madriguera a dos metros de profundidad con 300 de sus mejores amigos», dice con ironía.

Pero en sus jaulas de laboratorio, las ratas topo lampiñas están expuestas a concentraciones de oxígeno mucho más altas que las que experimentan en la vida silvestre, y eso las debería envenenar. «¡Y sin embargo las toleran! En cautiverio llegan a vivir treinta años con todo este daño oxidativo», dice maravillada.

Ella piensa que las ratas topo más bien reprueban la teoría del envejecimiento por tensión oxidativa, cuando menos en su forma más simple. Sin embargo, para ella es más interesante la idea de que podrían estar presentando una especie de respuesta a la tensión (nuestra amiga la hormesis) que las mantiene con vida varias décadas más que la mayoría de los demás roedores. Piensa que esta respuesta a la tensión sirve para condicionarlas a la tensión de vivir en la colonia, donde la jerarquía social es aplicada con rigidez. «La reina es una "hostigadora"», explica, y dice que en la colonia hay luchas de poder dignas de Shakespeare, incluso por decidir quién limpiará el «baño» de la prole. «La reina, por ser la reina, puede defecar justo en la entrada. Además, como es la beneficiaria del trabajo y la protección de todas las demás, no es nada extraño que viva una cantidad asombrosa de tiempo.»

Sin embargo, también lo viven las humildes obreras, las cuales pueden durar hasta veinte años. El hecho de que vivan bajo tierra, donde es difícil que los depredadores las encuentren (aun cuando las serpientes y las aves espátula definitivamente lo intentan), les ha otorgado el lujo de evolucionar durante tiempos de vida verdaderamente largos. Sus cuerpos sencillamente están mejor diseñados para envejecer, lo que significa que están mejor diseñadas para manejar la tensión, cosa que hacen «aumentando» los mecanismos internos de protección de sus propias células.[13]

Por ejemplo, el proteasoma de las ratas topo, o sea la eliminación de residuos celulares, opera a más velocidad que en un ratón normal, lo que a su vez sirve para deshacerse de todas las proteínas y los elementos celulares dañados por la oxidación. Así, en tanto que la mayor parte de los ratones de laboratorio muere de cáncer, y el resto muere con él en su cuerpo, las ratas topo no lo padecen en absoluto. El equipo de Buffenstein no ha encontrado un solo tumor en las ratas topo muertas. Sus células simplemente no se vuelven cancerosas. Incluso cuando les aplicaron un carcinógeno muy potente llamado DMBA, que básicamente produce cáncer instantáneo en ratones, las ratas topo permanecieron sanas; para ellas bien podría haber sido una loción para brocearse.

«Pensamos que las células de la rata topo lampiña tienen mejores mecanismos de vigilancia para decir: "Un momento, aquí hay algo que no es legítimo, hay un cambio en mi genoma y no está proliferando en mi interior"», dice.

Las ratas topo lampiñas son raras, pero definitivamente no son únicas en la naturaleza. Hay otros animales que toleran niveles extremos de daño oxidativo sin morirse. Una de esas criaturas resistentes es una especie de salamandra que habita en cuevas y se llama olmo; se encuentra únicamente en las cuevas de Eslovenia y el norte de Italia.[14] La olmo, pálida como fantasma, ciega y cuando mucho de 25 centímetros de largo, vive cerca de setenta años, lo que es un tiempo demencial para una salamandra. Vive casi tanto tiempo como el varón esloveno promedio, por lo cual localmente la llaman «el pez humano».

De hecho, las olmo y las ratas topo lampiñas me recuerdan en cierto sentido a los centenarios de Nir Barzilai, como Irving Kahn, y no solo porque ser pequeños y arrugados. Distan mucho de ser las criaturas más robustas del mundo, pero las dos poseen resiliencia interna, cualidad que el autor Nicholas Taleb llama *antifragilidad*, la cual permite que sus vidas sean extremadamente largas. Irving Kahn había escapado a las enfermedades cardíacas y al cáncer que reclaman la vida de más de la mitad de los estadounidenses viejos (a pesar de que había fumado a lo largo de muchas décadas) debido a su antifragilidad. Como las ratas topos, seguramente tiene una resistencia singular al daño oxidativo y es probable que su proteasoma también sea muy rudo. Como las ratas topo lampiñas, sus células acuden a un mecánico de Jaguar y no a los muchachos de un Jiffy Lube.

Pero también hay una diferencia fundamental entre las ratas topo lampiñas y los centenarios, una que podría ser la más importante de todas. El tiempo de vida humano, como hemos visto, llega a un máximo alrededor de los 120 años. En realidad nadie sabe cuánto tiempo puede vivir una rata topo (o para el caso una salamandra olmo) porque, de entrada, existen muy pocas de ellas en cautiverio. En el caso de las ratas topo ni siquiera está del todo claro que envejezcan, cuando menos no como lo hacen otros seres vivos; sus tasas de mortalidad no aumentan con la edad como las nuestras (según la ley de Gompertz que mencionamos antes). Las ratas topo tampoco pasan por algo parecido a la menopausia, o el envejecimiento reproductivo, como demostró Queeny ampliamente poco después de mi visita, cuando dio a luz a una camada de más de una docena de cachorros que se retorcían. ¿Envejecen?

En un intento por averiguarlo, un equipo que incluía a Buffenstein trabajó para encontrar la secuencia del genoma de la rata topo lampiña. Reportaron en *Nature* que en términos de expresión génica (con genes que se activan y desactivan, lo cual es un barómetro crucial del estado de envejecimiento), una rata topo lampiña de veinte años era en esencia igual que una rata topo lampiña adulta joven de solo cuatro años.[15] Esto decididamente no es el caso de los humanos, porque se piensa, cada vez con más frecuencia, que en ellos los patrones de la expresión génica y la metilación del ADN son como «relojes» biológicos del envejecimiento. Y esto significa que, en esencia, las ratas topo lampiñas no envejecen o que lo hacen muy lentamente. Muy, *muy* lentamente.

Más que ningún otro animal, incluso más que los murciélagos de cuarenta años o las ballenas boreales de doscientos años, las ratas topo lampiñas lograron lo que los gerontólogos llamaron senescencia insignificante; es decir, casi no envejecían. Lo cual debe ser muy agradable.

¿Pero qué nos dicen en realidad las ratas topo lampiñas, y también las salamandras de cueva eslovenas, acerca de nuestro propio envejecimiento? La respuesta bien podría ser que «nada», porque esos animales son en verdad muy singulares. No presentan un factor único que tal vez podríamos convertir en un medicamento, ni nos brindan la esperanza de poder imitar uno de sus genes, cuando menos con lo que los científicos han descubierto hasta ahora. Como sucede con mucho de lo relacionado con el envejecimiento, la respuesta es tan complicada que aturde la mente (o, como dicen los científicos, es *multifactorial*).

Pero existen formas sorprendentes que nos permiten potenciar nuestra resistencia a la tensión, e incluso nuestra resistencia al cáncer. Una es el ejercicio, lo que ya sabemos. Bueno y tal vez también nadar en agua fría. Pero el último es, pues sí, el hambre, pero no el tipo de hambre largo, lento, persistente tipo Biosfera de lamer el plato. (Nada nuevo para mí.) Este tipo de hambre se lleva bien con un sándwich de carne y queso y una cerveza.

Capítulo 13

AVANCE RÁPIDO

La panza es una miserable desagradecida, nunca recuerda favores
pasados, siempre quiere más al día siguiente.
ALEKSANDR SOLZHENITSYN; *Un día en la vida de Iván Denisovich*

Valter Longo, un joven estudiante italiano, estaba entre los presentes cuando se rompieron los sellos de la Biósfera en septiembre
de 1993. Aunque Longo trabajaba en el laboratorio de Roy Walford,
nunca había conocido a su jefe en persona, porque cuando llegó a
la Universidad de California en Los Ángeles en 1992, el científico
ya estaba adentro de «la burbuja» y se mantenía en contacto con su
laboratorio por medio de videoconferencias. Cuando Longo vio a
Walford y sus colegas salir por el portal a la cegadora luz del sol de
Arizona quedó horrorizado.

«Cuando las personas salen de la cárcel se ven bien. Estas tenían un
aspecto terrible. Ahí fue cuando decidí que la restricción calórica tal
vez no era tan buena idea», recuerda.

Longo, que se parece un poco al actor Javier Bardem, había llegado
a Estados Unidos con la intención de ser músico, no científico. Tenía
planes de estudiar jazz para guitarra en la Universidad del Norte de
Texas, que tiene un departamento de música de fama mundial. Para
pagar sus estudios ingresó a las reservas de las fuerzas armadas de
Estados Unidos, porque pensaba que era una apuesta segura hasta
que Irak invadió Kuwait en agosto de 1990. Su unidad de artillería
estaba a pocas horas de embarcarse cuando la Operación Tormenta
del Desierto terminó de forma abrupta. Cuando regresó, la escuela

le pidió que dirigiera la banda de marcha, trabajo que consideraba como muy poco atractivo, por lo cual cambió de licenciatura para, en cambio, estudiar el envejecimiento, lo cual explica cómo terminó con Walford en la UCLA.

Longo había empezado a trabajar con levaduras y muy pronto hizo un descubrimiento novedoso. Un fin de semana largo, salió de la ciudad y no se acordó de alimentar a su colonia de levadura. Cuando regresó esperaba encontrarla muerta por inanición, lo cual no habría sido nada importante, porque al fin y al cabo solo era levadura. A su retorno descubrió para su sorpresa que la levadura no solo estaba viva sino que estaba prosperando.

Cuenta que, «de broma», trató de replicarlo como un experimento de laboratorio en forma: llevar la restricción calórica hasta un extremo absurdo. Tomo una caja de Petri con levadura, la cual por lo general vive en una especie de jarabe azucarado, y solo le dio agua. De nueva cuenta, la levadura sin comida vivió más tiempo. «*Mucho* más tiempo», dice Longo. (Sí, hasta la levadura envejece y muere).

Lo que inició como una broma había despertado su interés: ¿por qué había sucedido esto? ¿Qué indicaba sobre la dieta y el envejecimiento? Pensó que tal vez lo importante de la restricción calórica no es el total de calorías que una criatura consume en un día, sino lo que le pasa cuando *no* come.

Todo aquel que se ha saltado una comida sabe que cuando ayunamos nos sentimos de otro modo, a veces peor y a veces mejor. En este caso, la religión ha ido muy adelante de los científicos: muchos credos del mundo incluyen alguna forma de ayuno a corto plazo, desde el mes del Ramadán de los musulmanes hasta los cuarenta días de Cristo en el desierto. Los científicos tardaron más tiempo en averiguar que el ayuno podría traer beneficios para la salud además de para la moral. En la década de 1940, no mucho tiempo después de que Clive McCay mantuviera a sus ratas muertas de hambre, un científico llamado Frederick Hoelzel alimentó a los animales de laboratorio cada tercer día y obtuvo resultados similares en cuanto a la prolongación de su vida. Sin embargo, su artículo de 1946 sobre el tema no recibiría gran atención sino hasta décadas después.[1]

En la década de 1950 se realizó otro estudio, incluso más fascinante, en un asilo para ancianos español. Los médicos de planta dividieron aleatoriamente a los residentes en dos grupos de sesenta. Un grupo fue alimentado con la comida habitual del asilo, mientras que el otro fue alimentado con un programa que alternaba las comidas: un día comían la mitad de la ración normal y al siguiente comían alrededor de un 50 por ciento *más*. Durante los tres años siguientes, los médicos encontraron diferencias notables entre los dos grupos. Los residentes que fueron alimentados normalmente habían pasado casi el doble de días en el hospital que los residentes ahora sí/ahora no, y más del doble de ellos había muerto: trece fallecimientos frente a seis.

Sin embargo, estos estudios no fueron tomados muy en cuenta hasta que Jim Johnson, un cirujano plástico de Mississippi, se topó con ellos cuando hacía una búsqueda en una base de datos en línea. Johnson había luchado contra su peso durante muchos años y buscaba una técnica de dieta que le ayudase a perderlo para siempre. Admite que era un «gordo reincidente». Sucede que también conoce muy bien el español y cuando leyó el viejo estudio del asilo para ancianos (que solo estaba publicado en español) se emocionó y se preguntó si el ayuno de corto plazo o la alimentación alternada podrían tener efectos más amplios para la salud humana. Sin embargo, no había prácticamente nada de «literatura» reciente sobre el tema.

Con el tiempo, Johnson llegó a Mark Mattson, un científico del NIA que había estudiado los efectos del ayuno en ratones. En 2007 convenció a Mattson de que colaborara con él en un pequeño estudio ahora en humanos. Johnson reclutó a doce voluntarios gordos u obesos, todos ellos con cierto grado de asma, un trastorno que tiene sus raíces en la inflamación. Los voluntarios comían normalmente cada tercer día, y en los días intermedios subsistían con un licuado que reemplazaba las comidas y solo proporcionaba 20% de sus calorías habituales.

Bajaron de peso, cosa nada sorprendente, pero los síntomas de su asma también mejoraron, tal vez porque el ayuno había reducido el grado de inflamación de sus cuerpos.[2] Quedaba claro que el ayuno estaba haciendo algo bueno para esos pacientes, más allá de simplemente reducir su grasa corporal. Estudios de musulmanes durante el Ramadán han encontrado un efecto similar y al parecer los atletas musulmanes incluso tienen un mejor desempeño durante el mes de ayuno diurno.[3] Hablando de atletas, era bien sabido que Herschel Walker, el corredor de futbol profesional, no comía nada antes del día del partido, algo totalmente contradictorio a la sabiduría convencional. Al parecer, eso no le impidió que ganara el Trofeo Heisman ni que jugara en la NFL durante 15 años. Hasta bien entrados sus cuarenta, Walker seguía compitiendo como luchador de artes marciales mixtas, propinando buenas palizas a hombres que tenían la mitad de años que él. (Ahora ha tomado la sabia decisión de retirarse.)

Para el resto de nosotros, la idea de pasar un tiempo largo sin comer suena a tortura, a algo que solo los religiosos muy devotos intentarían. Pero Mattson dice que nuestros cuerpos de hecho están preparados para vivir sin alimento. «Si considera la historia de la evolución, antes no comíamos tres veces al día, más refrigerios. Nuestros antepasados, incluso los ancestros prehumanos, tenían que pasar largos períodos sin alimento, de modo que los individuos que sobrevivían eran los capaces de lidiar con esa situación», señala Mattson.

Intrigado por esos resultados preliminares, Mattson empezó a investigarlos y encontró que los períodos breves sin alimento no solo mejoran la salud física, de la misma forma en que lo hace la restricción calórica, sino que además parecen ser buenos para el cerebro. Encontró que los ratones (y más adelante los humanos) que comían con base en un programa alternado tenían concentraciones más altas del factor neurotrófico derivado del cerebro, o BDNF, el cual fomenta la salud y la conectividad de las neuronas. El BDNF, que también se produce cuando hacemos ejercicio, sirve para conservar la memoria de largo plazo y evita males degenerativos como el Alzheimer y el Parkinson.[4]

«Cuando uno tiene hambre, más vale que tenga la mente activa y que dilucide cómo encontrar comida, cómo competir y cómo evitar peligros a efecto de conseguir alimento suficiente para sobrevivir», dice Mattson. En pocas palabras, cuando tenemos hambre queremos matar algo. Esa es la evolución en acción. Por desgracia, la evolución no nos dotó de una fuerza de voluntad férrea cuando se trata de comida; de hecho, sucede lo contrario. Por ende, no hay muchas personas que tengan la disciplina requerida para recortar, día tras día, un 25% a la cantidad de comida que ingieren. (¡Caramba!, la mayoría ni siquiera logramos usar el hilo dental con regularidad.) Esa razón explica por qué el estudio de restricción calórica de Luigi Fontana solo tuvo una docena de participantes. No cabe duda que sus concentraciones de colesterol eran estupendas, ¿pero quién cambiaría de lugar con ellos?

El ayuno, por otro lado, tiene una meta final; hay alivio en el horizonte, en un día o dos. El ayuno durante períodos breves aparentemente proporciona muchos de los mismos beneficios que la restricción calórica y es más alcanzable que un compromiso a perpetuidad con la austeridad. «Solo 10% de las personas pueden con la restricción calórica. En el caso del ayuno podríamos estar hablando de un 40%», dice Valter Longo.

Una razón podría ser que, como han demostrado Mattson y otros, el ayuno intermitente (o si lo prefiere, el comer de forma intermitente) tiene más beneficios que la restricción calórica y al parecer esos beneficios son independientes de la cantidad de calorías que uno ingiere. En pocas palabras, uno puede comer tanto como antes, pero no puede comer así todo el tiempo. Suena fácil, ¿no?

El corolario de lo anterior es que no existe un «camino correcto» para ayunar de forma intermitente.[5] Otros investigadores han encontrado que la pérdida de peso y otros beneficios se derivan de distintas clases de programas para comer: desde el ayuno cada tercer día (que suena rudo) y el ayuno dos veces por semana hasta simplemente saltarse comidas; por ello, en años recientes se han publicado tantos libros sobre el ayuno que me atrevo a decir sin temor a equivocarme que el ayuno intermitente está de moda. Pero a diferencia de muchas dietas de moda, esta está fundada en datos científicos duros.

Satchin Panda, un investigador del Scripps Research Institute de San Diego, suministró a ratones una alimentación limitada a una «ventana» de ocho horas y encontró que no subían de peso, a pesar de que comían una dieta con mucha grasa. En el caso de los humanos, esto se traduce a saltarse el desayuno todos los días, o incluso mejor, la cena. Dios nos libre. Yo de hecho lo puse a prueba durante algún tiempo y cuando me acostumbré (un rico *latte* por la mañana y después nada hasta la 1 p.m.), como que me gustó, o cuando menos conseguí hacerlo, y al parecer bajé de peso y me sentía más agudo por la mañana.

Como me aconsejó una mujer que ha practicado el ayuno intermitente para bajar de peso durante años: «He aprendido a aceptar el tener un poco de hambre».

Lo que es útil decirse a uno mismo la siguiente vez que esté atrapado en un vuelo de avión largo sin comida decente: *acepto el hambre*. Después de todo es una buena tensión. La evolución nos ha preparado para hacerlo. Y, como Longo descubrió con el tiempo, los beneficios del hambre llegan hasta el nivel celular.

* * *

De vuelta en su laboratorio, Longo trató de averiguar por qué su levadura sin alimentar estaba viviendo más tiempo y lo que eso podría significar para nosotros. Una historia larga resumida: cuando escarbó en la biología molecular de todo esto, acabó por liberar una serie de rutas metabólicas que al parecer regulan la longevidad. En un nivel celular profundo, el metabolismo y la longevidad están tan estrechamente entrelazados que básicamente son inseparables.

Estas rutas metabólicas irradian de un importante complejo celular llamado TOR, que tal vez sea más aconsejable concebir como el interruptor principal de una fábrica enorme. Cuando el interruptor está encendido, la fábrica (es decir, la célula) funciona sin problema, forjando aminoácidos en las proteínas que son los pilares, los mensajeros y la moneda corriente de la vida. Todo está muy activo y ordenado, como el taller de Santa en la temporada navideña. Cuando el interruptor está apagado, la célula entra en modo más bien de mantenimiento, «reciclando» las proteínas viejas dañadas y accionando la autofagia, limpiando la basura que se acumula en nuestras células a lo largo del tiempo, como enero en el taller de Santa.

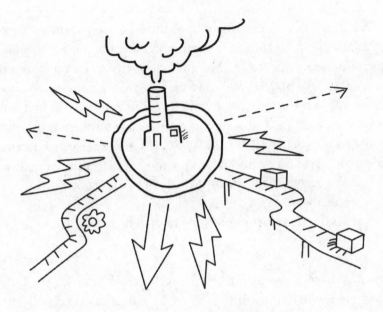

En un influyente artículo publicado en *Science* en 2001, Longo
encontró que bloquear la ruta de TOR provocaba que su levadura
viviera al menos el triple de tiempo.[6] Esto lo llevó a pensar que
muchos de los efectos de la restricción calórica ocurren debido a la
falta de nutrientes y a cierres de TOR; un efecto que se ha observado no
solo en la levadura, sino también en criaturas más complejas como
los gusanos, las moscas y los ratones. (Como las sirtuinas, TOR es
«conservado»; lo que significa que aparece arriba y abajo en el árbol
de la vida).

Apagar el TOR también inhibe muchas de las vías de crecimiento
que al parecer están conectadas con el envejecimiento. Cuando el
interruptor de TOR está apagado, la producción de proteínas se cierra
y las células no se dividen con tanta rapidez, de modo que el animal
no crece. En lugar de ello, sus células están «más limpias» y sanas.
También resisten mejor la tensión, usan el combustible con más
eficiencia y, por lo tanto, son menos susceptibles al daño. Es un ejemplo clásico de una respuesta beneficiosa de la tensión u hormesis. Y
en términos de evolución tiene sentido. Cuando la comida escasea,
no tiene sentido desperdiciar energía en el crecimiento.

Pero tras su experiencia en el laboratorio de Roy Walford, Longo no estaba tan interesado en la restricción dietética, porque considera que es un «sufrimiento crónico gradual». Pero así como la tensión crónica de largo plazo es mala, la tensión aguda de corto plazo puede ser buena. El ayuno temporal limitado califica como tensión a corto plazo y, en todo caso, al parecer cerraba TOR de forma más completa que la reducción parcial de calorías. Por lo tanto, sus efectos eran más intensos. «El ayuno es mucho más potente que la restricción calórica. Es como el coctel más fuerte de la medicina», dice Longo.

¿Pero medicina para qué?

Aquí es donde la historia se pone verdaderamente interesante.

Un día, hace unos diez años, Longo recibió noticias de Lizzia Raffaghello, una amiga suya que era investigadora de cáncer en el Hospital Infantil de Los Ángeles. Tenía una paciente muy joven, una niña italiana de seis o siete años que presentaba un tipo raro de tumor cerebral llamado neuroblastoma. Ella le preguntó a Longo si podía ayudar a la niña de alguna manera. Él dijo que no, que estudiaba el envejecimiento y no el cáncer y la niña murió poco después.

Su fallecimiento llevó a Longo a preguntarse si no se había equivocado al escoger su carrera. «Lizzia y yo teníamos muchas discusiones en torno a si era correcto concentrarse en extender el tiempo de la vida humana cuando una niña de siete años puede morir de cáncer y nada de lo que sabemos sirve para ayudarla», recuerda. Él no era médico, estudiaba levaduras. Pero se dio cuenta de que su levadura de hecho podría haber generado conocimiento respecto de la naturaleza del cáncer.

Cuando dejaba sin comer a la levadura, esta no solo vivía más tiempo, sino que se volvía enormemente resistente a la tensión de todas clases, como la tensión oxidativa ocasionada por los radicales libres y la exposición a toxinas. Por otro lado, aun cuando las células tumorales parecían invencibles, sabía que de hecho no lo eran. La razón es que las células cancerosas deben comer constantemente, atiborrándose como André el Gigante en el buffet de un crucero. Una de las formas que usan los médicos para localizar los tumores es inyectarles glucosa que lleva un marcador químico. Los tumores consumen toda la glucosa, de modo que se iluminan con el marcador. Longo vio que esto las hacía potencialmente vulnerables. Como las células tumorales siempre estaban comiendo, siempre estaban creciendo, con su TOR activado hasta 11, lo cual de hecho *reducía* su resistencia a la tensión. En el laboratorio, él demostró que someter a las células cancerosas a más tensión, quitándoles la comida, en realidad las debilitaba.

Propuso un experimento radical a Raffaghello y sus colegas: tomar ratones con cáncer y dejar sin comer a algunos de ellos tanto tiempo como pudiesen aguantar y después atacarlos con dosis enormes de fármacos quimioterapéuticos que son (evidentemente) muy tóxicos para todas las células. «Todavía recuerdo cuando presenté la idea a uno de sus colaboradores médicos en Italia. Me miró sacudiendo la cabeza y pensando que era la idea más tonta que jamás hubiese escuchado».

Pero los resultados sorprendieron a todos: en algunos experimentos, todos los animales que habían sido privados previamente de comida sobrevivieron a la quimioterapia, mientras que los alimentados de forma normal murieron. El ayuno de corto plazo parecía haber puesto a las células normales de los animales en un estado de protección, mientras que las células tumorales quedaban más vulnerables a los agentes de la quimioterapia. Esta «resistencia diferencial a la tensión», como la llamaron, podía hacer que los fármacos fuesen más efectivos al dirigirlos a las células cancerosas; estas no se podrían adaptar, mientras que las no cancerosas estaban en un estado de protección debido al ayuno. Por lo tanto, sufrirían menos daños colaterales.

No fue fácil probarlo en pacientes humanos. Desde hace mucho tiempo que se sabía que la restricción calórica protegía a los mamíferos del cáncer (como lo había hecho en los monos), pero se suponía que la enorme pérdida de peso que entraña descartaba su uso en pacientes con cáncer manifiesto, que ya estaban luchando por mantener su peso. Los oncólogos estaban escépticos y muchos no estaban dispuestos a someter a sus pacientes que ya de por sí estaban padeciendo un mayor sufrimiento. Los pacientes al principio tampoco estaban entusiasmados. «Nadie quiere ayunar, en especial los enfermos de cáncer. Es como si dijeran: "¿Qué? ¿Me dices que no coma?" La gente piensa que es absurdo».

Los médicos también se resistían, pero Longo y Fernando Safdie, un médico de su laboratorio, finalmente pudieron encontrar a diez enfermos de cáncer en etapa avanzada que estaban dispuestos a intentarlo de forma voluntaria. Ayunaron entre dos y cinco días (¡!) en conjunción con un ciclo de quimioterapia y, asombrosamente, los diez reportaron efectos secundarios menos intensos del tratamiento después de haber ayunado. En algunos enfermos, la quimioterapia al parecer también fue más eficaz. Se trató de un estudio piloto muy pequeño, pero los resultados fueron tan intrigantes que ahora hay cinco estudios clínicos más grandes en marcha, cada uno de las cuales está probando el ayuno de corto plazo en conjunto con la quimioterapia en unos cientos de pacientes, en la USC, la Clínica Mayo y en Leiden, Países Bajos, y otros lugares. Los primeros resultados han sido promisorios.[7]

«Pensamos que el mecanismo fundamental es en realidad lo que he llamado muerte por confusión. La idea es que las células normales han evolucionado para entender todas las clases de entornos y las células cancerosas han desevolucionado en cierto sentido. Son muy buenas para hacer algunas cosas, pero por lo general son malas para adaptarse a diferentes entornos, en especial si son extremos», explica Longo.

Entonces, las células cancerosas son tontas y, cuando ayunamos, nuestras células sanas se vuelven más listas, o cuando menos más adaptables a la tensión. Y no sabríamos nada de esto si algunos turistas no hubiesen descubierto la Isla de Pascua.

La Isla de Pascua, un remoto lugar ubicado en el Pacífico a 3 200 kilómetros al oeste de Chile, es muy famosa por sus misteriosas estatuas de cabezas colosales. En la década de 1960, cuando el gobierno chileno pensaba ampliar el aeropuerto para poder transportar a más turistas, una expedición canadiense visitó la isla para tomar muestras del suelo y las plantas antes de que extraños alteraran el aislado ecosistema.

En una de las muestras, los científicos encontraron una bacteria única llamada *Streptomyces hygroscopicus*, que suena como algo de lo que uno se podría contagiar en el bebedero de una estación de autobuses, pero en realidad es bastante benigna, cuando menos para los humanos. Sin embargo, en el oscuro inframundo del suelo, se está lidiando una guerra química entre las bacterias de un lado y los hongos del otro. Por ejemplo, el moho produce la penicilina con el propósito de matar a las bacterias; de ahí sus propiedades antibióticas. Las bacterias regresan el golpe y luchan con sus propios venenos. Los científicos canadienses, de la compañía farmacéutica Ayerst de Montreal, encontraron que la *Streptomyces hygroscopicus* secreta un compuesto para luchar contra los hongos que llamaron rapamicina (tomado de Rapa Nui, que es el nombre indígena de la isla), el cual despertó enorme interés.

Al principio, el equipo de Ayerst veía la rapamicina como un posible fármaco antimicótico (piense en el talco para pie de atleta del doctor Scholl), pero en el proceso descubrieron que tenía efectos incluso más potentes sobre el sistema inmunológico humano, amortiguando la respuesta del cuerpo a los invasores. No solo eso, había indicios de que podía hacer otras cosas. Pero no le interesó a Ayerst y, al poco tiempo, la compañía cerró su laboratorio de Montreal y despidió a la mayor parte del personal. Suren Sehgal, el científico que había descubierto la rapamicina, se trasladó a Princeton y llevó consigo su preciado hongo de tierra y, abreviando una larga historia, eventualmente la rapamicina fue autorizada por la FDA en 1999 como fármaco para evitar que los pacientes de trasplantes rechazaran sus nuevos órganos.[8]

Eso la convirtió en un fármaco muy útil pero un tanto oscuro. Sin embargo, al final de cuentas, el impacto de la rapamicina llegó mucho más allá de los pacientes de trasplantes y condujo a un conocimiento enteramente nuevo de la biología celular. Más adelante, los investigadores que estudiaban sus mecanismos de acción descubrieron el TOR, el regulador fundamental del crecimiento de la célula; de hecho, TOR es el acrónimo de «blanco de la rapamicina» en inglés.

En pocas palabras, sucede que esta extraña sustancia química, producida por un organismo microscópico que vive en el suelo de una isla que está a 3 200 kilómetros de tierra firme, es la que activa el interruptor maestro del crecimiento de casi todas las formas de vida en este planeta. ¡Casi nada!

Pero ese apenas fue el principio. En un gran estudio publicado en 2009, de hecho el mismo día que los monos sujetos a la restricción de calorías aparecieron en la primera plana de *The New York Times*, un equipo de investigadores financiado por los NIH encontró que la rapamicina había prolongado considerablemente el tiempo de vida de los ratones.[9] Era una gran noticia, incluso más importante que el estudio de los monos: hasta entonces, ningún otro fármaco había prolongado la *duración máxima* de la vida de animales normales, o el tiempo que vivían los animales más viejos. (El resveratrol solo había funcionado en ratones gordos.) Y confirmó lo que el laboratorio de Longo había observado diez años antes, que cuando se apagaba TOR aparentemente también se desaceleraba el envejecimiento.

Pero no solo eso, la rapamicina también había funcionado a pesar de que los ratones eran de mediana edad cuando la tomaron. El estudio había empezado tarde porque el farmacólogo del equipo había pasado muchos meses tratando de introducir el fármaco en el alimento de los ratones de modo químicamente estable. Cuando encontró el modo, los animales ya tenían cerca de veinte meses, el equivalente a unos sesenta años humanos; demasiado tarde, según decía la sabiduría convencional, para que un fármaco contra el envejecimiento tuviese efecto. Sin embargo, esa cosa había incrementado tanto la duración promedio como la máxima de vida de los animales en 9% para los machos y 14% para las hembras. Esto tal vez no suene como mucho, pero dado que arrancó tarde, era el equivalente a proporcionar a los humanos de 65 años unos seis a ocho años extra de vida, o un aumento de 52% a la esperanza de vida remanente.

Steven Austad fue uno de los autores del estudio y él notó que los ratones no solo habían vivido más tiempo, sino que sus tendones eran más elásticos, tal como los de las zarigüeyas longevas de lento envejecimiento que había estudiado decenios antes en la Isla de Sapelo. Esa era muy buena señal de que la rapamicina de hecho estaba desacelerando el envejecimiento en los ratones, en todas partes menos en sus testículos, los cuales sufrían una misteriosa degeneración.

Usted probablemente está pensando que hasta ahí llegó el interés por *ese* fármaco maravilloso, pero los investigadores no renunciaron a la rapamicina y no fue necesario que pasara mucho tiempo para que empezara a surgir evidencia positiva. Al parecer, la rapamicina reducía la incidencia del cáncer, pero lo más interesante era que aparentemente desaceleraba la formación de células senescentes. Lo que Simon Melov y otros científicos del Buck Institute hallaron en 2013 fue incluso más drástico: la rapamicina de hecho revertía el envejecimiento cardíaco en los ratones viejos. Tras tres meses de tratamiento con rapamicina, sus corazones y vasos sanguíneos de hecho estaban en mejores condiciones que cuando empezó el estudio.[10] «Su función cardíaca había mejorado a partir de valores iniciales, o sea que de hecho había retrocedido, lo cual era muy, pero muy impresionante», dice Melov.

Los investigadores también encontraron que la rapamicina reducía el nivel de inflamación en los corazones de los ratones y que tal vez estaba trabajando en el envejecimiento a un nivel más profundo. «Uno de los grandes misterios del envejecimiento es por qué, con la edad, tenemos esa respuesta proinflamatoria. En realidad nadie sabe por qué», dice Melov. Nosotros encontramos que, en los animales viejos, el corazón está inflamado de forma crónica, lo cual, hasta donde tengo conocimiento, es algo nuevo. Y la rapamicina, quién lo diría, redujo esa inflamación.

Incluso mejoró la fuerza de los huesos de los animales. Al parecer no había nada que la rapamicina no pudiese arreglar. He aquí un medicamento que parecía demorar muchos de los efectos del envejecimiento; incluso cuando se tomaba en la mediana edad o más adelante. Y ya tenía autorización de la FDA. ¿Por qué no probarla? Sin embargo, aun cuando varios de los investigadores que conocí admitieron que tomaban resveratrol, sobre todo David Sinclair, nadie admitió el uso de rapamicina, salvo por una excepción.

Tal vez había dos o tres personas en el mundo que no se sorprendieron de que la rapamicina prolongara el tiempo de vida y una de ellas fue Mikhail Blagosklonny, un fascinante científico ruso emigrado. Es considerado un excéntrico, incluso bajo los estándares de los investigadores del envejecimiento, pero es muy respetado como uno de los pensadores más originales en la investigación del envejecimiento.

Nacido y educado en San Petersburgo, donde obtuvo tanto una licenciatura en medicina como un doctorado en investigación de cáncer, ahora trabaja en el Roswell Park Cancer Institute de Buffalo, Nueva York, tal vez lo más parecido a una Siberia estadounidense. Desde su puesto remoto, Blagosklonny llevaba años diciendo que la rapamicina podía ser la varita mágica que los investigadores del envejecimiento habían estado buscando. En un artículo breve pero profético publicado en 2006, Blagosklonny había adelantado que la rapamicina probablemente extendería el tiempo de vida en los mamíferos. Tres años después, los ratones Rapa demostraron que tenía razón.[11] En su opinión, el hallazgo era enorme. En el mercado ya había un fármaco, con pruebas de seguridad y autorizado para usarse en personas, que al parecer desaceleraba el envejecimiento. Es más, resultó que su blanco molecular era la vía más potente para prolongar el tiempo de vida que jamás se hubiese descubierto. «Tenemos una suerte extraordinaria de que exista este fármaco», dijo exultante.

Pero la parte realmente interesante fue su razonamiento, el cual apuntaba a un conocimiento enteramente nuevo, contrario a la intuición, de la forma en que el envejecimiento actúa en realidad. Desde mediados de la década de 1900, la mayoría de los científicos había pensado que el envejecimiento era resultado del daño que se acumulaba a lo largo de las décadas y que, con el tiempo, conducía a la disfunción celular que después ocasionaba las enfermedades relacionadas con la edad. Básicamente, nuestras células se van abollando hasta que dejan de funcionar correctamente. Esa era la razón que explicaba que hubiese un límite de Hayflick. El envejecimiento se presenta debido a pérdida de la función celular.

Pero cuando Blagosklonny pensó en las células en general y en las células cancerosas en particular, se empezó a dar cuenta de que, de hecho, lo que sucede es lo contrario. Muchas de las cosas malas que asociamos con el envejecimiento de hecho son producto de que las células funcionan en exceso. Es decir, nuestras células y los sistemas de nuestro cuerpo funcionan *demasiado* bien, o en exceso. El cáncer sería un ejemplo evidente; la células cancerosas, en lugar de morir, se dividen y crecen *ad infinitum*, gracias a sus vías TOR hiperactivadas. Pero no solo era el cáncer. Él y otros empezaron a ver muchos otros aspectos del envejecimiento que no eran resultado de que las células *dejaran* de funcionar, sino de que funcionaban de forma *desbocada*. En algún punto después de que dejamos de crecer, el motor que alimentó nuestro crecimiento se convierte en uno que alimenta el envejecimiento.

«Estamos programados para funcionar a un alto nivel porque, al principio de la vida, eso nos brinda muchas ventajas. Pero cuando termina el desarrollo es como si fuéramos un automóvil que deja el camino para meterse a un estacionamiento. Si usted corre su auto en un estacionamiento a cien kilómetros por hora, se dañará», dijo Blagosklonny en una entrevista por Skype (no le gusta viajar y evita casi todas las interacciones frente a frente).

Valter Longo está de acuerdo, pero con una ligera variación: «Los programas óptimos para el crecimiento y el desarrollo no fallan, simplemente empiezan a contribuir al problema porque dejan de tener un propósito evolutivo». Por ende, como había supuesto August Weissmann hace más de un siglo, el envejecimiento no está programado; es más bien como un programa que se estropea o uno que ha dejado de tener un propósito.[12]

En el pasado, eso no importaba mucho porque la mayor parte de los humanos moría antes de los cincuenta años. Muy pocos llegábamos al «estacionamiento». Ahora sí llegamos y el hiperfuncionamiento se vuelve un problema. El hiperfuncionamiento explica por qué 25% de las mujeres que pasan de setenta años son diagnosticadas con cáncer de mama, frente al 2% de las que tienen menos de cuarenta. Explica por qué las mujeres cincuentonas siguen acumulando grasa para alimentar a niños que ya no pueden engendrar y por qué la próstata de los hombres sigue creciendo durante su mediana edad y la vejez, lo cual es una causa central de los torpes anuncios de televisión sobre la micción y también el cáncer de próstata. El hiperfuncionamiento también explica por qué nos crecen vellos en las orejas y no en la cabeza donde corresponde. Y en el ámbito celular, la continuación del crecimiento conduce a la senescencia celular, a la intoxicación de nuestras células viejas.

Por ende, Blagosklonny no se sorprendió en absoluto de que la rapamicina hubiese desacelerado el envejecimiento en los ratones. Lo esperaba. Estaba muerto de impaciencia y decía que la debían probar en personas desde ese momento. «No es cosa de preguntarnos si deberíamos hacerlo, sino de cómo hacerlo», dijo Blagosklonny tan convencido por el estudio de los ratones que él mismo había empezado a tomarla, con una maniobra de la que el profesor Brown-Séquard se hubiera sentido orgulloso, y a continuación añadió en broma. «Como placebo me funcionó enseguida, ¡A los pocos minutos me sentí verdaderamente bien!»

Más allá de esto, su única evidencia de que sí funciona es que sus tiempos en el maratón han mejorado en los cinco años desde que empezó a tomarla. Pero no manifiesta la menor duda.

«Hay personas que me preguntan si es peligroso tomar rapamicina. Quiero escribir un artículo que se titule "Es más peligroso *no* tomar rapamicina que comer demasiado, fumar y beber y manejar un auto sin usar el cinturón de seguridad, todos juntos"».

El hecho de que usted haya leído hasta aquí significa, claro está, que es demasiado inteligente para tomar un potente medicamento que podría ser peligroso simplemente porque ha leído acerca de él en un libro escrito por un licenciado en inglés que no tiene nada que hacer dando consejos médicos a nadie. Además, si bien la rapamicina ha pasado la revisión de la FDA, solo ha sido autorizada para pacientes de trasplantes que, dada su condición, ya están muy enfermos. Cuestión aparte es si las personas sanas la deben usar como preventiva contra el envejecimiento y la mayor parte de los expertos opina que no. «Antes de empezar a tomar un fármaco como ese me gustaría saber que tiene menos efectos secundarios», dice Randy Strong, el farmacólogo de la Universidad de Texas en San Antonio que encontró la forma de alimentar a los ratones con rapamicina.

De entrada está el hecho de que ha sido autorizada como un potente supresor inmunológico. Los ratones Rapa habían vivido en un entorno estéril, donde estuvieron expuestos a pocos o ningún agente patógeno. Los seres humanos reales, en el mundo real infestado de gérmenes, podrían estar incrementando su riesgo de padecer una infección. La segunda razón por la cual tomar rapamicina durante mucho tiempo podría no ser buena idea es que, al parecer, incrementa la resistencia a la insulina, lo cual es un paso en el camino hacia la diabetes, algo evidentemente malo si su meta es vivir hasta los cien años.

Hay evidencia de que la rapamicina tal vez no sea tan mala bajo ciertas circunstancias; por ejemplo, al parecer *mejora* la función inmunológica. Sin embargo, todavía no tenemos evidencia de que desacelere el envejecimiento en las personas. Y, por último, el gran obstáculo: para que un fármaco contra el envejecimiento funcione, las personas sanas lo deben poder tomar con plena seguridad y sin riesgo alguno. «Debe ser más segura que la aspirina», dice Strong.

Valter Longo no estaba muy interesado en probar la rapamicina en las personas y mucho menos en tomarla él mismo; pensaba que esta ejercía sus efectos sobre vías que son demasiado centrales para el funcionamiento celular normal para poderse usar con seguridad. Pero su trabajo con la levadura y TOR y después con los enfermos de cáncer le había llevado a pensar más acerca del papel que desempeñan los factores del crecimiento para fomentar el envejecimiento. Su laboratorio ha identificado varios fármacos que bloquean el receptor de la hormona del crecimiento y eso podría ser idóneo para pruebas con humanos. «Es el interruptor maestro», dice.

Sin embargo, siempre que daba una conferencia, en especial en el sur de California, le planteaban la Pregunta de la Hormona del Crecimiento; en ocasiones incluso la hacían médicos que recetaban inyecciones de HCH a sus pacientes. Estaba convencido de que no era buena idea, pero las personas no estaban recibiendo el mensaje, por lo que en 2007 subió en un avión a Ecuador para buscar una prueba definitiva.

Al poco se encontró en un automóvil que se dirigía al sur por caminos serpenteantes con curvas cada vez más espantosas que subían por las montañas de los Andes. Su destino era San Vicente del Río, un pueblo remoto con camino de terracería, en el cual iba a estudiar a un grupo muy inusual de personas. Hacía mucho tiempo que sospechaba que las concentraciones más altas de los factores del crecimiento conducían a un tiempo de vida más corto, pero hasta ahora no había contado con mucha evidencia para trabajar. Entonces oyó hablar del doctor Jaime Guevara Aguirre, un endocrinólogo ecuatoriano que estudiaba a una población de unos cien individuos que vivían en las montañas del sur de Ecuador.

Los llamados enanos de Laron tenían una mutación genética sumamente rara, parecida a la que encontramos en los ratones enanos (y, para el caso, en los chihuahueños).[13] Debido a esa mutación, sus células carecían de receptores de hormona del crecimiento, lo cual significaba que, en esencia, sus cuerpos no la escuchaban y, por ende, solo crecían hasta una altura de 1.20 metros o menos. Se piensa que la mutación del receptor de hormona de crecimiento solo afecta a unas trescientas personas en todo el mundo, y un grupo de más de cien de ellas vivía en esta remota parte de Ecuador, diseminadas por varios pueblos de las montañas. Localmente los llamaban *viejitos*, porque tendían a ser pequeños y arrugados, pero en su interior eran cualquier cosa menos viejos.

Guevara Aguirre llevaba más de veinte años estudiando a los Laron; de hecho era su médico familiar. Al principio su enanismo, que era considerado una desventaja, era lo que había despertado su curiosidad. De hecho, tal vez debido a su estatura y a su remoto entorno rural, muchos de ellos bebían demasiado y en consecuencia padecían extraños problemas de salud. Además, se metían en muchas peleas, también probablemente debido a su baja estatura. No obstante, con el transcurso del tiempo había surgido otro patrón interesante: jamás alguno de ellos había muerto de cáncer. Y ninguno tenía diabetes, a pesar de que uno de cada cinco era obeso, una tasa muy superior a la promedio en Ecuador. En el caso de la población local, 20% de sus parientes no Laron había muerto de cáncer y cuando menos 5% de diabetes.

Longo sospechaba que su falta de receptores de hormona del crecimiento era lo que les hacía inmunes al cáncer y a la diabetes. En el laboratorio, había observado patrones similares en ratones, gusanos e incluso la levadura: al parecer la disminución en la «señalización» de crecimiento enviada a las células animales estaba estrechamente correlacionada con tiempos de vida más largos. Los Laron no siempre vivían más tiempo, porque solían morir de cosas como accidentes y convulsiones (y bebiendo y en peleas), pero lo que llamó la atención de Longo fue que por alguna razón pocos o ninguno de ellos moría de las enfermedades de la vejez.

«Comen lo que se les antoja, fuman y beben, y no obstante viven bastante tiempo», me dijo Longo. De hecho, desde que empezó su investigación han empezado a comer y a beber porquerías incluso peores que las de antes y consumen sin culpa cantidades fabulosas de bebidas gaseosas y pastelillos. «Ahora piensan que son inmunes y se están poniendo altaneros».

Cuando menos estaban protegidos, a diferencia de las personas del sur de California que insistían en inyectarse hormonas del crecimiento, activando con ellas el «interruptor maestro» en la dirección equivocada. Pero también lo hacían prácticamente todos los demás, porque la hormona del crecimiento y el IGF no solo son activados con inyecciones costosas sino también, por decir, con un viaje a McDonald's.

Los millones de estadounidenses que estaban engullendo dietas de comida rápida con muchos carbohidratos no se estaban inyectando al estilo de Suzanne Somers o el doctor Life, pero bien lo podrían haber hecho. Cuando tomamos una porción grande de azúcar, como cuando bebemos una Coca, nuestros cuerpos responden produciendo una descarga de insulina, para que ayude a transportar toda esa azúcar a nuestras células. Muchas de esas calorías no solo terminan en nuestras células adiposas, al estilo de Phil Bruno, sino que la respuesta insulínica, a su vez, desencadena a nuestro viejo conocido el IGF-1 (el factor de *crecimiento* insulínico) que se abalanza directamente a TOR, diciéndole que transforme esas calorías en proteínas, células, crecimiento. Esto es bueno cuando somos jóvenes, pero si ya no lo somos, entonces hace que sucedan cosas malas.

La idea de Longo encaja a la perfección con muchas investigaciones emergentes sobre la nutrición, las cuales están empezando a confirmar que, en las dietas, el azúcar y los carbohidratos son villanos mucho más malos que la grasa fuera alguna vez, y que la verdadera causa de la obesidad rampante, de las enfermedades cardíacas y de la diabetes está en las montañas de azúcar que la mayoría de nosotros comemos cada año.

Longo incluso va un paso más allá y sugiere que las dietas de mucha *proteína* podrían ser tan malas como las de muchos carbohidratos y por la misma razón. La ingesta excesiva de proteínas también activa los receptores de hormona del crecimiento y TOR, los dos principales motores del envejecimiento celular. En un estudio de 18 años publicado en marzo de 2014 en la prestigiada revista *Cell Metabolism*, el equipo de Longo demostró que las personas de mediana edad que habían ingerido una dieta a base de muchos productos lácteos y carne tenían mayor probabilidad de morir eventualmente de cáncer y que, para la mortalidad, consumir demasiada carne es un riesgo tan grande como fumar. En promedio, las personas que comieron 10% de proteína o menos vivieron más tiempo que las que ingirieron el 30% recomendado en dietas «saludables», por ejemplo la de la Zona. Además, tenían el 25% de probabilidades de morir de cáncer que los amantes de la carne.[14]

En cambio, Longo tiene otros ejemplos: los centenarios de Molochio, el pueblo de Calabria al sur de Italia donde justamente nacieron sus padres. Se ha hecho amigo de uno de ellos, un cantante de 109 años llamado Salvatore Caruso que todavía vive solo, una versión bucólica de Irving Kahn. Pero él jamás tocaría un *knish*, sino que lleva una dieta mucho más sana, compuesta sobre todo por verduras, algo de pasta y un poco de vino. La carne es un lujo ocasional. Incluso Longo se maravilla ante lo poco que come. Según Longo, la clave de la dieta de Caruso es su bajo contenido de carbohidratos *y* el escaso contenido de proteína; Longo piensa que, intencionalmente o no, Caruso mantiene sus factores del crecimiento y de TOR controlados, lo cual efectivamente desacelera la velocidad del crecimiento. Él y su cohorte fueron entrenados para comer menos por la historia, la guerra, la pobreza y la hambruna periódica.

«Las personas de su edad, o de ochenta o noventa años, han pasado por épocas difíciles y saben lo que es. Lo que les hicieron las épocas malas fue que estaban ayunando siempre», dice Longo.

Longo piensa que una razón por la que el ayuno (voluntario) de corto plazo es tan eficaz es que se puede adaptar de forma singular a la fisiología de cada individuo, por no hablar de la tolerancia al hambre. Pero la mayor parte del tiempo uno sigue comiendo más o menos normalmente. Longo dice que empezó a ayunar hace unos diez años, más o menos al mismo tiempo que empezó a trabajar con los Laron, pero su motivación era más bien personal, resultado de una visita particularmente aterradora al médico.

«Uno cree que está bastante sano, pero cuando mira más de cerca, resulta que no es así. Hace diez años, mi presión arterial estaba en 140 y tenía el colesterol alto; es la historia de la mitad de la población de Europa y tal vez del 80% de Estados Unidos. Uno tiene treinta o cuarenta años y está empezando a ser candidato para el Lipitor, candidato para medicinas para la hipertensión, candidato para los medicamentos cardiovasculares y a continuación se da cuenta de que se ha convertido en un paciente, ¡ya sabe! Y lo que estamos viendo es que uno no tiene que tomar ninguno de esos fármacos. El 90% de las personas se pueden deshacer de todos ellos de por vida», dice Longo.

Longo modela su propia dieta basándose en la de Caruso, más lo que ha aprendido gracias a su trabajo. La mayor parte de los días se salta la comida y a la hora de cenar come una dieta tipo vegana a base de plantas y con poca proteína con el propósito de bajar sus concentraciones de IGF-1 (no solo para mantenerse delgado como estrella de rock a los 46 años). Una o dos veces al año sigue un ayuno que se limita a lo indispensable hasta por cuatro días, nutriéndose al mínimo a efecto de «reprogramar» su sistema. Considera que es la mejor opción, porque está basada en estudios de ratones y de humanos, y también porque sucede que a él le funciona muy bien.

Hasta su gusto por los automóviles refleja esta dicotomía de encendido/apagado: se transporta al trabajo en un Nissan Leaf, enteramente eléctrico y megaeficiente, lo cual le da derecho a ocupar un lugar de primera en el estacionamiento. Pero en su casa de Playa del Rey tiene un Ferrari esperando en la cochera.

Capítulo 14

¿QUIÉN TOMÓ MIS LLAVES?

Pasemos la noche juntos, despertemos y vivamos eternamente.
JAMIROQUAI

Una noche de primavera del año 2013 terminé algunas entrevistas en Berkeley, me subí a mi auto rentado y me uní al flujo esclerótico de la hora pico vespertina en la 880, por el lado este de la Bahía camino a San José. Iba tarde y, conforme el tráfico se atascaba, sentía el estrés de manejar por la carretera acelerando sutilmente mi proceso de envejecimiento (sumado a la contaminación de partículas que estaba inhalando a pulmón batiente). Más adelante se despejó y encontré el camino que me llevaba a un complejo pequeño de oficinas en el pueblo de Mountain View.

Había acudido a la junta mensual de una cosa que se llamaba el Health Extension Salon, un grupo variopinto de personas de la zona de la Bahía interesadas en investigar el envejecimiento. Para entonces ya había asistido a muchas charlas y conferencias sobre el envejecimiento, por lo general asuntos serios a los que asistían científicos y un puñado de gerontólogos amateur autodidactas, en su mayor parte bastante más allá de los sesenta años, a escuchar conferencias que enseguida caían en la densa sopa de letras que es la biología molecular moderna. Sin embargo cuando entré en esta sala vi algo que me dejó atónito: *personas jóvenes*.

La sala estaba atiborrada con unas 150 personas que estaban de pie. Su edad promedio parecía estar bastante por debajo de los cuarenta años: podía contar las cabezas canosas con los dedos de tres manos. Mi castigo por llegar tarde fue que no quedaba nada de vino. Como estábamos en el corazón de Silicon Valley, la muchedumbre proyectaba una clara vibra de empresa tecnológica nueva. Había dos jóvenes que lucían chaquetas SpaceX y un rápido paseo por el lugar me confirmó que la compañía anfitriona se dedicaba de alguna manera a la robótica. Joe Betts-Lacroix, el organizador de melena despeinada, prometió que más adelante habría «carreras en Twister», una actividad que no se suele practicar en las reuniones científicas sobre el envejecimiento. Pero primero escucharíamos hablar de células madre y de gemelos siameses.

Esa noche de febrero, el conferencista principal era un investigador de la Universidad de California en San Francisco que se llamaba Saul Villeda y encajaba perfectamente en el lugar. De cabello oscuro y abundante, él también era mucho más joven que el científico principal típico. Hablaba más como un surfista del sur de California que como un académico que solo utiliza su jerga, intercalando en sus oraciones un «o sea» ocasional. Pero también demostró que se le daba bien explicar temas complejos a públicos legos y cuando nos reunimos en su cubículo unos cuantos días después, me reveló que había perfeccionado este talento particular hablando de su trabajo con sus padres, los cuales habían emigrado de Guatemala con estudios que no pasaban del quinto grado.

Cuando Saul nació en 1981, su familia vivía en el este de Los Ángeles, donde su padre era conserje y su madre ayudante de enfermería. Con el tiempo ahorraron suficiente dinero para alcanzar el sueño americano y adquirir una casa, pero el lugar más cercano donde pudieron comprar fue en Lancaster, California, un pequeño pueblo de obreros en las orillas del desierto de Mojave. Saul obtuvo magníficas calificaciones en la escuela, mostrando aptitud para la ciencia, e ingresó a la Universidad de California en Los Ángeles con una beca. Después vino el posgrado en Stanford, donde acabó trabajando en el laboratorio de un profesor de neurología llamado Tony Wyss-Coray.

Wyss-Coray y Thomas Rando, otro investigador de Stanford, habían contribuido a revivir la antigua técnica del siglo xix conocida como parabiosis; es decir, unir a dos animales de modo que compartieran un solo sistema circulatorio. A Rando le interesaban los músculos, mientras que Wyss-Coray había empezado a estudiar el efecto de la sangre vieja en los cerebros de los ratones. Villeda permanecía en su laboratorio tanto tiempo como podía.

Hacía poco que había montado su propio laboratorio en el nuevo Center of Regeneration Medicine and Stem Cell Research en la UCSF, a la tierna edad de 32 años, lo que se consideraba un tanto atípico. Dado que hoy en día no es fácil encontrar financiamiento, la mayoría de los científicos se considera afortunada si consigue tener su propio laboratorio antes de cumplir 40 o 45 años. Una mirada a la historia de la ciencia revela por qué esta situación es un problema: la mayor parte de los grandes descubrimientos suelen corresponder a investigadores jóvenes, de veinte o treinta años, cuando su creatividad está al máximo y siguen encontrando buenas ideas. Einstein, por ejemplo, solo tenía 26 años cuando escribió su ecuación más famosa: $E = MC^2$.

Un motivo para lo anterior es que, básicamente, los científicos jóvenes tienen cerebros jóvenes: sus mentes son plásticas, creativas y están llenas de neuronas que les permiten establecer conexiones entre los hechos observados y hasta evidentes; y a los saltos intuitivos que llevan a los grandes descubrimientos científicos. Conforme envejecemos, incluso los pensadores más inteligentes y creativos parecen volverse rígidos, secos y sin ideas.

Esto, de alguna manera, sería el tema de la presentación de Saul Villeda.

* * *

Lo que la edad hace a nuestros cerebros no es bonito. El problema nace del desafortunado hecho de que, al igual que las células musculares del corazón, las neuronas no se regeneran. (Cuando menos no mucho.) Por ende, solo como referencia, solemos perder alrededor del diez % de nuestras neuronas a lo largo de la vida. El problema está en que también perdemos alrededor de un cuarto de nuestras sinapsis; las *conexiones* entre las neuronas que son cruciales para todo proceso mental. No solo eso, sino que nuestras propias neuronas se tornan menos conectivas, con menos cantidad de espinas dendríticas que nos permiten formar los recuerdos, los pensamientos y las ideas.

Esta erosión ocurre muy, pero muy, lentamente al principio, pero un estudio reciente del *BMJ* encontró que en muchas personas ya es evidente un deterioro cognoscitivo significativo para cuando llegan a sus cuarenta y tantos años. No somos el único animal cuyo cerebro se deteriora con la edad. Hasta las frutas de la mosca pierden memoria. Los científicos demuestran lo anterior exponiendo a las moscas a ciruelas y aplicándoles una leve descarga eléctrica. Cuando les proporcionan cerezas no les aplican una descarga. Con el tiempo aprenden que las cerezas son buenas y las ciruelas malas. A continuación, apenas un par de semanas después (en la mediana edad avanzada de las moscas de la fruta), ellas han olvidado cuál es cuál.[1] En una historia relacionada, yo llevo meses sin poder encontrar el control remoto de mi televisor.

Los cerebros de las moscas de la fruta tienen otro punto en común con el nuestro: con el transcurso del tiempo algunas de ellas tienden a crear «placas» compuestas por productos del desecho celular entre sus neuronas, lo cual estrecha su forma en medida importante y, en ocasiones, las mata. Es el mismo tipo de porquería que el doctor Alois Alzheimer, un médico bávaro que dirigía el Asilo de Frankfurt, observó en el interior del cerebro de su paciente más singular cuando ella murió en 1906 a la edad de 56 años.

Su nombre era Auguste D y estaba casada con un empleado ferrocarrilero que literalmente padecía demencia. Ella se sentía confundida y desorientada, tenía dificultad para recordar cosas y padecía paranoia y alucinaciones. También acusaba a su marido de tener un romance con una vecina, lo cual puede o no haber sido cierto. Sabía que era el undécimo mes del año, pero pensaba que el año era 1800, en lugar de 1901. «Se sienta sobre la cama con expresión de desamparo. Al medio día come coliflor y cerdo. Cuando se le pregunta qué está comiendo, ella responde que *espinacas*», escribió Alzheimer en sus notas de admisión.[2]

Cuando ella murió, él averiguó por qué. Su cerebro estaba en total desorden. Al microscopio, pudo ver que el espacio entre sus células cerebrales estaba lleno de placas chiclosas hechas de alguna sustancia misteriosa. Las propias neuronas también estaban todas revueltas, como madejas de estambre enredado. Eran tan extrañas que dibujó algunas de ellas.

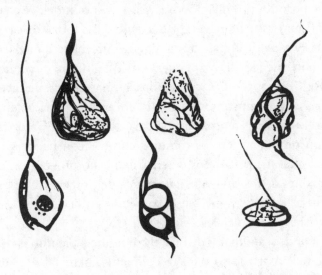

Crédito: Bernard Becket Medical Library, Washington University School of Medicine

Alzheimer estaba seguro de que esas placas y marañas habían enredado el pensamiento de Auguste D. Unos cuantos años después, el síndrome fue bautizado con el nombre de enfermedad de Alzheimer en un libro de texto muy influyente. Pero no fue sino hasta principios de la década de 1970 que el trastorno fue reconocido como la principal causa de lo que hasta entonces se había conocido simplemente como senilidad. El CDC ya coloca al Alzheimer como la sexta causa de muerte, pero incluso eso lleva a confusiones, porque muchos pacientes de hecho se mueren por alguna otra causa, como una infección o insuficiencia cardíaca. Alrededor del 40% de los estadounidenses que tienen más de 84 años padecen Alzheimer. Para el año 2050, según la Asociación Alzheimer, el número de estadounidenses que vivan con ese padecimiento se podría multiplicar por más de tres, para llegar a 16 millones, y los costos por cuidar a esas personas pasarán de *mil millones de dólares*.

La sustancia extraña en el cerebro de Auguste D. se llama amiloide beta, también conocida como A-beta, una proteína cuyo origen y función precisos son un tanto misteriosos. Cualquiera que sea su función, nosotros producimos cada vez mayor cantidad de ella con la edad, y cuando se aglutina en placas también se torna tóxica para las neuronas y muy proinflamatoria; y muy estrechamente relacionada con la enfermedad de Alzheimer. En los últimos diez años más o menos, varias grandes compañías farmacéuticas desarrollaron fármacos que demostraron ser muy eficaces para sacar el A-beta de las células del cerebro, en una caja de Petri y en ratones. Pero había un problema: en los estudios clínicos con pacientes reales no funcionaron.[3] Una o dos de ellas de hecho provocaron que las calificaciones de los pacientes *empeoraran* en pruebas de laboratorio similares a las que yo me había sometido en la juerga («calamar, cilantro, sierra para metales...»).

Dos grandes candidatos de Eli Lilly ni siquiera pasaron las pruebas de Fase III; un retroceso para la compañía, pero tal vez un paso hacia adelante para la ciencia, porque el fiasco está obligando a ver a esta enfermedad centenaria de otra manera. Más científicos están cuestionando la propia teoría de que el amiloide provoca Alzheimer; la revista *Businessweek* la llamó un «panteón de drogas». De más de doscientos fármacos potenciales para el Alzheimer que han sido sometidos a estudios clínicos desde 2002, solo *uno* ha llegado al mercado, llamado Aricept, que es extraordinariamente caro y no demasiado efectivo (demora el mal unos cuatro meses). Algunos investigadores piensan que otra proteína tóxica llamada TAU, que también está presente en los cerebros de los pacientes de Alzheimer, podría ser la verdadera culpable. Hay quienes piensan que el trastorno podría tener su origen en otro lugar enteramente, y que requeriría de un tratamiento del todo nuevo, o mejor aún, de la prevención.

¿Qué es lo que separa a los Auguste del mundo (las personas que padecen demencia a los cincuenta sin causa evidente) de los Irving Kahn, que siguen escogiendo ganadores en el mercado de valores cuando han empezado a vivir su segundo siglo? ¿Qué tan prevenible es el deterioro cognitivo?

Una respuesta sorprendente provino de un estudio de 678 monjas ancianas. Investigadores de la Universidad de Kentucky revisaron los archivos de los conventos y encontraron las autobiografías que habían escrito 180 monjas cuando eran jóvenes y acababan de ingresar a la orden. Analizaron los estilos de escribir de las mujeres y encontraron que entre más minuciosas y complejas eran sus oraciones y más rico su vocabulario, menos probable era que desarrollaran Alzheimer u otras formas de demencia. Las escritoras sofisticadas también vivieron un promedio de siete años más que las que los investigadores llamaron Las de las listas, porque las historias de sus vidas llegaron a poco más que a listas de nombres, fechas y lugares. Al hacer necropsias, encontraron que los cerebros de las que escribían mejor también estaban menos llenos de amiloide que los de las que hacían listas.[4]

Otra observación interesante relacionada provino de la juerga. En necropsias de sujetos del estudio encontraron que los cerebros de muchos de los pacientes cognitivamente «intactos» de hecho estaban llenos de placas de amiloide y marañas; se veían peor que los cerebros de algunas personas que en realidad padecían una demencia diagnosticada. Un estudio británico encontró resultados enigmáticos similares: un tercio de los sujetos «no dementes» tenía cantidades colosales de porquería en sus cerebros. En el interior, sus cerebros tenían todos los indicadores del Alzheimer clínico, sin embargo no habían presentado ninguna de las señales externas del mal.[5] ¿Por qué?

Una teoría dice que las personas con cerebros bien capacitados, con más educación y más sofisticados al parecer desarrollan lo que se conoce como reserva cognitiva, de la misma forma que los atletas de toda la vida han creado sistemas cardiovasculares más fuertes y más resistentes a la tensión.[6] La educación y el aprendizaje desarrollan más vías neuronales y conexiones sinápticas, de modo que esas personas tienen una zona de amortiguamiento que las protege cuando empieza a ocurrir la degeneración. También les proporciona más instrumentos para encubrir su afectación cognitiva, sea de forma consciente o no. El envejecimiento está oculto en sus cerebros, igual que se oculta en nuestros cuerpos. Pero no se puede ocultar para siempre. Cuando estos pacientes sabihondos llegan a desarrollar la enfermedad, o lo que en realidad sea, tienden a deteriorarse con más rapidez.

El úselo o despídase de él también se aplica a nuestros cerebros. Es similar al viejo campesino inglés que conocimos hace algunos capítulos, quien conservó sus fuertes músculos de las piernas hasta los setenta y pico años porque los usó todos los días de su vida. Un estudio de cerca de 2 mil viejos, publicado en junio de 2014 en *JAMA Neurology*, encontró que las personas que habían usado más sus cerebros a partir de los cuarenta años demoraron la aparición de la pérdida de memoria en más de diez años.

Más investigaciones han demostrado que los pacientes que se resistieron al Alzheimer muchas veces también se resistieron a la depresión, que con frecuencia va de la mano con el envejecimiento del cerebro. Los que tenían un perfil de personalidad con más «resiliencia» al parecer eran más capaces de detener el deterioro cognitivo, tuvieran porquería en el cerebro o no. De igual manera, las monjas optimistas vivieron más tiempo, alrededor de siete años. En cambio, a las pesimistas por lo general les fue peor, o cuando menos le fue peor a sus cerebros. La depresión se come nuestras conexiones sinápticas, truncando el tamaño de la red neural y carcomiendo nuestra reserva cognitiva. Asimismo, la falta de sueño hace algo muy parecido. Los investigadores se han dado cuenta de que el sueño es definitivamente crucial para la salud del cerebro, en especial en adultos mayores: brinda a las células del cerebro la ocasión de deshacerse de los metabolitos tóxicos o nocivos que de lo contrario se acumularían y atascarían más la red.

No es extraño que usted se sienta tonto el día después de estar de fiesta toda la noche. Incluso el desfase horario produce una alteración mayor. En un estudio realizado en la Universidad de Virginia, los científicos tomaron a un grupo de ratas viejas y adelantaron su ciclo de luz-oscuridad seis horas durante una semana, después otras seis horas. A las cuatro semanas, la mitad de las ratas había muerto. (Una sorpresa: el desfase horario envejece).[7]

No sé si la noticia es buena o mala, pero las cosas que usted puede hacer que podrían ayudar a prevenir el Alzheimer son muchas más que los fármacos que hay para tratarlo. En 2011, un importante estudio de la UCSF encontró que si se atacan siete factores de riesgo básico, entre ellos la diabetes, la obesidad en la mediana edad (definida como una cintura que mida un metro o más en el caso de los hombres y noventa centímetros en el de las mujeres), la hipertensión en la mediana edad, el tabaquismo, la depresión, el nivel educativo bajo y la inactividad física, entonces, de hecho se evitarían la mitad de los casos de Alzheimer. Sin embargo, en fechas recientes, otro estudio de largo plazo encontró que las personas que habían estado en mejor condición física a los 25 años también estaban cognitivamente más «intactas» a los cincuenta.[8]

Mark Mattson del NIH piensa que existe una buena explicación evolutiva de lo anterior: el ejercicio agudiza la memoria, con lo cual podíamos recordar mejor las cosas importantes que pasábamos por el camino, como fuentes de alimento, agua y materiales de construcción, cuando andábamos de caza. Si por casualidad usted pasaba junto a un lugar de caza promisorio o un árbol caído o un manantial, era importante poder volver a encontrarlo. Por lo tanto, quizás exista una conexión entre la manía de mi padre de andar en bicicleta (recorrió alrededor de 4 mil kilómetros entre mayo y noviembre de 2013, o mucho más de lo que yo recorrí en un año entero) y el hecho de que, mentalmente, él sigue en el juego.

Al parecer, el ejercicio menos intenso también tiene un efecto. Un estudio bien realizado encontró que tan solo caminar veinte minutos al día bastaba para desacelerar o revertir el deterioro cognoscitivo en pacientes que ya padecían un Alzheimer diagnosticado, algo que pocos medicamentos han podido conseguir. Incluso se está realizando un estudio financiado por el NIH para determinar si el baile de salón tiene un efecto beneficioso para el funcionamiento del cerebro de las personas mayores. Es bastante seguro decir que vale la pena practicarlo, sin tener que esperar a los resultados de esta pequeña investigación patrocinada por los contribuyentes.[9]

Todo lo anterior sugiere que, en parte, el origen del mal podría estar en el metabolismo. Además, como señala Villeda, el ejercicio mismo también cambia el «medio» (es decir, la composición química de nuestra sangre) de modo que parece favorable para la salud de nuestras neuronas. Cuando me atoraba mientras escribía este libro, por ejemplo, dejaba de trabajar y salía a andar en bicicleta durante una hora; invariablemente, al final del paseo, el problema había quedado resuelto.

El único problema es que se trata de un efecto de orden temporal. No obstante, está surgiendo una inmensa cantidad de datos que indican que el cerebro mismo es mucho más plástico de lo que habíamos supuesto y que, al final de cuentas, hasta su envejecimiento podría ser reversible. Dado lo cual, tal vez logre encontrar el control remoto que tengo extraviado.

Saul Villeda no siempre estuvo convencido de que fuera posible revivir las células viejas del cerebro. En el laboratorio con Tony Wyss-Coray había visto que la sangre de los enfermos de Alzheimer era ostensiblemente diferente de la de los viejos sanos, por lo cual la siguiente interrogante era si esos cambios químicos en la sangre estaban ocasionando o fomentando de alguna manera el envejecimiento cognitivo. «En términos de cognición, en realidad estábamos preguntando: "A: en el cerebro existe una barrera para la sangre, por tanto, ¿la sangre siquiera influye en el cerebro? B: ¿la sangre vieja hace algo en el cerebro viejo?"».

Esta pregunta solo se podría responder por vía de la parabiosis. Unieron a varias docenas de pares de ratones, tal como había hecho Frederick Ludwig: viejo con viejo, joven con joven y viejo con joven. Cuando las criaturas se habían familiarizado entre sí y llevaban algún tiempo cambiando su sangre, buscarían si había algún cambio en los cerebros del ratón joven. Varios meses después tenían la respuesta, resumida en el título del artículo resultante publicado en *Nature:* «El medio sistémico del envejecimiento regula negativamente la neurogénesis y la función cognitiva». En términos legos, encontraron que los cerebros jóvenes que eran bañados con sangre vieja (el «medio sistémico del envejecimiento») funcionaban mal, con menos protección y renovación de neuronas del que deberían haber tenido. Lo cual es deprimente: la sangre vieja daña su cerebro. Pero entonces Villeda empezó a preguntarse: ¿qué sucede cuando las cosas son al revés? ¿Qué efecto tendría la sangre joven en los cerebros viejos?[10]

El problema es que resulta un poco difícil saber qué está pasando en el cerebro de un ratón. Para empezar, no es posible hacer una prueba cognitiva en un ratón que está cosido a otro. Por lo tanto, Villeda probó otra forma: simplemente tomó plasma sanguíneo de los ratones jóvenes y lo inyectó a ratones viejos y después sometió a los ratones viejos a una batería de pruebas mentales. Los ratones no son precisamente capaces de tomar la prueba SAT, por lo cual los colocó en un laberinto de agua con brazos radiales, una especie de jaula de hámsteres llena de agua lechosa. Justo debajo de la superficie del líquido opaco, en una parte del laberinto, hay una plataforma oculta a la que se podían subir para salir del agua. «Estos animales *detestan* mojarse. Harán cualquier cosa para evitarlo», explica.

Antes de las inyecciones de plasma, los ratones pasaban por un período de capacitación para enseñarles a encontrar la plataforma de seguridad en el laberinto de agua. A continuación, después de una semana más o menos, eran introducidos de nueva cuenta al laberinto. Los animales jóvenes podían encontrar la plataforma otra vez casi de inmediato, mientras que los animales viejos erraban sin esperanza por ahí, cometiendo hasta treinta errores antes de finalmente encontrar la agradable isla seca. «Era bastante triste», comenta Villeda.

Entonces Villeda descubrió algo asombroso: luego de inyectar sangre joven a los ratones viejos durante unas cuantas semanas, de repente eran capaces de volver a encontrar la plataforma al primer o segundo intento. «La sangre vieja estaba provocando algo nocivo. Había algo en la sangre joven que no estábamos viendo», dijo.

Después de que los ratones habían sido «sacrificados», estudió sus cerebros, en especial las neuronas del hipocampo, la zona donde se forman los recuerdos. A la luz de un microscopio electrónico, las neuronas jóvenes se ven «borrosas», porque tienen más espinas dendríticas, o pequeñas ramificaciones que salen de sus neuronas y que sirven para las conexiones con otras neuronas. En los animales viejos, las dendritas tenían muchas menos espinas, como si hubieran sido podadas por un jardinero minucioso. Eso provocaba que las neuronas tuviesen menos conexiones, que fuesen menos capaces de ligar los recuerdos con los pensamientos y las acciones. Sin embargo, en los ratones viejos que habían recibido las inyecciones de plasma joven, las neuronas habían vuelto a ser borrosas, lo cual evidentemente les había ayudado a recordar y a reconocer el laberinto de agua. La sangre joven había restaurado sus cerebros viejos.[11]

«Observamos que el deterioro relacionado con el envejecimiento realmente se revertía —me dijo Villeda todavía con tono de asombro—. Siempre pensé que el envejecimiento era un golpe final; una vez que llegamos ahí no hay retorno. Ya no estoy seguro de que eso sea así.»

* * *

Ahora la gran interrogante era: *¿Qué* tenía la sangre joven que producía ese efecto?

Además, lo que fuese, no estaba solo en el cerebro. Otros estudios habían encontrado que la sangre de los animales jóvenes aparentemente también rejuvenecía los músculos y los huesos de los animales viejos. Y Villeda no era el único que estaba buscando la respuesta. Del otro lado del país, en Harvard, otro exalumno de Stanford estaba buscando un factor preciso que fuese el responsable de este sorprendente efecto rejuvenecedor. La carrera había empezado.

«No es como buscar una aguja en un pajar. Es como buscar *paja* en un pajar. Existen tantos posibles metabolitos, o proteínas, o factores y uno cualquiera de ellos podría ser el que buscamos», dijo Amy Wagers cuando nos reunimos en su oficina en Boston.

Su búsqueda había durado diez años, desde que había formado parte del equipo que ayudó a revivir la técnica de la parabiosis a principios de la década de 2000. Cuando ella terminó su doctorado, había trabajado con Irving Weissmann, el destacado biólogo de Stanford que fue el primero en aislar las células madre humanas de la sangre; Weissmann había colaborado con Tom Rando en los estudios para saber cómo la sangre vieja afectaba la regeneración de los músculos. En un artículo revolucionario publicado en *Nature* en 2005, reportaban que, al parecer, la sangre joven mejoraba la capacidad de los ratones viejos para reparar sus músculos dañados. No solo eso, sino que sus hígados habían sanado milagrosamente. La sangre joven tenía algo que, a nivel celular, mandaba el mensaje a los ratones viejos de que también actuaran como «jóvenes» y que se regeneraran y sanaran con éxito como lo habían hecho antes.[12]

Esto significaba que las células viejas no habían dejado de tener potencial para prosperar y regenerarse, pero que la vejez de su sangre estaba impidiendo que eso sucediera. Las implicaciones eran enormes: significaba que tal vez conservábamos la capacidad para regenerar diversos tejidos del cuerpo bien entrada la vida avanzada. El chiste estaba en averiguar cómo desatar ese potencial, encontrando uno o varios factores que fueran los responsables. La búsqueda llevaría una década, y todavía no se ha terminado.

Wagers decidió buscar un posible factor rejuvenecedor: ese algo que contenía la sangre joven que aparentemente hacía retroceder el reloj de las células viejas. Aquí, se le unió Richard T. Lee, un cardiólogo veterano y también investigador de células madre (a quien conocimos en el capítulo 6), que además era su viejo amigo del ciclismo. Lee estaba cansado de ver cómo el corazón de sus pacientes se desgastaba con la edad cuando vivían hasta los ochenta años o más. Cuando los pacientes eran más jóvenes, les podía recetar estatinas y medicamentos para la hipertensión, o someterlos a procedimientos para colocarles *stents* y válvulas. Pero aparentemente no podía hacer nada para resolver los problemas de los pacientes muy viejos. Cada vez más de ellos sufrían algo llamado insuficiencia cardíaca diastólica, en la que el músculo del corazón se ha engrosado tanto que la cavidad no se llena debidamente; y por ahora no existe tratamiento conocido para ese trastorno.

«Tras veinte años de observar eso, era como ¡*No puede ser, no tengo nada!*», me dijo.

Entonces Wagers sugirió que probaran la parabiosis para ver si la sangre joven revivía los corazones viejos. Sus resultados preliminares sugerían que sí, por lo cual decidieron tratar de encontrar el factor que pudiera ser el responsable de ese efecto particular. Trabajaron con una compañía de Colorado llamada SomaLogic y pudieron reducir la búsqueda a trece candidatos, todos ellos factores de una clase u otra, pero relacionados con el crecimiento. Tras más análisis, surgió un claro ganador: algo llamado factor 11 de diferenciación del crecimiento, o GDF11, que abundaba en la sangre del ratón joven, pero no en la del viejo.

Lo mejor de todo era que las compañías de biotecnología ya fabricaban el GDF11 para investigaciones, por lo cual simplemente lo podían comprar para inyectarlo a sus ratones, tal como lo hicieron. ¡Aleluya!, al parecer hacía lo mismo que la parabiosis, pero sin la horripilante cirugía. Con solo restaurar el GDF11 durante algunas semanas, los corazones engrosados viejos de los ratones viejos regresaban a su estado juvenil normal. En mayo de 2013 declararon que habían conseguido hacer retroceder el reloj. El resultado era particularmente interesante porque se pensaba que el efecto de la «sangre joven» operaba sobre todo en las células madre. Pero el músculo cardíaco no tiene células madre muy activas, por lo cual seguramente estaba ocurriendo otra cosa.[13] A continuación, observaron el efecto del GDF11 en los músculos viejos de los ratones y encontraron que también mejoraba su estado (adiós sarcopenia). Lo más asombroso era que, al parecer, también ayudaba a los cerebros viejos de los ratones porque mejoraba los vasos sanguíneos en torno a las células madre neurales. Encontraron que los ratones viejos habían recuperado su sentido del olfato.[14]

Cuando se conocieron los primeros resultados, Lee, el viejo amigo de Wagers, le envió un breve correo electrónico que decía:

—Esto podría ser muy grande.

—Lo sé —contestó ella.

Estaban en lo cierto: los dos estudios se publicaron en mayo de 2014 en el mismo número de *Science* y dieron lugar a muchos titulares. Wagers, Lee y un tercer colaborador, Lee Rubin, ahora están buscando posibles candidatos a fármacos que de alguna forma puedan activar el GDF11; han obtenido algunas patentes y están trabajando con un grupo que aporta el capital de riesgo para financiar la investigación. La meta es encontrar una molécula farmacológica que imite la actividad del GDF11, o que estimule su producción en el cuerpo. (El GDF11 en sí mismo es demasiado grande y difícil de inyectar todos los días.) Hasta ahora no hablan mucho del tema, pero el potencial es enorme: un fármaco que ofreciera la posibilidad de tratar la insuficiencia cardíaca, el desgaste muscular y el Alzheimer.

«Esta sola proteína lleva su mensaje a muchos tipos diferentes de células en muchos tejidos diferentes. Esto es fundamentalmente interesante porque nos dice por qué existe sincronía en la respuesta que diferentes tejidos presentan a la edad», dice Wagers.

Pero ella también reconoció que el GDF11 definitivamente no es el final del cuento; más bien es como el principio de un nuevo capítulo. La misma semana que aparecieron los artículos de Wagers y Lee también se publicaron otros dos muy importantes sobre la parabiosis. Saul Villeda finalmente reportó sus resultados en *Nature Medicine:* que el plasma sanguíneo de ratones jóvenes aparentemente restauraba la energía juvenil en las neuronas viejas. Y ese mismo día, del otro lado de la Bahía, en Berkeley, Irina Conboy, una científica rusa que también se había preparado en el laboratorio de Tom Rando, reportó un resultado incluso más alentador (fue un gran día para la parabiosis): al parecer, los músculos viejos rejuvenecieron cuando les suministró oxitocina, la hormona de la «confianza» asociada al sexo, el amor, la crianza y el alumbramiento; esa que también es liberada cuando usted abraza a alguien. Además, es barata y fácil de obtener. No se requieren transfusiones.[15]

No todo el mundo está esperando a la autorización de la FDA: conozco cuando menos a un científico concreto que se ha inyectado oxitocina con la esperanza de obtener algún tipo de efecto rejuvenecedor. (Todavía no se sabe si ha funcionado o no.) Además, Saul Villeda y su mentor Tony Wyss-Coray de Stanford tienen planes para llevar al cabo una pequeña prueba clínica por su cuenta. En lugar de buscar la «paja en el pajar», piensan simplemente inyectar plasma donado por jóvenes a enfermos de Alzheimer en etapa avanzada, con la esperanza de que presenten las señales del efecto rejuvenecedor que Villeda ha observado en sus ratones.

Si tiene éxito, podemos imaginar toda clase de escenarios aterradores, como Donald Trump pagando dinero a los estudiantes universitarios empobrecidos a cambio de transfusiones de plasma; por lo cual uno casi ruega para que el equipo de Wagers tenga éxito con su píldora de parabiosis. Además, quedan en el aire muchas preguntas sin respuesta, por ejemplo si estos «factores de juventud» pueden causar cáncer.

Mientras tanto, yo simplemente voy a optar por más abrazos.

LA MUERTE DE LA MUERTE

Millones que no saben qué hacer un domingo lluvioso por la tarde anhelan ser inmortales.

SUSAN ERTZ

He esperado hasta ahora para darle la noticia realmente mala sobre el envejecimiento, pero ahora me temo que debo informarle que es probable que tenga herpes. No solo eso, sino que es mucho más probable que su madre también lo tenga (o haya tenido). También su padre.

No se sienta mal: el herpes al que me refiero no es del tipo que se contagia en las vacaciones de verano. Por el contrario, es la manera de entrar en una de las formas del envejecimiento más poco estudiadas, pero potencialmente letal: el envejecimiento de nuestro sistema inmunológico.

Ahora bien, acerca de la enfermedad: como sabemos, existen muchas clases diferentes de virus del herpes, como la varicela y el herpes zoster, además del que se contagia por los besos. Pero existe otra versión, mucho más común, presente cuando menos en la mitad de todos los adultos estadounidenses, pero que (normalmente) no presenta ningún síntoma. La mayoría de las personas ni siquiera saben que lo tienen.

Se llama citomegalovirus, que suena como algo salido de una película de ciencia ficción, pero de hecho el CMV (como se conoce) es uno de los virus más grandes y promiscuos que hay en el cuerpo humano, con un enorme genoma que le permite atacar prácticamente a cualquier tipo de célula humana.[1] Por lo habitual es bastante benigno, y pasa el tiempo por ahí calladamente en nuestro interior sin provocar síntomas (aun cuando en ocasiones produce una enfermedad tipo mononucleosis, que es bastante rara). Pero eso no es lo mismo que ser inocuo. «Existe evidencia de que este virus puede hacer cosas buenas para usted cuando es joven, como poner al sistema inmunológico en el estado de alerta más alto, pero cobra su cuota a medida que avanzamos por el camino», dice Janco Nikolich-Zugich de la Universidad de Arizona y toda una autoridad en inmunología en la vejez.

El problema se deriva de la forma en que el sistema inmunológico humano funciona normalmente y en cómo envejece. La tarea de nuestras defensas inmunológicas es defender al cuerpo de los invasores, de los indeseables, de los atacantes. Con cada nueva infección generamos linfocitos T específicamente sintonizados para combatir esa infección particular, los cuales son enviados como tropas de choque a combatir el contagio más reciente. Todos esos linfocitos T emanan del timo, un órgano esponjoso que se ubica más o menos a la mitad de su pecho. Si ha comido en un elegante restaurante francés, es probable que el timo estuviera en el menú como mollejas (o *ris de veau*). Sí, lo ha adivinado, a partir de los veinte años su timo empieza a encogerse y a morir. Es una de las primeras cosas en partir y se va casi del todo. Lo cual resulta extraño tratándose de un órgano que parece ser tan importante, pero precisamente eso es el envejecimiento; las cosas más importantes también son las más vulnerables.

Por supuesto, esta «involución» del timo es irreversible y con el tiempo el timo deja de responder a nuevas infecciones (aun cuando conservamos depósitos de linfocitos T que recuerdan las infecciones que ya hemos tenido). Por lo tanto, si bien nuestros sistemas inmunológicos juveniles pueden manejar la mayoría de los bichos desconocidos que encontramos, cuando somos más viejos hay bichos aparentemente menores que, si no los hemos visto antes, nos pueden matar. Un ejemplo que viene al caso: mi abuelo que era más bien robusto falleció a causa de algo que empezó como una infección de vías urinarias bastante básica. El envejecimiento inmunológico explica por qué las personas mayores se deben vacunar contra la influenza; las infecciones respiratorias en realidad no son consideradas una enfermedad de la vejez, pero matan a más personas que el Alzheimer y afectan en una proporción enorme a los ancianos.

Janko explica que la verdadera razón por la que el CMV plantea un problema es que inmoviliza una parte considerable de la «amplitud de banda» del sistema inmunológico, como su adolescente cuando juega videojuegos y acapara toda la capacidad de internet de modo que usted no puede usar el *streaming* para ver *Antiques Roadshow*. «Un solo bicho puede ocupar la mitad de su sistema inmunológico», dice y explica que las personas infectadas con el virus viven tres o cuatro años menos en promedio, pero que los humanos han coexistido con el CMV durante cientos de miles de años. «La forma en que este virus ha coevolucionado con nosotros es alucinante».

Como un buen compañero evolutivo, el CMV no tenía intención de matarnos, hasta que empezamos a vivir más tiempo. Ahora sabemos que, a la larga, el citomegalomonstruo empieza a debilitarnos y a hacernos vulnerables, no solo a las infecciones, sino también a otras enfermedades relacionadas con la edad. Como un ejército hostil de ocupación, su presencia pude ayudar a aumentar los niveles de inflamación presentes en los adultos mayores, lo cual nos hace susceptibles a las enfermedades. El CMV está particularmente asociado a las enfermedades cardiovasculares preclínicas, porque se dirige a las células endoteliales que recubren los vasos sanguíneos, provocando una inflamación que conduce a placas arteriales, donde es frecuente encontrar al virus asechando.[2]

En pocas palabras, es como una guerra de guerrillas, tema del que Nikolich-Zugich sabe un par de cosas dado que se crió en Yugoslavia cuando era dirigida por los comunistas. Tras la caída de la Unión Soviética, vio cómo se deshacía el país y supo que tendría que hacer su carrera científica en otro lugar. Huyó a Estados Unidos para estudiar en Tufts, y en Boston vivió con una familia judía que su padre había ayudado a escapar de los nazis durante la Segunda Guerra Mundial. Finalmente aterrizó en la Universidad de Arizona y empezó a estudiar el sistema inmunológico. Cuando lo conocí, encabezaba una discusión sobre las formas en que algún día seríamos capaces de eliminar el envejecimiento del sistema inmunológico y, por lo tanto, acabaríamos con su trabajo supuestamente de un solo golpe.[3]

La ocasión era la sexta reunión bienal del SENS en Cambridge, Inglaterra, una conferencia organizada cada dos años, desde 2003, por Aubrey De Grey, el barbado profeta de la inmortalidad, con estilo propio y buen bebedor de cerveza. La reunión giraba en torno a investigaciones que pudiesen ayudar a poner en práctica la complicada estrategia de De Grey contra el envejecimiento. SENS, acrónimo de «Strategies for Engineering Negligible Senescence» (Estrategias para diseñar un senescencia insignificante), nació en una epifanía que De Grey experimentó cuando se dio cuenta de que el único camino para prolongar verdaderamente la longevidad es modificando la biología humana fundamental, de modo que nos parezcamos más (a nivel celular) a criaturas como la almeja de 500 años o a las ballenas de 200 años o a las ratas topo lampiñas de treinta años, que prácticamente no envejecen.[4] Él considera que juguetear con el metabolismo, que fue y es el enfoque dominante de la investigación, solo nos ganaría unos cuantos años en el mejor de los casos. (También serían años de hambre.)

En sus primeros años, las conferencias del SENS estaban pobladas en gran medida por personajes marginales, pero han ido ganando respetabilidad de forma constante, atrayendo a científicos respetados como Nikolich-Zugich. En su conferencia, nos enteramos que había no solo uno sino dos investigadores muy conocidos que estaban trabajando por caminos diferentes para encontrar la manera de cultivar nuevas glándulas tímicas en cuerpos viejos. Hasta ahora ninguno de los métodos había funcionado demasiado bien, pero son un inicio.

El mismo De Grey había evolucionado desde sus días de gloria en *60 Minutos*; ya no era simplemente el hombre barbado que estaba en el bar diciendo cosas locas a Morley Safer sobre vivir mil años. Tampoco seguía afiliado a Cambridge; la universidad le había despedido porque, a sabiendas o no, había generado la impresión de que era parte del cuerpo docente. En cierto sentido, eso lo había liberado, pero el hecho de que ahora tenía dinero para financiar su verdadera investigación había cambiado más el juego. Debía la situación a su madre, la cual había tenido la intuición de comprar residencias en el barrio de Chelsea en Londres a principios de la década de 1960. Cuando ella murió en 2011, las casas valían más de 16 millones de dólares, los cuales fueron a parar íntegros a manos de su único hijo. Aubrey había usado parte del dinero para comprar una casa en el bosque en Los Gatos, donde vive parte del tiempo con una de las dos novias que tiene, pero sigue casado con su esposa Adelaide. (Me dijo que «todo el mundo sabe que él es poliamoroso»).

Metió el resto del dinero a la Fundación SENS (Strategies for Engineering Negligible Senescence), con lo cual pudo someter sus ideas a prueba en el laboratorio. Esto en sí mismo fue un gran paso: uno de los argumentos en su contra era que jamás se había «manchado las manos» trabajando en ciencia aplicada. Ahora contaba con fondos para pagar cinco años de experimentos. El proyecto de cultivar un nuevo timo solo era un proyecto curioso que las inversiones en bienes raíces de su madre habían ayudado a financiar y promover. También hubo una presentación particularmente interesante sobre cómo una salamandra mexicana de cueva, llamada ajolote, es capaz de regenerar sus miembros cortados, incluso con el número correcto de dedos. Si nosotros fuéramos capaces de explotar un poder regenerativo así, entonces no solo no habría muerte, sino que tampoco habría más dedos rebanados el Día de Acción de Gracias. Dato divertido: no es extraño, las salamandras de cueva están repletas de telomerasa. (También se dice que tristemente casi se han extinguido en la vida silvestre; de mucho les sirve la longevidad.)

Todas las ciencias necesitan de los disidentes, los marginales, los que parecen locos; el tiempo dirá si Aubrey de Grey tenía razón. Ya hay indicios de que su idea no es tan loca. En primer lugar, había cambiado sutilmente parte de su énfasis, de modo que ya no solo perseguía las estrategias celulares que había esbozado por primera vez en sus manifiestos; ahora estaba abarcando toda clase de biotecnologías regenerativas, parte de las cuales son claramente viables. Ejemplo que viene al caso: el proyecto del timo, que podría no ser tan descabellado como parece.

En abril de 2014, científicos europeos tuvieron éxito para cultivar nuevas glándulas tímicas funcionales en ratones viejos al restaurar un mecanismo genético que normalmente deja de operar con la edad.

La investigación fue financiada con fondos estadounidenses por la colosal cifra de 9 millones de dólares para una iniciativa llamada ThymiStem, la cual pretendía encontrar el camino para regenerar el timo en enfermos con sistemas inmunológicos dañados.[5] Sus financiadores tenían en mente a enfermos de cáncer y a sobrevivientes de la quimioterapia, pero un tratamiento de este tipo tendría una aplicación obvia y más amplia en adultos mayores. Además, había superado un gran obstáculo muy rápido. Por lo tanto, la idea de que podríamos encontrar alguna forma de regenerar o reemplazar nuestros viejos órganos deteriorados (dentro del tiempo de vida de las personas que están leyendo este libro) no es del todo loca.

Por la noche, en el bar, la cerveza y la conversación fluyeron con entera libertad. Pocos de los asistentes parecían dudar que con el tiempo fuese posible derrotar al envejecimiento y a la muerte, o que la tecnología también resolviera nuestros demás problemas. Decir lo contrario era arriesgarse a ser calificado de «fúnebre». En un bar cercano (por supuesto) incluso tuvo lugar una pequeña protesta contra la falta de financiamiento para la investigación de la longevidad.

Ya vivimos en un mundo donde la biotecnología puede revivir a nuestras queridas mascotas muertas, de cierto modo: una noche, a la hora de la cena, bajo la bóveda del comedor de Queen's College, un financiero de Silicon Valley que estaba sentado a mi lado me mostró fotos de su perro clonado. Me dio envidia. Frente a nosotros había dos tipos de veintitantos años. Compartían un departamento en Londres mientras trabajaban en el desarrollo de una aplicación, la versión siglo XXI de escribir una gran novela.

—¿Ustedes por qué han venido? —pregunté—. Me parece que son un poco jóvenes para preocuparse por el envejecimiento.

—¡Porque queremos quedarnos así! —repuso uno finalmente, después de que los dos me miraran como si estuviera loco—. ¿Usted no querría lo mismo?

Era difícil rebatir ese punto. ¿A quién no le gustaría detener el reloj, por decir algo, a los treinta años?

Sin embargo, la mayor parte de las otras presentaciones de la conferencia dejaban bien claro que la muerte está muy lejos de rendirse en un tiempo previsible. ¡Maldición!, si ni siquiera somos capaces de desarrollar un timo decente todavía; un simple órgano pequeño que solo tiene tres o cuatro tipos diferentes de células. (Ninguno de los timos regenerados que se han desarrollado a la fecha funciona particularmente bien). ¿Cómo evitaremos que muera el cuerpo humano entero? Hasta que llegue ese momento, yo estoy haciendo todo lo posible para no desintegrarme, todo menos apuntarme para la conservación criónica. No sé sí querría regresar a la vida en el estado que tenía en el momento exacto de mi muerte.

Sin embargo, la realidad es que no existe algo que «cure» el envejecimiento y mucho menos existe un «secreto» (como tuve que explicar prácticamente a cada uno de mis amigos mientras trabajaba en este libro). La ciencia del envejecimiento ha armado las orillas del rompecabezas, pero parafraseando a Philip Roth, todavía no sabemos si la imagen del interior será la de una batalla o la de una masacre. ¿El secreto para no envejecer? Tal vez, lo más que podemos hacer por ahora es *úselo o despídase de él*.

La mañana siguiente al día en que terminó la conferencia, con la mente todavía un poco nublada como consecuencia del bar, me abrí camino para abordar un tren repleto y me lancé sobre el único asiento que quedaba, que por azar estaba junto al de uno de los asistentes a la conferencia y amigo del bar que se llama Sundeep Dhillon, y que era un personaje bastante impresionante. Tenía veintitantos años y era la persona más joven que hubiese escalado las Siete Cumbres: los montes más altos de cada continente, inclusive el Monte Everest. En 1996, el año desastroso descrito en la crónica de Jon Krakauer *Mal de altura*, se había regresado a 400 metros de la cúspide del Everest y, en el camino de bajada, había enterrado a un compañero fallecido en la montaña. En fechas más recientes, había sido médico de campaña del ejército británico en Irak y Afganistán. Por diversión, había corrido en el Maratón des Sables, 225 kilómetros por el desierto del Sahara. En Londres, trabajaba como médico de urgencias y también en una compañía novata de tecnología para la salud.

En pocas palabras, había pasado bastante tiempo en el filo entre la vida y la muerte. Le pregunté qué opinaba sobre la conferencia y, de inmediato sacó a colación la última presentación, que había abordado los efectos de la investigación del envejecimiento en el crecimiento de la población. El SENS había solicitado a Randall Kuhn, un demógrafo de Colorado, que planteara diversos escenarios de la longevidad y sus repercusiones para la población mundial, que es una de las principales objeciones de quienes se oponen a la investigación de la longevidad. Primero la buena noticia: si solo estamos hablando de que las personas vivan un poco más, por decir hasta los 100, los 120 o incluso los 150 años, entonces la población mundial no crecería demasiado; lo cual resulta lógico, dado que sin importar qué tan sanos sean los centenarios, es probable que ya no tengan más hijos.

Pero la meta del SENS no solo es vivir un poco más de tiempo, con una salud un poco mejor; su meta es vivir un tiempo verdaderamente largo, con la salud perfecta de la juventud. En el mejor de los casos, esto significa que las mujeres no pasarían por la menopausia sino hasta mucho, pero mucho más tarde, o tal vez nunca. Por lo tanto, una mujer típica podría tener cuatro o cinco hijos, repartidos a lo largo de una vida mucho más larga, en lugar del promedio global actual de solo dos. Y eso eleva la curva de la población enormemente.

Según Kuhn, la población mundial ya se encamina a una meseta que probablemente será de 10 mil millones. Demorar el envejecimiento un poco, como diez o veinte años, sumaría alrededor de unos 2 mil millones más. Sin embargo, pronosticó que si la estrategia de la senescencia insignificante del SENS tiene siquiera un poco de éxito, la población mundial se dispararía a 17 mil millones para el año 2080. Y si añadimos la fertilidad a la ecuación y las personas pueden vivir el doble de tiempo *y seguir teniendo hijos*, entonces la población mundial llegaría a 100 mil millones para el año 2170. Era algo para pensarse.

Además estaban los aspectos económicos. ¿Todos esos nuevos viejos desangrarían al mundo? Según Kuhn, la megalongevidad de hecho representaría un plus económico neto, siempre y cuando se aumentara la edad de jubilación, por decir, a los 110 años. Las personas serían mucho más productivas per cápita. Dijo que, por desgracia, dado el incremento de la demanda, los precios de los alimentos y la energía «superarían su máximo» y el petróleo llegaría a mil dólares el barril.[6]

«¿Cómo alimentaríamos a todas esas personas?», preguntó alguien. La respuesta: si contamos con una tecnología para prolongar el tiempo de vida, es probable que también podamos cultivar o producir una cantidad suficiente de comida. De alguna manera. ¿Quizá viviríamos en el desierto?

Yo no estaba tan seguro, pero tampoco lo estaba Sundeep. Él había visto la guerra y no estaba convencido de que le gustaría vivir en un planeta con 10 o 20 mil millones de personas más y una cantidad finita de tierra cultivable (por no hablar de los combustibles fósiles). ¿Qué sucedería con los océanos? ¿Con el clima? Ninguno de los dos creíamos que la tecnología sería capaz de resolver ese problema de una manera aceptable. Empecé a pensar que, si bien envejecer es terrible, la idea de la inmortalidad tampoco es magnífica.

Además, se presentaba una ironía más grande. La reunión había festejado a los rebeldes de la ciencia, a los clandestinos buscadores que luchaban por encontrar grandes innovaciones que cambiaran el mundo (la longevidad extrema definitivamente calificaba como una). Pero entonces pensé en la observación mordaz pero cierta del físico Max Planck: «La ciencia avanza un funeral a la vez».

Lo que significa que hasta que los científicos viejos y sus dogmas se jubilan no ocurre el progreso. Si encontramos la manera de eliminar el envejecimiento, entonces también eliminaremos los funerales de los científicos; de hecho, esa podría ser una de las primeras cosas que suceda. Entonces, ¿cómo avanzaría la ciencia? ¿Qué habría sucedido si Alexis Carrel hubiera aguantado cincuenta años más? ¿Todavía estaríamos celebrando su dogma patentemente falso? ¿Len Hayflick seguiría trabajando en el sótano de su Instituto Wistar, gruñendo porque sus cultivos de células se mueren?

Más al grano: ¿qué sucedería si su jefe no tuviera que jubilarse nunca, pero nunca? ¿Le apetece quedarse atrapado en el mismo empleo hasta los 99 años?

Cuando llegamos a Londres, Sundeep me llevó hasta la línea correcta del metro y ahí nos despedimos. En Inglaterra, los sábados son de futbol y los túneles y los trenes del metro estaban atiborrados de aficionados con los atuendos correspondientes de su equipo, bien lubricados con una bebida que mejora y prolonga la vida y que se conoce como cerveza. Sin embargo, la muerte y la idea de morir estaban muy lejos de su mente, como lo deberían estar de la de todos nosotros la mayor parte del tiempo. Era más importante saber si el Chelsea le ganaría al Arsenal. O si mi viejo amigo John, con quien me iba a encontrar enseguida, me masacraría en el campo de golf (como siempre).

Y pensé en algo que había leído del filósofo Ernest Becker: «La idea de la muerte, el miedo a sufrirla, atormenta al animal humano más que ninguna otra cosa; es el resorte principal de la actividad humana, una actividad diseñada en gran medida para evitar la fatalidad de la muerte, para superarla negando de alguna manera que es el destino final del hombre».[7] Nos lleva a hacer cosas.

En otras palabras, casi todo lo que hacemos está motivado, en cierta medida, porque sabemos que algún día moriremos. Eso explica por qué escribimos libros, vamos a la iglesia, tenemos hijos, decidimos saltar con garrocha a los sesenta, o renunciamos a nuestro empleo y nos encontramos en la ruta de las cumbres del Pacífico, o lo que fuere. Como dijera atinadamente Steve Jobs con sus famosas palabras: «La muerte es el agente de cambio de la vida». Nos lleva a hacer cosas.

Me asombraba que después de un fin de semana con Aubrey de Grey yo tuviera este sentimiento ligeramente ambivalente sobre la prolongación de la vida. En mis encuentros anteriores con él, si bien no había quedado convencido del todo, cuando menos había sentido una curiosidad optimista. En esta ocasión me sentía un poco más indeciso respecto al tema. La conversación con Sundeep se repetía incesantemente en mi mente. ¿Qué clase de mundo estaríamos creando?

Por supuesto que me gustaría estar sano durante mucho tiempo y disfrutar de mi vida como cuando fui más joven. Eso sería estupendo. Pero quiero eso mucho más para Lizzy, mi perra sobreviviente. Siempre había esperado que muriese mucho antes que Theo. Fue una cachorra alocada, casi imposible de entrenar porque siempre se escapaba al bosque para perseguir a un venado o a otras criaturas. Pensaba que, antes o después, la atropellaría un auto, una suerte común para los sabuesos. Estaba bien: la había rescatado literalmente de las puertas de la muerte. Su dueño la había llevado al consultorio de mi veterinario (no al del doctor Sane), para que la durmiera porque había cometido el enorme delito de morder a un Yorkshire. Dije que me la llevaría durante un mes y eso fue hace 12 años. Desde entonces, he contado todo como tiempo extra.

De hecho, todos estamos viviendo tiempo extra; piense en la generación de sus abuelos o sus bisabuelos, que morían a los cincuenta o sesenta y tantos años. Sin embargo, después de Theo, yo esperaba lo peor; muchas investigaciones han demostrado que cuando un cónyuge muere, el otro muchas veces le sigue poco tiempo después, y para fines prácticos ellos eran casi como un viejo matrimonio. Por eso, había relajado mis reglas y permitía a Lizzy comer de la mesa y le enseñe a pedir la orilla de la pizza. Me dije que cuando menos estaba comiendo, que *de cualquier manera moriría pronto*.

Resulta que le encanta la orilla de la pizza. Y es una pedigüeña muy hábil y persistente. Y siguió viviendo, viviendo y viviendo.

Cuando cumplió 13 años decidí comprar dos jugosos filetes y asarlos, uno para ella y otro para mí. Poco tiempo después la llevé con el doctor Sane, el veterinario, para una revisión. «¡13! Gran logro, Lizzy. Felicidades, muchacha», exclamó, dirigiéndose a ella directamente.

Todo salió bien en la revisión, sus estudios de laboratorio fueron normales. Parecía estar encarnando la observación de Tom Kirkwood cuando dijo que los hombres caen muertos, mientras que las mujeres siguen adelante. Me pregunté si debía convencer a Nir Barzilai de que iniciara un estudio de perros centenarios y que estudiara los genes de su longevidad, porque claramente tenía algo que la protegía del cáncer que ha matado a la mayoría de los perros para esa edad.

Ella no era, por acuñar una frase, ninguna quinceañera. Su cara se había vuelto casi totalmente blanca y parecía un fantasma. La gente empezó a detenernos en la calle otra vez, como cuando ella y Theo eran jóvenes. «¿Cuántos años tiene?» Completos desconocidos se le acercaban y rascaban su hocico encanecido, y en ocasiones se agachaban para darle un beso en la cabeza, sin dirigirme una sola palabra, y seguían su camino con los ojos húmedos. Ahora la quería más que nunca.

En términos prácticos, nuestra vida común se desaceleró considerablemente. Nos llevaba más tiempo subir las escaleras hasta el quinto piso de nuestro departamento en Nueva York, pero ella todavía lo lograba. Algunas mañanas seguía corriendo y saltando en nuestro paseo matinal, como siempre; otros días simplemente caminaba un poco y hacía lo que tenía que hacer antes de volver a casa. (Ella siempre dictaba la ruta.) Hubo un episodio espantoso, poco después de que cumplió trece años, cuando básicamente perdió su sentido del equilibrio y se contoneaba como un borracho (problema neurológico, causa desconocida). La miraba sin poder hacer nada, hasta que después de un rato se le quitaba sin ayuda.

Durante todo ese tiempo, ella comió montones de orillas de pizza, particularmente durante las últimas etapas de este proyecto. Si hubiera tenido el dinero, la habría clonado. Pero como me había explicado mi amigo de Silicon Valley que clonaba perros aquella noche durante la cena, el perro clonado no habría sido el mismo perro en absoluto. Si pudiéramos encontrar la manera de hacer que los perros vivieran eternamente, la anotaría en la lista en este instante.

En cuanto a mí, yo también necesitaba ayuda. Lo cual me llevó de nueva cuenta al despacho de Nate Lebowitz, casi exactamente un año después de la primera vez que había ido. Las personas que estaban en la sala de espera formaban el mismo crisol de inmigrantes y nativos del área de Nueva York. Las cifras de mi colesterol tampoco habían cambiado tanto; bajado algunos puntos en la mayoría de las cosas, subido un buen tanto en HDL, el bueno. Estaba bien. Pero Lebowitz estaba radiante y dijo: «¡Así se hacen las cosas!». En mi expediente había escrito ¡sobresaliente!

¿Por qué estaba tan contento?

Una mirada más cuidadosa reveló que había menos motocicletas cargando peligrosas bombas de LDL transitando por mis arterias (los marcadores de la ApoB). Asimismo, del lado del HDL, de alguna manera había adquirido «barredoras» arteriales más eficientes, que retiraban el colesterol y demás chatarra de las paredes arteriales y los llevaban al hígado para reutilizarlos.

Lebowitz quería saber qué había hecho para mejorar tanto: ¿Había tomado Welchol como me recomendó? No. ¿Aceite de pescado? A veces. También había sido más diligente para andar en bicicleta, principalmente tratando de mantener el paso de mi padre. Había encontrado a un grupo de amigos para andar con regularidad, lo cual había ayudado mucho, pero habría ayudado más si nuestros paseos no terminaran siempre junto a un barril de cerveza. Sin embargo, había conseguido dejar las hamburguesas y las papas a la francesa, dos de mis alimentos preferidos (bueno, casi).

Lo que sea que haya hecho, había funcionado: también había bajado cuatro kilos, o sea toda una hazaña. «En ocasiones, el simple hecho de prestar atención hace la diferencia». Muy cierto. «Estás sano», fue su veredicto de despedida.

De alguna manera Lizzy también lo está. Estamos a finales de otoño de 2014, en una lluviosa tarde de diciembre, y ella está mirando la orilla de pizza que hay en mi plato. (Lo siguiente es renunciar a las pizzas.) Por supuesto que se la voy a dar. Hace poco llegamos a su decimocuarto cumpleaños, lo que la califica como un canino centenario de buena fe; no está mal para un sabueso de 30 kilos. Todavía puede subir las escaleras que llevan a nuestro departamento y también treparse a mi cama a las 2 a.m.

¿Cómo ha llegado hasta aquí? Tal vez tenga genes caninos centenarios, tipo Irving Kahn, que la han protegido (hasta ahora) del cáncer que mató a su hermano. Tal vez se deba al hecho de que, conforme aprendí más acerca de la dieta y el envejecimiento, empecé a darle menos comida, siempre alimentos holísticos buenos, pero nunca demasiados, más o menos como a los monos de NIH/Whole Foods. O tal vez fue el hecho de que, casi todos los días de su vida, hemos salido a correr, a escalar o dar un paseo largo. Lo usó y no se despidió de él.

O tal vez ninguna de esas cosas explica su longevidad y fue simple suerte. Pagaría casi cualquier precio por una píldora que la mantuviese viva durante tres o cuatro años más. Pero si aparece, sería demasiado tarde.

¿Cómo se siente ella, dentro de ese cuerpo viejo? No tengo la más remota idea; yo tengo apenas la mitad de su edad, en años perrunos.

En ocasiones ella retoza como si fuera cachorro, lanzando sus juguetes chillones por todo el cuarto; otros días está tan tiesa que apenas puede andar. La mayor parte del tiempo, duerme. Duerme muchísimo, y de vez en cuando reviso si todavía respira.

En la mañana se despierta lentamente, estirándose y bostezando, pero en algún momento, por lo habitual cuando estoy bebiendo mi café, se me arrima, moviendo gentilmente su cola, e indicándome con sus ojos que es hora de nuestro paseo. Dejo mi taza de café en la mesa y tomo su correa, y salimos a pasear, hasta el río o a su camino preferido, inhalando los aromas del mundo que despierta. Cada día es un regalo.

Apéndice

LO QUE PODRÍA FUNCIONAR

¿Existe una varita mágica para controlar el envejecimiento? Todavía no, pero se supone que los siguientes suplementos y medicamentos son «intervenciones» que podrían servir para mejorar algunos aspectos del proceso de envejecimiento. Algunos de ellos hasta podrían funcionar. Por lo tanto, para satisfacer su curiosidad (y la mía), estudié con detenimiento los datos de un puñado de las posibilidades más interesantes.

Resveratrol

Cuando el estudio de David Sinclair sobre el resveratrol en ratones gordos apareció en la primera plana del *New York Times* en 2006, la demanda para los suplementos con resveratrol subió al máximo. El único problema: en el mercado casi no había suplementos con resveratrol. Los pedidos de Longevinex, una de las pocas marcas que existían, se dispararon, multiplicándose 2 400 veces. La moda ha decaído un poco, pero el resveratrol sigue siendo uno de los suplementos «contra el envejecimiento» que registra más ventas en el mercado.

No cabe duda que el resveratrol ha acumulado una impresionante cantidad de resultados de laboratorio, que se remontan a un tiempo cuando nadie había oído hablar de David Sinclair. Cuando él lo «descubrió», ya era bastante conocido porque, en experimentos, había demostrado que podía acabar con ciertos tipos de células cancerosas. De forma subsecuente, se ha demostrado que mejora el funcionamiento del hígado, reduce la inflamación, previene la resistencia a la insulina y contrarresta algunos de los otros efectos de la obesidad. Al parecer, también mejora el funcionamiento cardiovascular, como en el caso de los monos alimentados con una dieta de parecida a salchichas y pastelillos. Sin embargo, a pesar de la sensación que ha sido con los medios por ya casi diez años, solo hay un puñado de pruebas clínicas de resveratrol con humanos, frente a más de 5 mil artículos publicados de pruebas con ratones, gusanos, moscas, monos y levadura. La mayor parte de los estudios con humanos han sido bastante pequeños, apenas con una o dos decenas de sujetos, porque nadie ha considerado que sea interesante financiar un estudio clínico grande y bien hecho de un suplemento que no está patentado.

Lo que es peor, de entre esas pruebas pequeñas, muy pocas han reportado efectos positivos significativos. Nir Barzilai encontró que, en adultos mayores prediabéticos, mejoraba ligeramente la tolerancia a la glucosa. Un par de estudios pequeños más ha demostrado un leve efecto beneficioso en el funcionamiento del corazón. Al parecer funciona mejor en animales o humanos obesos o con compromiso metabólico; en ellos, es casi como si imitara los efectos de la restricción de calorías, pero sin restringirlas. Empero, otros estudios no han encontrado efecto alguno en la sensibilidad a la insulina, la cognición, la presión arterial ni otros parámetros, ni siquiera en pacientes obesos.

La razón de estos resultados decepcionantes tal vez tenga que ver con la forma en que los humanos metabolizan esta sustancia. Incluso cuando las dosis son muy altas, el resveratrol que llega al torrente sanguíneo en realidad es muy poco, porque nuestros cuerpos piensan que es un veneno y el hígado prácticamente lo aniquila. Los ratones lo manejan de otra manera, pero el resveratrol en el cuerpo humano no dura mucho; su vida media es de unas dos horas y media, o menos que un partido de beisbol. Otra advertencia: no todos los suplementos que lucen la etiqueta de resveratrol contienen en realidad mucho resveratrol. Barzilai probó una decena de ellos antes de encontrar uno que fuese adecuado para su estudio; un análisis de catorce suplementos de resveratrol disponibles en el mercado en 2012 arrojó que cinco de ellos contenían la mitad o menos de lo que decía la etiqueta, y dos no lo contenían en absoluto.

Esta no es una buena noticia para aquellos (además de mi padre) que compran los suplementos de resveratrol que se venden cada año en Estados Unidos por un valor estimado de 75 millones de dólares. Pero tampoco será una sorpresa si consideramos que el mercado completo de los suplementos en esencia no está regulado por el gobierno federal, gracias a la ley Dietary Supplement Health and Education Act de 1994, de nombre orwelliano, que no ilustra ni fomenta un enfoque científico para la salud. Al tenor de la ley, la FDA no prueba ni autoriza los suplementos dietéticos, por lo cual usted, el consumidor, está básicamente solo. Por lo anterior, tal vez quiera empezar con la sustancia siguiente de esta lista.

Alcohol y vino tinto

Tenemos una paradoja: si beber demasiado no es bueno para su salud, entonces ¿por qué para la salud no es bueno no beber? Aparentemente así es: si bien beber en exceso es malo, una miríada de estudios ha encontrado que, en general, las personas que beben poco o con moderación están mejor que los abstemios, particularmente en términos de salud cardiovascular. Distintas razones han sido sugeridas como explicación de lo anterior, pero si escarbamos en los datos, veremos que *lo que* usted bebe puede ser tan importante como la cantidad que bebe. Ah, y en algunos casos, entre más beba, mejor (por lo menos hasta cierto punto). Y, al parecer, lo mejor que puede beber es vino tinto.

Todo el mundo sabe que el vino tinto es bueno para la salud. Se piensa que es el fondo de la Paradoja Francesa, según la cual los franceses comen el equivalente a nuestro chicharrón y embutidos (paté) pero por alguna razón no engordan ni se enferman como los estadounidenses. Está claro que algo que contiene el vino tinto debe ser bueno para su salud.

Pero es poco probable que el resveratrol sea la razón. La cantidad de resveratrol que contiene una copa de vino tinto es minúscula y, como demostró un estudio muy grande de italianos bebedores de vino, la cantidad de resveratrol que llega a su sangre incluso si consume vino tinto todos los días, es poca o tal vez nada. Sin embargo, se ha encontrado que el vino tinto tiene efectos beneficiosos para el colesterol HDL (el bueno) y la presión arterial, pero no solo porque contiene alcohol. En un experimento sumamente francés, que de hecho se llevó al cabo en Wisconsin, los científicos inyectaron Chateauneuf-du-Pape (1987) directamente a las venas de perros para que no se emborracharan. Encontraron que reducía su coagulación y aumentaba la elasticidad de su sistema circulatorio.

Lo más curioso, y contrario a lo que dictaría la intuición, es que el vino tinto aparentemente protege contra el Alzheimer. En un estudio que se llevó al cabo en Burdeos (por supuesto), se encontró que los bebedores de vino tinto presentaban la enfermedad de Alzheimer con la mitad de frecuencia que sus pares. Y el Estudio del Corazón efectuado en la ciudad de Copenhague encontró que los sujetos en mejor condición del estudio, o que tenían la mitad de probabilidad de morir que los controles, eran los que reportaban beber entre tres y cinco copas del líquido *al día*.

Café

Otra paradoja: no hace tanto tiempo que se pensaba que el café era malo para la salud. Sin lugar a dudas eso se debía a que nos hace sentir bien. Asimismo, se decían cosas respecto del cáncer. Sin embargo, sin él, nadie, en ningún lugar, conseguiría hacer nada. Hoy voy por mi tercera taza y son las nueve de la noche. ¿Qué hacer?

Por fortuna, investigaciones más recientes están demostrando que, como de costumbre, toda la gente del pasado estaba enteramente equivocada. Resulta que muchas de las personas de esos viejos estudios bebían café y fumaban al mismo tiempo y, de ahí, los hallazgos del cáncer. Cuando los científicos separaron los efectos del tabaquismo, vieron un cuadro muy diferente. En 2012, un estudio enorme reportó en el *New England Journal of Medicine* que el riesgo de muerte de los bebedores de café era considerablemente más bajo que el de los no bebedores; pero lo que resultó en verdad curioso fue que entre más café bebían las personas, menos morían. La asociación era lineal, hasta cierto punto, lo cual sugiere que podría existir alguna causación oculta en la correlación. En particular, parece que disminuye el riesgo de diabetes tipo 2. En el caso de aquellos que bebían cuatro o cinco tazas al día, la mortalidad general disminuía en 12%. Lo que significa que tengo que prepararme otra taza.

Curcumina

Hablamos de ella en el texto principal (vea el capítulo 5), y cabe señalar que la curcumina, un ingrediente de la especie llamada cúrcuma, sigue siendo uno de los compuestos de más interés científico que existen y también uno de los más frustrantes. En el laboratorio aniquila varios tipos diferentes de células cancerosas y algunos estudios pequeños han sugerido que tiene efectos beneficiosos, por ejemplo en el cáncer colorrectal. No obstante, presenta los mismos problemas de «biodisponibilidad» que el resveratrol, pero más; en la actualidad se piensa que la curcumina suministrada con extracto de pimienta negra (por decir, como en un sabroso curry indio) podría funcionar mejor. Solo que necesita tomar grandes dosis para poder detectarla en la sangre.

Por lo menos hay una compañía farmacéutica que ha tratado de convertirla en un fármaco que el cuerpo pueda absorber, pero como explicara un químico farmacéutico investigador, si uno altera la molécula para que se pueda absorber mejor, la curcumina se vuelve tóxica.

«Complejo de Life Extension»

Lo vende la Fundación Life Extension, que también publica la revista *Life Extension* y vende una amplia variedad de suplementos. Eso de complejo de Life Extension suena como la vitamina última: el catálogo dice que está compuesto por «extractos de una gran variedad de frutas y vegetales, así como vitaminas liposolubles e hidrosolubles, minerales, aminoácidos y mucho más». Contiene muchos de los nutrientes «saludables» que encontramos en vegetales como el brócoli y los camotes, pero sin el inconveniente de tener que cocinar y comer esos vegetales. La lista de ingredientes incluye más de veinte nutrientes milagro, entre ellos licopeno de tomates, extracto de jugo de aceitunas y, por supuesto, extracto de mora azul. Además de todas las otras sustancias químicas saludables de las que ha podido leer en el periódico. Sin embargo, cuando Stephen Spindler, el científico de UC-Riverside especialista en estudios sobre el tiempo de vida de los ratones, la sometió a pruebas, básicamente dando de comer cosas diferentes a grandes números de ratones y observando si vivían más tiempo, el complejo de Life Extensión salió reprobado. Los resultados de Spindler demostraron que y otros complejos de suplementos «disminuían significativamente el tiempo de vida». ¡Vaya!

Metformina

Si conoce a algún diabético o usted mismo padece la enfermedad, es bastante probable que él (o usted) estén tomando un medicamento llamado metformina, que se vende con nombres de marca como Glucophage (también Fortamet, Gluformina y media docena más). Es la medicina para diabetes recetada con más frecuencia y cuesta unos centavos por pastilla. Lo que usted no sabe y probablemente su doctor tampoco, es que la metformina es uno de los fármacos más promisorios contra el envejecimiento que existen y también uno de los más misteriosos.

La metformina fue descubierta en la década de 1920 como derivado de la lila francesa y en la década de 1940 ya se habían estudiado sus propiedades para bajar el azúcar en sangre, pero no fue hasta la década de 1980 que se supo con exactitud cómo funcionaba, cuando Nir Barzilai, un joven israelita que estudiaba un doctorado en medicina en Yale, escribió su tesis sobre el probable mecanismo de acción de la metformina. «Desde entonces, cada equis años alguien encuentra un nuevo mecanismo de acción de la metformina. Por lo tanto, no sabemos bien a bien qué sucede. Sin embargo, lo sorprendente del caso es que hay un montón de estudios que demuestran que las personas que toman metformina padecen menos enfermedades cardiovasculares y cáncer y que algunas están reportando un funcionamiento cognitivo mejor, además de otras cosas por el estilo», dice en broma.

En general, parece que la metformina disminuye la producción de glucosa en el hígado, el cual es más o menos la Estación Central del metabolismo y, por consiguiente, es importante para el proceso de envejecimiento. Además, en años recientes, la metformina ha reunido sin escándalos un currículo impresionante de resultados de estudios, muchos de ellos no relacionados con la diabetes. Por ejemplo, se ha demostrado que mata a las células madre cancerosas (en una caja de Petri, pero no deja de ser importante) y que disminuye la respuesta inflamatoria de las células cancerosas. Lo que es más importante, un amplio estudio británico sobre diabetes encontró que las personas que tomaban metformina al parecer presentaban un riesgo mucho más bajo de padecer enfermedades cardiovasculares que las que tomaban otras medicinas para la diabetes. Otro artículo reportaba que los diabéticos que tomaban metformina al parecer también presentaban un riesgo de cáncer aproximadamente 30% más bajo. Además, es uno de los pocos compuestos que en verdad han demostrado que prolongan el tiempo de vida de los ratones, que como se sabe son muy difíciles de longevizar (¿existe tal palabra?).

Es sabido que la metformina activa la poderosa enzima detectora de energía AMPK, al igual que la restricción calórica (y, para el caso, el resveratrol). Pero parece que la metformina, a diferencia del resveratrol, también incrementa el tiempo de vida de los ratones sanos. En un estudio publicado en 2013, Rafael de Cabo encontró que los ratones que tomaban metformina vivían 6% más. Un estudio más amplio del tiempo de vida llevado al cabo por el NIA, con el mismo programa que «descubrió» la rapamicina, será publicado en el 2015. Barzilai está trabajando en un estudio clínico de metformina con humanos, sin observar el tiempo de vida en general, sino los biomarcadores, esos puntos de inflexión: ¿mejora el funcionamiento cardiovascular y cosas así? Pero él ya ha visto tantos datos que está convencido.

«Si alguien me aborda y me dice que quiere tomar un fármaco ya, ¿usted qué diría? Yo diría metformina. Sé cómo usarla, sé que es segura, conozco los estudios.»

Vitamina D

Otro rompecabezas. Se ha demostrado que las concentraciones bajas de vitamina D están estrechamente asociadas a la mala salud y las enfermedades. Allá en los viejos tiempos, se obligaba a los niños a tomar aceite de hígado de bacalao para evitar el raquitismo, una enfermedad de los huesos que tiene su origen en la falta de vitamina D (que nos sirve para metabolizar el calcio). Ahora la vitamina D viene en la leche, pero al parecer no en cantidad suficiente. Los problemas de salud relacionados con la falta de vitamina D persisten, en especial en el Norte de Europa, Estados Unidos y Canadá, y en especial entre los viejos. Un estudio encontró que, en Estados Unidos, 70% de los caucásicos no tenían concentraciones suficientes de vitamina D, al igual que 97% de los negros. El problema es que no hay muchos alimentos que contengan vitamina D; de ahí el aceite de hígado de bacalao.

La vitamina D es importante para la salud de los huesos y también para el desempeño físico general. Datos del estudio de la Women's Health Initiative, esas personas que acabaron con las ilusiones del reemplazo de estrógeno, señalaron que un suplemento de vitamina D y calcio (porque son simbióticos) contribuía a reducir en medida sustancial el riesgo de fracturas. También mejora la fuerza muscular y hay datos más recientes que sugieren que podría frenar la clase de proliferación celular que conduce al cáncer. La falta de vitamina D también se ha relacionado con el Parkinson y el Alzheimer. Gordon Lithgow del Buck Institute, que ha estado estudiando cientos de compuestos para conocer los efectos contra el envejecimiento, considera que sus efectos podrían tener mayores alcances; dice que en su laboratorio, la vitamina D de hecho ha desacelerado el envejecimiento (en los gusanos, pero por algo se empieza).

Sin embargo, otros estudios han encontrado que el simple suplemento no sirve; un metaanálisis muy grande decía que reducía la mortalidad general, mientras que otro no fue concluyente. (En pocas palabras, la misma vieja noticia de «él dijo-ella dijo».) Michael Holick, el científico de la Universidad de Boston que pasó 35 años de su carrera investigando la vitamina D, argumenta que eso se debe a que debe ser activada en el cuerpo. Y ese trabajo solo lo pueden hacer los rayos ultravioleta del sol. Además de un suplemento con vitamina D_3 (cuando menos 800 unidades al día, más calcio), Holick recomienda un poco de exposición al sol, unas cuantas veces a la semana, sin filtro solar.

Aspirina e ibuprofeno

Desde hace muchos decenios sabemos que una dosis pequeña de aspirina es muy buena para prevenir infartos. Lo que todavía no sabemos del todo es por qué. Conforme los científicos han ido reconociendo la importancia de la inflamación en el envejecimiento y las enfermedades, cada vez toman más en cuenta las propiedades beneficiosas de los antiinflamatorios (de la aspirina y el ibuprofeno, pero no del paracetamol, más conocido como Tylenol, que entraña muchos más riesgos para la salud). Al parecer son buenos para la salud cardiovascular, lo cual tiene sentido porque la inflamación es una condición imprescindible para que se formen las placas ateroscleróticas. En un estudio del NIH, la aspirina también aumentó el tiempo de vida de los ratones. Otro estudio encontró que al parecer el ibuprofeno también está asociado a un riesgo 44% menor de padecer Alzheimer.

Col rizada (kale)

¿Por qué no? Pruébela con tocino.

Agradecimientos

Este libro no habría sido posible sin mis padres, William Gifford, Jr., y Beverly Baker, quienes cultivaron mi amor por la lectura, me apoyaron para que siguiera mi vocación y también se ocuparon de imbuirme algunos hábitos saludables. Les perdono que de niño no me hayan dejado beber Coca. También sucede que los dos gozan de magnífica salud a sus setenta y pico años, fijando una meta muy alta para el resto de nosotros, por lo cual de alguna manera fueron la fuente de inspiración para este libro.

Tampoco lo hubiera logrado sin la generosidad de Nir Barzilai de la Escuela de Medicina Albert Einstein en el Bronx, quien, con su colega Ana Maria Cuervo, me invitaron a participar de oyente en su curso de posgrado sobre biología del envejecimiento que tuvo lugar en 2011. Yo, un licenciado en inglés, encontré ahí las bases científicas sólidas que necesitaba, pero cuando terminó el curso, Nir fue un Virgilio indispensable en el mundo del envejecimiento, me presentó a personas que debía conocer y además fue un guía sumamente útil.

También doy las gracias a esos ocupados científicos que me brindaron su tiempo y me permitieron colmar su paciencia, entre ellos a Rafael de Cabo, Mark Mattson, Luigi Ferrucci y Felipe Sierra del National Institute on Aging; a David Sinclair, Amy Wagers y Rich Lee de Harvard; a Brian Kennedy, Judith Campisi, Gordon Lithgow, Simon Melov y Pankaj Kapahi del Buck Institute for Research on Aging en el condado de Marin; a Steven Austad, Veronica Galvan, Randy Strong, Jim Nelson y Rochelle Buffenstein (la dama de la rata topo lampiña) del Barshop Center for Aging Research en San Antonio; a Valter Longo, Tuck Finch y Pinchas Cohen de la USC; a James Kirkland y Nathan LeBrasseur de la Mayo Clinic; a Saul Villeda de la UCSF; a Donald Ingram de la LSU; a Mark Tarnopolsky de McMaster; y a Jay Olshansky de la Universidad de Illinois-Chicago. Además a Leonard Hayflick, gran científico y ser humano único, al que tuve la suerte de conocer. Imposible olvidar a Aubrey de Grey, también *sui generis*.

Como sabe todo periodista, algunas de las personas que más ayudan para escribir una historia son los amateurs apasionados, los observadores hiperinformados que están por ahí al margen, los que saben a quién y qué debe conocer uno. En mi caso, el inagotable Bill Vaughan y el omnipresente John Furber, entre otros, desempeñaron ese papel. Eleanor Simonsick del NIA también me ayudo a dirigir mi investigación y mis pensamientos, y aunque mencionó que no quería ser citada, no me dijo que no podía darle las gracias. Michel Rae también fue de gran ayuda. El doctor Nate Lebowitz me ayudó a navegar por el desconcertante mundo de la cardiología práctica y Charles Ducker me ayudó a entender la bioquímica, tarea nada fácil. Fue un honor conocer a Irving Kahn. Por último, me quito el sombrero en admiración ante Ron Gray, Howard Booth y Jeanne Daprano, atletas extraordinarios a cualquier edad.

Mis agentes, Larry Weissmann y Sascha Alper, siempre me animaron y me dieron algún empujón ocasional, así como un título fantástico. En Grand Central, Ben Greenberg apostó a que este no sería otro libro triste y aburrido sobre el envejecimiento y Maddie Caldwell, Yasmin Mathew, Liz Connor y el resto del esforzado equipo de GCP se encargó de que las cosas se movieran. Gracias también al talentoso Oliver Munday por la magnífica portada y las divertidas ilustraciones.

Compartí el manuscrito con amigos de toda mi confianza, entre ellos Jack Shafer, Weston Kosova, Alex Heard, Chris McDougall, David Howard, Jennifer Veser Besse y Christine Hanna, quien también me alojó en su cuarto para invitados en el área de la Bahía. Gracias también a mis anfitriones Steve Rodrick y Jerry Hawke. Jason Fagone, Carl Hoffman, Gabe Sherman, Brendan Koerner, Ben Wallace, Josh Dean y Max Porter también me ofrecieron su servicial conmiseración en diferentes momentos. Gracias también a los editores que apoyaron el proyecto con asignaciones relacionadas con el envejecimiento, entre ellos Glenda Bailey de *Harper's Bazaar*, Chris Keyes y Alex

Heard de *Outside*, Laura Helmuth de *Slate* y Michael Schaffer del *New Republic*.

Por último, este libro habría sido mucho peor, con un autor mucho menos contento, sin Elizabeth Hummer, mi maravillosa, solidaria y perspicaz novia que aguantó mis frecuentes ausencias y mucho más frecuentes estados de ánimo gruñones.

Y, por supuesto, gracias a Lizzy, la perrita sabueso mágica que me enseña a amar cada día.

Notas y fuentes

Prólogo: El elíxir

1 William H. Taylor, «Old Days at the Old College», *The Old Dominion Journal of Medicine & Surgery*, vol. 17, núm. 2, agosto de 1913. No sabemos si Taylor fue o no fue el estudiante que encontró a Brown-Séquard todo embadurnado.

2 Muchos detalles de la vida de Brown-Séquard están contenidos en la destacada obra de Michael Aminoff, autor de *Brown-Séquard: An Improbable Genius Who transformed Medicine*, Nueva York, Oxford University Press, 2010.

3 Charles-Édouard Brown-Séquard, «The Effects Produced on Man by Subcutaneous Injections of a Liquid Obtained from the Testicles of Animals», *Lancet*, 20 de julio de 1889.

4 Nueva York, el relato de Brinkley está presentado con gran locuacidad en la excelente obra de Pope Brock, *Charlatan: America's Most Dangerous Huckster, the Man Who Pursued Him, and the Age of Flim-Flam*, Nueva York, Crown, 2008.

Capítulo 1: Los hermanos

1 El diario *Daily Mail* del Reino Unido había contratado a Buchanan para que hiciera el análisis. El artículo resultante fue publicado el 4 de febrero de 2010.

2 La *Social Security Administration* de Estados Unidos utilizó esta cifra en su Plan Anual de Desempeño para el ejercicio fiscal de 2012.

3 Michael de Montaigne, *Essays*, «To Study Philosphy Is to Learn to Die», en traducción de Charles Cotton, 1877.

Capítulo 2: La edad de envejecer

1 Centers for Disease Control, «Leading Causes of Death, 1900-1998».

2 Otros organismos, como la CIA y las Naciones Unidas, manejan cifras ligeramente diferentes, pero se suelen agrupar en torno a los 76-78 años para los hombres y los 80-82 años para las mujeres. En general, el líder indiscutible es Japón, donde la esperanza estadística para las mujeres es de 80 y muchos años.

3   James Vaupel, comunicación personal.

4   El caso de Old Parr ha sido relatado en muchas partes, pero la primera vez que leí acerca de él fue en la estupenda obra del biólogo evolucionista Steven Austad, *Why We Age: What Science Is Discovering About the Body's Journey through Life*, Nueva York, Wiley & Sons, 1997.

5   Craig R. Whitney, «Jeanne Calment, World's Elder, Dies at 122», *New York Times*, 5 de agosto de 1997.

6   De hecho, este fue el origen del término «estadística», que significa «cifras al servicio del estado». El rey de Suecia exigía registros exactos de la población a efecto de saber con cuántos soldados podría contar en caso de que quisiese dar una lección, de una vez por todas, a los noruegos.

7   Jim Oeppen y James W. Vanpel, «Broken Limits to Life Expectancy», *Science*, 296(5570): 1029-1031.

8   Kaare Christensen, *et al.*, «Physical and cognitive functioning of people older than 90: a comparison of two Danish cohorts born 10 years apart», *Lancet*, publicado en línea el 11 de julio de 2013.

9   S. Jay Olshansky, *et al.*, «A Potential Decline in Life Expectancy in the United States in the 21st Century», *New England Journal of Medicine*, 352:11 (17 de marzo de 2005) 1138-45. Más adelante, en 2010, Olshansky revisó su predicción y señaló que en muchas zonas de Estados Unidos la esperanza de vida ya había empezado a bajar.

10 S. J. Olshansky, *et al.* (1990). «In Search of Methuselah: estimating the upper limits to human longevity», *Science* 250(4981): 634-640.

11 David A. Kindig y Erika R. Cheng, «Even as Mortality Fell in Most US Counties: Female Mortality Nonetheless Rose in 42.8 Percent Of Counties from 1992 To 2000», *Health Affairs* 32, núm. 3 (2013): 451-458.

12 Uri Ladabaum, *et al.*, «Obesity, abdominal obesity, physical activity, and caloric intake in US adults: 1988 to 2010», *American Journal of Medicine* 127(8): 717-727 (Agosto de 2014). Numerosos estudios han reportado datos similares, en particular los correspondientes a la generación del Baby Boom.

13 Las «zonas azules» identificadas por los demógrafos no solo incluyen a Okinawa, sino también a Cerdeña, parte de Costa Rica y Loma Linda, California, hogar de una cantidad enorme de Adventistas del Séptimo Día; Dan Buettner, *The Blue Zones: 9 Lessons for Living Longer from the People Who've Lived the Longest*, Washington, D.C., National Geographic, 2012.

14 De Grey ha publicado una gran variedad de pronósticos del tiempo de vida; la cifra de los 5 mil años está incluida en «Extrapolaholics Anonymous: Why Demographers' Rejections of a Huge Rise in Life Expectancy in This Century are Overconfident», *Annals of the New York Acadmy of Sciences* 1067 (2006): 83-93.

15 De Grey planteó su idea por primera vez ante un grupo de estudiosos del envejecimiento en 2000; la ponencia fue publicada más adelante como De Grey, *et al.*, «Time to Talk SENS: Critiquing the Immutability of Human Aging», *Annals of the New York Academy of Sciences* 959 (2006): 452-462. Explora y

explica sus teorías en *Ending Aging: The Rejuvenation Breakthrough That Could Reverse Human Aging in Our Lifetime*, Nueva York, St. Martin's Press, 2007 (libro muy detallado y también bastante accesible).

16 Huber Warner, *et al.*, «Science fact and the SENS agenda», en *EMBO Reports 6* (2005): 1006-1008. Intentos posteriores por desbancar las teorías de de Grey fueron publicados en el número de febrero de 2005 de MIT *Technology Review*, que incluye un editorial que lo califica de ser un «troll» que opinó, «incluso si fuera posible "perturbar" la biología humana como desea de Grey, no deberíamos hacerlo». Para obtener el sabor del estilo de este hombre, busque en YouTube en «Aubrey de Grey debates» y enseguida se dará cuenta por qué vuelve locos a sus críticos.

17 Aubrey de Grey, *Ending Aging*. Las ideas de de Grey y su visión bastante singular del mundo son estudiadas a fondo en el excelente libro de Jonathan Weiner, *Long For This World: The Strange Science of Immortality*, Nueva York, Free Press, 2010, mismo que vale la pena que lean quienes están interesados a fondo en la biología celular del envejecimiento.

18 Esto fue señalado por el gran Leonard Hayflick en un entretenido ensayo. L. Hayflick, *et al.*, «Has anyone ever died of old age?», Nueva York, International Longevity Center-USA, 2003.

19 Benjamin Gompertz, «On the Nature of the Function Expressive of the Law of Human Mortality, and on a New Mode of Determining the Value of Life Contingencies», *Philosophical Transactions of the Royal Society*, Londres, publicado el 1 de enero de 1825.

20 Pew Research Center, «Living to 120 and Beyond: Americans' Views on Aging, Medical Advances, and Radical Life Extension», Washington, D.C., 2013, http://www.pewforum.org/2013/08/06/living-to-120-and-beyond-american-views-on-aging-medical-advances-and-radical-life-extension/.

Capítulo 3: La fuente de la juventud

1 Puede observar el inicio de la fascinante ponencia de Somers ante la A4M en: www.youtube.com/watch?v=hqst6op9wuI.

2 La demanda recibió amplia cobertura de los medios cuando fue interpuesta, por ejemplo, por el *Chicago Tribune, Inside Higher Ed.*, etc.

3 Este fármaco y otros fueron administrados por el doctor Theodor Morell, el médico personal de Hitler, quien lo describió en sus diarios. La forma en que usó los esteroides está descrita en *Steroids: A New Look at Performance-Enhancing Drugs*, de Rob Beamish (Praeger, Santa Barbara, CA, 2011).

4 Stanislaw Burzynski y Richard Gonzalez tienen historiales tan largos y controvertidos que requerirían un capítulo entero para exponerlos. En pocas palabras: los tratamientos de Burzynski en Houston implican administrar los llamados «antineoplastones», que son sustancias aisladas de la orina

humana y que, según afirma, curan muchos cánceres intratables. Como los antineoplastones no han sido autorizados por la FDA (ni han sido validados por investigadores independientes), Burzynski inscribió a sus pacientes en estudios clínicos, lo cual le permitía administrárselos, pero inspectores de la FDA han encontrado numerosos problemas en su manejo de las pruebas y han publicado muchas cartas de advertencia; según *USA Today*, que ha reportado ampliamente sus actividades (por ejemplo, «Doctor acusado de vender falsas esperanzas a enfermos de cáncer» por Liz Szabo, 8 de julio de 2014), los resultados publicados son pocos o tal vez ninguno. Por otro lado, en Nueva York, Gonzalez trata a sus pacientes con un complicado régimen hecho a la medida de cada uno: enemas de café (para «desintoxicar») y hasta 150 suplementos al día. (¿Le suena conocido?). Un estudio clínico patrocinado por el NIH con enfermos de cáncer de páncreas inoperable encontró que los pacientes que seguían el programa de Gonzalez vivían en promedio 4.3 meses frente a los 14 meses de los que se sometían a la quimioterapia tradicional; es más, los pacientes de la quimioterapia reportaron una calidad de vida mejor. Fue tema de un perfil preparado por Michael Specter para el *New Yorker*, «The Outlaw Doctor», publicado el 5 de febrero de 2001.

5   Weston Kosova y Pat Wingert, «Why Health Advice on 'Oprah' Could Make You Sick», *Newsweek*, 29 de mayo de 2009. Es un artículo que vale la pena leer.

6   Para conocer el artículo original vea «Risks and Benefits of Estrogen plus Progestin in Healthy Postmenopausal Women: Principal Results from the Women's Health Initiative Randomized Controlled Trial», *JAMA*, 2002, 288(3):. 321-333 (disponible sin costo en http://jama.jamanetwork.com/article.asps?articlcid-195120). El estudio fue criticado en muchos sentidos, uno de ellos decía que estudiaba a mujeres que pasaban bastante de los 50 años cuando empezaron a tomar el reemplazo hormonal y, por ende, eran demasiado viejas para explicar el aumento del riesgo. (Los beneficios del reemplazo hormonal observados en el estudio de la WHI incluyeron un menor riesgo de cáncer colorrectal y de fracturas de cadera). No obstante, otros grandes estudios de reemplazo de estrógeno, llevados al cabo en Suecia y el Reino Unido, encontraron un riesgo muy aumentado de cáncer de mama entre las mujeres que tomaban estrógeno y progestina, la combinación usual de hormonas.

7   P.M. Ravdin, *et al.*, «The Decline in Breast Cancer Incidence in 2003 in the United States», *New England Journal of Medicine*, 19 de abril de 2007, 356(16): 1670-1674. Nancy Krieger de la Escuela de Salud Pública de Harvard se pregunta si la enorme promoción de la terapia de reemplazo hormonal que hizo la industria farmacéutica contribuyó a un marcado incremento en las tasas de cáncer de mama en la década de 1980. «Hormone therapy and the rise and perhaps fall of US breast cancer incidence rates: critical reflections», *International Journal of Epidemiology*, junio de 2008, 371(3): 627-37. Asimismo, las tasas de cáncer de mama después de WHI disminuyeron más ostensiblemente entre las mujeres caucásicas educadas de clase media y media alta, que tendieron más a buscar el tratamiento (y, después del estudio, a abandonarlo): N. Krieger, *et al.*, «Decline in US breast cancer

rates after the Women's Health Initiative: socioeconomic and racial/ethnic differentials», *American Journal of Public Health*, 1 de abril de 2010;100 Supl. 1: S132-139.

8 Para una opinión bien informada (y escéptica) sobre la terapia hormonal bioidéntica, vea A. L. Huntley, «Compounded or confused? Bioidentical hormones and menopausal health», *Menopause International*, marzo de 2011, 17(1): 16-18; y Cirigliano M., «Bioidentical hormone therapy: a review of the evidence», *Journal of Women's Health*, junio de 2007, 16(5): 600-631. Para un gran resumen, dirigido a los legos, de los problemas en torno al tratamiento hormonal bioidéntico, escrito por dos médicos de la Cleveland Clinic, el cual incluye gráficas que describen las opciones bioidénticas autorizadas por la FDA, vea Lynn Pattimakiel y Holly Thacker, «Bioidentical Hormone Therapy: Clarifying the Misconceptions», en *Cleveland Clinic Journal of Medicine*, diciembre de 2011, pp. 829-836. La sentencia del farmacéutico es descrita por la periodista Sabrina Tavernise en «First Arrest Made in 2012 Steroid Medication Deaths», *New York Times*, 4 de septiembre de 2014.

9 Por ejemplo, N. A. Yannuzz, *et al.*, «Evaluation of compounded bevacizumab prepared for intravitreal injection», *JAMA Ophthalmology*, publicado en línea el 18 de septiembre de 2014.

10 David J. Handelsman, «Global trends in testosterone prescribing, 2000-2011: expanding the spectrum of prescription drug misuse», *Medical Journal of Australia* 2013, 199(8): 548-551.

11 Caso real. Mathias Wibral *et al.*, «Testosterone Administration Reduces Lying in Men», *PLoS One*, 2012, 7(10): e46774, publicado en línea el 10 de octubre de 2012. El caso de cáncer de próstata de 1941 fue descubierto por el doctor Abraham Morgenthaler, un declarado partidario de la terapia con testosterona y autor de libros como *Testosterone for Life*, Nueva York, McGraw-Hill, 2009. El estudio de 2010 que tuvo que ser suspendido fue S. Basaria *et al.*, «Adverse Events Associated with Testosterone Administration», *New England Journal of Medicine* 2010, 363: 109-122, 8 de julio de 2010 (disponible sin costo en línea en nejm.org). Para una buena revisión general de los temas, vea la reseña preparada por investigadores del Brigham and Women's Hospital de Harvard que llegaron a la conclusión de que «una política general de reemplazo de la testosterona en hombres mayores con un descenso de las concentraciones de testosterona por la edad no está justificada»: M. Spitzer, *et al.*, «Risks and Benefits of Testosterone Therapy in Older Men», en *Nature Reviews Endocrinology*, 16 de abril de 2013. Encontrará información sobre el estudio clínico del NIH en trial.org.

12 Ned Zeman, «Hollywood's Vial Bodies», *Vanity Fair*, marzo de 2012. Para la investigación de AP, vea David B. Caruso y Jeff Donn, «Big Pharma Cashes in on HGH Abuse», *Associated Press*, 21 de diciembre de 2012. También vale la pena leer la entretenida mirada de Brian Alexander sobre la cultura de la HGH en «A Drug's Promise (Or Not) of Youth», *Los Angeles Times*, 9 de julio de 2006.

13 Tim Elfrink, «A Miami Clinic Supplies Drugs in Sports' Biggest Names», *Miami New Times*, 31 de enero de 2013.

14 Christopher McDougall, «What if Steroids Were Good for You?», *Best Life*, octubre de 2006. Un perfil fascinante de los doctores Life y Mintz, publicado pocos meses antes de la muerte de Mintz.

15 Daniel Rudman, *et al.*, «Effects of Human Growth Hormone in Men over 60 Years Old», *New England Journal of Medicine*, 1990; 323:1-6, 5 de julio de 1990. Trece años después, la revista volvió a referirse al estudio en una editorial de Mary Lee Vance, «Can Growth Hormone Prevent Aging?», *NEJM* 2003; 348: 779-780, donde señalaba que otros estudios habían demostrado que el simple entrenamiento de la fuerza lograba los mismos beneficios derivados de la HCH que Rudman había observado: «Acudir al gimnasio es tan beneficioso, y sin duda más barato, que la hormona del crecimiento».

16 Vea, por ejemplo, Blackman, *et al.*, «Growth hormone and sex steroid administration in healthy aged women and men: a randomized controlled trial», *JAMA* 13 de noviembre de 2002; 288(18): 2282-2292.

17 La extraña longevidad de animales que carecen de receptores de la hormona del crecimiento fue descubierta por Andrzej Bartke en una cepa de ratones mutantes naturales conocida como enanos de Ames; más adelante, Bartke y otros crearon una versión del Ames diseñada genéticamente, en sí el tema de muchas obras científicas, que está muy bien ligado a esta reseña: Andrzej Bartke, «Growth Hormone and Aging: A Challenging Controversy», *Clinical Interventions in Aging* Dove Press, diciembre de 2008; 3(4): 659-665.

18 Nathan B. Sutter, *et al.*, «A Single IGF1 Allele Is a Major Determinant Of Small Size in Dogs», *Science* 6 de abril de 2007; 316(5821): 112-115.

19 «Aging Baby Boomers turn to hormone: some doctors concerned about 'off-label' use of drug», por Sabin Russell, *San Francisco Chronicle*, 17 de noviembre de 2003. Tres meses después de que se publicara el artículo, ella falleció. «Cancer took life of noted user of growth hormone», por Sabin Russell, *San Francisco Chronicle*, 8 de junio de 2006.

20 Alex Comfort, *The Biology of Senescence* 3a. Ed., Elseviere, Nueva York, 1964, 1. Es una de mis citas preferidas respecto al envejecimiento y sus implicaciones todavía no han sido investigados del todo. Algunos de los primeros gerontólogos también habían intentado estudios empleando la parabiosis, entre ellos Clive MCay, quien también descubrió el efecto de la restricción calórica para extender la vida (conocida como hambre), pero el estudio de Ludwig fue uno de los más grandes y sistemáticos de entre los primeros que hubo. Frederic Ludwig, «Mortality in Syngenic Rat Parabionts of Differente Age», *Transactions of the New York Academy of Sciences* noviembre de 1972; 34(7): 582-587.

Capítulo 4: Atentamente, desgastándome

1 Para conocer los antecedentes de la BLSA, vea Nathan W. Shock, *et al.*, «Normal Human Aging: The Baltimore Longitudinal Study of Aging», U.S. Government Printing Office, 1984. También llegó a los diarios de vez en

cuando: Susan Levine, «A New Look at an Old Question: Baltimore research transforms fundamental understanding of aging», *Washington Post*, 10 de febrero de 1997; y Nancy Szokan, «Study on Aging Reaches Half-Century Mark», *Washington Post*, 9 de diciembre de 2008.

2 Oficialmente, el propósito de la BLSA no es reemplazar las revisiones médicas regulares a manos del médico personal, y muchas de las pruebas no son consideradas de tipo «diagnóstico», pero los participantes sí reciben los resultados básicos de los análisis de sangre y de orina, y algunos más; si las personas que trabajan en el estudio detectan un posible problema, como evidencia de cáncer, se lo notifican a los participantes.

3 Existen muchas investigaciones sobre la cuestión de la «velocidad de la marcha» en la vejez y muchos estudios ligan la velocidad de la marcha con las tasas de mortalidad; así como la discapacidad, la admisión en asilos de ancianos y otras cosas malas. Este es uno: S. Studenski, *et al.*, «Gait speed and survival in older adults», *JAMA*, 2011; 305: 50-58. Luigi Ferrucci, Eleanor Simonsick y colaboradores ligan la evidencia en Schrack et. al., «The Energetic Pathway to Mobility Loss: An Emerging New Framework for Longitudinal Studies on Aging», en *Journal of the American Geriatric Society* octubre de 2010; 58 (supl. 2): S329-S336.

4 Taina Rantenen, Jack Guralnick, *et al.*, «Midlife Hand Grip Strength as a Predictor of Old Age Disability», *JAMA* 1999; 281(6): 558-560.

5 El *Economist* resumió esta investigación muy bien en un artículo de fondo en 2010, «The U-Bend of Life: Why, beyond middle age, people get happier as they get older», 16 de diciembre de 2010. La portada proclamaba: «La vida empieza a los 46».

6 Bradley J. Willcox, *et al.*, «Midlife Risk Factors and Healthy Survival in Men», *JAMA* 2006; 296: 2343-2350.

Capítulo 5: Como cumplir 108 años sin proponérselo realmente

1 Cada vez hay más estudios de la curcumina, pero la gran mayoría son in vitro (es decir, en una caja de Petri) o en ratones o ratas, que no siempre dan resultados iguales a los de humanos. Los estudios que se han hecho con humanos suelen ser pequeños, con una veintena de sujetos o menos. Para una buena reseña de los estudios clínicos con humanos realizados hasta la fecha, vea Grupta *et al.* «Therapeutic roles of curcumin: lessons learned from clinical trials», *AAPSJ*, enero de 2013; 15(1): 195-218.

2 Uno de los grandes problemas de la curcumina tiene que ver con la «biodisponibilidad», es decir la cantidad de la sustancia que de hecho llega al torrente sanguíneo; las investigaciones muestran que el hígado absorbe la mayor parte, lo cual explica por qué mi padre toma una cantidad tan grande de

ella. Los estudios demuestran que uno debe tomar alrededor de cinco gramos para que haya presencia en la sangre y los tejidos. Hani, *et al.* «Solubility Enhancement and Delivery Systems of Curcumin an Herbal Medicine: A Review», *Current Drug Delivery*, 25 de agosto de 2014. Urge que haya más investigaciones sobre los mecanismos de acción de la curcumina y su efecto en los seres humanos.

3   Rajpathak, *et al.*, «Lifestyle Factors of People with Exceptional Longevity», *Journal of American Geriatrics Society* 59:8; 1509-1513, publicado en línea en agosto de 2011.

4   J. Collerton, *et al.*, «Health and disease in 85 year olds: baseline findings from the Newcastle 85+ cohort study», *British Medical Journal* 2009; 339: b4904.

5   A.M. Herskind, *et al.*, «The heritability of human longevity: a population-based study of 2872 Danish twin pairs born 1870-1900», *Human Genetics* 1996; 97(3): 319-323.

6   Barzilai *et al.*, comunicación personal inédita.

7   A. E. Sanders, C. Wang, M. Katz, *et al.*, «Association of a Functional Polymorphism in the Cholesteryl Ester Tansfer Protein (CETP) Gene with Memory Decline and Incidence of Dementia», *JAMA* 2010; 303(2): 150-158.

8   Dereck Lowe, el químico farmacobiólogo que escribe blogs, piensa que los inhibidores de la PTEC no fueron una buena apuesta, http://pipeline.corante.com/archive/2013/01/25/ cetp_alzheimer_monty_hall_and_roulette_and_geography.

9   S. Milman, *et al.*, «Low insulin-like growth factor I level predicts survival in humans with exceptional longevity», *Aging Cell* 2014; 13(4): 769-771.

Capítulo 6: El fondo del problema

1   Según los Centers for Disease Control, 596 577 murieron de enfermedades cardíacas en el 2011, frente a 576 691 de cáncer. Algunos expertos piensan que este está ganando terreno con rapidez simplemente porque la gente está sobreviviendo a las enfermedades cardíacas y viviendo más tiempo, http:// www.cde.gov/nchts/fastats/leading-causes-of-death.htm.

2   W. F. Enos, *et al.*, «Coronary disease among United States soldiers killed in action in Korea: preliminary report», *JAMA* 1953; 152(12): 1090-1093.

3   D. M. Lloyd-Jones *et al.*, «Prediction of Lifetime risk for cardiovascular disease by risk factor burden at 50 years of age», *Circulation* 2006; 113(6): 791-798.

4   A. Sachdeva, C. Cannon, *et al.*, «Lipid levels in patients hospitalized with coronary artery disease: An analysis of 136 905 hospitalizations» en «Get with The Guidelines», *American Heart Journal*, enero de 2009, 111-117. La condición de Russert está descrita en «From a Prominent Death, Some Painful Truths», de Denise Grady, *New York Times*, 24 de junio de 2008.

5   M. Christoffersen *et al.*, «Visible age-related signs and risk of ischemic heart disease in the general population: a prospective cohort study», *Circulation* 2014; 129(9): 990-998. Para el tiempo de reacción vea G. Hagger-Johnson *et al.* «Reaction time and mortality from the major causes of death: the NHANES-III study», *PLoSA One* 2014; 9(1): e82959; y por supuesto no deje de ver E. Banks, *et al.*, «Erectile dysfunction severity as a risk marker for cardio-vascular disease hospitalization and all-cause mortality: a prospective cohort study», *PLoS Medicine* 2013; 10(1): e1001372.

6   Vea G. Walldius *et al.*, «High apolipoprotein B, low apolipoprotein A-I, and improvement in the prediction of fatal myocardial infarction (AMORIS study): a prospective study», *Lancet* 2001; 358(9298): 2026-2033; y también McQueen M. J. *et al.*, «Lipids: lipoproteins, and apolipropoteins as risk markers of myocardial interaction in 52 countries (the INTERHEART study): a case control study», *Lancet* 2008; 372(9634): 224-233. Los dos son estudios muy grandes y persuasivos que demuestran que la ApoB sirve mucho mejor para pronosticar que las cifras simples del colesterol HDL-LDL.

7   Es un punto controvertido, pero algunos estudios importantes relacionan el consumo de carne no solo con las enfermedades del corazón sino también con la diabetes y el cáncer. Sobre todo, vea de Colin Campbell, *The China Study*, BenBella Books, Dallas, 2005. El estudio TMAO es pequeño pero muy interesante y después de él ha habido otros estudios de la carne y el micro-bioma. R.A. Koeth *et al.*, «Intestinal microbioma metabolism of L-carnitine, a nutrient in red meat, promotes atherosclerosis», *Nature Medicine* 2013; 19(5): 576-585. La pregunta respecto de la carne procesada o no procesada queda contestada con bastante claridad en J. Kalluza *et al.*, «Processed and unprocessed red meat consumption and risk of heart failure: prospective study of men», *Circulation Heart Failure* 2014; 7(14): 552-557, que encontró que las carnes rojas no procesadas no estaban ligadas a la insuficiencia cardíaca pero las carnes procesadas sí. (¡Menos mal!)

8   Vea R. C. Thompson *et al.*, «Atherosclerosis across 4000 years of human history: The Horus study of four ancient populations», *Lancet* 2013; 381(9873): 1211-1222. El relato del trabajo de Buffet está tomado de A. T. Sandison, «Sir Marc Armand Buffet (1859-1917), Pioneer of Palenpathology», *Medical History* abril de 1967; 11(2): 150-156.

9   El tema del envejecimiento arterial es cubierto a fondo y con gran maestría por Ed Lakatta del National Institute of Aging y sus colegas en una serie de tres ensayos, el primero es el de E. G. Lakatta y D. Levy, «Arterial and cardiac aging, major shareholders in cardiovascular disease enterprises: Part I: aging arteries: a 'set up' for vascular disease, *Circulation* 2003; 107(1): 139-146.

Capítulo 7: La metáfora de la calvicie

1   Desmond C. Gan y Rodney D. Sinclir, «Prevalence of Male and Female Pattern Hair Loss in Maryborough», *Journal of Investigative Dermatology Symposium*

Proceedings 2005; 10: 184-189. También vea M. P. Birch *et al.*, «Hair density, hair diameter, and the prevalence of female pattern hair loss», *British Journal of Dermatology* febrero de 2001; 144(2): 297-304. Yo leí este material, por lo cual usted no tiene que hacerlo.

2 L. A. Garza *et al.*, «Prostaglandin D2 inhibits hair growth and is elevated in bald scalp of men with androgenic alopecia», *Science Translational Medicine* 2013; 4(125): 126a-134.

3 M. Ito *et al.*, «Wnt-dependent de novo hair follicle regeneration in adult mouse skin after wounding», *Nature* 2007; 447(7142): 316-320.

4 La evolución del envejecimiento es expuesta en varios artículos y libros, pero uno de los mejores resúmenes (particularmente de la teoría de Weissmann) es Michael R. Rose *et al.*, «Evolution of Ageing since Darwin», *Journal of Genetics* 2008; 87: 363-371; el mismo tema es tratado en D. Fabian y T. Flatt, «The Evolution of Aging» en *Nature Education Knowledge* 2011; 3(10): 9.

5 Algunos teóricos han revivido la idea de que nuestro envejecimiento podría tener algún propósito evolutivo, en particular, el control poblacional. Un hecho que ha sido observado por muchos es que la abundancia de comida en realidad aumenta la probabilidad de que una gran parte de los animales mueran jóvenes. Esto es válido a todo lo largo del árbol de la vida, desde los organismos unicelulares hasta las personas que usted ve en Walmart. ¿Podría ser alguna suerte de mecanismo para evitar que nosotros, y también a cosas como las langostas, sobrepoblemos la tierra y nos comamos todo lo que está a la vista? Tal vez. Pero a lo largo del 99% de la historia humana este no ha sido un problema.

6 J. B. S. Haldane, «The Relative Importance of Principal and Modifying Genes in Determining Some Human Diseases» En *New Paths to Genetics*, G. Allen & Unwin Ltd, Londres, 1941.

7 Zeron Madina *et al.*, «A Polymorphic p53 Response Element in KIT Ligand Influences Cancer Risk and Has Undergone Natural Selection», *Cell* 155(2): 410-422.

8 G. Kenyon, J. Chang, E. Gensch, R. Tabtiang, «A *C. elegans* mutant that lives twice as long as wild type», *Nature* 1993; 366(6454): 461-464. Más adelante Kenyon describió el proceso de su descubrimiento en C. Kenyon, «The first long-lived mutants: Discovery of the insulin/IGF-1 pathway for aging», *Philosophical Transactions of the Royal Society B. Biological Sciences* 2011; 366(1561): 9-16.

9 Nicole L. Jenkins *et al.*, «Fitness cost of increased lifespan in *C. elegans*», *Proceedings of the Royal Society London B* 2004; 271: 2523-2526.

10 V. Tabatabaie *et al.*, «Exceptional longevity is associated with decreased reproduction», *Aging, Albany NY,* 2011; 3(12): 1202-1203.

11 Austad relató sus tratos con Orville (y las zarigüeyas) en «Taming Lions, Unleashing a Career», *Science Aging Knowledge Environment,* 27 de marzo de 2002; Núm. 12: vp3.

12 Kirkwood explica su teoría y muchas cosas más sobre el envejecimiento en su estupendo libro *Time of Our Lives: The Science of Human Aging*, Oxford

University Press, Nueva York, 1999. El artículo original del «soma desechable» está en T. B. Kirkwood, *Evolution of aging, Nature* 1977; 170(5635): 201-204. En años recientes la teoría ha sido blanco de ataques por varias fallas, pero pocos científicos están en desacuerdo con la conclusión del panorama general: que el tiempo de vida y la reproducción existen en un equilibrio muy delicado.

13 El hallazgo de Ming fue reportado en un artículo muy parco sobre oceanografía (por Paul Butler y otros) titulado «Variability of marine climate on the North Icelandic Shelf in a 1357-year proxy archive base on growth increments in the bivalve *Arctica islándica*», *Paleogeography, Paleoclimatology, Paleoecology* 1 de marzo de 2013; Volumen 373: 141-151; su muerte fue objeto de muchos reportajes, por ejemplo, en «New Record: World's Oldest Animal was 507 Years Old» de Lise Brix, ScienceNordic.com, 6 de noviembre de 2013.

14 S. N. Austad, «Mathuselah's Zoo: How Nature provides us with clues for extending human healthspan», en *Journal of Comparative Pathology* enero de 2010; 142 (supl. 1): S10-S21.

15 A. B. Salmon *et al.*, «The long lifespan of two bat species is correlated with resistance to protein oxidation and enhanced protein homeostasis». *Journal of the Federation of American Societies of Experimental Biology* 2009; 23(7): 2317-2326.

Capítulo 8: La vida de nuestras células

1 J. A. Witkowski, «Alexis Carrel and the Mysticism of Tissue Culture», *Medical History* 1979; 23: 279-296. Historiadores más recientes no ha condenado tanto a Carrel, quien tuvo tanto ideas buenas como malas.

2 «The Limited in vitro Lifetime of Human Diploid Cell Strains», *Experimental Cell Research* 1965; 67: 614-636.

3 La historia de Hayflick y la WI-38 y su papel en la ciencia de los cultivos de tejido son relatados estupendamente por la periodista Meredith Wadman en «Medical Research: Cell Division», *Nature* 27 de junio de 2013; 49: 422-426. El arreglo de Hayflick con el gobierno fue descrito por Philip Boffey, «The Fall and Rise of Leonard Hayflick, Biologist whose Fight with U.S. Seems Over», *New York Times*, 19 de enero de 1982.

4 Las objeciones del Vaticano fueron resumidas en http://www.immunize. org/concerns/vaticandocuments.htm. Muchos cristianos fundamentalistas siguen rechazando algunas vacunas argumentando eso mismo.

5 L. Hayflick, entrevista, 1 de marzo de 2013; para conocer más acerca de la influencia de Carrel en el estudio del envejecimiento, vea H. W. Park, «Senility and death of tissues are not a necessary phenomenon: Alexis Carrel and the origins of gerontology», *Uisahak* 2011; 20(1): 181-208.

6 La historia de los telómeros y la telomerasa está muy bien relatada por Carol Greider en «Telomeres and senescence: The history, the experiment, the future», *Current Biology*, 26 de febrero de 1998; vol. 8, núm. 3: R178-R181.

7   A. I. Fitzpatrick, R. A. Kronmal, M. Kimura, J. P. Gardner, B. M. Psaty *et al.*, «Leukocyte telomere length and mortality in the Cardiovascular Health Study», *Journals of Gerontology A. Biological Sciences/Medical Science* 2011; 66: 421-429; Vea también E. S. Epel *et al.*, «Accelerated telomere shortening in response to life stress». *Proceedings of the National Academy of* Sciences 2004; 101 (49): 17312-17315.

8   M. Weischer *et al.*, «Telomere shortening unrelated to smoking, body weight, physical activity, and alcohol intake: 4,576 general population individuals with repeat measurements 10 years apart», *PLoS Genetics* 2014; 10(3): e1004191.

9   Mariela Jaskelioff *et al.*, «Telomerase reactivation reverses tissue degeneration in aged telomerase deficient mice», *Nature* 6 de enero de 2011; 469 (7328): 102-106.

10 Bruno Bernardes de Jesus *et al.*, «The telomerase activator TA-65 elongates short telomeres and increases health span of adult/old mice without increasing cancer incidence», *Aging Cell* 2011; 10: 604-621. No obstante el título, los ratones tratados con TA-65 tenían una probabilidad 30% mayor de desarrollar linfomas y cáncer en sus hígados (p. 615), pero como el estudio solo involucró a un total de 36 animales, sus autores consideraron que el resultado no era estadísticamente significativo.

11 J. K. Lee *et al.*, «Association between Serum Interleukin-6 Concentration and Mortality in Older Adults: The Rancho Bernardo Study», *PLoS One* 2012; 7(41): e34218.

12 Por la carretera federal 101 en dirección norte, saliendo de San Francisco, mire hacia la izquierda después de pasar la salida a Novato y verá el Buck Institute en la ladera. Por mucho el instituto de investigación más espectacular que haya visto jamás, pero en 2013 estaba al borde de la quiebra debido a demandas judiciales de acreedores de Lehman Brothers, la finada casa de bolsa. (Historia larga: «Lehman Reaches from beyond Grave Seeking Millions from Nonprofits», por Martin Z. Braun, Bloomberg.com, 24 de mayo de 2013).

13 Este es uno de los conceptos más importantes del envejecimiento celular y se ha visto que tiene muchas implicaciones para la fisiología y la salud. El artículo original de Campisi sobre SASP está en J. P. Coppe *et al.*, «Senescence associated secretory phenotypes reveal cell-nonautonomous functions of oncogenic RAS and the P53 tumor suppressor». *PLoS Biology* 2008; 6(12): 2853-2868. Para una obra menos espinosa, vea J. Campisi *et al.*, «Cellular senescence: a link between cancer and age-related degenerative disease?» *Seminars in Cancer Biology* 2011; 21(6): 354-359. Lo que es mejor, busque en YouTube en «Senescent cells Campisi», ahí siempre dice mucho.

14 El veloz envejecimiento que se observó en la población con vih tratada con fármacos plantea otras cuestiones, pero también ha arrojado luz sobre la naturaleza del proceso mismo de envejecimiento, en particular la relación del sistema inmunológico con el envejecimiento en general. J. B. Kirk y M. B. Goetz, «Human immunodeficiency virus in an aging population, a

complication of success», *Journal of the American Geriatrics Society* 2009; 57(11): 2129-2138.

15 El artículo original está a su disposición, sin costo, en el sitio Web de *Nature;* D. J. Baker *et al.*, «Clearance of p16Ink4a-positive senescent cells delays ageing-associated disorders», *Nature* 2011; 479(7372): 232-236. Para un relato más sencillo vea «Cell-Aging Hack Opens Longevity Research Frontier» de Brandon Keim, Wired.com, 2 de noviembre de 2011.

Capítulo 9 Phil contra la grasa

1 La circunferencia de la cintura, también conocida como talla de cintura, es uno de los «biomarcadores» más importantes que hay, más importante que el p16Ink4a; numerosos estudios han ligado una cintura que mide más de un metro (en los hombres) a toda clase de problemas de salud (en las mujeres el umbral es más bien noventa centímetros). Como regla, su cintura debería medir menos de la mitad que su estatura. M. Ashwell *et al.*, «Waist to Height ratio is more predictive of years of life lost than body mass index», *PLoS One* 2014; 9(9):e103483.

2 Los rangos de los porcentajes de la grasa corporal son tomados de American Council on Exercise: http://www.acefitness.org/acefit/healthy-living-article/00/112/what-are-the-guidelines-for-percentaje-of/. Note que estos solo son promedios; algunos científicos del deporte son partidarios de cifras más bajas para hombres y mujeres dependiendo del deporte que practiquen. http://www.humankinetics.com/excerpts/excerpts/normal-ranges-of-body-weight-and-body-fat.

3 E. E. Calle, C. Rodríguez, K. Walker-Thurmond, M. J. Thun, «Overweight, obesity, and mortality from cancer in a prospectively studied cohort of U.S. adults», *New England Journal of Medicine* 24 de abril de 2003; 348(12): 1625-1638. Investigaciones posteriores han enturbiado un poco el asunto y algunos estudios han llegado a la conclusión de que el peso ideal, tratándose de la mortalidad, está en algún punto de una p16Ink4a de 25, al filo del sobrepeso; pero si bien pudiera ser mejor estar un poco pasado de peso que bajo del mismo, otros estudios muestran que la obesidad franca siempre está asociada a riesgos más altos de enfermedades y muerte.

4 El informe del *Lancet* también explicaba por qué es tan difícil bajar de peso: porque para que una dieta tenga éxito se deben recortar 250 calorías al día, o más. (Adiós mi chocolate Hershey por la tarde). Kevin D. Hall *et al.*, «Quantification of the effect of energy imbalance on bodyweight», *Lancet* 27 de agosto de 2011; vol. 378, núm. 9793: 826-837.

5 Un estudio muy grande encontró que incluso en las personas con peso normal, el peso visceral incrementaba su riesgo de muerte. Una lectura más amable para usted: T. Pischon *et al.*, «General and Abdominal Adiposity and the Risk of Death in Europe», *New England Journal of Medicine* 2008; 359(20): 2105-2120.

6 Este es uno de mis estudios preferidos: los investigadores retiraron la grasa visceral de los animales y estos vivieron más tiempo. R. Muzumdar *et al.*, «Visceral adipose tissue modulates mammalian longevity», *Aging Cell* 2008; 7(3): 438-440.

7 Hay que decir que cada vez son más los médicos que mandan hacer ejercicio a sus pacientes; los porcentajes aumentaron de 2000 a 2010 en todas las categorías y los grupos de edad. Sin embargo, la mitad no son todos y se ha demostrado que el ejercicio es la intervención más potente contra la diabetes. Patricia Barnes, National Centers for Health Statistics Data Brief no. 86, febrero de 2012, http://www.cdc.gov/nchs/data/databriefs/db80.pdf.

8 W. K. Stewart y Laura W. Fleming, «Features of a Successful Therapeutic Fast of 382 Days' Duration», *Postgraduate Medical Journal* marzo de 1973; 49(569): 203-209. Tal vez mi segundo estudio preferido. En fechas más recientes, el biólogo evolucionista John Speakman usó un modelo de inanición total para poner en duda la «hipótesis del gen ahorrativo» que dice que todos los humanos están predispuestos a la obesidad; entonces se preguntó ¿por qué no somos todos gordos? J. R. Speakman y K. R. Westerterp, «A mathematical model of weight loss under total starvation: evidence against the thrifty-gene hypothesis», *Disease Models & Mechanisms* 2013; 6(1): 236-251.

Capítulo 10: Salto de garrocha a la eternidad

1 John Jerome, *Staying with It*, Viking, Nueva York, 1984, 219. Jerome murió en 2002 a los 70 años de un cáncer pulmonar.

2 El experimento de Langer nunca fue publicado, excepto en forma de un capítulo en un libro oscuro; los resultados estaban demasiado alejados de lo convencional para 1981. En 2010, fue la base un programa especial de la p161nk4a que presentaba a viejos famosos. En fechas recientes, Langer fue tema de un perfil en *New York Times Magazine*, «The Thought That Counts», de Bruce Greierson, 26 de octubre de 2014.

3 S. C. Moore *et al.*, «Leisure time physical activity of moderate to vigorous intensity and mortality: a large pooled cohort analysis», *PLoS Medicine* 2012; 9(11): e1011335. Hay una acalorada polémica en torno a cuánto ejercicio es «demasiado» alimentada por numerosos estudios de James O'Keefe, un cardiólogo de Kansas City que argumenta que el ejercicio de resistencia de largo plazo produce relativamente menos beneficios y lo hace a expensas de cambios nocivos en el corazón (por ejemplo, J. H. O'Keefe *et al.*, «Potential adverse cardiovascular effects from excessive endurance exercise», *Mayo Clinic Proceedings* 2012; 87(6): 587-595. Sin embargo, en el caso de la mayor parte de los estadounidenses el problema no es que hagan demasiado ejercicio sino que hacen muy poco.

4 Huseyin Naci y John Ioannidis, «Comparative effectiveness of exercise and drug interventions on mortality outcomes: metaepidemiological study», BMJ 2013; 347:f5577, publicado el 1 de octubre de 2013.

5   Vea www.mastersrankings.com.

6   Dhaval Dave, Inas Rashad y Jasmina Spasojevic, «The Effects of Retirement on Physical and Mental Health Outcomes», *NBER Working Paper* No. 12123, marzo de 2006, enero de 2008, JEL No. I1, J0, http://www.nber.org/papers/w12123.

7   Irina M. Conboy *et al.*, «Rejuvenation of aged progenitor cells by exposure to a young systemic environment», *Nature* 17 de febrero de 2005; 433: 760-764. Más adelante en el libro hablaremos otra vez de la fascinante ciencia de la parabiosis.

8   Charlie ganó el llamado «Premio a la reversión» otorgado por la Mathuselah Foundation a la extensión más larga del tiempo de vida de un ratón. Sandy Keith, su manejadora, obtuvo el premio en 2004. El científico Mark Mattson del NIA ha cuestionado si las condiciones normales de cautiverio, en cuyo caso los ratones tienen acceso ilimitado a comida pero ninguna posibilidad de hacer ejercicio o socializar, producirían resultados sesgados en el estudio porque provocan que los ratones no sean sanos. B. Martin, S. Ji, S. Maudsley y M. P. Mattson, «"Control" Laboratory Rodents Are Metabolically Morbid: Why it Matters», *Proceedings of the National Academy of Science USA* 6 de abril de 2010; 107, núm. 14: 6127-6133.

9   I. M. Lee *et al.*, «Effect of physical inactivity on major non-communicable diseases worldwide: an analysis of burden of disease and life expectancy», *Lancet* 2012; 380(9838): 219-229. Otros científicos han tomado el reto y describen la inactividad misma como una enfermedad, o es más, una actividad peligrosa a la par con el tabaquismo. B. K. Pedersen, «The diseasome of physical inactivity-and the role of myokines in muscle-fat cross talk», *The Journal of Physiology* 2009; 587(23): 5559-5568.

10 B. K. Pedersen y M. A. Febbrain, «Muscles, exercise and obesity: skeletal muscle as a secretory organ», *Nature Reviews Endocrinology*, publicación avanzada en línea, 3 de abril de 2012.

11 Simon Melov *et al.* «Resistance Exercise Reverses Aging in Human Skeletal Muscle», *PLoS ONE* 2(5), e465. El siguiente artículo de Tarnopolsky, que habla de la mutación del ADN de las mitocondrias en ratones y su reversión por medio del ejercicio, está en A. Saldar *et al.*, «Endurance exercise rescues progeroid aging and induces systemic mitocondrial rejuvenation in mtDNA mutator mice», *Proceedings of the National Academy of Sciences* 2011; 108(10): 4135-4140.

12 M. D. Roberts *et al.*, «Nucleus accumbens neuronal maturation differences in Young rats bred for low versus high voluntary running behavior», *Journal of Physiology* 2014: 592(Pt 10): 2119-2135.

13 M. Pahor, J. M. Guralink, W. T. Ambrosius *et al.*, «Effect of Structured Physical Activity on Prevention of Major Mobility Disability in Older Adults: The LIFE Study of Randomized Clinical Trial», *JAMA* 2014; 311(23): 2387-2396.

Capítulo 11: Matarse de hambre para ser inmortal

1 Mi edición, comprada en línea, se titulaba simplemente *How to Live Long, Health Culture*, Nueva York, 1916.

2 C. M. McCay y Mary Crowell, «The effect of retarded growth upon the length of life span and upon the ultimate body size», *Nutrition* 1935; 5(3): 155-171. Un clásico.

3 Para conocer más detalles de la interesante vida de Clive McCay vea la autobiografía escrita por su esposa Jeanette, *Clive McCay, Nutrition Pioneer: Biographical Memories by His Wife*, Tabby House, Charlotte Harbor, Fl., 1994. También fue útil la tesis de doctorado del historiador Hyung Wook Park, «Longevity, aging, and caloric restriction: Clive Maine McCay and the construction of a multidisciplinary research program», *Historical Studies in the Natural Sciences* 2010: 40(1): 79-124.

4 El tráiler del documental de Rowland sobre Walford, *Signposts of Dr. Roy Walford*, en www.youtube.com/watch?v-K-PshyTIODc.

5 Su artículo seminal es R. Weindruch y R. L. Walford, «Dietary restriction in mice beginning at 1 year of age: effect on life-span and spontaneous cancer incidence», *Science* 1982; 215(4538): 1415-1418. Más adelante escribieron un libro entro sobre la restricción calórica que usted seguramente no quiere leer.

6 Caleb Finch, un buen amigo de Walford, escribió un recuerdo biográfico. «Dining with Roy», *Experimental Gerontology* 2004; 39: 893-894, del cual he tomado algunos de estos detalles. Otros más provienen de recuerdos que gentilmente me compartieron Finch y Rick Weindruch.

7 Un buen artículo retrospectivo sobre la Biósfera 2 es el de Tiffay O'Callaghan, «Biosphere 2: Saving the world within a world», *New Scientist*, 31 de julio de 2103.

8 Muchos detalles sobre la vida en el interior de la Biósfera provienen de Jane Poynter, *The Human Experiment: Two Years and Twenty Minutes Inside Biosphere 2*, Basic Books, Nueva York, 2009.

9 R. L. Walford *et al.*, «The calorically restricted low-fat nutrient-dense diet in Biosphere 2 significantly lowers blood glucose, total leukocyte count, cholesterol, and blood pressure in humans», *Proceedings of the National Academy of Science* 1992; 89(23): 11533-11537. La Biósfera se acercó más a cumplir las sugerencias de un exdirector del National Institute on Aging: que la restricción calórica se estudiara (a la fuerza) en reos.

10 La terrible secuela de la Biósfera, para Walford cuando menos, es relatada de forma bastante clínica en un artículo escrito por algunos de sus colegas: B. K. Lassinger, C. Kwak, R. L. Walford y J. Jankovic, «Atypical parkinsonian and motor neuron syndrome in a Biosphere 2 participant: A possible complication of chronic hypoxia and carbon monoxide toxicity?», *Movement Disorders* 2004; 19: 465-469.

11 El hombre no se veía bien; www.youtube.com/warch?v=9jvqNG1g62Y.

12 El caso del descubrimiento de la sirtuina está muy bien relatado por el propio Guarente en *Ageless Quest: One Scientst's Search for Genes That Prolong Youth*, Cold Spring Harbor Laboratory Press, Cold Spring Harbor, NY, 2003.

13 J. A. Baur *et al.*, «Resveratrol improves health and survival of mice on a high-calorie diet», *Nature* 2006; 444(717): 337-342. Su perfil apareció en la primera plana del *Times* con el título, «Sí, el vino tinto tiene la respuesta. Cuide la dosis» de Nicholas Wade, 3 de noviembre de 2006.

14 La literatura sobre el vino tinto es fascinante, incluso inspiradora; muchos estudios europeos grandes han mostrado enormes beneficios para la salud asociados al consumo de vino tinto y no solo uno o dos copas al día como recomiendan los médicos estadounidenses, sino más bien tres. J. P. Brouster, «Red Wine and Health», *Heart* 1999; 81: 459-460.

15 En 2014 Sinclair reportó resultados de un accionador químico *nuevo* de la sirtuina, que al parecer funciona incluso mejor que el resveratrol. La parte desafortunada es que la sustancia química, nicotina mononucleótido, actualmente cuesta alrededor de mil dólares el gramo. Prepárese. P. Ana Gomes *et al.*, «Declining NAD+ Induces a Pseudohypoxic State Disrupting Nuclear-Mitochondrial Communication during Aging», *Cell* 2013; 155(7): 1624-1638.

16 Los resultados de Fontana con las «Cronies» (Caloric Restriction with Optimal Nutrition), inclusive Dowden, han sido reportados y analizados en una larga serie de estudios, empezando por L. Fontana *et al.*, «Long-term calorie restriction is highly effective in reducing the risk for aterosclerosis in humans», *Proceedings of the National Academy of Sciences* 7 de abril de 2004; 101(17): 6659-6663.

17 R. J. Colman *et al.*, «Caloric restriction delays disease onset and mortality in Rhesus monkeys», *Science* 2009; 325(5937): 201-204.

18 J. A. Morrison *et al.*, «Impact of caloric restriction on health and survival in Rhesus monkeys from the NIA study», *Nature* 2012; 489(7415): 318-321. Para un comentario más ligero de leer publicado al mismo tiempo, vea Steven Austad, «Mixed Results for Dieting Monkeys», *Nature* (mismo número).

19 Aun cuando era casi un dogma que la restricción calórica siempre prolongaría el tiempo de vida, se habían presentado algunos resultados anómalos de la restricción calórica en el pasado. Steven Austad la había intentado en ratones silvestres, atrapados en un granero en Idaho, en lugar de los ratones de laboratorio habituales genéticamente estandarizados. Tuvo un efecto mínimo en su tiempo de vida. En otro estudio más estructurado, Jim Nelson de la Universidad de Texas la probó en 40 especies diferentes de cruzas de ratones y encontró que en un tercio de las cruzas, la restricción dietética de hecho acortaba sus vidas. Por ende, está claro que no funciona para todo el mundo siempre. Ni siquiera de los monos.

20 La relación entre el IMC y la longevidad (o la mortalidad) es tema de otra espinosa polémica muy acalorada en torno a la llamada «paradoja de

la obesidad», la cual parte de la observación de que estar un poco pasado de peso o ligeramente obeso está ligado de hecho a vivir un poco más de tiempo; no solo en el caso de la población general, sino en el de las personas que tienen hipertensión y diabetes. Llevaría muchas páginas desmenuzar lo anterior, pero al parecer la novedad más reciente desacredita la «paradoja» y demuestra que ser obeso y diabético (que es lo que eran los monos de Wisconsin sin lugar a dudas) no es bueno. D. K. Tobias *et al.*, «Body-Mass Index and Mortality among Adults with Incident Type 2 Diabetes», *New England Journal of Medicine* 2014; 370(3): 233-244.

21 Negándose a la derrota, el equipo de Wisconsin respondió con un artículo que exploraba, con gran detalle, las muchas diferencias sutiles que podrían haber desembocado en los resultados enteramente diferentes de los dos estudios, no solo la dieta sino también los antecedentes genéticos de los monos, su edad cuando iniciaron los respectivos estudios, etcétera. R. J. Colman *et al.*, «Caloric restriction reduces age-related and all-cause mortality in Rhesus monkeys», *Nature Communications* 2014; 5: 3557. Si eso no le basta, busque en la exegesis exhaustiva de Michael Rae: «CR in Nonhuman Primates: A Muddle for Monkeys, Men, and Mimetics», subido a www.sens.org el 6 de mayo de 2013. Ahí podrá apreciar la medida en que los monos alimentados con comida de Whole Foods (del NIH) pusieron el campo de cabeza.

Capítulo 12: Lo que no mata

1 http://gettingstronger.otg/2010/03/cold-showers/. Recuerde que el primer minuto es el peor.

2 Para una reseña fácil de leer sobre los gusanos nematodos y el frío, vea B. Conti y M. Hansen, «A cool way to live long», *Cell* 2013; 152(4): 671-672.

3 A. Lubkowska *et al.*, «Winter swimming as a building-up body resistance factor inducing adaptive changes in the oxidant/antioxidant status», *Scandinavian Journal of Clinical and Laboratory* Investigations, 20 de marzo de 2013 [epub antes de impresión]. Piense en esto antes de acobardarse frente a una regaderazo de agua helada. Charles Higham, el biógrafo de Katharine Hepburn, documentó que ella nadaba todo el año en *Kate: The Life of Katharine Hepburn*, W. W. Norton, Nueva York, 2004. [Primera edición 1975]. HTFU.

4 Paul Lee *et al.*, «Irisin and FGF21 Are Cold-Induced Endocrine Activators of Brown Fat Function in Humans», *Cell Metabolism* 4 de febrero de 2014; vol. 19, núm. 2: 302-309.

5 Hay gran cantidad de literatura sobre las proteínas del choque de calor, pero uno de los primeros en conectar la respuesta al choche de calor, y de hecho del concepto mismo de la hormesis, a la longevidad fue Suresh I. Rattan en una reseña que desató una respuesta extremadamente hostil pero que ahora es aceptada ampliamente: S.I. Rattan, «Applying hormesis in aging research and therapy», *Human & Experimental Toxicology* junio de 2001; 20(6): 281-283; discusión 293-294.

6   S. W. Cole *et al.*, «Social regulation of gene expression in human leukocytes», *Genome Biology* 2007; 8(9): R189.

7   «An interview with Dr. Denham Harman», *Life Extension*, febrero de 1998.

8   Para una excelente exposición del tema vea: Melinda Wenner Moyer, «The Myth of Antioxidants», *Scientific American* 2013; 308: 62-67; publicado en línea el 14 de enero de 2013.

9   G. Bjelakovic *et al.*, «Mortality in randomized trials of antioxidant supplements for primary and secondary prevention: Systematic review and meta-analysis», *JAMA* 2007; 297(8): 842-857.

10 El estudio de los suplementos en el ejercicio está en M. Ristow, «Antioxidants prevent health-promoting effects of physical exercise in humans», *Proceedings of the National Academy of Sciences of the USA* 2009; 106: 8665-8670. Ristow y otros repasan ese estudio y otros similares (con resultados mixtos) en Mari Carmen Gómez-Cabrera *et al.*, «Antioxidant supplements in exercise: worse than useless?» *American Journal of Physiology —Endocrinology and Metabolism* 15 de febrero de 2012; vol. 302: E476-E477.

11 M. Ristow y S. Schmeisser, «Extending life span by increasing oxidative stress», *Free Radical Biology in Medicine* 2011; 51(2): 327-366. Vea también M. Ristow, «Unraveling the truth about antioxidants: mitohormesis explains ROS induced health benefits», *Nature Medicine* 2014; 20(7): 709-711.

12 No deje de leer el magnífico ensayo sobre la rata topo lampiña de Eliot Weinberger en *Karmic Traces, 1993-1999*, New Directions Publishing, Nueva York, 2000.

13 K. N. Lewis *et al.*, «Stress resistance in the naked mole rat: the bare essentials-a mini-review», *Gerontology* 2012; 58(5): 453-462. Un buen punto de partida y mi artículo periodístico preferido por el juego de palabras del título. Vea también Y. H. Edrey *et al.*, «Successful aging and sustained good health in the naked mole rat: a long-lived mammalian model for biogerontology and biomedical research», ILARJ 2011; 52(1): 41-53.

14 John Speakman, el biólogo evolucionista, usa la salamandra olmo para desmantelar incluso más la teoría de la tensión oxidativa del envejecimiento en «The free-radical damage theory. Accumulating evidence against a simple link of oxidative stress to ageing and lifespan», *Bioessays* 2011; 33: 255-259.

15 E. B. Kim *et al.*, «Genome sequencing reveals insights into physiology and longevity of the naked mole rat», *Nature* 2011; 479(7372): 223-227.

Capítulo 13: Avance rápido

1   Anton J. Carlson y Frederic Hoelzel, «Apparent Prolongation of the Lifespan of Rats by Intermittent Fasting», *Journal of Nutrition* marzo de 1946; 31: 363-375; el estudio del asilo español para ancianos es descrito por Johnson *et al.*, «The effect on health of alternate day calorie restriction: eating less and more than needed on alternate days prolongs life», *Medical Hypothesis*

2006; 67(2): 209-211. El planteamiento de Longo: «La interrogante es si las 60 que recibieron alimento cada tercer día deseaban estar muertas. Probablemente sí.»

2   J. B. Johnson et al., «Alternate day calorie restriction improves clinical findings and reduces markers of oxidative stress and inflammation in overweight adults with moderate asthma», *Free Radical Biology in Medicine* 2007; 42(5): 665-674.

3   Para una buena reseña de estudios sobre el ayuno religioso y la salud, vea John R. Trepanowski, *et al.*, «Impact of caloric and dietary restriction regimes on markers of health and longevity in humans and animals: a summary of available findings», *Nutrition Journal* 2011; 10: 107, http://www.nutritionj. com/content/10/1/107.

4   Mark Mattson ha amasado una sarta de estudios fascinantes sobre dietas y ayuno, pero el trabajo sobre el cerebro es lo más interesante. En su estudio, él y su equipo encontraron que el ayuno intermitente mejoraba el manejo de la glucosa Y protegía las neuronas, independientemente del total de calorías consumidas: R. M. Anson et al., «Intermitent fasting dissociates beneficial effects of dietary restriction on glucose metabolism and neuronal resistance to injury from calorie intake», *Proceedings of the National Academy of Sciences* 2003; 100(10): 6216-6220.

5   El estudio de la ventana de 8 horas para la alimentación está en M. Hatori *et al.*, «Time restricted feeding without reducing caloric intake prevents metabolic diseases in mice fed a high-fat diet», *Cell Metabolism* 2012; 15(6): 848-860. En los últimos dos años, infinidad de libros de dietas basadas en el ayuno han inundado el mercado, desde *The 8 Hour Diet* (más o menos basado en el trabajo de Panda) hasta *The Every Other-Day Diet: The Diet That Lets You Eat All You Want (Half the Time) and Keep the Weight Off*, de la profesora Krista Varady, de la Universidad de Illinois en Chicago, Hyperion, Nueva York, 2013. También está el bestseller del Reino Unido de Michael Mosley: *The Fast Diet*, Atria Books, Nueva York, 2013, que propone ayunar dos días de los siete de la semana (y que en opinión de Longo no está basado en investigación alguna). En otras palabras, ayunar está de moda.

6   El artículo de avanzada del grupo de Longo es Paola Fabrizio *et al.*, «Regulation of Longevity and Stress Resistance by Sch9 in Yeast», *Science* 13 de abril de 2001; vol. 292, núm. 5515: 288-290. Bastante más interesante de lo que parece.

7   El ayuno del ratón y del humano y las pruebas de quimioterapia son descritos en F. M. Safdie et al., «Fasting and cancer treatment in humans: A case series report», *Aging* (Albany NY) 2009;1(12): 988-1007. Se están llevando a cabo pruebas clínicas más grandes y sus resultados se esperan para finales de 2015.

8   El descubrimiento y el desarrollo de la rapamicina, por un científico canadiense nacido en India llamado Suren Seligal, es uno de los casos más conmovedores en la biología moderna. Su caso está muy bien contado en «Rapamycin's Resurrection: A New Way to Target the Cell Cycle» en *Journal of the National Cancer Institute*, 12 de octubre de 2001.

9   D. E. Harrison *et al.*, «Rapamycin fed late in life extends lifespan in genetically heterogeneous mice», *Nature* 2009; 460(7253): 392-395. El *Times* enterró el caso cuando equivocadamente describió a la rampamicina como un «antibiótico».

10 J. M. Flynn *et al.*, «Late-life rapamycin treatment reverses age-related heart dysfunction», *Aging Cell* 2013; 12(5): 851-862.

11 M. V. Blagosklonny, «Aging and immortality: quasi-programmed senescence and its pharmacologic inhibition», *Cell Cycel* 2006; 5(18): 2087-2102.

12 El gerontólogo londinense David Gems fue el primero en usar el término «hiperfuncionamiento», vea D. Gems y Y. de la Guardia, «Alternative Perspectives on Aging in Caenorhabditis elegans: Reactive Oxygen Species or Hyperfunction», *Antioxidant Redox Signalling* 2013; 19(3): 321-329.

13 J. Guevara-Aguirre *et al.*, «Growth Hormone Receptor Deficiency is Associated with a Major Reduction in Pro-Aging Signaling: Cancer, and Diabetes in Humans», *Science Translational Medicine* 2011; 3(70): 70ra13.

14 M. E. Levine *et al.*, «Low protein intake is associated with a major reduction in IGF-1; cancer, and overall mortality in the 65 and younger but not older population», *Cell Metabolism* 2014; 19(3): 407-417.

Capítulo 14: ¿Quién tomó mis llaves?

1   Archana, Singh-Manoux, Mika Kivimaki, M. María Glymour, Alexis Elbaz, Claudine Berr, Klaus P. Ebmeier, Jane E. Ferrie y Aline Dugravot, «Timing of Onset of Cognitive Decline: Result from Whitehall II Prospective Cohort Study», *BMJ* 2012; vol. 344. Artículo periodístico: punto:10.1136/bmj. d7622. Por una información deprimente sobre la mosca de la fruta, agradezca a Hsueh Cheng Chiang, Lei Wang, Zuolei Xie, Alice Yau y Yi Zhong, «Pi3 Kinase Signaling is involved in Aβ Induced Memory Loss in Drosophila». *Proceeding of the National Academy of Science* 13 de abril de 2010; 107, núm. 15: 7060-7065.

2   El caso fascinante completo es relatado aquí, con todo y dibujos y fotos originales. Es interesante señalar que ahora se piensa que Auguste D. padecía arterioesclerosis cerebral y no enfermedad de Alzheimer. M. B. Gracher, S. Kosel, R. Egensperger, R. B. Banati, U. Muller, K. Bise, P. Hoff *et al.*, «Rediscovery of the Case Described by Alois Alzheimer in 1911: Historical, Histological and Molecular Genetic Analysis», *Neurogenetics* mayo de 1997; 1, núm. 1: 73-80.

3   J. L. Cummings, T. Morstorf y K. Zhong, «Alzheimer's Disease Drug Development Pipeline: Few Candidates, Frequent Failures». *Alzheimer's Research and Therapeutics* 2013; 6, núm. 4: 37. Vea también «Alzheimer's Theory That's Been Drug Graveyard Facing Test» de Michelle Fay Cortez y Drew Armstrong, *Bloomberg News*, 12 de diciembre de 2013.

4 D. Iacono, W.R. Markesbery, M. Gross, O. Pletnikova, G. Rudow, F. Zandi y J. C. Troncoso, «The Nun Study: Clinically Silent Ad: Neuronal Hypertrophy, and Linguistic Skills in Early Life», *Neurology* 1 de septiembre de 2009; 73, núm. 9: 665-673. El estudio de las monjas generó muchas publicaciones fascinantes (disponibles en http://www.healthstudies.umn.edu/nunstudy/publications.jsp, y también un libro: David Snowdon, *Aging with Grace: What the Nun Study Teaches Us About Leading Longer, Healthier, and More Meaningful Lives*, Bantam Books, Nueva York, 2001.

5 I. Driscoll, S. M. Resuick, J. C. Troncoso, Y. An, R. O'Brien y A. B. Zonderman, «Impact of Alzheimer's Pathology on Cognitive Trajectories in Nondemented Elderly», *Annals of Neurology* diciembre de 2006; 60, núm. 6: 688-695.

6 Buen resumen del tema en Yaakov Stern, «Cognitive Reserve,» *Neuropsychologia* agosto de 2009; 47, no. 10: 2015-2028.

7 A. J. Davidson, M. T. Sellix, J. Daniel, S. Yamazaki, M. Menaker y G. D. Bloc, «Chronic Jet-Lag Increases Mortality in Aged Mice», *Current Biology* 27 de noviembre de 2011; 16, núm. 21: R914-916.

8 D. E. Barnes y K. Yaffe, «The Projected Effect of Risk Factor Reduction on Alzheimer's Disease Prevalence», *Lancet Neurology* septiembre de 2011; 10, núm. 9: 819-828.

9 J. Winchester, M. B. Dick, D. Gillen, B. Reed, B. Miller, J. Tinklenberg, D. Mungas *et al.*, «Walking Stabilizes Cognitive Functioning in Alzheimer's Disease across One Year», *Archives of Gerontology and Geriatrics* enero-febrero de 2013; 56, núm. 1: 96-103.

10 S. A. Villeda, J. Luo, K. I. Mosher, B. Zou, M. Britschgi, C. Bieri, T. M. Stan *et al.*, «The Aging Systemic Millieu Negatively Regulates Neurogenesis and Cognitive Function», *Nature* 1 de septiembre de 2011; 477, núm. 7362: 90-94.

11 S. A. Villeda, K. E. Planbeck, J. Middeldorp, J. M. Castellano, K. I. Mosher, J. Luo, L. K. Smith *et al.*, «Young Blood Reverses Age-Related Impairments in Cognitive Function and Synaptic Plasticity in Mice», *Nature Medicine* junio de 2014; 20, núm. 6: 659-663.

12 I. M. Conboy, M.J. Conboy, A. J. Wagers, E. R. Girma, I. L. Weissmann y T. A. Rando, «Rejuvenation of Aged Progenitor Cells by Exposure to a Young Systemic Environment», *Nature* 17 de febrero de 2005; 433, núm. 7027: 760-764.

13 F. S. Loffredo, M. L. Steinhauser, S. M. Jay, J. Gannon, J. R. Pancoast, P. Yalamanchi, M. Sinha *et al.*, «Growth Differentiation Factor 11 Is a Circulating Factor That Reverses Age-Related Cardiac Hypertrophy, *Cell* 9 de mayo de 2013; 153, núm. 4: 828-839. El caso también es relatado en «Young Blood», *Science* 12 de septiembre de 2014; vol., 345, núm. 6202: 1234-1237.

14 L. Katsimpardi, N. K. Litterman, P. A. Schein, C. M. Miller, F. S. Loffredo, G. R. Wojtkiewicz, J. W. Chett, *et al.*, «Vascular and Neurogenic Rejuvenation of the Aging Mouse Brain by Young Systemic Factors», *Science* 9 de mayo de 2014; 344, núm. 6184: 630-634. El ensayo sobre el rejuvenecimiento de los múscu-los es M. Sinha, Y. C. Jang, J. Oh, D. Khong, F. Y. Wu, R. Manohar, C. Miller

et al., «Restoring Systemic Gdf11 Levels Reverses Age Related Dysfunction in Mouse Skeletal Muscle», *Science* 9 de mayo de 2014; 344, núm. 6184: 649-652.

15 C. Elabd, W. Cousin, P. Upadhyayula, R. Y. Chen, M. S. Chooljian, J. Li, S. Kung, K. P. Jiang y J.M. Conboy, «Oxytocin Is an Age Specific Circulating Hormone That Is Necessary for Muscle Maintenance and Regeneration», *Nature Communications* 2014; 5: 4082.

Epílogo: La muerte de la muerte

1 P. Sansoni, R. Vescovini, F. F. Fagnoni, A. Akbar, R. Arens, Y. L. Chiu, L. Cicin-Sain *et al.*, «New Advances in CMV and Immunosenescence», *Experimental Gerontology* julio de 2014; *55:* 54-62. L. Cicin-Sain, J. D. Brien, J. L. Hurlaub, A. Drabig, T. F. Matandu y J. Nikolich-Zugich, «Cytomegalovirus Infection Impairs Immune Response and Accentuates T-Cell Pool Changes Observed in Mice with Aging», *PLoS Pathogens* 2012; 8, núm. 8: e10002894.

2 N. C. Olson, M. F. Doyle, N. S. Jenny, S. A. Huber, B. M. Psaty, R. A. Kronmal y R. P. Tracy, «Decreased Naive and Increased Memory CD4(+) T Cells Are Associated with Subclinical Atherosclerosis: The Multi-Ethnic Study of Atherosclerosis», [en inglés], *PLoS One* 2013; 8, núm. 8: e71498.

3 Algunos científicos, sobre todo Luigi Ferrucci del NIA y la juerga, piensan que la tarea de mantenimiento y reparación de las células también queda bajo el dominio del sistema inmunológico. Por lo tanto, un virus como el CMV evidentemente contribuiría a acelerar nuestro envejecimiento, mientras que la capacidad para restaurar el funcionamiento de la glándula tímica podría tener grandes efectos en el proceso del envejecimiento en general. (Las personas que toman HCH también reportan que sus timos vuelven a crecer, pero al parecer no funcionan muy bien).

4 La epifanía es descrita al principio del libro de de Grey: *Ending Aging*.

5 El proyecto tiene un sitio web: http://www.thymistem.org; el artículo de 2014 es: N. Bredenkamp, C.S. Nowell y C.C. Blackburn, «Regeneration of the Aged Thymus by a Single Transcription Factor», *Development* abril de 2014; 141, núm. 8: 1627-1637.

6 La ponencia de Randall Kuhn ante el SENS6 está completa en www.youtube.com/watch?v=F2s-RdkAB_4.

7 Ernest Becker, *The Denial of Death*, Free Press, Nueva York, 1973.

Apéndice: Lo que podría funcionar

Resveratrol

Poulsen Morten Mollet *et al.*, «Resveratrol in metabolic health: an overview of the current evidence and perspectives», en *Annals of the New York Academy of Sciences*, 2013; 1290: 74-82.

Hector *et al.*, «The effect of resveratrol on longevity across species: a meta-analysis», *Biology Letters* 2012; 6: 790-783. Publicado en línea el 20 de junio de 2012. Básicamente refuta la idea entera de que el resveratrol aumenta el tiempo de vida en un animal cualquiera.

Mattison J. A., M. Wang, M. Bernier, J. Zhang, S. S. Park, S. Maudsley, S. S. An *et al.*, «Resveratrol Prevents High Fat/Sucrose Diet Induced Central Arterial Wall Inflammation and Stiffening in Nonhuman Primates», *Cell Metabolism* 4 de julio de 2014; 20, núm. 1: 193-190.

Walle T. «Bioavailability of Resveratrol», *Annals of the New York Academy of Sciences* enero de 2011; 1215: 9-15.

Rossi D., A. Guerrini, R. Bruni, E. Brognara, M. Borgatti, R. Gambari, S. Maietti, G. Sacchetti, «trans-Resveratrol in Nutraceuticals: Issues in Retail Quality and Effectiveness», *Molecules* 2012; 17(10): 12393-12405: Aborda la ausencia de resveratrol en muchos suplementos que dicen contenerlo.

Weinttaub, Arene, «Resveratrol: The Hard Sell on Anti-Aging», *Businessweek*, 29 de julio de 2009. Sobre el auge de la industria de los suplementos de resveratrol.

Alcohol y vino tinto

Gran parte de la investigación relevante sobre el vino tinto está resumida con elegancia en J. P. Brouster, «Red Wine and Health», *Heart* 1999; 81: 459-4600. (Citado antes).

Estas personas revisaron diez estudios grandes y encontraron que TODAS las bebidas alcohólicas conferían cierto grado de protección contra enfermedades cardiovasculares: Rimm, Eric B., Arthur Klatsky, Diederick Grobbee, y Meir J Stampfer, «Review of Moderate Alcohol Consumption and Reduced Risk of Coronary Heart Disease: Is the Effect Due to Beer, Wine or Spirits?», *British Medical Journal* 1996; vol. 312: 731.

Este estudio merece especial atención porque se llevó al cabo en Burdeos y porque encontró un enorme efecto protector del vino tinto contra la enfermedad de Alzheimer. Los autores llegan a esta conclusión: «No existe un fundamento médico para aconsejar a personas de más de 65 años que dejen de beber vino con moderación, pues el hábito no entraña un riesgo específico y hasta podría ser beneficioso para la salud». (Además, definen beber «con moderación» como 3 o 4 copas al día). Orgogozo, J. M., J. F. Dartigues, S. Lafont, L. Letenneur, D. Commenges, R. Salamon, S. Renaud y M. B. Breteler, «Wine Consumption and Dementia in the Elderly: A Prospective Community Study in the Bordeaux Area» [en inglés] *Revue Neurologique (París)* abril de 1997; 153, núm. 3: 185-192.

Investigaciones más recientes también sugieren que comer grasas no necesariamente es malo para usted, como se pensaba cuando se acuñó la «Paradoja Francesa» en 1987; por lo tanto la Paradoja podría no ser tan paradójica. Gran parte de lo anterior está resumido en Teicholz, Nina, *The Big Fat Surprise: Why Butter, Meat, and Cheese Belong in a Healthy Diet*, Primera Edición, Simon & Schuster, Nueva York, 2014.

Café

La gran reseña: Freedman, N. D., Y. Park, C. C. Abnet, A. R. Hollenbeck y R. Sinha, «Association of Coffee Drinking with Total and Cause-Specific Mortality», *New England Journal of Medicine* 17 de mayo de 2012; 366, núm. 20: 1891-1904.

Otro gran estudio europeo: Floegel, Anna, Tobias Pischon, Manuela M. Bergmann, Birgit Teucher, Rudolf Kaaks y Heiner Boeing, «Coffee Consumption and Risk of Chronic Disease in the

European Prospective Investigation into Cancer and Nutrition (Epic)-Germany Study», *The American Journal of Clinical Nutrition* 1 de abril de 2012; 95, núm. 4: 901-908.

Editorial de fondo que acompaña lo anterior: López-García, Esther, «Coffee Consumption and Risk of Chronic Diseases: Changing Our Views», *The American Journal of Clinical Nutrition* 1 de abril de 2012; 95, núm. 4: 787-788.

Curcumina

Vea las notas para la p. 85 que se presentan en la p. 328.

Complejo de Life Extension

Spindler, S.R., P. L. Mote y J. M. Flegal, «Lifespan Effects of Simple and Complex Nutraceutical Combinations Fed Isocalorically to Mice», *Age* (Dordr) abril de 2014; 36, núm. 2: 705-718.

Metformina

Martin Montalvo, A., E. M. Mercken, S. J. Mitchell, H. H. Palacios, P. L. Mote, M. Scheibye-Knudsen, A. P. Gomes *et al.*, «Metformin Improves Healthspan and Lifespan in Mice», *Nature Communications* 2013; 4: 2192.

DeCensi, Andrea, Matteo Puntoni, Pamela Goodwin, Massimiliano Cazzaniga, Alessandra Gennari, Bernardo Bonanni y Sara Gandini, «Metformin and Cancer Risk in Diabetic Patients: A Systematic Review and Meta-Analysis», *Cancer Prevention Research* 1 de noviembre de 2010; 3, núm. 11: 1451-1461.

Kasznicki, J., A. Sliwinska y J. Drzewoski, «Metformin in Cancer Prevention and Therapy», *Annals of Translational Medicine* junio de 2014; 2, núm. 6: 57.

Vitamina D

Brunner, R. L., B. Cochrane, R. D. Jackson, J. Larson, C. Lewis, M. Limacher, M. Rosal, S. Schumaker y R. Wallace. «Calcium Vitamin D Supplementation, and Physical Function in the Women's Health Initiative», *Journal of the American Diet Association* septiembre de 2008; 108, núm. 9: 1472-1479.

Bjelakovic, G., L. L. Gluud, D. Nikolova, K. Whitfield, J. Wetterslev, R. G. Simonetti, M. Bjelakovic y C. Gluud, «Vitamin D Supplementation for Prevention of Mortality in Adults», *Cochrane Database Systematic Reviews* 2014; 1: CD007470.

Holick, M. F., *The Vitamin D. Solution: A 3-Step Strategy to Cure Out Most Common Health Problems*, Hudson Street Press, Nueva York, 2010.

Gordon Lithgow habla sobre la vitamina D en http://vimeo.com/channels/thebuck/67168737.

Aspirina e ibuprofeno

Existen muchos estudios sobre la aspirina y los antiinflamatorios. El estudio Women's Health Iniciative (el mismo que mató el reemplazo de hormonas) encontró una fuerte asociación entre el consumo de aspirina y la disminución de la mortalidad. Berger, J. S., D. L. Brown, G. L. Burke, A. Oberman, J. B. Kostis, R. D. Langer, N. D. Wong y S. Wassertheil-Smoller, «Aspirin Use, Dose, and Clinical Outcomes in Postmenopausal Women with Stable Cardiovascular Disease: The Women's Health Initiative Observational Study», *Circulatory and Cardiovascular Quality and Outcomes* marzo de 2009; 2, núm. 2: 78-87.

Strong, Randy, Richard A. Miller *et al.*, «Nordihydroguaiaretic Acid and Aspirin Increase Lifespan of Genetically Heterogeneous Male Mice», *Aging Cell* 2008; 7, núm. 5: 641-650. Encontró que hacía que los ratones vivieran más tiempo, pero solo los machos.

Vlad, S. C., D. R. Miller, N. W. Kowall y D. T. Felson, «Protective Effects of NSAIDs on the Development of Alzheimer Disease», *Neurology* 6 de mayo de 2008; 70, núm. 19: 1672-1677.

Col rizada

Solo si le gusta el sabor.

Bibliografía adicional

Agus, David. *A Short Guide to a Long Life*. Simon & Schuster, Nueva York, 2014.

Agus, David y Kristin Luberg, *The End of Illness*, Primera edición. Free Press, Nueva York, 2012.

Alexander, Brian. *Rapture: How Biotech Became the New Religion*, Primera edición. Basic Books, Nueva York, 2003.

Aminoff, Michael J., *Brown-Séquard: An Improbable Genius Who Transformed Medicine*. Oxford University Press, Nueva York, 2010.

Arrison, Sonia. *100 Plus: How the Coming Age of Longevity Will Change Everything: From Careers and Relationships to Family and Faith*. Basic Books, Nueva York, 2011.

Austad, Steven N. *Why We Age: What Science Is Discovering about the Body's Journey through Life*. J. Wiley & Sons, Nueva York, 1997.

Becker, Ernest. *The Denial of Death*. Free Press, Nueva York, 1973.

Boyle, T. Coraghessan. *The Road to Wellville*. Viking, Nueva York, 1993.

Brock, Pope. *Charlatan: America's Most Dangerous Huckster, the Man Who Pursued Him, and the Age of Flimflam*, Primera edición. Crown Publishers, Nueva York, 2008.

Buettner, Dan. *The Blue Zone: 9 Lessons for Living Longer, from the People Who've Lived the Longer*, Segunda edición. National Geographic, Washington, D.C., 2013.

Campbell, T. Colin y Thomas M. Campbell. *The China Study: The Most Comprehensive Study of Nutrition Ever Conducted and the Startling Information for Diet, Weight Loss and Long Term Health*. BenBella Books, Dallas, 2005.

Comfort, Alex. *Ageing, the Biology of Senescence*, Edición revisada. Holt, Nueva York, 1964.

Comfort, Alex. *The Process of Ageing*. New American Library, Signer Science Library, Nueva York, 1964.

Cornaro, Luiggi, Joseph Addison, Francis Bacon y William Temple. *The Art of Living Long: a New and Improved English Version of the Treatise.* W. F. Butler, Milwaukee, 1905.

Cowdry, Edmund Vincent y Edgar Allen. *Problems of Aging: Biological and Medical Aspects,* Segunda edición. The Williams & Wilkins Company, Baltimore, 1942.

Critser, Greg. *Eternity Soup: Inside the Quest to End Aging,* Primera edición. Harmony Books, Nueva York, 2010.

Crowley, Chris y Henry S. Lodge. *Younger Next Year: A Guide to Living like 50 until You're 80 and Beyond.* Workman Publishing, Nueva York, 2004.

De Grey, Aubrey, D. N. J. y Michael Rae. *Ending Aging: The Rejuvenation Breakthroughs That Could Reverse Human Aging in Our Lifetime,* Primera edición. St. Martin's Press, Nueva York, 2007.

Finch, Caleb y Leonard Hayflick. *Handbook of the Biology of Aging.* The Handbooks of Aging. Van Nostrand Reinhold Co., Nueva York, 1977.

Finch, Caleb. *Longevity, Senescence, and the Genome.* The John D. and Catherine T. MacArthur Foundation Series on Mental Health and Development, University of Chicago Press, Chicago, 1990.

Gawande, Atul. *Being Mortal: Medicine and What Matters in the End,* Primera edición. Metropolitan Books, Henry Holt & Company, Nueva York, 2014.

Gruman, Gerald J. *A History of Ideas About the Prolongation of Life.* Classics in Longevity and Aging Series. Springer Publishing Co., Nueva York, 2003.

Guarente, Leonard. *Ageless Quest: Our Scientist's Search for Genes That Prolong Youth.* Cold Spring Harbor Laboratory Press, Cold Spring Harbor, Nueva York, 2003.

Hadler, Nortin M. *The Last Well Person: How to Stay Well Despite the Health Care System.* McGill-Queen's University Press, Montreal, Ithaca, 2004.

Haldane, J. B. S. *New Paths in Genetics.* Allen & Urwin Ltd, Londres, 1941.

Hall, Stephen S. *Merchants of Immortality: Chasing the Dream of Human Life Extension.* Houghton Mifflin, Boston, 2003.

Hayflick, Leonard. *How and Why We Age*, Primera edición. Ballentine Books, Nueva York, 1994.

Holick, M. F. *The Vitamin D Solution: A 3-Step Strategy to Cure Our Most Common Health Problem*. Hudson Street Press, Nueva York, 2010.

Jacobs, A. J. *Drop Dead Healthy: One Man's Humble Quest for Bodily Perfection*, Primera edición. Simon & Schuster, Nueva York, 2013.

Jerome, John. *Staying with It*, Viking Press, Nueva York, 1984.

Kerasote, Ted. *Pukka's Promise: The Quest for Longer-Lived Dogs.* Houghton Mifflin Harcourt, Boston, 2013.

Kurzweil, Ray y Terry Grossman. *Transcend: Nine Steps to Living Well Forever.* Rodale, Emmaus, PA, 2009.

Lakatta, E. G. «Arterial and Cardiac Aging: Major Shareholders in Cardiovascular Disease Enterprises: Part III: Cellular and Molecular Clues to Heart and Arterial Aging». *Circulation* 28 de enero de 2003; 107, núm. 3: 490-497.

Lakatta, E. G. y D. Levy. «Arterial and Cardiac Aging: Major Shareholders in Cardiovascular Disease Enterprises: Part II: The Aging Heart in Health: Links to Heart Disease». *Circulation* 2 de enero de 2003; 107, núm. 2: 346-354.

_____. «Arterial and Cardiac Aging: Major Shareholders in Cardiovascular Disease Enterprises: Part I: Aging Arteries: A "Set up" for Vascular Disease». *Circulation* 7 de enero de 2003; 107, núm. 1: 139-146.

Lieberman, Daniel. *The Story of the Human Body: Evolution, Health and Disease*, Primera edición. Pantheon Books, Nueva York, 2013.

Life, Jeffry S. *The Life Plan: How Any Man Can Achieve Lasting Health, Great Sex, and a Stronger, Leaner Body*, Primera edición en tapa dura de Atria Books. Atria Books, Nueva York, 2011.

Masoro, Edward J. y Steven N. Austad. *Handbook of the Biology of Aging*, The Handbooks of Aging, Sexta edición. Elsevier Academic Press, Amsterdam, Boston, 2006.

McCay, Jeanette B. *Clive McCay, Nutrition Planner: Biographical Memoirs by His Wife.* Tabby House, Charlotte Harbor, Florida, 1994.

Mitchell, Stephen. *Gilgamesh: A New English Version*. Free Press, Nueva York, 2004.

Moalem, Sharon y Jonathan Prince. *Survival of the Sickest: A Medical Maverick Discovers Why We Need Disease*, Primera edición. William Morrow, Nueva York, 2007.

Mosley, Michael y Mimi Spencer. *The Fast Diet: Lose Weight, Stay Healthy and Live Longer with the Simple Secret of Intermittent Fasting*, Primera edición en tapa dura de Atria Books. Atria Books, Nueva York, 2013.

Mukherjee, Siddhartha. *The Emperor of All Maladies: A Biography of Cancer*, Primera edición de tapa dura de Scribner. Scribner, Nueva York, 2010.

Nuland, Sherwin B. *The Art of Aging: A Doctor's Prescription for Well-Being*, Primera edición. Random House, Nueva York, 2007.

Oeppen, J. y J. W. Vaupel. «Demography. Broken Limits to Life Expectancy». *Science* 10 de mayo de 2002; 296, núm. 5570: 1029-1031.

Olshansky, Stuart Jay y Bruce A. Carnes. *The Quest for Immortality: Science at the Frontiers of Aging*. Norton, Nueva York, 2001.

Poynter, Jane. *The Human Experiment: Two Years and Twenty Minutes Inside Biosphere 2*. Thunder's Mouth Press, Nueva York, Berkeley, California. Distribuido por Publisher Group West, 2006.

Ridley, Matt. *Genome: The Autobiography of a Species in 23 Chapters*. Primera edición en Estados Unidos. Harper Collins, Nueva York, 1999.

Shock, Nathan W. y Gerontology Research Center (E.U.A). *Normal Human Aging: The Baltimore Longitudinal Study of Aging*, nih Publication, Baltimore, Md., Washington, D.C., U.S. Dept. of Health and Human Services, Public Health Service, National Institutes of Health, National Institute on Aging. Vendido para apoyar a los médicos, U.S. Government Printing Office, 1984.

Shteyngart, Gary. *Super Sad True Love-Story: A Novel*, Primera edición. Random House, Nueva York, 2010.

Snowdon, David. *Aging with Grace: What the Nun Study Teaches Us About Leading Longer, Healthier, and More Meaningful Lives*. Bantam Books, Nueva York, 2001.

Stipp, David. *The Youth Pill: Scientist at the Brink of an Anti-Aging Revolution.* Current, Nueva York, 2010.

Taubes, Gary. *Good Calories, Bad Calories: Challenging the Conventional Wisdom on Diet, Weight Control and Disease*, Primera edición. Knopf, Nueva York, 2007.

Taubes, Gary. *Why We Get Fat and What to Do About It*, Alfred A. Knopf, Nueva York, 2011.

Teicholz, Nina. *The Big Surprise: Why Butter, Meat, and Cheese Belong in a Healthy Diet*, Primera edición en tapa dura de Simon & Schuster. Simon & Schuster, Nueva York, 2014.

Varady, Krista. *The Every Other-Day Diet: The Diet That Lets You Eat All You Want (Half the Time) and Keep the Weight Off*, Primera edición. Hyperion, Nueva York, 2013.

Weinberger, Eliot. *Karmic Traces, 1993-1999.* Edición rústica de New Directions. New Directions Books, Nueva York, 2000.

Weiner, Jonathan. *Long for This World: The Strange Science of Immortality*, Primera edición. Ecco, Nueva York, 2010.

Weintraub, Arlene. *Selling the Fountain of Youth: How the Anti-Aging Industry Made a Disease out of Getting Old, and Made Billions.* Basic Books, Nueva York, 2010.

Whitehouse, Peter J. y Daniel George. *The Myth of Alzheimer's: What You Aren't Being Told about Today's Most Dreaded Diagnostic*, Primera edición. St. Martin's Free Press, Nueva York, 2008.

Índice analítico

120 Year Diet, The (Walford), 198, 207

A

«A. B.» (escocés), 161
A-beta (beta amiloide), 264-265
Abjasia, tiempo de vida en, 18
Absorciometría radiográfica de energía
    dual (DEXA), 151
Acromegalia, 56
Adiponectina, 155
Agassiz, Louis, xiii
Ageless (Somers), 43-44
Agua fría
    ducharse con, 217-219, 223
    nadar en, 216, 218, 220, 236
Ajolote, salamandra, 279
Alcohol, 291, 326-327
Allen, Woody, 215
Almeja de Islandia, 128, 219
Almeja Ming, 128, 219
Alzheimer, Alois, 262-265
Alzheimer, enfermedad de. *Vea también*
    Salud del cerebro
    ayuno para prevenir el, 240
    búsqueda de un fármaco para el,
    264-266
    cambios de sangre con el, 267-269
    costos del, 263
    del tío abuelo del autor, 3
    depresión y, 266-267
    descubrimiento del, 262-265
    envejecimiento como riesgo
    primario para el, 32
    factores de riesgo para el, 267
    metabolismo y, 267
    muerte debida al, 263
    prevención del, 12, 264, 266
American Academy of Anti-Aging
    Medicine (A4M), 39-42, 48

American Heart Association, 97, 100
Aminoff, Michael, xiii
Anderson, Rozalyn, 204, 209, 211, 213,
André el gigante, 56
Andropausia, 46
Antígeno prostático específico (APE), 65
Antioxidantes
    radicales libres y, 225-228
    suplementos, 225, 227-230
    tiempo de vida y, 227- 228, 230
Antirretrovirales, fármacos, 145
Aricept, 264
Art of Living Long, The (Cornaro), 194
Arterias, envejecimiento de las, 110
Aspirina, 297
Aterosclerosis/arterioesclerosis
    en momias antiguas, 106-107
    en soldados jóvenes, 99, 107
    envejecimiento y el riesgo de, 108
    humanos programados para la, 107
Atletas
    capacidad de desempeño de los
    adultos mayores, 174
    desempeño mejorado por el ayuno,
    240
    envejecimiento en los, 168-170
    National Senior Games de 163,
    166, 170-171, 173, 187
    pares sedentarios comparados con
    adultos mayores, 178-180
Austad, Steven, 89, 123-130,
Autofagia, ejercicio como ayuda para
    la, 183
Ayunar/ayuno. *Vea también* Restricción
    de calorías (RC)
    cada tercer día, 198, 238
    como hormesis, 243
    complejo TOR y, 242-243
    de centenarios de Molochio, 256
    de Longo, 257

desempeño deportivo mejorado por el, 240

efectividad del, 256

en historia de la evolución, 240-241

estado de buena salud beneficiado por el, 238, 240

experimento del asilo de ancianos, 239

muchos modos útiles de, 242

práctica religiosa del, 238

quimioterapia mejorada por el, 245-246

restricción de calorías frente a, 237-238, 240-241, 243-245

saltarse desayuno o cena, 242

salud del cerebro mejorada por el, 240

Azúcar, 153, 255

Azúcar en sangre, envejecimiento acelerado por un exceso de, 153

B

Baby Boomers, 6-8, 26, 49, 157

Bach, Johan Sebastian, 192

Bacon, Roger, 61

Bacon, Sir Francis, 61

Baker, Darren, 146

Ballenas, 128, 219, 236, 278

Baltimore Longitudinal Study of Aging (BLSA)

alcance del, 69

datos que parecen disparos de escopeta en las gráficas, 75

desarrollo del, 64

hallazgos beneficiosos del, 65

medidas del desempeño físico en el, 71

participación del autor en el, 65-71

pruebas aplicadas a los participantes, 67-69

selección de los participantes del, 65

VO_2 máx promedio, estudio de, 71

Bartke, Andrzej, 55

Barzilai, Nir

de Irving Kahn, 85-87, 89-90

de la enfermedad y el tiempo de vida, 34

de las estatinas, 100, 104

del género y el estado de salud, 85

gen inhibidor de la PTEC, identificado por, 90-91, 104-105

hallazgos sobre el resveratrol, 289-290

judíos askenazíes, estudio de los, 83-84, 122

Bass, Ed, 199

Becker, Ernest, 284

Becker, Todd, 216, 224, 230

Bert, Paul, 58

Beta-amiloide (A-beta), 264-265

Biósfera 2, 199-203

Blackburn, Elizabeth, 138-140

Blagosklonny, Mikhail, 249-252

BLSA. Vea Baltimore Longitudinal Study of Aging

Bogart, Humphrey, 22

Booth, Howard, 170-171, 173-176, 179, 184, 300

Boston Heart Panel, 102

Boyle, T. C., 131

Brinkley, John, xv

Brown-Borg, Holly, 55-56

Brown-Séquard, Charles-Édouard

elíxir contra el envejecimiento, xiv-xv, 42, 58

episodio del barniz, xi-xii

excentricidad de, xi, xii, xiv

experimentos de trasplante de testículos, xv

logros de, xii

muerte de, xv

señales de envejecimiento notadas por, xiii-xiv

Bruno, Phil

AIC (a los 48), 152
cambio de dieta realizado por, 163
como instructor de gimnasio, 163
estadísticas vitales (a los 47),
152-153
hábitos alimenticios (a los 47),
149-150
«La dieta de Jesucristo», 158
medicamentos que no le sirven a,
158
paseo de beneficencia esclerosis
múltiple, 159-160
pérdida de peso continua, 164
programa de ejercicio de, 159-160,
162
Buchanan, Will, 6
Buffenstein, Shelley, 231-235
Burns, George, 79
Burzynski, Stanislaw, 43

C

Cabello canoso, 115
Café, 292-293
Calment, Jeanne, 18
Calor, envejecimiento acelerado por el,
221-222
Calvicie. *Vea* Pérdida de cabello y
calvicie
Campisi, Judith, 143-145, 147
Cáncer
aumento de esperanza de vida tras
curación del, 22
ayuno y quimioterapia244-246
células senescentes y, 143
dietas con mucha proteína y, 256
enanos Laron inmunes al, 254
envejecimiento después de la
quimioterapia, 145
HCH y riesgo de, 57
hiperfunción y, 251
muertes debido a la obesidad, 153

rapamicina como protección contra
el, 249
ratas topo lampiñas no presentan,
234
telomerasa ligada al, 141-142
terapia hormonal y, 44-45
Canto (mono), 208-209
Carnitina, 105
Carpenter, Adelaide, 29
Carrel, Alexis, 132-134, 136-137
Caruso, Salvatore, 256-257
Células senescentes
cáncer y, 143
citocinas inflamatorias con las, 144
ejercicio disminuye las, 181
en grasa, 147
en tejido adiposo, 146
envejecimiento acelerado por las,
145
experimentos que sacan a las
células senescentes, 146-147
inflamación debida a las, 144-145
insignificante en ratas topo
lampiñas, 235-236
investigación de Campisi sobre las,
143-144
porcentaje en tejidos vivos, 144
rapamicina desacelera la formación
de, 249
Cenegenics, 50, 52-53, 57
Centenarios
buen manejo del azúcar en los, 153
concentraciones de IGF-1 en los,
91-92
de Molochio, 256
estado de buena salud de los, 87
genes indeseables en los, 90
Irving Kahn, 85-87, 89-90, 234-235
ratas topo lampiñas comparadas
con los, 234-235
tasa de envejecimiento más lenta de
los, 84
tasa de mortalidad de los, 86

Cerebros de las moscas de la fruta, 262
Ciencia Cristiana, 3, 8, 15
Citocinas inflamatorias IL-6, 142-144
    incremento con la edad, 142
    secretadas por células senescentes,
    144
    secretadas por grasa visceral, 156
Citomegalovirus (CMV), 275, 277
Cociente de la longevidad (LQ),
    128-129
Col rizada, 297
Colesterol
    análisis del autor realizado por
    Vaughan, 96-98
    concentraciones en los miembros
    de la Biosfera 2, 201
    eventos coronarios con LDL bajo,
    101
    fallas del análisis normal para el,
    101
    funciones beneficiosas del, 102
    HDL, 98, 104, 286, 292
    LDL, 97-98, 100-104, 226, 286
    lineamientos para las
    concentraciones de, 97-98
    moléculas transportadoras del,
    102-103
    producido frente a ingerido en
    dieta, 104
Colesterol LDL
    arroz Red Yeast para bajar el, 97
    bajo, eventos coronarios con, 101
    concentración del autor, 98, 100,
    102, 286-287
    moléculas transportadoras del,
    102-105
    trastornos por concentraciones
    elevadas de, 100
«Complejo de Life Extension», 293
Comfort, Alex, 59
Compensación de los efectos del
    envejecimiento, 70
CMV (citomegalovirus), 275, 277

Conboy, Irina, 273
Conservación criónica, 31-32
Consumo de carne, 105, 256
Corazón
    crecimiento del, 99
    cuide su, 100-101
    elasticidad del, 108
    envejecimiento del, 109
    imagen del ultrasonido del autor y,
    109
Cornaro, Alvise, 192-194
Cotsarelis, George, 114-118
CR Society, 208
Cremas faciales, 6
Cuerpos, envejecimiento oculto en los,
    69-70
Curcumina, 82, 293

D

Daprano, Jeanne, 187-188
Days of Life, aplicación, 18
De Cabo, Rafael, 210-213, 295
De Grey, Aubrey, 28-32, 35, 300
DePinho, Ronald, 140
Depresión, enfermedad de Alzheimer
    y, 266-267
Desfase horario, envejecimiento
    debido al, 266
DEXA (absorciometría radiográfica de
    energía dual), 151
Dhillon, Sundeep, 281, 283-284
Diabetes
    aumento en el mundo, 27
    de Cornaro, 192
    enanos Laron inmunes a la, 254
    envejecimiento acelerado por la,
    153
    marcador AIC de Bruno, 152
    posibilidad de evitar, 12
    señales de aviso en la mediana
    edad, 76
    sobrepeso y, 153

tratamiento de restricción de calorías, 181
«dieta de Jesucristo, La», 158
Dietas con mucha proteína, 256
Discorsi della vita sobria (Cornaro), 193-194
Disfunción eréctil, 101
Dowden, Don, 191, 198, 207-208, 212-213
Drácula, 61
Dublin, Louis L., 19
Ducharse con agua fría, 217-219, 223

E

Ejercicio
aeróbico 109
ayuda del, a la autofagia, 183-184
ciencia del deporte, 175
como medicina, 172-173, 187
como una intervención, 190
disposición heredada del, 189
efectos en las mitocondrias, 184-185
envejecimiento revertido mediante, 184
estigma del, 180-181
falta de, en los estadounidenses, 190-191
IL-6 anti-inflamatoria en el, 182
intenso, como hormesis, 217
longevidad de ratones y, 186-187
longevidad y, 172
mantenimiento de los músculos con, 175
medicamentos comparados con el, 172-173
para prevenir el Alzheimer, 267-268
programa de Bruno, 159-162, 164
proteínas de golpe térmico en el, 224
reduce el riesgo de hipertrofia cardíaca, 109

resultados del estudio de Framingham, 172
tensión oxidativa con el, 228-229
y reducción de células senescentes, 181
Elasticidad, 93-94, 96, 108
Elíxir de la vida de Séquard, xiv
Emanuel, Ezekiel, 36
Ending Aging (de Grey), 30, 32
Energía, importancia en el envejecimiento, 71
Enfermedades cardíacas
CMV y, 277
en momias antiguas, 106-107
factores de riesgo para las, 99
incremento en Estados Unidos, 27
posibilidad de evitar las, 12
tasas más bajas de fallecimiento por, 100
Enfermedades cardiovasculares. *Vea también* Aterosclerosis/arteriosclerosis;
Enfermedades crónicas
en estadounidenses de más de sesenta y cinco años, 7
envejecimiento y riesgo de, 32-33
modelo del silo para la investigación de, 34-35
período de morbilidad, 7
Enfermedades del corazón. *Vea también* Aterosclerosis/arterioesclerosis.
como principal causa de fallecimiento, 15-16
disminución en mortalidad a causa de, 33-34
en momias antiguas, 106-107
envejecimiento como el mayor riesgo de las, 109
estudio de Framingham, 100, 172
factores de riesgo para las, 100
mejorar el GDF11, 272
período de desarrollo largo de las, 99

rapamicina disminuye las, 249
reemplazo de testosterona y, 47
señales de aviso de las, 101
Equilibrio, envejecimiento y, 71
Epopeya de Gilgamesh, 6,8
Ertz, Susan, 275
Especie reactiva del oxígeno (ROS), 226.
   Vea también Radicales libres
Esperanza de vida. *Vea también* Tiempo
   de vida; Longevidad
   aumento mundial de la, 15-17
   curas de enfermedades y, 25, 34
   de hombres estadounidenses en
   1914-15, 15
   de hombres estadounidenses hoy,
   16
   de mujeres estadounidenses hoy,
   16
   diferencias mundiales en las, 16
   factores que impulsan el
   incremento de la, 17, 21-22
   obesidad y disminución de la,
   26-27
   Olshansky habla de la meseta de la,
   24
   pobreza y disminución de la, 27
   presunto punto máximo, 19
   proyección de su diminución en
   Estados Unidos, 26
   tasa de incremento por década, 20
   tiempo de vida frente a, 18
Estado de buena salud
   ayuno mejora el, 238-239, 241
   de los *Baby Boomers*, 26
   de los centenarios, 87
   definición de, 4
   deseo de aumentar el tiempo de
   vida y, 34, 36-37
   género y, 85
   mala salud a la mitad de la vida y,
   70
   obesidad y, 26-27

restricción de calorías incrementa
   el, 191, 197-198, 200-201, 203-204,
   208
   resveratrol y, 206
Estatina, fármacos, 100, 104
Estoicos, 216
Estrategias para diseñar una
   senescencia insignificante (SENS),
   30, 129, 236, 278, 282
Entrenamiento de resistencia, 109. *Vea*
   también Ejercicio
Estrés
   biológico, 224-225
   hormesis, 216-220, 224, 230, 233
   oxidativo, 225, 228-231, 233, 244
   psicológico, 224-225
   síndrome de luchar o huir, 155,
   225
Estrógeno, 42-46
Estudio de función pulmonar, 96
Estudio del corazón de la ciudad de
   Copenhague, 101
Evolución
   ayuno y, 230-231
   de las mitocondrias, 185-186
   lugar del envejecimiento en la,
   116-122
   pérdida de cabello y, 118
   pleiotropismo antagonista y,
   120-121
   reproductores veloces favorecidos
   por la, 123

F

Factor de crecimiento insulínico 1
   (IGF-1)
   accionado por el azúcar, 255
   concentraciones en los centenarios,
   91
   longevidad de los perros y, 56
Factor de diferenciación del
   crecimiento 11 (GDF11), 271-282

Farmacias que preparan fórmulas
magisteriales, 45
Febbraio, Mark, 160, 182-183
Felicidad, envejecimiento y aumento
de la, 37, 74
Fenotipo secretor asociado a la
senescencia (SASP), 144
Ferrucci, Luigi
de la insuficiencia cardíaca, 109
del envejecimiento oculto en
nuestros cuerpos, 72
del incremento de la grasa en la
mediana edad, 150
eficiencia de la energía estudiada
por, 71-72
estudio de la comida rápida por
213
IL-6 estudiada por, 143
La juerga encabezada por, 69
variabilidad del envejecimiento
estudiada por, 77
Financiamiento para investigación del
envejecimiento, 35
Finch, Caleb «Tuck», 107
Fontana, Luigi, 208, 213, 241
Fortamet, 294-294
Fragilidad, estado de, 73
Framingham, estudio de, 99, 172
Freud, Sigmund, xv
Fuerza de los huesos, la rapamicina
mejora el, 249
Fuerza de prensión, 70

G

Galeno, 192
Galvin, Jim «Pud», xiv
Garfield, James, 17
GDF11 (factor de diferenciación del
crecimiento 11), 271-282
Gen Daf-2 en gusanos, 121-123
Gen de la parca, 122
Gen inhibidor de la PTEC, 90-91, 104

Género
estado de buena salud y, 85-86
estudios del envejecimiento y, 74
longevidad y, 84
pérdida de cabello y, 114
porcentaje de grasa corporal y,
150-151
Genes protectores, 90-92
Genética
de las ratas topo lampiñas, 235
de los centenarios, 89-91
disposición a hacer ejercicio y, 189
gen de la parca, 122
gen inhibidor de la PTEC, 90-91, 104
genes protectores, 90-92
genes tipo SIR2 (sirtuinas), 204,
206, 243
intervenciones que aumentan el
tiempo de vida, 35
longevidad y, 12
pleiotropismo antagonista, 121
rareza de los genes de la
longevidad, 91
sombra de selección evolutiva,
119-120
Gey, George, 133
Gifford, Bill,
cumple cuarenta años, 4
nadar en agua fría, 216,220, 236
nota señales de envejecimiento, 5
observa cómo late su corazón,
108-109
participación de, en el BLSA, 63-65,
67-68
reunión de exalumnos, 113-114
sabuesos de, 8-11, 70, 72-73, 107,
126, 177, 284-285, 287
se somete al análisis de colesterol
practicado por Vaughan, 96-98
Gifford, Bill (padre), 77, 79-80
Gilgamesh, 6
Glucophage o Gluformina, 153, 294
Goldman, Robert, 40

Gonzalez, Richard, 43
Grasa corporal
    células senescentes en la, 147,
    155-156
    efectos endocrinos de la, 154
    envejecimiento acelerado por la,
    154
    género y porcentaje de, 153-154
    máquina para medir, 151
    mediana edad e incremento de la,
    150-151
    músculo reemplazado por, 177-178
    músculos e hígado invadidos por
    la, 156, 163
    parda, activada por agua fría, 220
    subcutánea, beneficios de la,
    154-155
    tiempo de vida disminuido por la,
    157
    trastornos por el exceso de,
    153-154
    visceral, 150, 155-157
Gray, Ron, 165, 167-169, 184
Greider, Carol, 139-140
Grow Young with HGH (Klatz), 48, 54
GU, 94-95
Guarente, Leonard, 204, 206
Gusanos nematodos, 127, 220

H

Haldane, J. B. S. «Jack», 119-120
Harman, Denham, 226-228, 230
Harvey, William, 17
Hayflick, Leonard
    escándalo del cultivo de las células
    WI-38 y, 135-138
    investigación de la muerte de
    células realizada por, 132-134
    investigación del envejecimiento
    afectada por, 135
    propuesta de mecanismo para
    contar la división de las células,
    138-139
    rechazo de ensayo por parte de, 134
    replicación de la senescencia
    descubierta por, 143
    sus ideas aceptadas finalmente, 136
    viaje en coche hasta la casa de, 131
Límite de Hayflick, 137-138, 143
HDL, colesterol, 96, 104, 292
Health Extension Salon, 259-260
Hemocromatosis, 121
Hepburn, Katharine, 220
Herpes, 275
HCH. *Vea* Hormona del crecimiento
    humano
Hígado, la grasa invade el, 156, 163
Hiperfuncionamiento, 251-252
Hipócrates, 172, 213
Hoelzel, Frederick, 238
Hof, Wim, 218
Holmes, Oliver Wendell, 165
Hops, Hanneke, 57
Hombres. *Vea* Género
Hormesis
    ayunos de corta duración, 217
    ducharse con agua fría, 217, 223
    ejercicio intenso, 217
    nadar en agua fría, 216, 218, 220,
    236
    restricción de calorías como,
    216-217
    teoría de la, 216-217
Hormona del crecimiento humano
    (HCH)
    acromegalia y, 56
    aspectos legales del uso fuera de
    indicación de, 49-50
    costo de la, 49, 52
    dietas con mucha proteína y, 256
    efectos nocivos ligados a la, 54-55
    enanos Laron y, 254

estudio pequeño citado con
frecuencia sobre la, 54
gobierno se opone a, 50
libro que pregona los poderes de,
49
preocupación de Longo por la, 254
relación inversa con la longevidad,
55-56
riesgo de cáncer y, 56-57
ventas disparadas, 49
Hormonas bioidénticas, 44-45
Human Experiment, The (Poynter), 200
Huntington, enfermedad de, 119-120
Hurd, John, 169

I

Ibuprofeno, 297
IGF-1. *Vea* Factor de crecimiento
insulínico 1
Ikigai (sentido), 88, 173, 176
IL-6 (interleucina-6), 142-144, 156,
182, 213
I'm Too Young for This! (Somers), 45
Inactividad, riesgo de fallecimiento e,
180
Índice de masa corporal (IMC), 77, 152,
200, 212
Infecciones respiratorias, 277
Inflamación
aumento con la edad, 142-143
células senescentes provocan, 144
en enfermos de cáncer y de vih, 146
riesgo de mortalidad y, 143
Inhibidores de la PTEC, 91
Inmortalidad, atractivo limitado de
la, 37
Interleucina-6 (IL-6), 142-144, 156,
182, 213
Intervenciones que podrían funcionar,
289-297
Ioannidis, John, 173
Irisina, 183

J

Jamiroquai, 259
Japón, envejecimiento en, 7
Jarvis, Jenny, 232
Jerome, Joh, 170
Jobs, Steve, 284
Johnson, Alex, 169
Johnson, Jim, 239
Joy of Sex, The (Comfort), 59
Jubilación, riesgos de salud por la,
175-176
Judíos askenazíes, estudio de los,
83-84, 122

K

Kahn, Andrew (nieto), 87-89
Kahn, Happy (hermana), 86
Kahn, Irving, 85-90, 104, 188, 234-235,
256, 264, 287
Kahn, Tommy (hijo), 89
Keith, Sandy, 180
Kenyon, Cynthia, 122
Kerouak, Jack, 191
Kirkland, James, 147,154, 156
Kirkwood, Thomas, 23, 86, 126-127,
180, 285
Klatz, Ronald, 40, 49
Kuhn, Randall, 282

L

Lacks, Henrietta, 134
Lagerfeld, Karl, 39
Langer, Ellen, 171
Langostas, 128, 219, 223
Lao Tzu, 93
Laron, enanos, 254, 257
Lebowitz, Nathan, 98-99, 102, 104,
106, 110, 286-287
LeBrasseur, Nathan
de la sarcopenia, 177

de problemas con los estudios del
ejercicio, 189
del ejercicio como una intervención
190
del ejercicio y la autofagia, 183
del estigma contra el ejercicio, 180
del envejecimiento de los
músculos, 176-177
ejercicio y experimento de la
senescencia, 181-182
Lee, Richard, 109-111, 271-273
Leis, Don, 165, 167-168, 184, 188
Leptina, 155,160
Levadura, restricción de calorías en la,
204, 210, 238, 242-244
Life, Jeffrey
carácter y presencia de, 50-51
como difusor de Cenegenics, 52
fisicoculturismo de, 51-52
programa de ejercicio de, 53
pruebas de la longitud de los
telómeros de, 141
usa la HCH, 52, 54
Life Plan, The (Life), 51
Lindbergh, Charles, 132
Linfocitos T, 276-277
Liposucción, 157
Lithgow, Gordon, 123, 216, 221, 296
Lizzy (sabueso redbone coonhound),
8-10, 72-73, 177, 284
Longevidad. Vea también Esperanza de
vida; Tiempo de vida
aumento exponencial de la, 16-17
complejo TOR regula la, 242-245,
247-248, 251, 253, 255-256
crecimiento de la población y,
281-282
de criaturas excepcionales, 128-129
De Grey escribe sobre escape de
velocidad para la, 30
de los humanos, 122
ejercicio y, 172
género y, 85-86

genética y, 12-13
intervenciones que podrían
funcionar, 289-297
mantenimiento celular y, 130
relación inversa de la HCH y la,
55-56
restricción de calorías para la,
197-198, 203, 206, 209-211, 216,
230, 238
tamaño del animal y, 128
Longevinex, 205, 289
Longo, Valter
beneficios del ayuno investigados
por, 238-241
carrera musical de, 237
centenarios de Molochio
estudiados por, 256
de la complejidad del
envejecimiento, 58
de la restricción de calorías frente al
ayuno, 240
del exceso de ingestión de proteína,
256
del hiperfuncionamiento y el
envejecimiento, 251
dieta de, 257
factores del crecimiento
investigados por, 253-254
levadura con inanición accidental,
238
salida de la Biosfera 2 observada
por, 237
Ludwig, Frederick, 58-61, 268

M

Maillard, reacción de, 221
Mantenimiento de las células,
longevidad y, 130
Mastering the Life Plan (Life), 51
Mattson, Mark, 239-241, 267
McCay, Clive, 194-195, 197-198, 238
Medawar, Peter, 120

Mediana edad
aumento de la grasa corporal en,
150-151
como viejo en la profesión de
medios, 4
pérdida de músculo en la, 177-178
predictores de la salud en la vejez
en, 70
señales de aviso de diabetes en, 76
vía del envejecimiento determinada
en la, 76-77
Medicamentos
contra envejecimiento, 37
ejercicio comparado con, 172-173
para sarcopenia, 177
Melov, Simon, 173, 184, 249
Metabolismo, Alzheimer y, 267-268
Metformina, 294-295
Mintz, Alan, 52, 57
Miocinas, 182-183
Miostatina, 177
Mitocondrias
efectos del envejecimiento en las,
177
efectos del ejercicio en las, 183-185,
187, 230
evolución de las, 185-186
radicales libres producidas por las,
226, 230
Molochio, centenarios de, 256
Momias, aterosclerosis en, 106-107
Momias egipcias, 106-107
Momias peruanas, 107
Montaigne, 8, 16
Mortalidad. *Vea también* Muerte
frecuencia basal y riesgo de, 71
IL-6 y riesgo de, 142
inactividad y riesgo de, 180
obesidad y riesgo de, 153-154
por enfermedades cardíacas,
disminución de la, 33
velocidad al caminar para
pronosticar, 68, 72

Movilidad como clave de la
supervivencia, 72
Movimiento, 179-180. *Vea también*
Ejercicio
Muerte. *Vea también* Mortalidad
de mascotas, duelo por la, 11
envejecimiento y causa de la, 32-33
límite de Hayflick no es causa de,
143
liposucción y riesgo de, 157
por enfermedad de Alzheimer, 263
por exposición al agua fría, 218-219
productividad humana y, 282-283
Mujeres. *Vea* Género
Murciélagos, longevidad de los,
129-130
Músculos
desgaste (sarcopenia), 177-178
ejercicio para mantener, 178-179
GDF11 contra el envejecimiento,
272
invadidos por grasa, 177
oxitocina rejuvenecedora de los,
273
pérdida con envejecimiento,
176-177
tejidos que reciben el mensaje del
uso de los, 182-183

N

Nadar en agua fría, 216, 218, 220, 236
National Institute on Aging (NIA)
biomarcadores buscados por, 69
BLSA dirigido por la, 64
estudio de los monos financiado
por, 209-214
National Senior Games de 2013, 163,
166, 170-171, 173, 187
Neuronas, envejecimiento y, 262. *Vea
también* Salud del cerebro
Nikolich-Zugich, Janko, 276-278
Nyad, Diana, 22

O

Obesidad. *Vea también* Bruno, Phil;
Peso
aumento mundial en la, 27
en los *Baby Boomers*, 157
esperanza de vida disminuida por
la, 26-27
muertes por cáncer debido a la, 156
personas «gordas en buena
condición», 163
riesgo de mortalidad debido a la,
157
Oeppen, Jim, 20
Olmo, 234-235
Olshansky, Jay
avance esperado por, 37
de Grey criticado por, 29, 31
de Grey critica a, 28
de la meseta del tiempo promedio
de vida, 24
de la salud y la longevidad, 23,
25-26
del límite del tiempo de vida
humano, 24
debate con Vaupel, 24-25
disminución del tiempo de vida
esperado por, 23, 26-27
escepticismo sobre la esperanza de
vida, 24-27, 29
medicina anti-edad desacreditada
por, 40-41
Prudential criticada por, 23-24
«vellón de plata», otorgado por
A4M por, 40
Orville (león), 125-126
Owen (mono), 208-210
Oxitocina, 273

P

Pabodie, Elizabeth Alden, 16
Pacientes de vih, envejecimiento en
los, 146
Pan de Cornell, 196
Panda, Satchi, 241
Parabiosis, experimentos con la, 58-61,
177, 260, 268, 270-273
Parr, Thomas, 17
Pasteur, Louis, xiii
Pedersen, Bente, 182
Pérdida de cabello y calvicie
calvicie de patrón masculino, 115
como reducción de los folículos,
115
evolución y, 116
experiencia del autor, 113
género y, 116
investigación de tratamientos,
116-117
Perls, Thomas, 40
Personas «gordas en buena condición»,
163
Peso. *Vea también* Obesidad
de los *Baby Boomers*, 157
diabetes y sobrepeso, 153
facilidad para subir de, 154
Pez de roca, 128
Pinkerton, JoAnn, 43, 46
Placas neuronales, 261-265
Pleiotropismo antagonista, 121
Población, crecimiento de la, y
longevidad, 281-282
Pobreza, reducción de la esperanza de
vida por la, 27
Poema de Gilgamesh, 6,8
PowerBar, 94-95
Poynter, Jane, 200
Prostaglandina D2 (PGD2), 116
Proteasoma, 221
Proteínas

calor y degeneración de las, 221,
224
golpe térmico, 224
dietas con mucha proteína, 256
Protocolo Wiley, 43

Q

Quimioterapia, 145, 245-246, 280

R

Radicales libres
antioxidantes y, 225, 227-228, 230
como moléculas de señalización,
230
como ROS, 226
daños debidos a, 226, 228
envejecimiento debido a, 226
mitocondrias productoras de, 186
productores de tensión oxidativa,
225, 244
Raffaghello, Lizzia, 244-245
Rando, Thomas, 260, 270
Rapamicina, 247-250, 252-253, 295
Ratas topo lampiñas, 231-236, 278
Raza humana
crecimiento de la población y
longevidad, 281-282
envejecimiento de la, 7
longevidad relativa de la, 128
RC. *Vea* Restricción de calorías
Receta egipcia de la juventud, 6
Red Yeast, arroz, 97
Reducción de los folículos, 115
Reemplazo de testosterona, 46-47
Rejuvenecimiento por sangre joven,
269-272
Restricción de calorías (RC). *Vea también*
Ayunar
ayuda al estado de buena salud,
191, 197-198, 200-201, 203-204,
208

ayuno frente a la, 237-238,
240-241, 243-245
calidad de la dieta y, 212-213
Cornaro y la, 192-193
datos epidemiológicos contradicen
la, 212
Dowden y la, 191, 198, 207-208,
212-213
eficacia sorprendente de la, 196,
203
en la Biosfera 2, 199-201
en levadura, 203-204, 238, 242
estado metabólico con la, 204
estudio de los monos de Wisconsin
con una, 210-212
estudio de los monos del NIA con
una, 211-214
experimentos de McCay con la,
194-195
experimentos de Walford con la,
197-198
genes tipo SIR2 (sirtuinas) y,
204-206
Fontana, estudio de la, 208
longevidad con la, 197-198, 203,
206, 209-211, 216, 230, 238
respuesta tipo hormesis a la, 216
Restricción de oxígeno en la Biosfera 2,
199, 202
Resveratrol, 204-206, 248-249, 289-291
Ristow, Michael, 228-230
Ritter, Bernie, 165, 167-168, 184, 188
Rockefeller, John D., 195
Rodriguez, Alex, 49-50, 170
Rose, Michael, 120
Roth, Philip, 1, 281
Rothenberg, Ronald, 40-41
Rubin, Lee, 272
Rudman, Daniel, 53-54
Russert, Tim, 101

S

Salmo 90:10, 15
Salud del cerebro. *Vea también*
  Enfermedad de Alzheimer
  ayuno mejora la, 240
  envejecimiento y, 261-262
  estudio de las monjas, 265
  experimentos de parabiosis, 260,
  268, 270-273
  GDF11 mejora la, 272
  placas y, 261-265
  sueño y, 266
  Úselo o despídase de él y, 266
Sanborn, Beth, 159
Santoro, Nanette, 45-46
Sarcopenia, 177-179
Sehgal, Suren, 247
SENS (Strategies for Engineering
  Negligible Senescence), 30-31,
  278-279, 282
Sentido de vida (*ikigai*), 173, 176
Sexy Years, The (Somers), 41, 44
Shakespeare, William, 88, 113, 177
Shaw, George Bernard, 149
Shock, Nathan, 64
Shulman, Gerald, 162
Silo, modelo de investigación del, 34
Sinclair, David, 204-206, 249, 289
Síndrome metabólico, envejecimiento
  y, 157
SIR2, genes tipo (sirtuinas), 204, 206,
  243
Sirtris, compañía farmacéutica, 206
Sistema inmunológico
  envejecimiento y, 275-276
  obstrucción por CMV, 277
  rapamicina y, 253
Smith, Anna Nicole, 49
Social Security Administration, tabla de
  vida de la, 18-19
Soma desechable, teoría de, 127
Somers, Suzanne

aspecto juvenil de, 40
en conferencia de A4M, 39-43, 48
en Siete enanas de la menopausia,
  42
régimen diario de, 39, 48
terapia hormonal usada por, 39,
  41-45
Spindler, Stephen, 294
Stallone, Sylvester, 49
Staying with It (Jerome), 170
Steinach, operación de, xv
Streptomyces hygroscopicus, 247
Strong, Randy, 252
Subcutánea, grasa, 154
Sueño, salud del cerebro y, 266
Súper *Bubbes*, 84, 90
Suplemento «activador de la
  telomerasa», 141
Szostak, Jack, 140

T

Tabaquismo
  consumo de carne comparado con,
  256
  en centenarios, 18, 86, 235
  en Súper *Bubbes*, 84
  esperanza de vida y reducción en,
  22
  resultados del estudio de
  Framingham 99, 172
Tabla de vida, 18-19
Taleb, Nicholas, 235
Tarnopolsky, Mark, 187
Tasa de mortalidad
  disminución moderna en la, 16-17
  en parto, 17
  incremento con la edad, 32-33
  por enfermedades cardiovasculares,
  descenso en la, 100
Tasa metabólica
  adiponectina y, 155
  pérdida de músculo y, 176

riesgo de mortalidad y, 71

Telomerasa, 139-142, 279

Telómeros

correlación con la longitud de los, 139-140

descubrimiento de los, 139

encogimiento con el estrés, 225

función de los, 139

reparación de los, 139

teoría del envejecimiento y, 139-140

Tensión biológica, 224-225

Tensión oxidativa

ayuno y resistencia a, 244-245

beneficios de la, 230

daños debidos a la, 229-230

ejercicio y, 230-231

en las ratas topo lampiñas, 231-234

Terapia hormonal

efectos secundarios de la, 44

elíxir contra el envejecimiento, xiv-xv, 42, 58

hormonas bioidénticas para la, 44-45

reemplazo de testosterona, 46-47

Somers usa la, 43

Terronautas de la Biósfera 2, 199-201

Testosterona, 41-43, 45-48, 52, 54-55, 102, 150, 177-178

Theo (sabueso Redbone Coonhound), 8-11, 70, 107, 109, 284-285

Tiempo de reacción, riesgo de insuficiencia cardíaca y, 101

Tiempo de vida. *Vea también* Esperanza de vida; Longevidad

antioxidantes y, 227, 230

de gente de Abjasia, 18

de las ratas topo lampiñas, 235

del viejo Parr, 17-18

esperanza de vida frente a, 18

estado de buena salud frente a, 4

estado de buena salud y deseo de aumentar el, 34, 37

factores de crecimiento y, 253-254

intervenciones genéticas incrementan el,

mala salud a la mitad de la vida, y, 70

más largo documentado, 18

metáfora de inflar un neumático, 25

Olshansky escribe sobre el límite superior del, 24

plasticidad del, 22

predicción de Prudential sobre el, 23-24

promedio ideal para estadounidenses, 36

rapamicina prolonga el, 248-250

razones para el aumento en el, 21-22

tejido adiposo disminuye el, 157

Timo, glándula

investigación para reanudar el crecimiento del, 279-281

involución del, 276-277

Tinto, vino, 205, 291-292

TMAO, 105

TNF-alfa, 156

TOR, complejo, 242-245, 247-248, 251, 253, 255-256

Tortugas Galápagos, 128

Trasplante de testículos, xv

U

Úselo o despídase de él, 179, 266, 281

V

Vasectomía, xv

Vaughan, Bill, 93-98, 101-102

Vaupel, James

debate de Olshansky con, 24-25

gráficas de las estadísticas del tiempo de vida preparadas por, 20-22

Velocidad de envejecimiento, grandes diferencias en la, 9

Villeda, Saul, 260-261, 267-270, 273

Vino tinto, 205, 291-292

Vitamina D, 296-297

VO_2 máx, 71, 74, 109, 176, 189

W

Wagers, Amy, 270-273

Walford, Roy Lee
   en Biósfera 2, 199-203, 237
   enfermedad de Lou Gehrig que afectó a, 203
   experimentos con restricción de calorías de, 200-201
   primeros años de, 196-197
   teoría de la restricción de calorías de, 204
   The 120 Year Diet de, 198, 207

Walker, Herschel, 240

Weindruch, Rick, 197-198, 203-204, 209

Weissmann, August, 118, 251

Weissmann, Irving, 270

Welchol, 105

Welles, Emerson (tío abuelo), 1-3, 8, 12, 15, 20, 22

Welles, Leonard (abuelo), 1-4, 8-9, 12, 15

Wessley, Jim, 162

West, Mae, xi

WHI (Women's Health Initiative), 44, 46

W1-38, escándalo del cultivo de células, 135-138

Williams, George, 120

Williams, Ted, cabeza de, 32, 107

Wisconsin, monos del estudio de, 210-212

Women's Health Initiative (WHI), 44,46

Wyss-Coray, Tony, 260-261, 268, 273

Y

Yeats, William Butler, xv

Young, Neil, 63

Z

Zarigüeyas, envejecimiento de las, 124, 126, 248

Zetia, 105

Zuckman, Saul, 162